e-fellows.net
wissen

inkl. E-Book

„Perspektive Unternehmensberatung 2017“ kostenlos als E-Book herunterladen – so geht's!

Noch nicht bei e-fellows.net registriert?

1. Registrieren unter www.community.e-fellows.net/cv/register
2. Registrierung aktivieren durch Klick auf Link in E-Mail
3. Link unten freirubbeln und aufrufen
4. Bei e-fellows.net einloggen
5. Format wählen (EPUB, MOBI)
6. Download startet automatisch

Bereits bei e-fellows.net registriert?

1. Link unten freirubbeln und aufrufen
2. Bei e-fellows.net einloggen
3. Format wählen (EPUB, MOBI)
4. Download startet automatisch

Auf welchen Geräten kann man das E-Book lesen?

- iPad/iPhone: EPUB-Datei mit iBooks öffnen und lesen
- Laptop/Notebook/PC/Tablet: EPUB z. B. mit Adobe Digital Editions lesen, kostenloser Download unter: www.adobe.com/products/digital-editions/download.html
- E-Reader (außer Kindle): EPUB-Datei öffnen und lesen
- Kindle: MOBI-Datei öffnen und lesen. Auch EPUBs kann man z. B. mit dem Freeware-Tool Calibre in eine MOBI-Datei umwandeln.

Perspektive Unternehmensberatung 2017

Case Studies, Branchenüberblick und Erfahrungsberichte zum Einstieg ins Consulting

e-fellows.net
wissen

Stand: August 2016

Verlag: e-fellows.net GmbH & Co. KG

Reihenherausgeber: Dr. Michael Hies

Bandherausgeber: Anna Friedl,
anna.friedl@e-fellows.net

Redaktion und Koordination: Katrin Gresz, Dr. Michael Koch, perspektive-unternehmensberatung@e-fellows.net

Layout: factor product münchen GmbH,
www.factor-product.com

Satz und Illustration: Lesotre®/Conceptual Brand Creation, www.lesotre.de

Druck und Bindung: Neografia, 03655 Martin, Slowakei

Printed in Slovakia
September 2016

Bildnachweis: Titelbild: Bildkonzept und -montage durch Yvonne Hagenbach (Lesotre®/Conceptual Brand Creation) auf Grundlage von Gajus - fotolia.com; S. 9: Manfred Dilling; S. 16: Coloures-Pic - Fotolia.com; S. 34: Rido - Fotolia.com; S. 60: VRD - Fotolia.com; S. 120: raywoo - Fotolia.com; S. 187: Nedeljko Stojakovic - Fotolia.com (oben), Nagy - Presseamt München (Mitte), Industrie- und Handelskammer Frankfurt am Main (unten); S. 188: alphaspirit - Fotolia.com; S. 210: .shock - Fotolia.com; Fotos auf den Seiten 10-14 sowie 190-209 stammen von den jeweiligen Autoren; Fotos und Anzeigen ab S. 211 stammen von den entsprechenden Unternehmen; sämtliche Grafiken und Illustrationen wurden umgesetzt von Yvonne Hagenbach (Lesotre®/Conceptual Brand Creation).

ISBN-13: 978-3-941144-89-7

Sattlerstraße 1, 80331 München
Telefon: +49 89 23232-300, Fax: +49 89 23232-222
www.e-fellows.net, presse@e-fellows.net

Inhaltsverzeichnis

6. Unternehmensporträts 210–359

e-fellows.net wissen – die Buchreihe von **e-fellows.net**
Mit dieser Buchreihe informiert e-fellows.net über attraktive Berufsbilder und interessante Weiterbildungen, darunter das LL.M.-Studium, Berufsperspektiven für Juristen, Trainee-Programme sowie die Tätigkeit in einer Unternehmensberatung, im Investment Banking oder im Asset Management. Die Bücher bieten wertvolle Expertentipps und einen fundierten Überblick über die jeweilige Branche. Persönliche Erfahrungsberichte und ausführliche Unternehmensporträts potenzieller Arbeitgeber helfen bei der eigenen Entscheidungsfindung.

e-fellows.net – das Online-Stipendium und Karrierenetzwerk
e-fellows.net bietet Studierenden und Doktoranden seit 15 Jahren Expertenwissen, Tipps und kostenlose Leistungen, die in Studium und Karriere weiterbringen. Wer ein kluger Kopf ist, sollte sich für das e-fellows.net-Stipendium bewerben. Stipendiaten bekommen gratis Abos von Zeitungen und Zeitschriften, Zugriff auf digitale Medien und fachspezifische Datenbanken, Fachbücher frei Haus sowie exklusiven Zugang zur e-fellows.net community mit regelmäßigen Treffen und Erfahrungsaustausch. Außerdem haben e-fellows.net-Stipendiaten den direkten Draht in die Wirtschaft dank Mentorenprogramm, Karriereveranstaltungen, Praktikumsangeboten und Einstiegsjobs bei spannenden Unternehmen. **www.e-fellows.net**

Hinweis: Um die Lesbarkeit zu verbessern, wird in diesem Buch auf geschlechtsspezifische Personenbezeichnungen verzichtet. Alle Angaben beziehen sich jedoch immer auf Frauen und Männer gleichermaßen.

Vorwort

Mit diesem Buch sind Sie gut beraten!
Unser Ratgeber ist für alle Consulting-Interessierten gemacht. Für alle, die mit einem Praktikum oder dem Berufseinstieg in der Beratung liebäugeln. Für alle, die sich nicht sicher sind, ob sie bei einer Strategieberatung, einer spezialisierten Boutique-Beratung oder doch im Inhouse Consulting einsteigen wollen. Und für alle, die sich gerade auf ein Bewerbungsgespräch vorbereiten.

Viele Hochschulabsolventen fasziniert die Vorstellung, als Unternehmensberater Einblick in verschiedene Branchen und Projekte zu bekommen, in kurzer Zeit unglaublich viel zu lernen, mit klugen Leuten zusammenzuarbeiten und jeden Monat eine nette Summe aufs Konto überwiesen zu bekommen. Allerdings hört man immer wieder, dass Berater nie zu Hause sind, Tag und Nacht arbeiten müssen und irgendwann „up or out" sind.

Aber wie ist es wirklich? Dieser Frage gehen wir in *Perspektive Unternehmensberatung* nach und lassen über 50 Consulting-Praktikanten, Berater und andere Experten zu Wort kommen.

Viele von ihnen haben als Teil des e-fellows.net-Karrierenetzwerks von unserem direkten Draht zu vielen Beratungen profitiert und sich gegenüber anderen Interessenten einen Wissensvorsprung verschafft. Mehr zu e-fellows.net, unserem Stipendium und unseren Veranstaltungen erfahren Sie auf den Seiten 186 und 187.

Besonders möchte ich Ihnen die Case Studies im vierten Kapitel ans Herz legen. Sie zeigen ganz praktisch, mit welchen Fragestellungen Sie als Berater konfrontiert sind - und sie sind natürlich eine gute Übung für jedes Case-Interview.

Lieber Leser, ich freue mich, wenn Ihnen unser Ratgeber dabei hilft, Ihren Weg zu finden und den Einstieg in die Beratung zu schaffen. Vielleicht ist bei den ab Seite 210 vorgestellten Arbeitgebern ja auch Ihr zukünftiger dabei. Viel Spaß bei der Lektüre!

Anna Friedl
e-fellows.net

Die Autoren

Karen Brandt, Head of Talent Management, Europe, Middle East and Russia bei Oliver Wyman. Nach ihrem Studium an der European Business School arbeitete sie sieben Jahre als Beraterin bei Oliver Wyman, bevor sie das Talent Management übernahm.

Alex Dogariu, Jahrgang 1984, Senior Consultant bei Mercedes-Benz Consulting (MC). Nach seinem Doppel-Master-Abschluss in Helsinki und Köln war er u. a. Consultant bei Accenture im Bereich Sales & CRM sowie Managing Director bei der logicsale AG. Seit 2015 verantwortet er internationale Projekte bei MC zu den Themen Customer Contact Management und CRM.

Gregor Dunkel, Jahrgang 1987, Associate im Center for Strategic Projects bei der Deutschen Telekom. Er hat BWL und VWL an der Universität zu Köln, der Copenhagen Business School und in Stellenbosch studiert. Praktische Erfahrung sammelte er im M&A der OTE, bei Bayer Inhouse Consulting und im Private Equity Office von EY.

Karsten Engler, Dr. rer. pol., Dipl.-Kfm., Jahrgang 1975, Principal der Commerz Business Consulting (CBC), der internen Beratung des Commerzbank-Konzerns. Nach zehnjähriger Tätigkeit in der externen Management-Beratung verantwortet er aktuell das CBC-Projektportfolio mit und leitet ausgewählte Konzernprojekte.

Fabian Gleisner, Dr. rer. pol., Dipl.-Kfm., Jahrgang 1979, Project Manager bei Commerz Business Consulting (CBC), der internen Beratung des Commerzbank-Konzerns. Nach mehreren Jahren in der externen Management-Beratung leitet er aktuell Konzernprogramme im Bereich Digitalisierung.

Ali Aslan Gümüsay, Diplôme, M.Sc., Jahrgang 1985, Doktorand an der Saïd Business School und Dozent am Magdalen College der University of Oxford. Zuvor arbeitete er als Unternehmensberater bei der Boston Consulting Group. Ali Aslan Gümüsay ist Beiratsvorsitzender des Inkubators „Zahnräder Netzwerk“ und Research Fellow bei LEAD.

Moritz Hahn, M.Sc., Jahrgang 1987, Assistant Manager bei KPMG Deal Advisory | Strategy. Er hat Wirtschaftsingenieurwesen in Hamburg und Internationales Management in Sydney und Kopenhagen studiert. Seine Beratungsschwerpunkte sind Carve-out-Projekte und Post-Merger-Integrationen in der verarbeitenden Industrie sowie im Energiesektor.

Isabell Häfner, M.A., Jahrgang 1988, Simon-Kucher & Partners Marketing & Strategy Consultants. Sie studierte Business Management in Heilbronn, Greensboro und Maskat. Ihre Beratungsschwerpunkte liegen in den Bereichen Preis- und Produktoptimierung im Retail und Corporate Banking. Zuvor war sie für eine mittelständische Privatbank tätig.

Marco-Alexander Horchler, Jahrgang 1992, Friedrich-Alexander-Universität Erlangen-Nürnberg. Er absolviert derzeit den M.Sc. in Management. Neben studentischen Beratungsprojekten war er u. a. bei Capgemini Consulting, Horváth & Partners, KPMG, Stern Stewart & Co. und Volkswagen Consulting tätig. Sein Branchenfokus lag hierbei im Bereich Finance.

Axel Hüttmann, Dr. rer. pol., Jahrgang 1973, Managing Partner bei undconsorten und Leiter der Serviceline Personal. Nach seinem Studium der BWL und Wirtschaftsinformatik in Passau und Toulouse promovierte er an der Universität Kassel. Vor seinem Einstieg bei undconsorten war er Engagement Manager bei McKinsey mit den Schwerpunkten Logistik, Automobil und HR.

Wilfried Kessler, Jahrgang 1953, Managing Consultant bei der ICT-Managementberatung Detecon International. Er berät Unternehmen in den Bereichen Business-/IT-Alignment und BPM sowie bei globalen Template-basierten ERP-Einführungen.

Timo Klees, Dipl.-Volksw., Dipl.-Betriebsw. (FH), Jahrgang 1979, KPMG. Nach seinem Studium in Worms, London und Frankfurt am Main stieg er 2005 im Bereich M&A bei KPMG ein. Sein Schwerpunkt sind Unternehmenstransaktionen in Insolvenzsituationen (Regelinsolvenzen, Schutzschirmverfahren und Eigenverwaltungen).

Dominik Klimmek, Jahrgang 1982, Kaufmännischer Leiter bei der SevenOne Media (Schweiz) AG. Er verantwortet und steuert die Bereiche Finanzen, Controlling und Rechnungswesen. Während seines Studiums war er stellvertretender Vorsitzender im Bundesverband Deutscher Studentischer Unternehmensberatungen (BDSU).

Christian Kolodziejczak, Senior Consultant Advisory Services bei EY. Er hat seinen M.Sc. als Jahrgangsbester in Berlin, Bloomington, Seoul und Tokio absolviert und promoviert an der ESCP Europe über Digital Pricing Strategies. Seine fachlichen Schwerpunkte liegen auf Pricing sowie Markteintritts-Strategien im E-Commerce und in der Mobilitätsbranche.

Bernd Leppla, Dipl.-Ing. Er studierte Maschinenwesen an der Technischen Universität München. Im Anschluss war er als Portfolio-Manager bei der Beteiligungsgesellschaft mutares AG in den Bereichen M&A und operative Restrukturierung tätig. Zuletzt arbeitete er als Manager für Werksprojekte bei BMW Brilliance Automotive in China.

David Liebig, M.A., Jahrgang 1983, Vorstand der MAGNA Immobilien AG. Nach seinem BWL-Studium in Greifswald, Wien und Bangalore stieg er als Berater bei A.T. Kearney in Wien ein. Im Anschluss war er als Vice President Finance für die Deutsche Bank in Frankfurt am Main, New York und London tätig.

Johanna Moebus, Prof. Dr. rer. physiol., Jahrgang 1981, Professorin für Medizinische Biochemie an der Hochschule Hamm-Lippstadt. Als ehemalige McKinsey-Beraterin und promovierte Humanbiologin lehrt sie seit 2011 an der Hochschule Hamm-Lippstadt. Zu ihren Schwerpunkten zählen auch Soft Skills und Bewerbungscoaching.

Michael Mohaupt, Dipl. Wirtschaftsinf., Jahrgang 1983, Gründer, selbstständiger Berater. Seit seinem Abschluss mit Auszeichnung an der Technischen Universität Dresden und dem University College London ist er Doktorand mit Fokus auf Revenue Management und Business Intelligence. Seit Jahren berät er mittelständische Unternehmen bei strategischen Fragestellungen.

Fedon Moog, Master of Philosophy, Jahrgang 1976, freiberuflicher Berater (Transformations- und Integrationsmanagement). Als Journalist und ehemaliger Roland-Berger-Berater zählen Interviews zu seinen Spezialgebieten. Er ist davon überzeugt, dass man in zehn Minuten Gespräch mehr über einen Bewerber erfährt als auf 100 Seiten Papierbewerbung.

Jens Müller-Oerlinghausen, Dr. rer. pol., Jahrgang 1966, Managing Partner bei undconsorten. Er studierte und promovierte an der Universität St. Gallen. Vor der Gründung von undconsorten war er Trainee und Projektleiter bei Bertelsmann sowie Partner und Leiter der HR Practice bei McKinsey, mit den Branchenschwerpunkten Medien und Telekommunikation.

Jan Patzer, M.Sc., Consultant bei der 67rockwell Consulting GmbH. Er studierte Wirtschaftswissenschaften in Hannover. Während seines Studiums absolvierte er Praktika vom Start-up bis zum Konzern und engagierte sich in der studentischen Unternehmensberatung Janus Consultants. Aktuell begleitet er Projekte in der Versicherungswirtschaft.

Nadja Peters, Director of Recruiting bei McKinsey & Company. Nach ihrem geisteswissenschaftlichen Studium, unter anderem in Cambridge und Peking, begann sie bei McKinsey. Im Rahmen des Fellow-Programms absolvierte sie einen MBA an der Harvard University. Als Projektleiterin beriet sie Klienten zu Organisations- und Personalentwicklungsthemen.

Rolf Pfeiffer, Jahrgang 1967, Mitgründer und Managing Partner der Leadership Choices GmbH und Resident Mentor der Contagi GmbH. Er war mehrere Jahre HR Director von Arthur D. Little und Accenture, arbeitet heute als Executive Coach mit Führungskräften und Leadership-Teams und hat umfangreiche Erfahrung mit Beratern.

Thiemo Purkart, Dipl.-Wirtsch.-Informatiker, Jahrgang 1977, Senior Manager bei der Bilfinger SE. Der Fokus des BWL- und Informatik-Absolventen liegt im Bereich Business Transformation auf Prozess- und IT-Optimierungen. Er ist zertifizierter Projektmanager und Lehrbeauftragter an der Universität Mannheim.

Michael Reich, Dr., Geschäftsführer der 67rockwell Consulting GmbH. Er verantwortet die strategische Unternehmensplanung und Human Resources. Davor war er Partner (Senior Executive Manager) und Member des Managementboards Versicherungen bei der Steria Mummert Consulting AG. Er nimmt Dozententätigkeiten an verschiedenen Hochschulen wahr.

Tim Ruhoff, Dipl. Kfm. und B.A. (Hons.) European Business, Jahrgang 1984, Barkawi Management Consultants. Seit 2008 ist er im Bereich Mobility tätig. Nach seiner Beraterzeit hat er 2010 die Firma Next Generation Mobility gegründet und entwickelt seither die Corporate CarSharing Software fleetster.

Birte Schreitter von Schwarzenfeld, Dipl. Phys., MBA, Head of Corporate Strategy at Flex. Sie studierte Physik an der TU Berlin und Duke University und absolvierte einen MBA an der Harvard Business School. Es folgten mehrere Jahre bei BCG, bevor sie zur Strategieabteilung des Technologiekonzerns Flex wechselte.

Gustav von der Schulenburg, Jahrgang 1989, Associate im Center for Strategic Projects bei der Deutschen Telekom. Er hat Physik an der University of Edinburgh und International Management an der ESCP Europe in Paris und Berlin studiert und sammelte praktische Erfahrung bei SolarWorld, E.ON und Roland Berger Strategy Consultants.

Michaela Schütt, Dr., Projektleiterin bei Siemens Management Consulting. Sie studierte Informatik an der TU München und promovierte in Betriebswirtschaftslehre an der LMU München.

Johann F. Thieme, Dr. sc. pol., Dipl.-Volksw., CFA, Jahrgang 1983, Simon-Kucher & Partners Strategy & Marketing Consultants. Er wurde an der Christian-Albrechts-Universität zu Kiel promoviert. Als Berater liegt sein Fokus auf der Optimierung von Preis- und Produktangeboten für Banken. Zuvor arbeitete er als Investment Analyst für ein Single Family Office.

Jens-Christoph Uhr, Dr., Dipl.-Kfm., Jahrgang 1983, Projektmanager bei Roland Berger. Er führt regelmäßig Bewerbungsgespräche mit potenziellen Mitarbeitern. Seine Cases stützt er häufig auf Nachrichten aus der aktuellen Presse.

Carl Walinski, Manager, Willis Towers Watson. Carl Walinski ist bei der Unternehmensberatung in Frankfurt als Manager und Vergütungsexperte tätig. Seine Schwerpunkte liegen in der Entwicklung von marktorientierten Vergütungssystemen und im Vergütungsbenchmarking für Vorstände und weitere Führungskräfte.

Iris Weyer-Menkhoff, Apothekerin, Consileon Business Consultancy GmbH. Sie hat in Marburg und Paris Pharmazie studiert und danach in einer Apotheke und bei einem internationalem Arzneimittel-Großhändler gearbeitet. Bei Consileon ist sie im Bereich Healthcare tätig und betreut v. a. Kunden aus der Pharmaindustrie und der Labordiagnostik-Branche.

Dagmar Zippel, Leiterin Recruiting in Deutschland, Österreich und der Schweiz bei Accenture. Sie arbeitet seit 2004 in verschiedenen Positionen für das Beratungsunternehmen. Zuvor war sie in den Personalbereichen von HeidelbergCement und SAP tätig. Dagmar Zippel hat BWL mit Schwerpunkt Personal und Organisation in Ludwigshafen studiert.

Branchenüberblick – Orientierungshilfe in einem Markt mit vielen Gesichtern

1. Branchenüberblick – Orientierungshilfe in einem Markt mit vielen Gesichtern

Der Markt für Unternehmensberatung in Deutschland

Für das Jahr 2015 verzeichnete die Beratungsbranche in Deutschland ein Marktvolumen von 27 Milliarden Euro, so die Schätzungen des Bundesverbandes Deutscher Unternehmensberater, kurz BDU. Im Jahr davor waren es noch 25,2 Milliarden Euro – das macht ein beachtliches Wachstum von 7 Prozent.

Der Gesamtumsatz inklusive Auslandsgeschäft teilt sich laut BDU wie folgt auf die vier großen Beratungsbereiche auf.

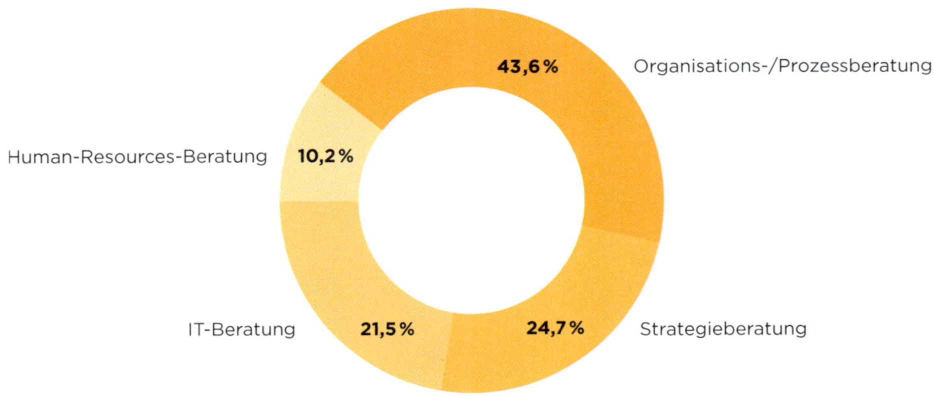

Managementberatungen in Deutschland

Der BDU schätzt die Zahl der Anbieter auf dem deutschen Beratungsmarkt auf rund 15.400. Die Lünendonk GmbH hat im Juni 2016 ihre Lünendonk®-Liste veröffentlicht – mit den zehn umsatzstärksten deutschen Beratungen sowie einer Auflistung von internationalen Managementberatungen und deren Umsätzen und Mitarbeitern in Deutschland (Unternehmen, die nicht ihren Hauptsitz sowie die Mehrheit des Grund- und Stammkapitals in Deutschland haben und im Jahr 2015 signifikante Umsätze mit Managementberatungsleistungen in Deutschland erzielten). Die Liste im Detail ist auf der nächsten Seite abgebildet.

Top 10 der deutschen Managementberatungen (Unternehmen, die ihren Hauptsitz sowie die Mehrheit des Grund- und Stammkapitals in Deutschland haben)	**Gesamtumsatz in Mio. Euro**		**Mitarbeiterzahl insgesamt**	
	2015	**2014**	**2015**	**2014**
1 Roland Berger Strategy Consultants Holding GmbH, München *	560,0	560,0	2.300	2.400
2 Simon-Kucher & Partners GmbH, Bonn	208,0	172,0	820	720
3 zeb.rolfes.schierenbeck.associates GmbH, Münster	180,0	179,0	841	897
4 Horváth AG (Horváth & Partners-Gruppe), Stuttgart	132,0	122,0	570	536
5 KPS AG, München	122,9	111,0	354	317
6 d-fine GmbH, Frankfurt am Main	115,2	95,5	610	530
7 Kienbaum (Unternehmensgruppe), Gummersbach	110,0	115,0	650	670
8 Q_Perior AG, München	104,0	92,0	438	427
9 Porsche Consulting Gruppe, Bietigheim-Bissingen *	103,6	90,0	385	372
10 goetzpartners Group, München	90,0	82,0	280	250

Internationale Managementberatungen in Deutschland (Alphabetische Reihenfolge)	**Weltweite Beratungsumsätze 2015 in Mrd. Euro**	**Weltweite Mitarbeiterzahl 2015**
A.T. Kearney *	1,2	3.800
Accenture *	14,6	67.000
AlixPartners [1]	k.A.	1.800
Aon Hewitt	3,9	28.000
Bain & Company *	2,3	6.400
BearingPoint	0,6	3.480
Capgemini Consulting*	2,6	10.000
Deloitte *, [2]	13,8	72.000
EY [3]	6,6	41.623
KPMG [3]	8,2	46.500
McKinsey & Company *	7,4	22.000
Mercer	3,9	21.200
Oliver Wyman	1,6	4.000
PricewaterhouseCoopers [3,4]	10,1	49.452
The Boston Consulting Group *	4,5	12.000
The Capital Markets Company [1]	k. A.	3.500
Willis Towers Watson	3,3	16.000

* Umsatz- und/oder Mitarbeiterzahlen teilweise geschätzt
k. A. = keine Angabe
1 Für die Unternehmen AlixPartners und The Capital Markets Company sind keine internationalen Zahlen verfügbar. Beide Unternehmen erzielen jedoch in Deutschland signifikante Umsätze.
2 Deloitte erzielte nach eigenen Angaben im Jahr 2014 mit integrierten Consulting, Advisory & Implementation Services 2015 rund 25 Mrd. USD und im Jahr 2014 23 Mrd. USD.
3 Hierbei handelt es sich um die internationalen Advisory-Umsätze der Wirtschaftsprüfungs-Gesellschaften.
4 Inklusive anteilig konsolidierter Umsätze von Strategy&, seit 03.04.2014 offiziell Teil des PwC-Netzwerks
Aufgrund des veränderten Euro-/US-Dollar-Wechselkurses von 1,3285 (2014) auf 1,1095 (2015) kommt es währungsbedingt zu überdurchschnittlichen Umsatzanstiegen in Euro. Umrechnungskurse für diese Liste: Euro-Referenzkurs der Europäischen Zentralbank 1 Euro = 1,1095 USD (2015) und 1,3285 USD (2014), jeweils im Jahresdurchschnitt. Quelle: Lünendonk GmbH, Mindelheim 2016 - Aktualisierter Stand 13.05.2016 (Keine Gewähr für Firmenangaben), abrufbar unter http://luenendonk-shop.de/Luenendonk-Listen/

Vorstellung einzelner Beratungsbereiche

Wie im vorhergehenden Beitrag beschrieben, kann man den Markt für Unternehmensberatung in Deutschland in vier Beratungsbereiche unterteilen: Strategieberatung, Organisations- und Prozessberatung, IT-Beratung und Human-Resources-Beratung. Was genau sich hinter den einzelnen Beratungsfeldern verbirgt, wird im Folgenden näher beleuchtet.

Strategieberatung

von Dr. Axel Hüttmann und Dr. Jens Müller-Oerlinghausen

Die Strategieberatung gilt gemeinhin als die „Königsklasse" der Beratung: Sie beschäftigt sich mit der Unternehmensstrategie und somit dem Verantwortungsbereich des Topmanagements. Insbesondere die großen Unternehmensberatungen wie McKinsey, Bain oder Roland Berger bezeichnen sich gerne als Topmanagement- oder Strategieberatungen. Aber auch kleine Beratungsunternehmen – häufig Spin-offs der großen Beratungen wie z. B. undconsorten – unterstützen ihre Klienten bei der Entwicklung ihrer Strategie.

Ein Beratungsfeld so breit wie der Begriff Strategie selbst

Das Feld der Strategieberatung ist genauso breit und leider auch genauso schwer abgrenzbar wie der Begriff „Strategie" selbst. Als Unternehmensstrategie wird gemeinhin der langfristige Plan zur Erreichung unternehmerischer Ziele verstanden. Daraus leiten sich die Aktivitätsfelder des Unternehmens ab. Die Strategie legt fest, welchen Zielkunden welche Leistungsversprechen gemacht und mit welchem Geschäftsmodell sie erfüllt werden.

In der Regel wird die Unternehmensstrategie anschließend in Teilstrategien aufgeschlüsselt: Markt- und Produktstrategien legen fest, welche Marktsegmente mit welchen Angeboten bedient werden. Entwicklungsstrategien geben vor, auf welche Bereiche ein Unternehmen seine Forschungsaktivitäten fokussiert. Und Finanzstrategien klären, woher das Unternehmen sein Kapital erhält – und in welchen Bereichen es dieses wertbringend einsetzt.

Die Strategie eines Unternehmens ist zukunftsorientiert und agiert damit mit unsicheren Vorgaben. Sie wird gleichermaßen vom externen wie vom internen Umfeld beeinflusst. Es gilt, Märkte und Rahmenbedingungen zu verstehen und ihre Veränderungen zu antizipieren. Dabei muss das Unternehmen stets die eigenen Fähigkeiten und Ressourcen berücksichtigen.

Die Bewertung, Entwicklung und Umsetzung von Strategien als Kerntätigkeitsfelder

Die aufgezählten strategischen Fragestellungen sind komplex. Unternehmen greifen daher oft auf externe Berater zurück. Abhängig von der Zielsetzung der Unterstützung lassen sich drei Kerntätigkeitsfelder der strategischen Beratung unterscheiden:

- **Strategiebewertung** oder **Strategic Review**: Das Unternehmen bittet einen externen Experten, die intern entwickelte Strategie zu prüfen und kritisch zu hinterfragen: Ist der formulierte Plan geeignet, die Unternehmensziele zu erreichen? Sind die Annahmen plausibel und realistisch?
- **Strategieentwicklung**: Veränderungen der Rahmenbedingungen – z. B. eine neue Technologie – oder neue strategische Ziele machen eine Überarbeitung des langfristigen Plans erforderlich. Der Strategieberater hilft dem Management bei der Entwicklung oder Anpassung der Strategie durch Analysen, durch seine externe Perspektive und als erfahrener Sparringspartner.
- **Strategieumsetzung**: Ein guter Plan macht noch keine gute Strategie. Vielmehr gilt es, den Plan in Stoßrichtungen für einzelne Unternehmensbereiche zu übersetzen und mit konkreten Maßnahmen zu hinterlegen. Erst dadurch werden Strategien für Mitarbeiter richtungsweisend und umsetzbar. Strategieberatungen helfen nicht nur, die richtigen Maßnahmen auszuwählen und zu initiieren, um damit die gesetzten Ziele zu erreichen, sondern auch, deren Kommunikation an alle Mitarbeiter vorzubereiten und umzusetzen.

Typische Beratungsaufgaben in einem Strategieprojekt

Ein Strategieprojekt aus der Praxis einer kleinen Beratung verdeutlicht die typischen Aufgaben eines Strategieberaters.

Aufgabenstellung: Aufsichtsrat und Vorstand setzen ein ambitioniertes Wachstumsziel für die verschiedenen Sparten eines internationalen Konsumgüterherstellers. Das Management einer Sparte erhält daraufhin die Aufgabe, eine Strategie für das Erreichen des Wachstumsziels in seinem Markt zu entwickeln. Die Strategieberatung erarbeitet gemeinsam mit dem Klienten eine umsetzungsorientierte Strategie und durchläuft dabei folgende Phasen:

- **Bestandsaufnahme**: Gemeinsam mit Mitarbeitern aus Marketing, Vertrieb und Entwicklung wird die Ist-Situation analysiert, und erste Aussagen zu Trends werden erarbeitet. Welche Märkte wachsen in Zukunft besonders schnell? Über welche Marktanteile verfügen wir bereits? Wo können wir dem Wettbewerb Marktanteile abnehmen? Mit welchen Produkten können wir neue Kundensegmente erschließen? Wichtig bereits in dieser Phase: Die Bestandsaufnahme muss mit dem Klienten abgestimmt werden, damit sichergestellt ist, dass von der gleichen Faktenbasis ausgegangen wird.
- **Problemstrukturierung**: Aufbauend auf dieser Faktenbasis geht es darum, mögliche Wachstumshebel zu identifizieren und zu strukturieren – z. B. Wachstum in bestehenden versus Wachstum in neuen Märkten; mit bewährten oder neuen Produkten; über existierende oder über neu aufzubauende Vertriebskanäle.
- **Hypothesen-Entwicklung**: Erfahrungen der Klienten- und Beraterseite sowie gemeinsame Diskussionen ermöglichen die Formulierung erster Hypothesen zu den verschiedenen Wachstumshebeln, beispielsweise: „Ein Prozent Umsatzwachstum kann durch den Verkauf von Produkten mit erweiterten Funktionalitäten in den Märkten Mexiko

und China erreicht werden." Die Hypothesenentwicklung ist eine bewährte Technik, um schnell und systematisch das Vorgehen im Projekt zu fokussieren und die gesetzten Projektziele zu erreichen. Die Klientenorganisation sollte hier frühzeitig einbezogen sein, indem zum Beispiel erste Hypothesen des engeren Projektteams mit wichtigen Stakeholdern im Unternehmen in Interviews diskutiert und verfeinert werden.

- **Analyse und Bewertung**: Gezielte Untersuchungen von Marktforschungsdaten, Interviews mit lokalen Experten oder Tests werden genutzt, um die erarbeiteten Hypothesen zu testen und ein deutlicheres Bild von den erfolgversprechenden Wachstumshebeln zu gewinnen. Um beim vorherigen Beispiel zu bleiben: Wie groß ist das Marktvolumen aktuell für Basisprodukte in Mexiko und China? Welche zusätzlichen Kundengruppen können über die erweiterten Produktfunktionalitäten erreicht werden? Wie entwickelt sich der Markt in Zukunft? Sind die erforderlichen Vertriebskanäle verfügbar? Welchen Marktanteil hat der Klient beim Markteintritt in vergleichbaren lateinamerikanischen bzw. asiatischen Märkten im ersten/zweiten Jahr gewonnen? Mit diesen Informationen lässt sich letztlich abschätzen, ob ein Markteintritt wirklich ein Prozent Umsatzwachstum generieren kann oder nicht.
- **Szenarioentwicklung**: In einem Excel-Modell wird die Umsatzentwicklung bei verschiedenen Annahmen zu den Wachstumshebeln und ihren Kombinationen simuliert, um anschließend über geeignete Szenarien zu einer Abschätzung von Chancen und Risiken zu gelangen und zu prüfen, ob das Wachstumsziel des Topmanagements durch die entwickelte Strategie erreichbar ist. Genauso wichtig wie die unbedingte Sorgfalt bei der Erstellung der Szenariorechnung ist eine Dokumentation der Annahmen und der Vorgehensweise. Nur so kann das Klienteteam die Berechnungen des externen Beraters nachvollziehen und das Modell nach Abschluss des Projekts eigenständig weiterverwenden.
- **Entscheidungsvorbereitung**: Die gesammelten Erkenntnisse müssen für die finale Entscheidung für das Management konsolidiert und aufbereitet werden – angesichts der Komplexität der Materie eine wirkliche Herausforderung.
- **Umsetzungsplanung**: Ohne Umsetzung bleibt selbst ein sehr detaillierter Plan nur ein Stück Papier. Es gilt, die nächsten Schritte genau festzulegen: Wer macht was bis wann? Welcher Markt wird wann erschlossen? Wann kommen welche Produkte? Welche Werbekampagne ist wann erforderlich? Dies ist einer der kritischsten Schritte des Projekts, denn ohne die erfolgreiche Umsetzung der Strategie war alle vorangegangene Mühe umsonst. Erneut geht es darum, die wichtigen Stakeholder im Unternehmen einzubeziehen und für den Umsetzungsplan zu gewinnen. Um das Umsetzungsteam optimal für die neuen Aufgaben vorzubereiten, kann der externe Berater ein breites Spektrum von detaillierten Umsetzungsplänen mit Controlling-Logik von Individualgesprächen bis hin zu Teamtrainings anbieten.
- **Strategieimplementierung**: In einer zunehmend volatilen Welt müssen alle Mitarbeiter die Eckpunkte der Strategie kennen, damit sie für ihre Entscheidungen handlungsleitend sein kann. Führungskräfte müssen ihren Mitarbeitern die Strategie für den jeweiligen Verantwortungsbereich operationalisieren und erläutern, wie kritische Geschäftsentscheidungen zu treffen sind. Hier unterscheidet sich die Produktion oder Logistik wesentlich vom Marketing oder Vertrieb. Strategieberatungen helfen Führungskräften bei der Übersetzungsleistung in bereichsspezifische Maßnahmen.

IT-/Technologieberatung

von Dagmar Zippel

Gemeinsamkeiten mit und Abgrenzung zur Managementberatung

Informationstechnologie ist eine Querschnittsfunktion mit Berührungspunkten zu allen Branchen und Unternehmensbereichen. Wer hier als Berater tätig ist, beschäftigt sich nicht automatisch nur mit Bits und Bytes. Vielmehr handelt es sich um eine Aufgabe, in der Theorie und Praxis, Strategie und Umsetzung besonders eng verwoben sind.

Die IT- und Technologieberatung erfordert natürlich technisches Verständnis und eine hohe Affinität zu IT-Themen. Zur Planung und Implementierung gehört das Wissen um die Möglichkeiten und Grenzen verschiedener Technologien und Produkte. Dies ist wichtig, um Geschäftsprozesse in den richtigen Systemen abzubilden. Die Kunden erwarten jedoch auch Impulse, die sich durch technische Innovationen ergeben. Neue Geschäftsmöglichkeiten durch den Einsatz neuer Technologien rechtzeitig zu erkennen und für Unternehmen nutzbar zu machen ist eine wesentliche Anforderung an die Technologieberatung.

Je nach Größe und Fokus der Beratungsgesellschaft finden Spezialisten aus verschiedenen Fachbereichen hier ein spannendes Aufgabenfeld. Die Palette reicht von der Spezialberatung in klar umrissenen Themenfeldern wie IT-Sicherheit, Dokumentenmanagement oder Netzwerkplanung bis hin zur Strategieberatung. Bei letzterer geht es stärker um die technologischen Konsequenzen und Möglichkeiten für strategische Entscheidungen sowie um die Frage nach dem Wertschöpfungsbeitrag von IT.

Abgrenzung zu anderen Beratungsfeldern

Die Grenzen zwischen der reinen Management- und Organisationsberatung und der Technologieberatung sind fließend. Da die Informationstechnologie das Nervensystem einer Organisation darstellt und Prozesse fast immer in Software abgebildet werden, spielen technologische Fragen bei vielen Projekten eine Rolle.

Letztlich ist die Unterscheidung vor allem eine Frage des Blickwinkels: Während Managementberater unternehmerische Fragestellungen behandeln, also beispielsweise Konzepte für den Aufbau eines neuen Händlernetzes entwickeln, sind die IT-Berater eher auf der prozessualen und technologischen Ebene zu finden. Im Falle des Händlernetzes würden sie also die Kommunikationsstruktur und die Anbindung der Händler an die Unternehmensprozesse entwickeln.

Mit anderen Worten: IT-Berater müssen noch stärker als Managementberater in der Lage sein, Strategien und Konzepte in konkrete Prozesse zu überführen. Auf Basis dieser Übersetzungsleistung wird dann die für den jeweiligen Bedarf beste IT-Lösung entwickelt. Ausgeprägtes Prozessdenken und hohe technische Affinität sind entscheidend für den Erfolg des IT-Beraters.

Typische Tätigkeitsfelder und Beratungsaufgaben

Bei der Entwicklung und Umsetzung von IT-Strategien und -Lösungen müssen verschiedene Fragen beantwortet werden. Sie reichen von der Auswahl der richtigen Systeme über die Zuverlässigkeit und Langfristigkeit von Investitionen bis hin zur Wirtschaftlichkeit einzelner Maßnahmen.

In den seltensten Fällen beginnen Technologieberater mit einem leeren Blatt Papier. In der Regel ist der Ausgangspunkt eine strategische Zielsetzung, die an anderer Stelle formuliert wurde. IT-Berater übersetzen die Strategie in ein IT-Konzept und definieren im Anschluss einen Migrationspfad von der Ausgangssituation hin zum Zielszenario. Häufig geht es um die Harmonisierung von IT-Landschaften im Anschluss an eine Unternehmensübernahme. Die Ziele, die mit der Übernahme verbunden waren, haben auch maßgeblichen Einfluss darauf, wie die IT-Landschaften zusammengeführt werden oder ob neue Infrastrukturen aufgebaut werden.

IT-Berater sind darüber hinaus gefordert, sich kontinuierlich über neue Entwicklungen auf dem Laufenden zu halten und sinnvolle Anwendungsmöglichkeiten für spezifische Kundenszenarien zu bestimmen. IT-Verantwortliche in Unternehmen haben nur begrenzte Möglichkeiten, Neuerungen zu bewerten. Sie sind daher auf Empfehlungen und Urteile der IT-Berater angewiesen. Im Kern geht es immer um die Frage nach dem Nutzen einer Lösung: Wie kann man daraus zusätzlichen Mehrwert für sein Geschäft generieren?

Von den Beratern wird deshalb erwartet, dass sie ihr technisches Know-how konstant weiterentwickeln. Damit die Kunden das bestmögliche Ergebnis erhalten, müssen sich die Berater sowohl in den modernsten Technologien als auch bei den Standardanwendungen auskennen.

Trends in der Technologieberatung

Es gibt auch Bereiche, die man üblicherweise kaum mit IT-Beratung in Verbindung bringt. So spielen beispielsweise IT-Infrastrukturen eine zunehmend wichtigere Rolle für die Rekrutierung von Nachwuchskräften. Denn mittlerweile drängt eine Generation auf den Arbeitsmarkt, deren Angehörige gemeinhin als „Millennials“ oder „Digital Natives“ bezeichnet werden und mit elektronischen Medien aufgewachsen sind. Sie verlangen von ihren Arbeitgebern moderne IT-Ausstattung und einen freien Zugang zu ihren sozialen Netzwerken, die längst nicht mehr nur privaten Zwecken dienen, sondern auch in der beruflichen Vernetzung eine entscheidende Rolle spielen. Die Digitalisierung des privaten wie des professionellen Alltags führt zu immer stärkeren Wechselwirkungen zwischen diesen Lebenswelten. Hier können IT-Berater Unternehmen dabei helfen, sich von den Wettbewerbern auf dem Arbeitsmarkt abzuheben und optimale Arbeitsbedingungen für Digital Natives zu schaffen.

Aber nicht nur die Mitarbeiter drängen auf eine Öffnung der Unternehmensgrenzen. Auch die Arbeit wird in zunehmendem Maße mit Partnern und Kunden außerhalb der vier Unternehmenswände organisiert. Mit der Anzahl der Übergabepunkte für Informationen steigen auch die Anforderungen an die Sicherheit, um erwünschten Datentransfer nicht zu behindern, unerwünschten jedoch effektiv zu verhindern. Ganz zu schweigen von der zunehmenden Online-Kriminalität, die immer neue Wege sucht, um illegal an sensible Daten heranzukommen und diese zu missbrauchen. IT-Security ist ein extrem schnell wachsender und beratungsintensiver Bereich mit hohem Innovationstempo.

Neben Sicherheit ist vor allem die globale Orientierung der Wirtschaft eine der zentralen Herausforderungen für die IT. Die Technologieberatung arbeitet deshalb sowohl global wie auch lokal: Management- und Technologieberater benötigen eine globale Präsenz, um die Anbindung einer Niederlassung in Indien oder die Zusammenarbeit mit einem Lieferanten in Brasilien nicht nur theoretisch sicherzustellen. Erst das Know-how vor Ort garantiert, dass der Kunde die geplanten Vorteile auch erzielen kann.

Berater arbeiten oft in Teams zusammen, deren Mitglieder unterschiedliche kulturelle Hintergründe haben. Die Fähigkeit, sich auf unterschiedliche Denk- und Herangehensweisen einzustellen, ist essenziell. In einer vernetzten Welt müssen auch Berater vernetzt denken und arbeiten.

Effizienz in der Informationsverarbeitung wird dabei neu definiert. Feedback und Anregungen von Kunden aufzunehmen und in die internen Entscheidungsprozesse einfließen zu lassen ist ungleich schwieriger als die Steuerung des Datenflusses im Unternehmen. Neben rein technischen Fragen ist es entscheidend, wie die Kommunikation mit dem Kunden für diesen angenehm und einfach wird. Mithilfe der richtigen Technologie kann ein produktiver Dialog geführt werden. Technologieberatung bedeutet in diesem Fall nicht nur, die richtigen Plattformen zur Verfügung zu stellen, sondern die optimale Verknüpfung der Kommunikationskanäle zu finden.

Einstiegsvoraussetzungen

Abgesehen von den gängigen Anforderungen in der Beraterbranche müssen Kandidaten für die Technologieberatung über eine ausgeprägte IT-Affinität verfügen. Für Positionen mit Umsetzungskompetenz sind zudem spezifische Software- oder Programmier-Kenntnisse gefragt, wie zum Beispiel SAP, Java, JavaScript, C oder C++. Häufig bieten die Unternehmensberatungen Einstiegsprogramme an, um Berufsanfänger an die Arbeit in den technologieorientierten Projekten heranzuführen. Berater in großen Consulting-Firmen gehen interdisziplinär vor, wenn für ein bestimmtes Projekt in den verschiedenen Phasen unterschiedliche Qualifikationen benötigt werden. Und die Technologieberatung hat zwar traditionell den Ruf einer Männerdomäne, mittlerweile entscheiden sich aber immer mehr Frauen für eine Laufbahn in der IT-Beratung. Vorbildliche Firmen haben begonnen, ihre Mitarbeiterinnen mit speziellen Förderprogrammen zu unterstützen und ihnen zudem die Möglichkeit eröffnet, Familie und berufliche Karriere zu verbinden.

Organisations- und Prozessberatung

von Wilfried Kessler

Prozesswissen und -strategien erhalten in global agierenden Unternehmen mit weltweit vernetzten Mitarbeitern eine zunehmend größere Bedeutung für die Sicherung der Wettbewerbsfähigkeit. Im Mittelpunkt der Arbeit von Organisations- und Prozessberatung steht daher die Optimierung von Ablauf- und Aufbauorganisation in Unternehmen. Den Prozessen kommt hierbei die Rolle einer zentralen Schnittstelle zwischen Strategie und Struktur zu: Prozesse folgen der Strategie, und Strukturen folgen Prozessen.

Unterschiede zu anderen Beratungsfeldern

Ein Schwerpunkt der Organisations- und Prozessberatung liegt in der Verbesserung von Operations und Performance. Im Unterschied zur Strategieberatung bewegt sie sich innerhalb gegebener Potenziale und konzentriert sich darauf, definierte Dienst- oder Sachleistungen effizienter oder flexibler produzieren zu lassen. Gleichwohl bildet die Strategie in der Regel den Ausgangspunkt für jede Organisations- und Prozessberatung.

Während die IT-Beratung mit der Gestaltung von Architekturen, Systemen und Applikationen beschäftigt ist, definiert die Organisations- und Prozessberatung die Geschäftsanforderungen an die IT. In der Unternehmenspraxis hat der IT-Bereich meist mehr Gewicht, was auf seine Verankerung auf Vorstandsebene in Person des CIO und sein Budget für Investitionen zurückzuführen ist.

Von der Human-Resources-Beratung, deren Fokus auf Soft Factors wie Personalbedarfsplanung und Personalentwicklung liegt, unterscheidet sich die Organisations- und Prozessberatung in ihrer Ausrichtung auf die Hard Factors, indem sie Anforderungen an Mitarbeiter wie an HR-Konzepte definiert. Aller Automatisierung zum Trotz gilt dabei auch für Organisations- und Prozessberater der Leitsatz: „People make it happen."

Typische Zugangswege

Neben einer Spezialisierung auf Organisations- und Prozessthemen im Studium sind auch IT-Kenntnisse, die über die klassische Arbeitsplatz-Software hinausreichen, von Vorteil. Noch stärker im Vordergrund stehen jedoch Faktoren der persönlichen Entwicklung, wie die Bereitschaft zu verantwortungsvoller Teamarbeit, analytische Fähigkeiten, Projektkompetenz sowie Mobilität und Flexibilität – erworben etwa in Form studienbegleitender Praktika und durch Auslandssemester. Als Einstieg bietet sich auch eine praxisbezogene Diplomarbeit in einer Organisations- und Prozessberatung an.

Spezifische Fragestellungen und Herausforderungen

Organisations- und Prozessberater müssen konzeptionell und praktisch Antworten auf grundlegende Fragen finden, die Unternehmen weltweit bewegen:

- Welche Prozesse sind erfolgskritisch, und welche Anforderungen müssen sie hinsichtlich Effizienz, Effektivität, Flexibilität etc. erfüllen?
- Welche Vorteile lassen sich kurz-, mittel- und langfristig mit Prozessautomatisierung erzielen?
- Ist es infolge der Konvergenz von Technologien und Produkten noch sinnvoll, spartenspezifische oder produktspezifische Prozesse zu designen?
- Läuft der Trend zur Modularisierung von Produkten und Produktionselementen auch auf eine Modularisierung von Prozessen hinaus, die im Bedarfsfall aktiviert werden?
- Welche Konsequenzen ergeben sich so für Reorganisation, Transformation und Change?

Die Planung und das große Ganze sind dabei ebenso wichtig wie die Realisierung in konkreten Abläufen und Zuständigkeiten. Hier gilt es, stets ein ausgewogenes Verhältnis zwischen konzeptionellem Leitbild und tatsächlicher Implementierbarkeit zu finden. Zudem wird von Prozess- und Organisationsberatung immer häufiger erwartet, dass der Nutzen ihrer Arbeit nicht nur qualitativ, sondern auch quantitativ hinsichtlich finanzieller Kennzahlen wie CAPEX, OPEX, EBIT etc. dokumentiert werden kann.

Ein Beispiel für eine Methodik: S-BPM

Subjektorientiertes Business Process Management (S-BPM) ist eine Methode, um Geschäftsprozesse zu beschreiben und auszuführen. Sie berücksichtigt den gelebten Prozess inklusive der Kommunikation zwischen den Beteiligten. S-BPM verkürzt sowohl die Analyse als auch die Entwicklungs- und Implementierungszeit von Prozessen, wodurch sich Kostenvorteile realisieren lassen. Entscheidend ist dabei die Komplexitätsreduktion: Im Gegensatz zur klassischen prädikatorientierten Prozessmodellierung begrenzt S-BPM die Zahl der Elemente auf fünf:

- **Fokussierung auf die Beteiligten:** S-BPM stellt die am Prozess beteiligten Personen, Organisationseinheiten oder Computer in den Mittelpunkt des Geschehens.
- **Einfachheit durch Reduzierung:** Die Interaktion zwischen den Subjekten erfolgt durch den Austausch von Nachrichten. Für jedes Subjekt wird definiert, welche Funktionen es ausführen muss, um die Kommunikation mit den anderen Subjekten des Prozesses zu ermöglichen. Dadurch lässt sich die Anzahl der für eine vollständige und eindeutige Prozessbeschreibung erforderlichen Elemente drastisch reduzieren.
- **Top feature bottom up:** Die Prozessmodellierung kann praktisch mit der Definition der Handlungen eines beliebigen Subjektes beginnen. Durch Definition weiterer Subjekte und der Kommunikation zwischen ihnen kann der Prozess stufenweise bottom up beziehungsweise von der Peripherie zur Zentrale erweitert werden.
- **S-BPM kultiviert:** Globale Unternehmen stehen zunehmend vor der Herausforderung, in einer grundsätzlich einheitlichen unternehmensweiten Prozessarchitektur regionale und kulturelle Unterschiede zu berücksichtigen. Solche Spezifika können mithilfe der S-BPM-Methodik einfach erfasst und prozessual beschrieben werden.
- **Empathie in Prozessdesign und Adaption:** Die subjektorientierte Prozesssicht gestattet jedem Prozessbeteiligten, sich nur mit den für ihn relevanten Schritten zu beschäftigen. Diese einfache Struktur mit nur wenigen Elementen erlaubt es – auch ohne tiefe Kenntnisse in Prozessdesign –, den Prozess in kurzer Zeit zu verstehen und damit auch praktisch arbeiten zu können.

Human-Resources-Beratung

von Dr. Axel Hüttmann und Dr. Jens Müller-Oerlinghausen

Die beste Strategie ist wertlos ohne geeignete Mitarbeiter und Führungskräfte. Der Faktor Personal gewinnt durch den Strukturwandel zur Dienstleistungsgesellschaft und Wissensökonomie dramatisch an Bedeutung. Eine erfolgreich umgesetzte Geschäftsstrategie beruht vor allem auf exzellenter Personalarbeit.

Für die Verbesserung der Personalarbeit bieten spezialisierte HR-Beratungen ihre Unterstützung an, die oft ihren Fokus auf Themenfelder wie Vergütung, Altersvorsorge oder Führungskräftevermittlung (Executive Search) legen. Viele Strategieberatungen haben ebenfalls spezialisierte HR Practices, die zusätzlich zum HR-Spezialwissen ihre strategische Beratungsexpertise einbringen. Auftraggeber ist meist der Personalbereich, aber immer öfter auch die Unternehmensleitung. Denn ihre Führung beeinflusst die Leistung der Mitarbeiter erheblich. Mit der HR-Beratung verwandt, aber zumindest vom Bundesverband Deutscher Unternehmensberater (BDU) dieser nicht zugerechnet, ist der Bereich der Personalberatung. Headhunter unterstützen Unternehmen gezielt darin, die Anforderungen an Kandidaten für offene Stellen zu definieren und geeignete Bewerber zu finden.

Herausforderungen und Aufgabenbereiche

Den richtigen Mitarbeiter zur richtigen Zeit am richtigen Ort einsetzen, und das zu möglichst wettbewerbsfähigen Kosten – so lässt sich die Aufgabe der Personalarbeit auf den Punkt bringen. Das verdeutlicht, dass Personalarbeit eine der anspruchsvollsten und komplexesten Aufgaben im Unternehmen ist. Entweder es gibt nicht genügend fähige Mitarbeiter, oder es sind zu viele an Bord. Veränderungen beim Personal haben lange Vorlaufzeiten: Menschen brauchen Zeit, um Neues zu erlernen. Rechtliche und vertragliche Regelungen setzen zudem enge Vorgaben.

Folgende drei Aufgabenbereiche sind innerhalb des HR-Bereichs zentral:

- das **strategische Personalmanagement**, das die quantitative und qualitative Personalplanung mit einer langfristigen Personalstrategie verbindet und durch dynamisches Personalmanagement über entsprechende Flexibilisierungs-, Qualifizierungs- oder Personalanpassungsmaßnahmen für deren Umsetzung sorgt
- das **Talentmanagement**, das sich um die Gewinnung, Bindung, Motivation, Vergütung, Bewertung und Weiterentwicklung der Mitarbeiter kümmert – von der Führungskraft bis zum Azubi
- die **exzellente Personalfunktion**, die in ihrer Organisation, ihren Prozessen, Instrumenten und IT-Systemen sowie in ihren Fähigkeiten die richtige Balance zwischen effizienter Erbringung von Verwaltungstätigkeiten wie der Lohnzahlung und kompetenter Beratung der Führungskräfte in Personalfragen findet

Typische Beratungsfelder

Die Entwicklung der Personalstrategie im Kontext der allgemeinen Unternehmensstrategie ist eines der Tätigkeitsfelder der HR-Beratung, das direkte Anknüpfungspunkte an die Strategieberatung bietet. Auch bei der Festlegung der strategischen Stoßrichtungen im Personalbereich sowie der Gestaltung der zur Umsetzung am besten geeigneten Aufbau- und Ablauforganisation finden sich Parallelen zur Strategieberatung. In diesem Feld trifft man sowohl große Beratungshäuser als auch spezialisierte Beratungen an.

Einer der Schwerpunkte der HR-Beratung ist die Konzeption von Personalsystemen: Wie plane ich meine Personalressourcen? Über welche Controlling-Zahlen steuere ich sie? Wie positioniere ich mich als Arbeitgeber, um die richtigen Talente zu gewinnen? Und über welche Systematik entwickle ich ihre Fähigkeiten und identifiziere ich meine Leistungsträger? Welche Vergütungssysteme binden die richtigen Talente und senden die richtigen Leistungsanreize? Oft gibt es hier auf Einzelaspekte spezialisierte Beratungshäuser, aber auch breiter aufgestellte HR-Spezialisten. Da in großen Unternehmen die Systeme nur selten ohne IT-Unterstützung auskommen, ist dieser Bereich ein Anknüpfungspunkt für die IT-Beratung, meist durch spezialisierte Software-Anbieter.

Auch Prozessoptimierung ist ein Tätigkeitsfeld der HR-Berater. Denn nicht erst seit der zunehmenden Verbreitung von sogenannten Shared Service Centers (sozusagen unternehmensweit genutzten Prozessfabriken) gibt es Bedarf an Automatisierung und Spezialisierung, um Prozesse effizienter und effektiver zu gestalten. Auf diesem Feld sind vor allem IT- und Outsourcing-Anbieter aktiv.

Diese Tätigkeiten gewinnen mit Unternehmensgröße und -vielfalt an Komplexität. Wenn beispielsweise für ein internationales Telekommunikationsunternehmen mit deutlich über 100.000 Mitarbeitern eine neue Personalentwicklungssystematik konzipiert und eingeführt wird, sind vielfältige Schnittstellen mit den Bereichen Personalmarketing, Vergütung sowie Führungskräfteentwicklung zu berücksichtigen. Darüber hinaus können bereits unterschiedliche Modelle existieren, die es in das neue Konzept zu integrieren gilt. Hier muss besonders große Sorgfalt auf die interne Kommunikation und die Umsetzungsbegleitung gelegt werden.

Besondere Anforderungen an HR-Berater

Mitarbeiter im HR-Bereich zeichnen sich häufig durch große Begeisterung für ihre Aufgabe und hohe soziale Verantwortung aus, der sie entgegen allem wirtschaftlichen Druck gerecht werden wollen. Der HR-Berater wird oft in diesem Spannungsfeld aktiv. Ohne Empathie kommt er hier selten weiter. Gleichzeitig braucht er Hartnäckigkeit und Kreativität bei der Versachlichung und Bewertung eines schwer messbaren Themenfeldes. Darüber hinaus sind HR-Themen oft sensibel – nicht zuletzt auch vor dem Hintergrund der unterschiedlichen Interessen von Eigentümern, Führungskräften, Mitarbeitern und Betriebsräten. Der HR-Berater benötigt hier das richtige Fingerspitzengefühl, um in der Organisation Vertrauen aufzubauen. Zudem sollte er natürlich wie der Strategieberater sehr gute analytische Fähigkeiten und Projektmanagement-Kompetenzen für die strategischen HR-Themen mitbringen.

Unternehmensberatung bei Wirtschaftsprüfungsgesellschaften

von Timo Klees

Das Leistungsspektrum der Wirtschaftsprüfungsgesellschaften befindet sich seit einiger Zeit im Wandel: Ausgehend von ihren originären Aktivitäten in der Wirtschaftsprüfung (Audit) und Steuerberatung (Tax) bauen insbesondere die sogenannten Big 4 bestehend aus PwC, KPMG, EY und Deloitte ihre Beratungsaktivitäten kontinuierlich aus. Dies eröffnet Absolventen und Quereinsteigern attraktive Entwicklungsmöglichkeiten im Beratungsumfeld.

Wirtschaftsprüfung und prüfungsnahe Beratung

Bereits in den vergangenen Jahren trugen die (prüfungsnahen) Beratungsaktivitäten durch überdurchschnittliches Wachstum maßgeblich zum Wachstum der Wirtschaftsprüfungsgesellschaften bei. Insbesondere bei Mandanten, bei denen keine Prüfungsleistungen erbracht werden und somit grundsätzlich eine höhere Beratungsfreiheit besteht, wird ein kontinuierlicher Ausbau der Beratungsleistungen angestrebt. Dies erfolgt auch durch die gezielte Übernahme von etablierten Unternehmensberatungen und verändert die Landschaft des Beratungsmarktes. Sowohl für die Wirtschaftsprüfer als auch für die übernommenen Berater kann sich eine Win-win-Situation ergeben. Vor allem für kleinere, spezialisierte Beratungen kann es vorteilhaft sein, unter das Dach einer großen Wirtschaftsprüfungsgesellschaft zu schlüpfen, um von deren globalem Netzwerk zu profitieren.

Es wird erwartet, dass sich dieser Trend in den nächsten Jahren weiter verstärken wird. Grund dafür sind auch neue EU-Regularien, nach denen kapitalmarktorientierte Unternehmen, Banken und Versicherungen nun regelmäßig ihren Abschlussprüfer wechseln müssen. Um die Unabhängigkeit der Abschlussprüfer zu wahren, dürfen die Wirtschaftsprüfungsgesellschaften bei Unternehmen nicht gleichzeitig den Jahresabschluss prüfen und umfassende Beratungsleistungen anbieten. Daher eröffnet diese Pflichtrotation in der Abschlussprüfung den Wirtschaftsprüfungsgesellschaften insbesondere neue Beratungsmöglichkeiten bei Unternehmen, deren Abschlüsse sie bisher geprüft haben und zukünftig nicht mehr prüfen dürfen. Schließlich verfügen die bisherigen Abschlussprüfer über beste Kenntnisse der Unternehmen und etablierte Kontakte zum Management.

Die einzelnen Wirtschaftsprüfungsgesellschaften verwenden für ihre Beratungsaktivitäten zwar unterschiedliche Bezeichnungen (z. B. Advisory oder Consulting), setzen jedoch ähnliche inhaltliche Schwerpunkte. Sie bündeln in ihren Beratungsaktivitäten das fachliche Know-how zu transaktions-, risiko- und prozessorientieren, strategischen sowie regulatorischen Fragestellungen. Dabei zeichnen sie sich vor allem durch eine hohe finanzwirtschaftliche Kompetenz aus und ermöglichen ihren Mandanten dadurch, den Fokus auf das eigentliche Kerngeschäft zu richten. So werden Unternehmen in Krisensituationen beispielsweise bei der finanziellen, operativen und strategischen Neupositionierung bzw. Restrukturierung unterstützt, um Kosten zu senken, eine tragfähige und nachhaltige Geschäftsplanung zu erarbeiten oder die Finanzierung zu optimieren. Im Aufschwung werden eher Wachstums- und Expansionsstrategien definiert und umgesetzt.

Ausgewählte Beratungsaktivitäten der Wirtschaftsprüfungen

Transaktionsorientierte Fragestellungen

- Mergers & Acquisitions (M&A): Beratung bei der Durchführung von Unternehmenskäufen, -verkäufen und -fusionen sowie Börsengängen (IPOs)
- Durchführung von Unternehmensbewertungen und Kaufpreisallokationen
- Due Diligence: Analyse und Bewertung insbesondere finanzieller, steuerlicher, operativer und ökologischer Chancen und Risiken bei Unternehmenskäufen
- Finanzierungsberatung (Debt Advisory): Unterstützung bei der Identifikation und Realisierung von optimalen Finanzierungsstrategien und -strukturen
- Restrukturierung: Erarbeitung und Umsetzung von Sanierungskonzepten sowie Begleitung der umzusetzenden Maßnahmen

Strategische Fragestellungen

- Wettbewerbsanalyse und Identifikation strategischer Handlungsalternativen
- Erarbeitung von Expansionsstrategien in neue Regionen und/oder neue Produkte
- Optimierung und Neuausrichtung von Vertriebsaktivitäten
- strategische und integrative Beratung im Bereich Human Resources

Regulatorische Fragestellungen

- Implementierung von IFRS oder US-GAAP: Begleitung bei der Umstellung von HGB auf internationale Rechnungslegungssysteme (sogenannte Conversion)
- Unterstützung bei der Entwicklung, Implementierung und Qualitätssicherung von Rating- und Risikomanagement-Systemen
- Corporate Governance: Beratung zur Erfüllung von Compliance-Anforderungen, z. B. in den Bereichen Rechnungslegung, interne Kontrollsysteme und Informationstechnologie
- Unterstützung bei der Umsetzung der Aufsichtsfunktionen im Finanzsystem: Risikobewertung und Qualitätsprüfung von Assets, Stresstests

Prozessorientierte Fragestellungen

- Performance & Controlling: Konzeption und Realisierung von Planungs-, Informations-, Steuerungs- und Controlling-Instrumentarien
- Forensic: Prävention und Aufklärung von Wirtschaftskriminalität
- Treasury & Working Capital Management: Finanzierungs-, Verbriefungs- und Ratingberatung, Unterstützung bei Liquiditäts- und Working Capital Management

Unterschiede zu den klassischen Strategieberatungen

Die großen Wirtschaftsprüfungsgesellschaften profitieren bei ihren Beratungsaktivitäten stark von ihrer Größe und der Vielzahl an Mitarbeitern, die fachliches Know-how aus unterschiedlichsten Disziplinen bündeln. Darüber hinaus gewährleistet ihre weltweite Organisationsstruktur eine dauerhafte Vor-Ort-Präsenz rund um den Globus und damit auch in Kundennähe. Die Berater folgen also der internationalen Expansion ihrer Kunden. Mit zunehmender Komplexität der Themenstellungen werden verstärkt auch spezielle fach- und geschäftsbereichsübergreifende Branchenkenntnisse erforderlich. Daher arbeiten die Berater der Big Four in der Regel in spezialisierten Branchenteams, die die spezifischen Anforderungen einer Industrie kennen (z. B. Automotive, Financial Services etc.). Dieser interdisziplinäre Ansatz aus Fachwissen, lokaler Expertise und Branchenexpertise zeichnet die Beratungsaktivitäten der Big Four aus. So können sie in einem internationalen Umfeld Lösungen für die wichtigsten Herausforderungen erarbeiten, denen sich Unternehmen heutzutage stellen müssen.

Die Wirtschaftsprüfungsgesellschaften zeichnen sich zudem durch meist langjährige Beziehungen zu ihren Mandanten aus. Dies verschafft ihnen beim Verständnis des jeweiligen Geschäftsmodells einen strategischen Vorteil. Während sich klassische Strategieberatungen vor allem auf Konzerne und große Unternehmen konzentrieren, werden für die Beratungsaktivitäten der Big Four auch mittelständische Unternehmen immer wichtiger. Zu den Mandanten gehören nicht nur Industrieunternehmen unterschiedlichster Branchen, sondern auch Finanz- und Dienstleistungsunternehmen, Unternehmen der öffentlichen Hand sowie Non-Profit-Organisationen.

Fazit

Das Beratungsangebot der großen Wirtschaftsprüfungsgesellschaften geht heute weit über ihre ursprünglichen Kernaktivitäten der Wirtschaftsprüfung und Steuerberatung hinaus. Dabei verfolgen sie einen eher analytischen bzw. „zahlengetriebenen" Beratungsansatz, der aber zunehmend um strategische Komponenten ergänzt wird.

Durch ihre wachsenden Beratungsaktivitäten bieten die Big Four für Absolventen und Quereinsteiger viele attraktive Einstiegsmöglichkeiten, insbesondere auch für solche mit Bachelor-Abschluss. Dazu gehören spezielle Einstiegs- und Trainee-Programme, die während ihrer Laufzeit (meist ein bis zwei Jahre) einen Einblick in unterschiedliche Beratungsfelder und Industrien ermöglichen. Außerdem fördern die Wirtschaftsprüfungsgesellschaften bestimmte Berufsexamina wie Steuerberater, Wirtschaftsprüfer, CFA, die Teilnahme an Master-Studiengängen sowie Promotionsvorhaben und bieten berufsbegleitende Weiterbildungsmöglichkeiten an.

Ein weiterer Vorteil zu vielen „reinen" Unternehmensberatungen ist die Erfassung der geleisteten Arbeitszeit auf Arbeitszeitkonten. Eventuell anfallende Mehrarbeit wird entweder am Jahresende gesondert vergütet oder kann in Freizeit umgewandelt werden. Ein enormer Vorteil, der den Mitarbeitern nicht nur eine ausgeglichenere Work-Life-Balance, sondern auch ein höheres Maß an Selbstbestimmung ermöglicht.

Inhouse Consulting

von Dr. Michaela Schütt

Beinahe jeder Großkonzern verfügt heute über eine Inhouse-Beratung. Neben Siemens Management Consulting zählen Volkswagen Consulting und Deutsche Post DHL Inhouse Consulting zu den führenden Akteuren auf dem europäischen Inhouse-Beratungsmarkt.

Strategien aus dem Unternehmen für das Unternehmen

Wie kann das eigene Unternehmen gesellschaftliche Trends mitgestalten? Wie werden sich die relevanten Märkte entwickeln? Welche technologischen Trends sind erkennbar, und welche Wettbewerbssituationen werden entstehen? Als Vorausdenker setzen sich Inhouse-Beratungen intensiv mit solchen Fragen auseinander. Für das Topmanagement erarbeiten und bewerten sie Handlungsoptionen und Strategien, die die Wettbewerbsfähigkeit des Konzerns sichern und dessen Position weiter ausbauen. Dabei verfolgen sie stets einen umsetzungsorientierten Ansatz: Am Ende der Projekte stehen erprobte und praktikable Lösungen, die in gemeinschaftlicher Arbeit mit dem Kunden entstanden sind.

Diese Umsetzungsorientierung erwächst nicht zuletzt aus den gemeinsamen Werten und Zielen, denn Inhouse-Beratungen sind selbst Teil des Konzerns, den sie beraten. Die Zusammenarbeit mit den Unternehmenslenkern basiert auf einer gemeinsamen Unternehmenskultur und ist geprägt von gegenseitigem Vertrauen, Verständnis und dem Ziel, einen nachhaltigen Nutzen für den Konzern zu schaffen. Zudem besitzen Inhouse-Berater fundierte Kenntnisse über das Unternehmen. Mit diesem Wissen können sie realistisch bewerten, welche Strategien umsetzbar sind und wie sich Konzepte erfolgreich implementieren lassen. Gerade diese Praxisnähe verleiht ihnen eine hohe Glaubwürdigkeit und Akzeptanz im Topmanagement.

Sprungbrett ins Management

Die internen Consulting-Firmen sind aber nicht nur dazu da, erstklassige Beratungsleistungen zu erbringen. Inhouse-Berater eignen sich im Laufe ihrer Tätigkeit umfangreiches Wissen über das Unternehmen an und sind mit allen gängigen Beratungsmethodiken und -tools vertraut. Die Erfahrungen, die sie während ihrer Projekte sammeln, sind zudem eine optimale Vorbereitung auf eine verantwortungsvolle Position im Unternehmen. Darüber hinaus knüpfen sie im Rahmen der Projektarbeit bereits wertvolle Kontakte zum Topmanagement ihres Konzerns.

Um diese wertvollen Ressourcen zu bewahren und auszubauen, fördern Unternehmen ihre Berater im Rahmen systematischer Entwicklungspläne sowie mit Trainings und Coachings zur persönlichen Weiterentwicklung. Mit anderen Worten: In den Inhouse-Beratungen wachsen die Manager von morgen heran.

Alternative zur externen Beratung

Wer sich als Absolvent für einen Karrierestart in der Unternehmensberatung entschieden hat, steht als Nächstes vor der Frage, ob dieser Start in der internen oder in der externen Beratung stattfinden soll. Auf diese Frage gibt es keine pauschale Antwort. Beide Alternativen haben ihre Vorzüge – welcher Weg im Einzelfall sinnvoll ist, hängt von den eigenen Zielen und Präferenzen ab.

Für Bewerber, die noch keine klare Vorstellung von ihrer Wunschbranche haben, empfiehlt sich zur Orientierung der Einstieg in einer externen Unternehmensberatung. Stehen aber die Branchenpräferenzen bereits fest, bieten sich in der Inhouse-Beratung größere Entwicklungschancen: Einsteiger haben hier schon früh die Möglichkeit, sich inhaltlich zu spezialisieren und können in kürzester Zeit ein fundiertes Branchenverständnis und Expertenwissen aufbauen. Zudem können Inhouse-Berater bei ihren oftmals internationalen Projekten einen tiefen Einblick in den Konzern bekommen. Von dem Netzwerk, das sie während dieser Zeit aufbauen, profitieren sie nicht nur während ihrer Beratungskarriere. Auch später, in einer Managementfunktion innerhalb des Konzerns, ist dieses Netzwerk von unschätzbarem Wert.

So abwechslungsreich die Projektarbeit ist, so vielfältig sind auch die Karrierewege. Wer in eine Inhouse-Beratung einsteigt, dem bieten sich auch nach seiner Beratungslaufbahn vielfältige und attraktive Entwicklungsmöglichkeiten im Konzern.

Beruf(ung) Unternehmensberater

2. Beruf(ung) Unternehmensberater

Einstiegsoptionen

von Nadja Peters

Unternehmensberater ist ein Beruf sowohl für Absolventen, die sich gerne als Generalisten bezeichnen, als auch für ausgewiesene Spezialisten in unterschiedlichen Feldern. Das Studienfach spielt eine ebenso untergeordnete Rolle wie der Abschluss. Einstiegsmöglichkeiten gibt es zu jedem Zeitpunkt – egal ob die Bewerber noch studieren, ob sie bereits graduiert oder promoviert sind oder schon Berufserfahrung mitbringen. Je nach Abschluss bieten die meisten Beratungen verschiedene Einstiegsmöglichkeiten an, die sich an den jeweiligen Voraussetzungen der Interessenten orientieren.

Während des Studiums: als Praktikant

Eine hervorragende Gelegenheit, das Berufsfeld Management Consulting kennenzulernen und den Berateralltag einmal live zu erleben, ist das Praktikum. Meist arbeiten Praktikanten in Beraterteams beim Klienten vor Ort, Seite an Seite mit erfahrenen Beratern. Oft können sie sogar einen eigenen Aufgabenbereich betreuen. In der Regel dauern Praktika acht bis zwölf Wochen und bieten Karriere-Coaching durch einen persönlichen Betreuer, aber auch die Möglichkeit zur Teilnahme an Veranstaltungen und den Zugang zu diversen Recherche- und Informationsquellen.

Nach dem Bachelor-Studium

Speziell für Bachelor-Absolventen haben viele Unternehmensberatungen besondere Programme ins Leben gerufen. Näheres zu diesem Thema finden Sie auch ab Seite 48.

Nach dem Diplom-, Magister- oder Master-Studium

Der Einstieg nach einem Diplom-, Magister- oder Master-Studium ist der klassische Start in die Consulting-Laufbahn. Die Berater sind in Projektteams beim Klienten im Einsatz. Ihre Aufgaben können das gesamte Spektrum industrieller und institutioneller Bereiche sowie funktionaler Themen abdecken. In Teams arbeiten die Berater an der Lösung komplexer Probleme: Sie erstellen Analysen, entwickeln in enger Zusammenarbeit mit den Führungskräften des Klienten Empfehlungen und unterstützen deren Umsetzung. Dabei werden junge Berater fortlaufend von erfahrenen Kollegen gecoacht. Parallel zur Projektarbeit absolvieren Berater verschiedene Trainings und individuelle Coachings, die sie auf neue Aufgaben vorbereiten.

Weiterbildung und -entwicklung ist in der Beratung ein zentrales Element. So besteht zum Beispiel bei großen Beratungen oft die Möglichkeit, nach einer gewissen Arbeitsphase freigestellt zu werden, um einen weiteren akademischen Abschluss zu erlangen. In dieser Zeit können die Berater ihre Doktorarbeit schreiben oder einen MBA machen - dabei erhalten sie zudem häufig Unterstützung bei der Finanzierung des Studiums. Bei McKinsey gibt es auch die Alternative, sich während seines Leaves für eine soziale Einrichtung zu engagieren. In beiden Fällen beziehen Berater ein Jahr ihr volles Gehalt weiter. Nach der Auszeit steigen die Berater mit zusätzlicher Qualifikation und Expertise wieder in ihrem Beratungsunternehmen ein und übernehmen mehr Verantwortung in ihren Teams.

Nach der Promotion

Einsteiger mit einem zweiten akademischen Abschluss (meist Promotion oder MBA) starten als Berater, die direkt im Team das Topmanagement von Unternehmen oder öffentlichen Institutionen beraten. Bereits nach kurzer Zeit können sie meist schon selbst Führungsaufgaben übernehmen, was sich einige Zeit später in der Beförderung zum Projektleiter widerspiegeln kann.

Mit Berufserfahrung

Beratungen schätzen Bewerber, die durch relevante Berufserfahrung bereits gezielte Fachkenntnisse und Praxisexpertise mitbringen. Diese erlaubt ihnen oft den direkten Einstieg in die Beratertätigkeit spezieller Industriesektoren oder funktionaler Practices wie Marketing oder Operations. Viele Unternehmensberatungen bieten Quereinsteigern mit Berufserfahrung individuelle Vereinbarungen mit attraktiven Konditionen und Karrierechancen. Selbstverständlich erhalten auch sie maßgeschneiderte Trainingsprogramme und kontinuierliche Coachings.

What's in it for me? – Einstieg in die Unternehmensberatung als langfristiger Karriereschub

von Rolf Pfeiffer

Unternehmensberatungen erfreuen sich großer Beliebtheit als Arbeitgeber erstklassig ausgebildeter Absolventen. Dafür gibt es sehr offensichtliche Gründe wie anspruchsvolle Aufgaben, hoch qualifizierte Kollegen, spannende Projekte sowie eine steile Lernkurve. Die Betrachtung der Frage, welchem Beratungsunternehmen man den Vorzug geben soll, enthüllt aus einer Langzeit-Karriereperspektive noch ganz andere Gründe, die für die Entscheidung eines Absolventen relevant werden können.

Die Ausgangssituation

Wir gehen von e-fellows.net-Stipendiaten oder generell besonders leistungsstarken Studierenden aus, die gut ausgebildet, ambitioniert, praxiserfahren, leistungsbereit und anspruchsvoll sind. Sie haben viele Informationen gesammelt, die ihnen die Entscheidung über den Berufseinstieg ermöglichen bzw. erleichtern sollen. Sie haben mehr Möglichkeiten als andere Studenten, an die „weichen" Informationen zu gelangen, die von den Unternehmen nicht offiziell kommuniziert, sondern von den Mitarbeitern im persönlichen Gespräch weitergegeben werden. Sie haben sich bei mehreren Beratungen beworben und mehr als ein Vertragsangebot unterschriftsreif auf dem Tisch liegen. Wie können sie die Angebote bewerten und zu einer Entscheidung kommen?

Die Herausforderung

Die meisten Absolventen können für einen Zeitraum von ca. zwei bis fünf Jahren relativ genau sagen, was sie machen möchten. Fast jeder kann sagen, was er nicht machen möchte (aber das will in einem Einstellungsinterview keiner hören). Nur sind die erste und die zweite berufliche Entscheidung in der Regel von sehr viel größerer Tragweite, als das den meisten im Moment der Entscheidung bewusst ist. Denn es kommen Aspekte zum Tragen, von denen im Bewerbungsprozess kaum bis gar nicht gesprochen wird und die unterschiedliche Beratungsunternehmen auch höchst unterschiedlich bedienen.

Zur Strukturierung der Ausführungen dient eine erfahrungsbasierte Klassifizierung von Beratungsunternehmen. Wer sich damit vertieft befassen will, sei auf die einschlägige Lünendonk®-Liste verwiesen, in der seit vielen Jahren Beratungsunternehmen nach Umsätzen und Mitarbeiterzahlen aufgelistet werden. Sie finden sie auf Seite 18 dieses Buchs. Die nachfolgende Klassifizierung orientiert sich an der Ausrichtung/Größe der Beratung sowie an den typischen Projekten.

Ausrichtung/Größe der Beratung

Man kann Beratungen anhand von zwei wesentlichen Merkmalen unterscheiden: die eher strategische oder (erheblich) IT-lastig-implementierende Ausrichtung der Beratungsleistung einerseits und die auf eine/wenige oder viele Branchen bzw. Funktionen ausgerichtete Beratung andererseits. Diese beiden Merkmale führen in ihrer Kombination zu folgenden Profilen:

		Branchen/Funktionen	Branchen/Funktionen
		eine/wenige	mehrere
Ausrichtung	Strategieberatung	c	a
	implementierende/ realisierende Beratung	d	b

a. die auf mehrere Branchen und Funktionen ausgerichtete Strategieberatung (z. B. McKinsey, Boston Consulting Group, Bain & Company)
b. die auf mehrere Branchen und Funktionen ausgerichtete implementierende/realisierende Beratung (z. B. Accenture, IBM, Capgemini)
c. die auf eine/wenige Branchen oder Funktionen ausgerichtete, eher strategische Projekte bearbeitende Beratung (z. B. Simon-Kucher, Horváth)
d. die auf eine/wenige Branchen oder Funktionen ausgerichtete implementierende/realisierende Beratung (z. B. Towers Watson, zeb.rolfes.schierenbeck.associates, Nagler & Company)

Hierin kann man die Grundstruktur einer bei Beratern so beliebten Vier-Felder-Matrix erkennen. Daraus lassen sich in gewisser Hinsicht die typischen Projekte ableiten, die man unterscheiden kann nach der Größe der Projektteams, der Dauer, der Intensität der Interaktion mit den Klienten bzw. deren Einbindung in die Projektstrukturen. Damit hängen auch die durchschnittlichen Tagessätze zusammen, die wiederum Aufschluss über die Verdienstmöglichkeiten geben können.

Einige Faustregeln dazu: je strategischer die Ausrichtung eines Projekts, desto kleiner das Projektteam und desto kürzer die Projektlaufzeit (Faustregel: klassisches Strategieprojekt = drei bis fünf Berater; drei Monate Projektdauer; meistens reine Beraterteams mit sehr vereinzelt integrierten Klientenmitarbeitern; typisches Endergebnis: Konzept und Präsentation), je operativer und umsetzender die Ausrichtung des Projekts, desto größer die Teams (Faustregel: klassisches Implementierungsprojekt = fünf bis fünfzig Berater, teilweise sogar noch mehr; Laufzeit: sechs bis zwölf Monate, teilweise auch länger; häufig gemischte Projektteams mit einem Verhältnis von Beratern zu Klientenmitarbeitern von 1 zu >1; teilweise temporäre Übernahme operativer Managementfunktionen beim Klienten durch Berater; typisches Endergebnis: ein funktionierender Prozess bzw. ein funktionierendes System).

Die Frage(n)

Welche Kriterien sind es nun, anhand derer man die Bedeutung der Tätigkeit in einer Beratung für die langfristige Karriereplanung bewerten kann? Wie kann ich das Vorhandensein dieser Kriterien erkennen bzw. erahnen? Woher bekomme ich Informationen über ihre Ausprägung? Welche Bewertungsmaßstäbe sollte ich ansetzen, um mir meine Meinung zu bilden? Wie fälle ich darauf basierend eine fundierte Entscheidung?

Die Antwort kann – mit Ausnahme der Einstiegsmöglichkeiten – zusammengefasst als persönliches Erfahrungsprofil, als Resultat der Tätigkeit in der Unternehmensberatung bezeichnet werden. Sie unterteilt sich in mehrere Elemente, die im Folgenden näher beschrieben werden. Um folgende Faktoren geht es hauptsächlich:

- Einstiegsmöglichkeiten
- fachliche/funktionale Erfahrungen
- methodische Erfahrungen
- Interaktionserfahrungen
- Ausstiegsmöglichkeiten und Netzwerk/Commercial Signalling

Es mag sein, dass der eine oder die andere noch weitere entscheidungsrelevante Kriterien für sich identifiziert – das ist der Nachweis, dass man sich intensiv mit der Fragestellung auseinandergesetzt hat. Die Reihenfolge der Beschreibung der Kriterien orientiert sich an dem normalen Tätigkeitszyklus eines Beraters. Mehr als 90 Prozent aller Absolventen, die in der Beratung starten, werden nicht Partner. Deshalb ist das Betrachten der Ausstiegsmöglichkeiten und -zeitpunkte eminent wichtig, auch wenn beim Berufseinstieg nur ungern daran gedacht wird.

Einstiegsmöglichkeiten

Die meisten Beratungen haben ein pyramidales Modell von Projekt- und Unternehmensstrukturen und damit zumindest theoretisch vielfältige Einstiegsmöglichkeiten. Einzelne Vertreter der zuvor aufgeführten Gruppen c und d tun sich mit Absolventen schwerer. Es gibt allerdings noch eine zweite, weit weniger transparente Einschränkung: Einige Vertreter der Gruppe a tun sich sehr schwer damit, Mitarbeiter einige Jahre nach Abschluss eines Studiums als Experienced Hire einzustellen. Der Grund dafür liegt darin, dass sie als einen wesentlichen Bestandteil ihrer USP auf eine Kultur setzen, in die hineinzufinden sehr schwer sein kann. Vor allem, wenn man die erste berufliche Sozialisation außerhalb der Beratung, des M&A-orientierten Investment Bankings oder der Private-Equity-Welt erfahren hat. Wer also in einer Beratung der Gruppe a einen Teil seiner Karriere sieht, sollte den Einstieg möglichst bald nach Abschluss des Studiums suchen. Wer als Experienced Hire in die Beratung einsteigen will, der sollte sich darauf gefasst machen, dass nur ein Teil der bisherigen Erfahrung – etwa bei der Gehaltsfindung – berücksichtigt wird. Das hängt mit den unterschiedlichen beruflichen Erfahrungen und der Steilheit der Lernkurve in der Beratung zusammen.

Fachliche/funktionale Erfahrungen

Die fachliche bzw. funktionale Erfahrung ist eines der wesentlichen Argumente für die Arbeit in Beratungen, denn hier ist in der Regel die Lernkurve viel steiler als in den meisten Nicht-Beratungspositionen. Wer seinen bevorzugten Tätigkeitsbereich (z. B. Finanzen, Marketing etc.) gefunden hat und sich dort rasant weiterentwickeln will, dem kann wahrscheinlich nichts Besseres passieren, als einige Jahre in einer einschlägig anerkannten Beratung zu arbeiten. Wer sich dann umentscheiden will, steht vor dem gleichen Dilemma wie der Mitarbeiter in einem Konzern, der bislang eine Schornsteinkarriere gemacht hat und nun feststellt, dass das Gras in einer anderen Funktion/Position grüner ist, er für diese aber nicht die passende Erfahrung hat.

Zwischenfazit

In den ersten vier, fünf Jahren nach Studienende ist die fachliche/funktionale Lernkurve in einer guten Beratung fast unschlagbar, aber bei den später erstrebenswert erscheinenden Positionen kommt es nur zum Teil auf die Tiefe und Breite dieser Erfahrung an. Der Vorteil der Beratungsunternehmen aus den Kategorien a und b liegt hier in der Breite der möglichen Erfahrungen. Die fachliche Einschränkung ist umgekehrt der Nachteil der Unternehmen in den Kategorien c und d. Wenn auch die Intensität der möglichen Expertise, gerade in diesen beiden letztgenannten Gruppen, sehr hoch sein kann, so ist sie doch auch sehr speziell und damit weniger breit verwertbar als in den Gruppen a und b (siehe auch Ausstiegsmöglichkeiten).

Methodische Erfahrungen

Bei der methodischen Erfahrung schlägt in der Regel die große Stunde der Beratungen. Wer über mehrere Jahre hinweg erfolgreich in einer guten Beratung gearbeitet hat, verfügt über einen persönlichen Methoden-Werkzeugkasten, der für die allermeisten anspruchsvollen Management- und Führungsaufgaben wappnet. Man lernt strukturiertes Arbeiten in unvergleichlicher Weise, und es kann passieren, dass man vor allem von nicht beratungserfahrenen Kollegen den ehrfürchtigen, nicht immer freundlich gemeinten Kommentar hört: „Der arbeitet ja immer so strukturiert." Einziger Nachteil: Es gibt schon ein paar Tausend Alumni der etablierten Beratungsunternehmen, man ist also nicht allein. Sinnvoll ist diese Erfahrung aber allemal. Tendenziell gilt hier: Die Methoden der Beratungsunternehmen aus der Kategorie a sind universeller einsetzbar, dafür aber weniger spezifisch auf die Lösung von Fragestellungen ausgerichtet, die eher eine „Tiefenbohrung" verlangen. Hier sind die Erfahrungen aus Beratungen der Gruppe c unter Umständen hilfreicher. Die Beratungsunternehmen der Gruppen b und d arbeiten selbstverständlich auch methodengestützt. Hier wird man ebenfalls sehr wertvolle Erfahrungen mitnehmen, die einem gute Dienste leisten können.

Interaktionserfahrungen

Die Interaktionserfahrungen sind ein sehr spannendes Gebiet, auf dem man viel lernen kann, das aber auch die Achillesferse vieler Beratungen ist. Interaktion meint in diesem Zusammenhang die Kommunikation mit anderen Menschen, individuell oder in Gruppen, um diese zu informieren, zu überzeugen, zu motivieren, zu führen. Strukturierte Kommunikation lernt man in den meisten Beratungen. Je etablierter die Beratung ist, desto eher gibt es ein formalisiertes Entwicklungsprogramm. Bei jungen Beratungen schaut man sich die Vorgehensweise eher bei den Kollegen ab. Mit dem Überzeugen, dem Motivieren und dem Führen hingegen ist das so eine Sache. Was das Überzeugen angeht, so fühlen sich Berater in aller Regel wohl, wenn sie auf Basis von Analysen und fachlich soliden Fakten argumentieren können. Die dafür nötigen Techniken lernen sie. Problematisch wird es, wenn nicht fachliche oder schwierig zu analysierende Fakten oder gar Emotionen hinzukommen. Das bringt viele Berater in Schwierigkeiten, weil es sich ihren Analysemethoden entzieht. Umgangssprachlich „menschelt" es, fachlich gesprochen gibt es „systemische Gründe", die plötzlich eine große Rolle spielen.

Beim Motivieren und Führen setzt sich das fort. Beratungsunternehmen unterscheiden sich u. a. in einem Punkt sehr deutlich von den meisten anderen Unternehmen: in der Homogenität der Motivstrukturen ihrer Mitarbeiter. Platt formuliert wollen fast alle schnell Karriere machen, sind hoch qualifiziert, liefern überdurchschnittlichen Einsatz und reagieren auf ähnliche Belohnungs- und Anreizsysteme. In den meisten anderen Unternehmen ist das grundlegend anders: Je größer und älter die Unternehmen, desto ausgeprägter sind in der Regel die Unterschiede. Je früher und je intensiver man mit diesen Umständen zu tun hatte, desto leichter fällt später der Wechsel in eine Linienführungsposition bei einem anderen Unternehmen. Das Problem wird noch verschärft durch die Tatsache, dass in immer mehr großen Unternehmen die Strukturen zunehmend unklarer werden. Das wiederum bedeutet, dass klassische „Command and Control"-Ansagen ausgedient haben und es immer häufiger gilt, Kollegen von Ideen oder Vorgehensweisen zu überzeugen, auch und gerade ohne hierarchisch begründete Machtposition. In diesem Umfeld sind die Mitarbeiter der Beratungsunternehmen der Kategorien b und d klar im Vorteil, denn sie haben die Situation des Führens, Überzeugens und Beeinflussens ohne formale hierarchische Machtposition schon häufig im Projektkontext erlebt.

Ausstiegsmöglichkeiten

Ausstiegszeitpunkte sind in den meisten großen Beratungsunternehmen einigermaßen standardisiert: nach zwei Jahren (das ist der Zeitraum, nach dem man wissen sollte, ob Beratung das Richtige ist); nach vier bis fünf Jahren, also kurz vor oder kurz nach der Übernahme von Projektleitungsfunktionen; nach sieben bis acht Jahren, also bei der Frage, ob man sich auch das Leiten großer Projekte oder die Akquise von Zusatzaufträgen innerhalb von Projekten bzw. Kundenbeziehungen zutraut und sich damit auf den Weg zum Partner machen möchte; oder dann im Falle einer Absage bei der Wahl zum Partner. Man kann natürlich auch als Partner aussteigen, weil andernorts interessante, herausfordernde oder lukrative Chancen winken. Der Ausstieg steht jedem jederzeit frei, wenn einem der Lebensstil nicht mehr zusagt – und sei es, weil Lebenspartner und Kinder plötzlich nicht mehr nur graue Theorie sind, sondern quicklebendige Wirklichkeit.

Grundlage des Erfolgs bei einem Wechsel aus der Beratung ist im Wesentlichen die Frage, wie gut man mit den Anforderungen der Position und der Vielfalt der erforderlichen Kompetenzen einerseits und der neuen Unternehmenskultur andererseits klarkommt. Der Erfolg ist umso wahrscheinlicher, je ähnlicher die Anforderungen der neuen Position und die neue Unternehmenskultur den bisherigen Erfahrungen sind. Besonders leicht wird also in der Regel der Wechsel von einer Analysten-Position in einer Beratung in eine fachlich orientierte Funktion, etwa im Corporate Development eines Unternehmens, sein. Gleiches gilt für den Wechsel aus einer Projektleiterfunktion in der Beratung in eine Projektleiterfunktion in einem klassisch organisierten Unternehmen. Wobei hier schon politische Dimensionen zum Tragen kommen können, die man aus der Zeit in der Beratung nicht kennt. Einfach sind auch Wechsel aus der Beratung in der Natur der Arbeit nach vergleichbare Positionen etwa in Investmentbanken oder Private-Equity-Firmen, deren Unternehmenskultur in der Regel der der Beratungen stark ähnelt. Richtig schwierig können Wechsel werden, wenn in der neuen Position etwa die regelmäßige Interaktion mit sehr heterogenen Mitarbeitergruppen eine Rolle spielt, mit denen man bislang wenig bis keine Erfahrungen hat (also z. B. aus der Strategieberatung in eine Rolle als Produktionsleiter mit vielen gewerblichen Mitarbeitern im unmittelbaren Umfeld). Ähnliches gilt für den Einstieg in eine Position, bei der die eigenen fachlichen Qualifikationen weit in den Hintergrund und die Führungs- und Kommunikationsfähigkeiten in den Vordergrund rücken. Hierzu gehören z. B. Bereichsleiterfunktionen in sehr hierarchisch organisierten Unternehmen, in denen die wahrgenommene Qualität der eigenen Arbeit sehr stark vom Einsatz und der Arbeitsqualität vieler Mitarbeiter und Führungskräfte abhängt. Diese haben möglicherweise nicht darauf gewartet, dass ihnen jemand von außen „vor die Nase gesetzt" wird.

Zu all diesen Dimensionen liefern die Beratungsunternehmen der verschiedenen genannten Kategorien aufgrund der typischen Projekte sehr unterschiedliche Erfahrungen. Das sollte man bei der Wahl der Beratung berücksichtigen. Weiterhin gilt, dass etablierte Beratungen z. B. aufgrund des sehr engen Netzwerks, das sie durch viele Alumni haben, den Umstieg in eine neue Funktion außerhalb der Beratung ganz anders unterstützen können, als das bei jungen Beratungen der Fall ist.

Nicht zuletzt zählt das Renommee der Beratung, für die man tätig ist, möglicherweise sehr viel. Einem etablierten Beratungsunternehmen werden viele Eigenschaften zugeschrieben, anders als einem weniger bekannten. Das allerdings kann auch nach hinten losgehen, wenn manche dieser Eigenschaften zu negativen Klischees werden, gegen die man dann individuell antreten muss.

Fazit

Wer sich über diese Fragen Gedanken macht und sie im Auswahlprozess berücksichtigt, wird seinen Erfolg in der Beratung und in seiner Karriere absichern können.

Vergütung in der Unternehmens-beratung

von Carl Walinski

In Deutschlands Wirtschaft und Verwaltung ist der Bedarf an externer Beratungsexpertise seit den 50er Jahren kontinuierlich gestiegen. Dabei spielen die voranschreitende Globalisierung, die wachsende Komplexität der Geschäfts- und Verwaltungsprozesse sowie die immer kürzeren, dynamischeren Veränderungszyklen eine entscheidende Rolle. Auch haben die Verschlankung der Organisationsstrukturen, der Abbau von Hierarchieebenen und die damit verbundene Auslagerung von Know-how diese Entwicklung vorangetrieben. Die gestiegene Nachfrage nach spezifischen Beratungsleistungen spiegelt sich in der seit Jahren positiven Umsatzentwicklung der Gesamtbranche wider. Zwar sind auch Unternehmensberatungen von Konjunktureinbrüchen wie durch die Finanz- und Wirtschaftskrise betroffen, aber diese Umsatzrückgänge werden in den erfolgreichen Jahren schnell wieder kompensiert. Bereits im Jahr 2010 konnten die Unternehmensberatungen in Deutschland wieder deutlich gestiegene Umsätze und Renditen vorweisen. Entsprechend entwickeln sich die Vergütungen in der Beraterbranche - und das für Experten mit den vielfältigsten Erfahrungen und Kenntnissen. Denn nach wie vor stellt das Consulting nicht nur für Wirtschaftswissenschaftler, sondern auch für Ingenieure und Naturwissenschaftler sowie zunehmend auch für Psychologen und Soziologen ein attraktives Berufsfeld dar. Nicht selten stößt man auch auf erstklassige Berater, die nach einem geisteswissenschaftlichen Studium einen erfolgreichen Einstieg in die Unternehmensberatung gefunden haben.

Berufsbild und Karrierewege der Unternehmensberater

Eine überdurchschnittliche Arbeitsbelastung sowie ein hoher Leistungs- und Termindruck - und damit verbunden eine gewisse Stress- und Schmerztoleranz - gehören zum Berateralltag. Allerdings sind gerade der Abwechslungsreichtum, den der Beraterjob mit sich bringt, sowie die Möglichkeit, wirtschaftlich bedeutende Entscheidungen vorzubereiten und umzusetzen, nicht nur herausfordernd, sondern wichtige Argumente der Beratungsgesellschaften bei der Rekrutierung neuer Mitarbeiter. Dies trifft insbesondere auf Hochschulabsolventen und Young Professionals zu.

Die entsprechenden Leistungen und Erfolge vorausgesetzt, bestehen in der Branche auch schon in jungen Jahren exzellente Aufstiegsmöglichkeiten. Der Anteil der jungen Partner und sonstigen Verantwortlichen in Beratungsgesellschaften hat sich in den vergangenen Jahren kontinuierlich erhöht. Die Unternehmen gewinnen und binden ihre Talente, indem sie ihnen ein Höchstmaß an Flexibilität für die persönliche wie berufliche Entwicklung bieten. Trotz zunehmender Bedeutung der Work-Life-Balance sind es aber nach wie vor die interessanten Karriereperspektiven und die damit verbundenen Vergütungshöhen, die für viele Interessenten den besonderen Charme der Unternehmensberatung ausmachen.

Anstieg der Vergütungen im Spiegel der wirtschaftlichen Entwicklungen

Während Beratungsunternehmen bis 2008 deutliche Umsatzzuwächse verzeichnen konnten, blieb auch diese Branche nicht unberührt von den Auswirkungen der Wirtschafts- und Finanzkrise. In den guten Jahren zuvor haben die Beratungshäuser versucht, mit attraktiven Gehaltsniveaus einerseits verstärkt Hochschulabsolventen zu gewinnen und andererseits die nach den ersten Praxisjahren gereiften Young Professionals vor dem Hintergrund hoher branchenspezifischer Fluktuationsraten nicht an Wettbewerber zu verlieren. Seither reagieren sie mit stärkerer Zurückhaltung bei der Rekrutierung von neuen Mitarbeitern und auch bei den Vergütungen. Dabei sind insbesondere die Grundgehälter auf der unteren Karrierestufe unter Druck geraten. Seit Ende 2010 meldet die Mehrzahl der Beratungshäuser jedoch wieder klare Umsatzsteigerungen und höhere Margen. So lag der Branchenumsatz 2015 in Deutschland bei über 27 Milliarden Euro und stieg damit um über sieben Prozent im Vergleich zum Vorjahr. Bleibt die Frage, ob sich diese positive wirtschaftliche Entwicklung auch in den Vergütungsniveaus in der Beratungsbranche niedergeschlagen hat.

Während die Gehälter im Jahr 2012 noch stagnierten oder sogar leicht sanken, zeichnet sich seit 2013 ein moderater, aber konstanter Anstieg sowohl der Grundvergütung als auch der Gesamtvergütung – bestehend aus Grundvergütung und variablem Bonus – ab. Im Bereich der Junior Consultants und Consultants bewegt sich dieser dabei für 2015 im Bereich von 0,5 bis 2,3 Prozent und liegt damit leicht unter der gesamtwirtschaftlichen Gehaltssteigerungsquote von 2,9 Prozent in Deutschland. Auf den höheren Karrierestufen, also im Bereich der Consultants und Senior Consultants, hat sich sowohl die Grund- als auch die Gesamtvergütung hingegen um 3 bis 4,6 Prozent nach oben entwickelt.

Heterogene Vergütungslandschaft

Auch ein Blick auf die absoluten Zahlen in der Gesamtvergütung belegt eine große Spreizung der Vergütungswerte über die Karrierestufen hinweg. Lag das Gesamteinstiegsgehalt für einen Junior Consultant 2015 bei leicht über 48.000 Euro, wurden auf der folgenden Karrierestufe im Durchschnitt bereits knapp 76.000 Euro gezahlt. Auch das Erreichen der nächsten Karrierestufen wird von deutlichen Vergütungssprüngen begleitet. Senior Consultants können sich über Gehaltsniveaus von knapp 130.000 Euro freuen, im Bereich der obersten Fachspezialisten sind es sogar über 161.000 Euro. Diese deutlichen Erhöhungen sind darauf zurückzuführen, dass Unternehmensberatungen verstärkt Einzelpersonen mit speziellen Fach- und Branchenkenntnissen sowie weitreichender Erfahrung suchen bzw. auch ausbilden. Diese wollen sie durch finanzielle Anreize an das Unternehmen binden. So fällt der Anstieg des Gesamtgehalts im Median von der Karrierestufe Consultant auf Senior Consultant mit 71 Prozent sehr deutlich aus, wohingegen der Sprung von der Karrierestufe Senior Consultant auf Bereichsleiterniveau mit 24 Prozent deutlich geringer ist.

Allerdings suggerieren die Werte eine Konformität in der Vergütungslandschaft, die so nicht gegeben ist. Generell ist die Beratungsbranche speziell im Hinblick auf die Vergütung eine der heterogensten Branchen. Natürlich gibt es funktionierende Gehaltsbänder, die sich an den jeweiligen Karrierestufen orientieren. Dessen ungeachtet zeichnet sich die Branche aber durch ein extrem hohes Potenzial an spezialisierten Experten aus, die zudem häufig sehr starke Persönlichkeiten sind. Beides schlägt sich auch in der Vergütung nieder. Der aktuell ermittelte Durchschnittswert für die Gesamtvergütung eines Bereichsleiters liegt bei bei 161.300 Euro, das dritte Quartil liegt hier mit einem Anstieg von etwa 17 Prozent gegenüber dem Median bei 188.500 Euro. Bei den Senior Consultants ist die Differenz zwischen Durchschnittswert (knapp 130.000 Euro) und dem dritten Quartil (156.000 Euro) mit rund 20 Prozent immer noch sehr deutlich. Auf dem Einstiegsniveau ist sie weniger bedeutend – die Grundlagen für eine Spezialisierung (Kenntnis und Erfahrung) sind noch nicht ausreichend ausgeprägt.

Karrierestufe	Grundgehalt in Euro			Veränderung Grundvergütung 2014 zu 2015	Veränderung Grundvergütung 2013 zu 2015
	2015	2014	2013		
Junior Consultant	44.800	44.600	44.000	0,45 %	1,82 %
Consultant	67.100	66.100	65.500	1,51 %	2,44 %
Senior Consultant	101.800	98.400	95.000	3,46 %	7,16 %
Bereichsleiter	123.700	118.300	114.000	4,56 %	8,51 %

Karrierestufe	Gesamtgehalt in Euro			Veränderung Gesamtgehalt 2014 zu 2015	Veränderung Gesamtgehalt 2013 zu 2015
	2015	2014	2013		
Junior Consultant	48.200	47.700	47.000	1,05 %	2,55 %
Consultant	75.900	74.200	73.500	2,29 %	3,27 %
Senior Consultant	129.600	125.800	121.500	3,02 %	6,67 %
Bereichsleiter	161.300	154.600	149.000	4,33 %	8,26 %

Vergütung Business Consulting in den Jahren 2013 bis 2015 nach Grund- und Gesamtgehalt

Spezialisierte Beratungen gewinnen an Bedeutung

Diese Heterogenität in der Vergütungslandschaft verstärkt sich unter Betrachtung der verschiedenen Branchen. Unternehmensberater mit einem Fokus auf Finanzdienstleister oder Pharmaunternehmen werden in der Regel am höchsten vergütet, gefolgt von den Branchen Chemie und IT. Der Schwerpunkt Handel/Retail bietet im Vergleich die geringste Vergütung. Die Unterschiede in der Gesamtvergütung von Themenspezialisten variieren je nach Branche um 20 bis 30 Prozent.

Auch die Frage nach spezieller oder generalistisch orientierter Strategieberatung spielt eine Rolle für die Vergütung des Beraters. In der Regel verdient ein Strategieberater in den großen, namhaften Unternehmen der Branche am besten. Dies wird insbesondere bei den Einstiegsgehältern deutlich, die im Durchschnitt bis zu 30 Prozent über denen der kleineren Beratungsgesellschaften liegen. Auf den anderen Karrierestufen werden von großen Strategieberatungen in der Regel im Vergleich zu den kleineren Spezialberatungen durchschnittlich um 25 bis 35 Prozent höhere Zielgehälter gezahlt.

Doch zeigt sich, dass neben den stark nachgefragten Strategieberatungen zunehmend spezialisierte Beratungsleistungen und damit auf gewisse Teilbereiche fokussierte Beratungsunternehmen gesucht werden. Vor allem in den letzten Jahren ist ein starker Trend in Richtung Spezialisierung bemerkbar. So fragen Unternehmen gezielt nach Spezialisten, zum Beispiel aus dem Human-Resources-, Marketing- oder IT-Management. Diese Nachfrage ist Ausdruck der vorherrschenden flachen Hierarchien in den Unternehmen. Wurden gerade in spezialisierten Themenbereichen Kapazitäten und damit wichtiges Know-how abgebaut, ist diese Lücke nun durch den Einkauf externer Beratungsleistungen wieder zu schließen. Gerade Spezialberater haben sich in den letzten Jahren immer stärker zu „Leiharbeitern" der Unternehmen entwickelt.

Variable Vergütungsbestandteile machen den Unterschied

Bei der Diskussion über die Vergütung von Consulting-Spezialisten ist auch zu berücksichtigen, dass die Grundvergütung, also das jährliche Basisgehalt, wichtig ist, ihr aber in der Gesamtbetrachtung keine herausragende Bedeutung zukommt. Erhöhungen in diesem Bereich haben sich in der Vergangenheit stets in überschaubaren Dimensionen bewegt. Die Schwankungen lagen je nach Unternehmensgröße, Branche und Karrierestufe zwischen null und drei Prozent.

Es ist vor allem der jährliche Bonus als variables Element, der als entscheidender Hebel bei der Differenzierung der Vergütung von Beratern wirkt. Die im vorliegenden Vergleich ausgewiesenen Werte für die Gesamtvergütung wie auch die variablen Bezüge sind Zielwerte, das heißt Vergütungen, die bei einer hundertprozentigen Zielerfüllung zur Auszahlung kommen. Die Projekterfahrung zeigt aber, dass gerade in Consulting-Unternehmen individuelle Jahresgehälter durch ausgezeichnete Mitarbeiter- und Unternehmenserfolge außerordentlich ansteigen können. Die Höhe des durchschnittlichen variablen Vergütungsbestandteils liegt auf den unteren Karrierestufen bei sieben Prozent, auf Bereichsleiterniveau bei etwa einem Drittel. Aber auch hier gilt: In Einzelfällen ist der variable Anteil der Vergütung deutlich höher.

Und noch ein wichtiges Detail ist zu berücksichtigen: Während viele Industrieunternehmen die variablen Bezüge ihrer Mitarbeiter ab einem gewissen Vergütungsniveau deckeln, tun dies Beratungen selten. Das Chancenpotenzial für den einzelnen Mitarbeiter ist damit höher, was für die in der Regel eher dynamisch, extrovertiert und selbstbewusst auftretenden Beraterpersönlichkeiten besonders attraktiv ist. Das Risiko, in schlechten Zeiten mit der eigenen Vergütung auch einmal unter dem Zielwert für Boni und somit der Gesamtvergütung zu liegen, wird bewusst eingegangen.

Die Gesamtvergütung im Blick

Neben den monetären Elementen der Vergütung nutzen immer mehr Unternehmensberatungen einen ganzheitlichen Ansatz (Employee Value Proposition), um Vergütung, Nebenleistungen, Unternehmenskultur und Karriereperspektiven für den Ausbau der Attraktivität als Arbeitgeber, die Steigerung der Motivation und die Mitarbeiterbindung einzusetzen. Ein Mittel, auf das Unternehmen bei der Gewinnung und vor allem stärkeren Bindung von Mitarbeitern zunehmend zurückgreifen, sind Investitionen in die Verbesserung der Vereinbarkeit von persönlichen und familiären Interessen mit beruflichen Anforderungen. Diese Work-Life-Balance-Leistungen fußen auf zwei grundlegenden Ideen:

- dem Konzept der Gesamtvergütung, nach dem Vergütung weitaus mehr als nur der monatliche Betrag auf dem Konto ist, und
- den wichtigsten Anreiztheorien, nach denen Geld wichtig, aber bei Weitem nicht allein und hauptsächlich entscheidend ist für Mitarbeiterbindung und -motivation.

Zu den wichtigsten Work-Life-Balance-Leistungen zählt die Flexibilisierung von Arbeitszeit und -ort. Diese kommt gerade Akademikern entgegen, die in Arbeitsverhältnissen stehen, die keine oder nur eine begrenzte zeitliche wie örtliche Kernpräsenz erfordern, darüber hinaus aber die individuelle Bewältigung des Arbeitspensums gestatten. Es sind zunehmend die großen Strategieberatungen, die mit derartigen Angeboten speziell Frauen für eine Beschäftigung begeistern; aber auch Männern wird mehr und mehr ein ausgewogenes Verhältnis von Arbeit und Privatleben ermöglicht, das – je nach individuellem Hintergrund – nicht mit Geld aufzuwiegen ist. So hat hier gerade in den vergangenen Jahren das Angebot an arbeitsfreien Zeiten (Sabbaticals) und auch familienfördernden Angeboten wie z. B. Krippenplätzen zugenommen.

Eine Renaissance erleben derzeit auch Maßnahmen wie die Bereitstellung von Obst und Snacks im Büro, der Firmen-Einkaufsservice, der Wäsche- und Bügelservice sowie die Bereitstellung von Dienstleistern für die unterschiedlichsten Zwecke – von der Rechtsberatung bei Verkehrsunfällen bis hin zu Notdiensten verschiedenster Art. Die Beratungspraxis zeigt aber, dass Unternehmen mittlerweile sehr genau analysieren, welche Effekte die einzelnen Maßnahmen für bestimmte Mitarbeitergruppen im Sinne der Geschäftsziele erbringen und Angebote dann dementsprechend gestalten.

Fazit

Angesichts der hohen Anforderungen an Persönlichkeit, Qualifikation, Erfahrung und insbesondere die individuelle Leistungsfähigkeit gilt die Beraterbranche zu Recht als eines der herausforderndsten Berufsfelder. Allerdings werden Berater, die dem hohen Anforderungsprofil entsprechen, je nach Branche, Unternehmen und Aufgabenbereich gut bis exzellent vergütet. Das gilt sowohl für Einsteiger wie auch für Mitarbeiter mit langjähriger Berufserfahrung. Angesichts eines engen Mitarbeitermarkts folgen Unternehmen in ihrer Vergütungsphilosophie immer stärker dem Gesamtvergütungsansatz, der einen ausgewogenen, für Mitarbeiter wie Unternehmen attraktiven Deal ermöglicht. Vergütung ist demnach mehr als nur „hard money“. Sie schließt ganz klar auch Nebenleistungen, Möglichkeiten zur Flexibilisierung des Arbeitsumfeldes sowie Entwicklungs- und Karrieremöglichkeiten ein. Dieses unternehmens- und mitarbeiterspezifisch ausgerichtete Gesamtpaket aus sogenannten harten und weichen Vergütungsbestandteilen macht am Ende den Unterschied. Am Geld allein lässt sich die Attraktivität eines Arbeitgebers immer weniger festmachen, auch – und vielleicht erst recht – in einer Branche mit einem grundsätzlich hohen monetären Vergütungsniveau.

Mit Bachelor in die Unternehmensberatung

von Karen Brandt

Durch das Bologna-Abkommen von 1999 gibt es immer mehr Bachelors auf dem Arbeitsmarkt. Doch nach wie vor stellen viele Unternehmen Bachelor-Absolventen entweder nur unter Vorbehalt oder überhaupt nicht ein. Die Haltung gegenüber Bachelors ist von Branche zu Branche unterschiedlich. Unternehmensberatungen reagierten bereits frühzeitig. Fast alle großen Strategieberatungen bieten mittlerweile Einstiegsmöglichkeiten speziell für Bachelor-Absolventen an. Von Trainee-Programmen über befristete Verträge bis hin zu einer unbefristeten Anstellung als Berater wurden verschiedene Varianten durch die Beratungshäuser entwickelt. Dennoch gibt es bei vielen Topabsolventen die Befürchtung, dass man insbesondere bei einer Managementberatung eher „Edelpraktikant" als vollwertiger Consultant ist.

Große Unsicherheit unter den Absolventen

Viele Absolventen entscheiden sich unmittelbar nach dem Bachelor-Abschluss für einen konsekutiven Master. Dies hängt oft mit der großen Unsicherheit unter den Bachelor-Absolventen bezüglich eines Berufseinstiegs zusammen: „Hat meine Ausbildung mich umfassend genug auf den Beruf vorbereitet? Welche Aufgaben werde ich übernehmen können? Wird mein Alter eine Rolle spielen? Akzeptiert mich der Kunde?" Die Zweifel sind groß. Doch gerade die Managementberatung bietet eine der besten Einstiegsmöglichkeiten für diese Gruppe.

Mittlerweile haben Beratungen genügend Erfahrung mit Bachelor-Absolventen gesammelt – und diese waren größtenteils positiv. Universitätsabgänger mit Bachelor-Abschluss sind heute eine wichtige Säule der Einstellungsstrategie. Bei Oliver Wyman gehören Neueinsteiger mit diesem Abschluss zum festen Bestandteil des Beraterteams. Bachelors starten als Consultant, werden sofort beim Kunden vor Ort eingesetzt und übernehmen direkt Verantwortung im Projekt. Durch umfassende Förderung und Trainings sowie gezielt geplante Projekteinsätze wird sichergestellt, dass der Neueinsteiger sein Potenzial bestmöglich entfalten kann. Die Erfahrungen sind bisher sehr positiv. Die Geschwindigkeit, mit der Bachelor-Absolventen innerhalb der Beratung Karriere machen, ließ anfängliche Zweifel sofort abklingen. Viele Bachelors der ersten Stunde sind mittlerweile in senioren Projektleiter-Rollen tätig, absolvieren im Rahmen von Förderprogrammen zurzeit einen MBA an einer der Topuniversitäten oder haben sogar den direkten Sprung in ein Doktorandenprogramm geschafft.

Das Alter stellt kein Hindernis dar

Die Bachelor-Absolventen treten durchschnittlich ein bis zwei Jahre früher in das Berufsleben ein, während inbesondere in den Topmanagement-Beratungen die Kunden deutlich älter sind. Oft haben Bachelors daher Bedenken, ob sie sich beispielsweise während einer Präsentation vor dem Kundenvorstand durchsetzen können oder ernst genommen werden.

Der Verunsicherung kann jedoch entgegengewirkt werden. So bestehen Projektteams häufig aus einer gesunden Mischung aus erfahrenen und jüngeren Beratern. Das ermöglicht eine hohe Akzeptanz beim Kunden und erlaubt es, die Fähigkeiten von „alten Hasen" mit den frischen, neuen Ideen von jungen Beratern zu kombinieren. Berater übernehmen bereits von Anfang an inhaltliche Verantwortung und können durch ihre Arbeit und die wachsende Kompetenz sukzessive Akzeptanz beim Kunden aufbauen. Das Alter spielt keine Rolle mehr, da sich ein junger ebenso wie ein erfahrener Berater dem Kunden gegenüber immer durch gute inhaltliche Arbeit, analytische Fähigkeiten und soziale Kompetenz beweisen muss.

Seine soziale Kompetenz kann man bereits während des Studiums weiter ausbauen, etwa durch ehrenamtliches Engagement und die Übernahme von Verantwortung, beispielsweise durch die Mitarbeit in Hochschulgruppen oder Vereinen. Hinzu kommt die Teilnahme an Veranstaltungen von Unternehmen, die durch Fallstudien, Trainings oder Soft-Skill-Seminare wichtige Fähigkeiten für das Berufs- und Beraterleben schulen. Die großen Beratungen bieten zudem häufig (auch mehrtägige) Workshops an, die ganz unterschiedliche inhaltliche Schwerpunkte haben und teilweise auch exklusiv für Bachelors angeboten werden. So erhält man als Bachelor-Student gemeinsam mit Studenten anderer Fachrichtungen aus ganz Europa die Möglichkeit, detaillierten Einblick in die Arbeit der Topmanagement-Beratung zu gewinnen und durch persönliche Gespräche mit Beratern das Unternehmen und seine Kultur intensiv kennenzulernen. Im Rahmen solcher Veranstaltungen besteht ausreichend Gelegenheit, Bedenken und Ängste hinsichtlich eines direkten Einstiegs in das Berufsleben anzusprechen und Informationen aus erster Hand zu bekommen.

Flexible Weiterentwicklung ist entscheidend

Neben den inhaltlichen Erwartungen an den Job spielen für Bachelor-Absolventen die Weiterentwicklungsmöglichkeiten im Unternehmen eine wichtige Rolle bei der Entscheidung für oder gegen den Direkteinstieg in die Beratung. Kaum ein Topabsolvent will sich heute mit dem Bachelor als alleinigem Abschluss zufriedengeben. Meist wird mittelfristig eine Weiterbildung angestrebt. Da sich die Angebote der Managementberatungen erheblich voneinander unterscheiden, sollte jeder Neueinsteiger genau prüfen, welche Möglichkeiten ein potenzieller Arbeitgeber bietet und ob diese zur persönlichen Planung passen.

Flexibilität hat einen hohen Stellenwert. Unternehmensberatungen müssen sich den Anforderungen der Absolventen stellen und ihre Personalpolitik langfristig auf die Bedürfnisse der Bachelors ausrichten. Daher haben viele Beratungen eigene Bachelor-Programme geschaffen, die ein Sprungbrett in die erfolgreiche Karriere darstellen können und gleichzeitig Raum für die persönliche Weiterentwicklung garantieren.

Zum Einstieg werden häufig Trainingsprogramme angeboten, die die Neulinge auf die herausfordernde Tätigkeit eines Beraters vorbereiten. Mit Unterstützung des Unternehmens steht Bachelor-Absolventen oft die Tür zum Master, MBA oder zur Promotion offen – zu einem möglichst flexiblen Zeitpunkt, der zu der persönlichen Karriere- und Lebensplanung passt. So wird sichergestellt, dass der direkte Berufseinstieg als Bachelor die persönlichen Möglichkeiten nicht einschränkt, sondern erweitert.

Eine typische Beraterwoche

von Birte Schreitter von Schwarzenfeld

„Stefan, hast du irgendwo noch Druckerpapier gesehen?", ruft Tina. „Das Meeting mit dem Vorstand fängt in zehn Minuten an, und die Präsentation ist noch nicht fertig ausgedruckt. Die letzten Änderungen wurden ja noch vor ein paar Minuten gemacht. Und jetzt streikt der Drucker!"

Die Präsentation vor dem Kunden ist häufig das Highlight einer Beraterwoche, bis zur letzten Minute wird darauf hingearbeitet. Doch wie kommt die fertige Präsentation zustande, und was passiert drumherum? Im Folgenden wird am Beispiel von Tina beschrieben, wie die typische Woche eines Consultants aussehen kann.

Montag

Tinas Woche beginnt um 4:45 Uhr morgens. Das Taxi steht um 5:30 Uhr vor der Tür, um sie rechtzeitig zum 7-Uhr-Flieger zu bringen. Am Flughafen geht alles schnell und routiniert, und das Flugzeug hebt pünktlich ab. Das erste Meeting beim Kunden steht bereits um 10 Uhr auf der Agenda. Da bleibt zeitlich nicht viel Spielraum. Zum Glück bekommen Tina und ihre Teamkollegen ohne Probleme ein Taxi, sodass sie die Firmenzentrale des Kunden gegen 9 Uhr erreichen.

Als Erstes trifft Tina sich mit ihrem Projektleiter Stefan, um den Ablauf des heutigen Tages zu besprechen. Sie treffen sich im Teamroom, d. h. in einem Bereich, den der Kunde für sie vor Ort bereitgestellt hat und der eine Art „mobiles Büro" ist, komplett mit Drucker, Wireless-Router und sogar ein paar Snacks.

Im aktuellen Projekt hilft das Team dem Kunden, eine firmeninterne Kommunikation zu entwickeln, die die Vorteile der neuen IT-Strategie beschreibt. Hierfür befragt Tina Abteilungsleiter im Unternehmen, welche Bedenken sie bezüglich der neuen IT-Strategie haben. Für Montag ist eine Reihe von Interviews geplant und aufgesetzt. Den dafür nötigen Interview-Leitfaden hat Tina bereits in der letzten Woche erstellt und mit Stefan abgestimmt.

Die Interviews vergehen wie im Flug, gegen 17:30 Uhr ist Tina wieder im Teamroom. Nun macht sie sich daran, aus den Interview-Notizen die häufigsten Bedenken herauszuarbeiten. Um 19 Uhr setzt Tina sich mit Stefan zusammen, um die Ergebnisse und potenzielle Reaktionen zu besprechen. Außerdem zeigt Tina Stefan ein paar Entwürfe von PowerPoint-Folien, die sie für das sogenannte Case Team Meeting am nächsten Tag vorbereiten will – dort kommen alle Berater des Projekts, inklusive der Partner, zusammen, um vorliegende Inhalte zu präsentieren und zu diskutieren. Tina möchte dem Team am kommenden Tag die Hauptbedenken der Abteilungsleiter vorstellen und zusammen mit den Kollegen die möglichen Reaktionen weiter ausarbeiten. Stefan gibt ihr noch eine Reihe von Verbesserungsvorschlägen mit auf den Weg, um die Inhalte auf den Folien möglichst überzeugend darzustellen. Damit wird Tina an diesem Abend noch lange beschäftigt sein.

Um 20 Uhr bestellt das Team Essen in den Teamroom, es gibt Pizza. Gegen 23 Uhr nehmen sie ein Taxi zum Hotel. Einige Berater gehen noch auf einen Drink an die Hotelbar.

Dienstag

Das Case Team Meeting ist für 11 Uhr angesetzt. Die Diskussion ist lebhaft, jeder kann und soll seine Meinung frei äußern. Außer Tina präsentieren noch zwei weitere Kollegen ihre Inhalte. Die Folien werden für die große Vorstandspräsentation am Donnerstag zusammengefasst. Der Partner merkt an, dass Tinas Teil noch mit Best Practices angereichert werden sollte: Was hat bei ähnlichen Aufgabenstellungen am besten funktioniert? Tina und Stefan vereinbaren, wie sie das angehen wollen: Zuerst wird Tina das Wissensmanagement-Team kontaktieren, und dann werden sie Kollegen anrufen, die in diesem Bereich bereits Erfahrung haben.

Nachdem am Montag nur Zeit für ein schnelles Sandwich zum Mittagessen war, geht Tina heute mit Kollegen in die Kantine des Kunden. Am Nachmittag führt sie noch zwei weitere Interviews und integriert die Ergebnisse. Außerdem startet sie mit dem zweiten Arbeitsblock für diese Woche: dem Benchmarking. Das Beraterteam soll vergleichen, wie effizient die neue IT-Strategie des Kunden im Vergleich zu anderen Unternehmen ist. Nach kurzer Vorrecherche im Intranet der Beratung und im Internet überlegt Tina sich, welche Kennzahlen für den Vergleich sinnvoll wären und fragt Stefan nach seiner Einschätzung.

Da das Benchmarking bereits am Mittwochnachmittag für eine erste Durchsicht mit dem Projektleiter des Kunden benötigt wird, ist Eile geboten. Tina bereitet ein Template vor, in das ein Kollege aus dem Wissensmanagement-Team die nötigen Informationen direkt eintragen kann. Nach kurzer Rücksprache verspricht ihr der Kollege, die Daten bis Mittwochmittag zu liefern. Parallel überlegt Tina sich bereits, wie sie die Ergebnisse auf Folien grafisch darstellen kann. Zusammen mit ihren geänderten Folien sendet sie die Infos an Stefan für weiteres Feedback. Gegen 20 Uhr bricht das Team zu einem gemeinsamen Teamdinner auf.

Mittwoch

Das Wissensmanagement-Team hat Tina einige Kollegen genannt, die sie anruft, um Best Practices zu sammeln. Die besten arbeitet sie im Anschluss bereinigt in ihre Folien ein. Außerdem bekommt sie wie versprochen die Benchmarking-Daten und analysiert sie in Excel.

Bis 16 Uhr arbeitet das Team mit Hochdruck daran, die Folien fertigzustellen. Der Projektleiter des Kunden möchte alle Inhalte sehen, bevor sie am nächsten Tag dem Vorstand präsentiert werden. Tina stellt dem Projektleiter die Folien selbst vor, am Donnerstag werden Stefan und der Partner dann dem Vorstand die Ergebnisse präsentieren.

Die Präsentation am Mittwoch läuft gut, der Projektleiter hat noch einige Änderungsvorschläge. Tina kontaktiert erneut das Wissensmanagement-Team, um kurzfristig zusätzliche Daten zu bekommen. Der Partner möchte am Donnerstag um 10 Uhr alle Folien durchgehen, bis dahin müssen alle Änderungen eingearbeitet sein. Es wird also ein langer Abend…

Donnerstag

Nach einer kurzen Nacht sind die Folien um 10 Uhr tatsächlich fertig, und der Partner ist zufrieden. Einige Folien sind allerdings noch nicht ausdrucksstark genug und werden noch ein letztes Mal geändert. Um 15 Uhr geht dann alles zum Vorstand, Tina druckt die Präsentation aus. Während Stefan und der Partner präsentieren, warten Tina und ihre Teamkollegen gespannt: Wie kommen die Folien an? Wird der Vorstand ihren Empfehlungen folgen?

Nach dem Meeting kommt Stefan mit guten Nachrichten zurück: Der Vorstand hat den Vorschlag abgesegnet, das heißt, es kann mit Volldampf in die nächste Phase gehen. Das Team diskutiert grob das weitere Vorgehen.

Um 17 Uhr fährt Tina mit ihren Teamkollegen im Taxi zum Flughafen. Gegen 21 Uhr ist Tina wieder zu Hause.

Freitag

Freitag ist Office Day. Im Heimatbüro erledigt Tina einige administrative Dinge wie die Reisekostenabrechnung und bereitet die nächste Woche vor, indem sie Meetings vereinbart und Analysen vorstrukturiert. Außerdem nutzt sie den Freitag zum Networking – beim Mittagessen kommt das gesamte Büro zusammen. Das ist eine gute Gelegenheit, neue Leute kennenzulernen und sich mit alten Bekannten auszutauschen.

Gegen 19 Uhr geht Tina nach Hause und freut sich auf ein ruhiges Wochenende, bevor am Montag wieder eine neue spannende Woche beginnt.

Work-Life-Balance: Mut zur Selbstentfaltung

von Tim Ruhoff

Balance ist eine Situation, in der unterschiedliche Elemente ausgewogen sind oder in der korrekten Proportion zueinander stehen. Das „Work" bei Work-Life-Balance ist leicht zu definieren - alles, was zum Job dazugehört: Reisen, Arbeit mit unterschiedlichen Kunden, in diversen Ländern, in vielen Sprachen und mit einer Fülle von spannenden Themen.

„Life" sollte dementsprechend der Gegenpol sein. Aber ist Arbeit nicht auch ein Teil des Lebens, der sogar Spaß machen kann? Wichtig ist letztlich, dass man außerhalb des Jobs den Kopf frei bekommt und Kraft tankt. Da Unternehmensberatungen eine Menge fordern, wissen sie, dass ihre Consultants diese Balance benötigen und sind für viele Wege offen - geschenkt wird einem allerdings auch in der Beraterbranche nichts!

Das richtige Unternehmen

Nicht ohne Grund ist der sogenannte Insel-Test für beide Seiten ein essenzieller Bestandteil in jedem Bewerbungsgespräch: Könnte ich mit meinem Gegenüber eine Woche auf einer einsamen Insel ausgesetzt werden und mit ihm dort auskommen? Kann man es sich nicht vorstellen, wird es schwer, die richtige Balance zu finden. Denn auf einem Beratungsprojekt verschwimmt die Grenze zwischen Work und Life oft wesentlich stärker als bei anderen Jobs. Lange Schichten im Project Office, gemeinsame Wochenenden im Ausland und eine sehr intensive Zusammenarbeit sollten weitestgehend harmonisch ablaufen. Bewerber haben nach einem erfolgreichen Gespräch daher oft die Chance, an einem Schnuppertag ihre zukünftigen Kollegen kennenzulernen. Häufig bekommt man aber schon durch die vielen Einzelinterviews im Bewerbungsprozess einen guten Eindruck von den Kollegen. Falls man hier ein schlechtes Gefühl hat, wird man auf lange Sicht in der Firma nicht glücklich.

Beratung und die Zeit mit den Kollegen müssen einem Spaß machen. Jedes Beratungsunternehmen bietet unterschiedliche Chancen und hat einen anderen Spirit. Während man in kleinen Beratungen oft noch familiäre Umgangsformen findet, kann es in großen Beratungen passieren, dass man über Jahre nie auf zwei Projekten mit den gleichen Kollegen arbeitet. Auch deshalb ist es entscheidend, sich vorher zu überlegen, was einem persönlich wichtig ist. Die Probezeit sollte daher immer sehr bewusst genutzt werden, um sich zu überlegen, ob die Beraterpraxis für den eigenen Lebensweg balancierbar ist.

Work-Life-Balance in der Unternehmensberatung

Bevor man sich für eine Karriere als Berater entscheidet, sollte man sich überlegen, welchen Stellenwert welche Freizeitaktivitäten im eigenen Leben haben sollen. Es ist schlicht falsch zu sagen, dass es in der Beratung keinen Raum für Freizeit und Selbstentfaltung gibt. In der Praxis muss man sich aber zwei Herausforderungen stellen:

Zum einen hat man meist nur einen kurzen Planungshorizont für seine Projekteinsätze und ist die Woche über oft stark eingespannt. Es gibt Kunden, bei denen man morgens um 6:30 Uhr startet und andere, bei denen der Berater erst ab 10 Uhr mit den Mitarbeitern sprechen kann. Das Arbeiten über unterschiedliche Zeitzonen hinweg verkompliziert die Situation häufig noch. Oft muss sich ein Berater kurzfristig auf den nächsten Kunden einstellen und seine Work-Life-Balance den Gegebenheiten anpassen.

Zum anderen ist man abends oft beim Kunden und damit lokal gebunden. Selbst wenn man rechtzeitig aus dem Büro käme, könnte man nicht am Fußballtraining des Heimvereins teilnehmen. Aber: Es gibt durchaus Teams, die einen flexibel mittrainieren lassen. Das gilt für Wien gleichermaßen wie für Kopenhagen.

Aktiver Umgang mit Freizeit im Alltag

Der Beraterallltag ist fordernd: Wenn eine Vorstandspräsentation um Punkt 9 Uhr fertig sein muss, dann muss sie bis dahin auch wirklich fertig sein. Viele wichtige Aufgaben lassen sich langfristig planen und zeitgerecht umsetzen. Es gibt aber auch Kunden, die großzügig sagen: „Machen Sie sich keinen Stress, es reicht, wenn ich die (noch nicht existierende) Präsentation in einer Stunde habe." Dann ist Einsatz gefragt – und zwar reichlich.

Auf der anderen Seite sollte man auch den Mut haben, seine Freizeit aktiv in das Beraterleben zu integrieren. Eine Beratung, die viel verlangt, sollte auch bereit sein, ihren Beratern Raum zur Selbstentfaltung zu geben. Wenn man in den Sommermonaten z. B. abends Sport treiben will, ist es nicht unmöglich, ab und zu um 18 Uhr zu gehen. Wichtige E-Mails können auch noch danach oder frühmorgens beantwortet werden – Hauptsache, die Ergebnisse stimmen. Wenn man am Brückentag arbeitet, der Kunde aber keine Anwesenheit verlangt, lässt sich ein solcher Tag nach Absprache auch im Home Office verbringen.

Oft lassen sich Beratung und Freizeit durchaus gut miteinander kombinieren. Hat man den eingangs erwähnten Insel-Test bestanden, spricht viel für eine Freizeitgestaltung mit den Kollegen. Dies hilft nebenbei auch dabei, im Beruf besser zu werden, denn Beratung ist ein Teamsport, und man sieht seine Projektkollegen definitiv mehr als seinen Partner und die Familie. Wenn man die Arbeit gelegentlich mit etwas Freizeit kombiniert, kann das auch auf die Zusammenarbeit positive Auswirkungen haben.

Kommst du heut' nicht…

…wird es wohl erst am nächsten Wochenende gehen. Das Wochenende ist der Zeitraum, auf den ein Berater seine Freizeitaktivitäten fokussiert, und das sollte man gut planen. Am Donnerstag kommt man zurück und packt den Koffer aus, freitags sind viele Kollegen im Büro, man hat Meetings, Trainings und Workshops, anschließend ein Bier an der hauseigenen Bar, und schon ist es 19 Uhr und Wochenende. Am Sonntag muss der Koffer dann gepackt werden, damit es am Montag wieder losgehen kann. Die verbleibende Zeit sollte also sinnvoll genutzt werden.

Besonders wichtig ist die Erkenntnis, dass das persönliche Umfeld oft einen vollkommen anderen Rhythmus hat als ein Berater. Anfangs wird man noch zu Kinoabenden und Konzerten am Dienstag eingeladen, aber irgendwann verschwindet man aus dem Verteiler. Auch die besten Freunde gewöhnen sich an die Absagen und wollen einem dann auch nicht das Gefühl geben, etwas zu verpassen. Hier sollte man aktiv gegensteuern und sich frühzeitig an die Freizeitplanung für das Wochenende machen, um nicht vom Radar der Freunde und Bekannten zu verschwinden, und um verpasste Treffen nachzuholen.

Was Unternehmensberatungen bieten

Die Work-Life-Balance ist längst zum Buzzword avanciert und darf auf keiner Bewerberwebsite fehlen. Im Rahmen ihrer jeweiligen Möglichkeiten bieten große und kleine Unternehmensberatungen ähnliche Modelle. Längere kreative Pausen, wie beispielsweise ein Ausstieg auf Zeit für den Aufbau eines eigenen Unternehmens, eine Promotion, einen MBA oder Ähnliches sind denkbar. Die Frage ist nur: Wann?

Dabei gilt die Regel: Je kleiner die Beratung, desto flexibler die Programme. Auch Weiterbildungsmöglichkeiten werden oft an Bedingungen und festgelegte Zeiten geknüpft. Legt man auf diese Programme Wert, sollte man bereits im Bewerbungsgespräch die grundlegenden Details klären.

Neben den Möglichkeiten für längere Auszeiten bieten Unternehmensberatungen natürlich weitere Programme an, um Bewerber von sich zu überzeugen. Beispiele dafür sind Sommerfeste, Ski-Events mit der Firma, Abendveranstaltungen, exotische Weiterbildungsmaßnahmen und vieles mehr. Hier ist das Angebot in großen Unternehmensberatungen sicherlich breiter, es werden aber nicht zwangsläufig alle Kosten vom Unternehmen getragen. Wie so oft lohnt sich hier genaues Nachfragen.

Darauf sollte man achten

Bevor man sich für den Weg in die Unternehmensberatung entscheidet, sollte man wissen, ob man bereit ist für einen Lebensabschnitt auf der Überholspur. Das Plus an Erfahrung und der Einblick in die unterschiedlichsten Unternehmen, die spannenden Herausforderungen und die steile Lernkurve gehen ganz klar mit einem Minus an flexibler Freizeitgestaltung einher.

Nicht jede Unternehmensberatung ist gleich, und nicht überall gehören Nachtschichten zum täglich Brot. Oft lohnt es sich, genau nachzufragen und sich bewusst bei unterschiedlichen Beratungen zu bewerben. Alle Beratungen suchen den fleißigen, alleskönnenden Entrepreneur und generalistischen Multispezialisten. Nicht immer passt das Unternehmen aber zu den persönlichen Erwartungen, denn nicht alle Beratungen setzen die gleichen Schwerpunkte.

Unabhängig davon, für welche Beratung man sich entscheidet, steht fest, dass zur eigenen Regeneration ein passender Ausgleich gehört, der bei jedem Menschen anders gewichtet ist. Ohne eine angemessene Work-Life-Balance ist die Profession und Passion eines Consultants auf Dauer nicht lebbar!

Karrieresprungbrett studentische Unternehmensberatung?

von Dominik Klimmek

Ob Erstsemester oder frischgebackener Absolvent – eine Karriere bei den großen Namen der Consulting-Branche ist bei Studenten verschiedenster Fachrichtungen heiß begehrt. Doch der Einstieg ist mit erheblichen Hürden verbunden: Exzellente Studienleistungen, analytischer Scharfsinn, Unternehmergeist und Projekterfahrung sind nur Auszüge aus der Wunschliste der Topunternehmen, an denen oftmals schon die Aussicht auf ein Praktikum scheitert. Die gute Nachricht: Zumindest in Bezug auf die letzten drei Bereiche können sich Consultants in spe durch die Tätigkeit bei einer studentischen Unternehmensberatung weiterentwickeln, wertvolle Erfahrung sammeln und somit ihren Marktwert erheblich steigern.

Historie

Die Idee, motivierten Studenten bereits während ihrer Ausbildung die Möglichkeit zu geben, ihre theoretischen Kenntnisse in die Praxis umzusetzen, wurde 1967 in Frankreich geboren und von dort aus in die ganze Welt getragen. 1988 schwappte die Welle nach Deutschland über und führte zur Gründung der ersten deutschen studentischen Unternehmensberatung in Darmstadt. Bis heute sind den Pionieren aus Darmstadt etwa 80 weitere Initiativen an Universitäten und Fachhochschulen im gesamten Bundesgebiet gefolgt, die zumeist in Form eines eingetragenen Vereins organisiert sind.

Um auch angesichts dieser großen Anzahl die Qualität der Beratungsleistungen zu sichern, haben sich 32 studentische Initiativen mit insgesamt 2.000 Mitgliedern zu dem 1992 gegründeten Bundesverband Deutscher Studentischer Unternehmensberatungen (BDSU) zusammengeschlossen. Der BDSU fördert den Wissens- und Erfahrungsaustausch zwischen den einzelnen Initiativen. Zudem müssen sich die Mitglieder des BDSU zu hohen Qualitätsstandards verpflichten, deren Einhaltung jährlich überprüft wird.

Beratungsbereiche und -leistungen studentischer Unternehmensberatungen

Studentische Unternehmensberatungen decken das gesamte Spektrum der klassischen Beratungsleistungen ab. Neben Marktstudien und Prozessanalysen bieten die studentischen Berater IT-, Personal- und Strategieberatung an, entwickeln Marketing- sowie Markteintrittsstrategien und erstellen Business-Pläne. Einige Initiativen haben sich dabei auf bestimmte Beratungsleistungen oder Branchen spezialisiert und verfügen in diesen Bereichen über eine Expertise, die der kommerzieller Spezialberatungen in nichts nachsteht. Aufgrund ihres engen Kontakts zu Hochschulen und Professoren werden studentische Unternehmensberatungen zudem gerne mit der Erstellung wissenschaftlicher Studien beauftragt.

Die Kundschaft der studentischen Berater reicht vom Familienbetrieb über den Mittelstand bis hin zum globalen Großkonzern. Auch Vereine im Profit- und Non-Profit-Sektor schätzen die maßgeschneiderten Lösungen der Studenten. Beispielsweise veranstaltete das Berliner Campus Projekt einen Marketingworkshop für den Fußballverein Union Berlin.

Aus Sicht der Kunden spricht eine ganze Reihe von Gründen für studentische Unternehmensberatungen: Ihre Mitglieder zeichnen sich aufgrund des interdisziplinären Ansatzes durch besonders innovative und kreative Lösungen aus und befinden sich durch engen Kontakt zu Hochschulen und Professoren stets auf dem neuesten Stand der Wissenschaft. Darüber hinaus zeigen die Studenten ein außerordentliches Maß an Motivation, da eine gute Leistung einer Empfehlung für potenzielle Arbeitgeber gleichkommt. Im Gegensatz zu den „Großen" sind studentische Beratungen bereit, auch Projekte mit einem Umfang von nur wenigen Tagen zu übernehmen. In puncto Flexibilität bieten sie ihren Kunden ebenfalls einen herausragenden Service, da sie lediglich ein paar Tage Vorlaufzeit benötigen, um ein Projektteam zusammenzustellen und ein Angebot vorzubereiten.

Anforderungen an studentische Unternehmensberater

Um dieser Vielfalt an Beratungsprojekten und Kunden gerecht zu werden, setzen studentische Unternehmensberatungen auf interdisziplinäre Zusammenarbeit. Gesucht werden Generalisten wie auch Spezialisten aller Fachbereiche, die neben fundiertem Fachwissen aus dem Studium über eine schnelle Auffassungsgabe verfügen und jederzeit dazu bereit sind, sich in neue Sachverhalte und Aufgabenstellungen einzuarbeiten. Letzteres setzt vor allem Durchhaltevermögen und Begeisterungsfähigkeit voraus.

Beratungsprojekte erfolgreich und termingerecht abzuschließen, erfordert darüber hinaus Organisationsvermögen, ein gutes Zeitmanagement und die Fähigkeit, auch dann noch einen kühlen Kopf zu bewahren, wenn die Deadline bedrohlich nahe rückt. Da die Projekte stets im Team absolviert werden, ist außerdem ein hohes Maß an sozialer Kompetenz und Kommunikationsstärke ein absolutes Muss.

Wer über diese Schlüsselqualifikationen verfügt, hat gute Chancen, im Auswahlverfahren zu bestehen: Nach erfolgreicher schriftlicher Bewerbung werden die Kandidaten zu ausführlichen Einzelgesprächen eingeladen, in denen ihre Motivation für eine Tätigkeit als studentischer Berater sowie ihre fachliche und persönliche Kompetenz ergründet werden. In einigen studentischen Beratungen müssen sich Bewerber zusätzlich sogar einem kompletten Assessment-Center stellen. Darin können sie ihre Eignung bei der Bearbeitung und Präsentation einer Fallstudie unter Beweis stellen.

Wer diese Hürde genommen hat, erhält zunächst die Anwartschaft und wird mit Pflichtschulungen in den Bereichen Projektmanagement, Rhetorik, Präsentationstechnik und Angebotserstellung auf seine Tätigkeit als studentischer Berater vorbereitet. Erst nachdem der Anwärter alle Schulungen absolviert und ein vereinsinternes Projekt erfolgreich abgeschlossen hat, erhält er den vollen Mitgliedsstatus.

Wie kann man sich eine Tätigkeit als studentischer Unternehmensberater vorstellen?
Die Tätigkeit als studentischer Unternehmensberater umfasst zwei Bereiche: Das ehrenamtliche Engagement innerhalb des Vereins und die Durchführung vergüteter Beratungsprojekte für Kunden.

Wie in jedem Unternehmen besteht auch in studentischen Unternehmensberatungen die Möglichkeit, sich in den Bereichen Finanzen und Recht, Marketing, Qualitätsmanagement, Akquise, Personal oder IT einzubringen. Erst durch dieses vereinsinterne Engagement der Mitglieder können die notwendigen Voraussetzungen und Strukturen für ein funktionierendes Projektgeschäft geschaffen werden. So ist beispielsweise ein professioneller Marketingauftritt unerlässlich zur Steigerung des Bekanntheitsgrades bei potenziellen Kunden. Externe Beratungsprojekte bestehen in der Regel aus den Arbeitsschritten Angebotserstellung, Projektdurchführung und Projektdokumentation.

Potenzielle Kunden bitten meistens mehrere (studentische) Unternehmensberatungen um ein Angebot für die Durchführung eines bestimmten Projekts. Die Beratung mit dem besten Konzept erhält dann den Zuschlag. Das studentische Beraterteam erstellt daraufhin ein Angebot, das folgende Punkte enthält:

- das genaue Ziel, das das Beraterteam nach Abschluss der Projektarbeit erreicht haben will,
- die geplante Vorgehensweise zur Erreichung dieses Projektziels (hierbei wird das Projekt in verschiedene Arbeitsschritte unterteilt),
- den genauen Zeitrahmen, in dem die einzelnen Arbeitsschritte und der Projektabschluss erfolgen,
- die Budgetplanung für die Durchführung des Projekts.

Überzeugt dieses Angebot, wird das studentische Beraterteam mit der Durchführung des Projekts beauftragt. Da die meisten Projekte beim Kunden vor Ort stattfinden, müssen sich studentische Berater in puncto Kleidungsstil und Auftreten entsprechend anpassen und tragen in der Regel Anzug.

Der wichtigste Aspekt der Projektarbeit ist die regelmäßige Rücksprache mit dem Kunden, damit dieser jederzeit intervenieren kann, wenn der Projektverlauf nicht seinen Vorstellungen entspricht. Zu diesem Zweck erfolgt nach dem Abschluss der wichtigsten Arbeitsschritte eine Zwischenpräsentation. Außerdem muss der tatsächliche Zeit- und Budgetaufwand ständig mit dem Projektplan verglichen werden, um bei Abweichungen rechtzeitig gegenzusteuern.

Nach dem Abschluss der Projektarbeit und der Erreichung des Projektziels hält das studentische Beraterteam eine Abschlusspräsentation, bei der oft auch der Vorstand des beratenen Unternehmens anwesend ist. In der abschließenden Projektdokumentation werden alle Informationen und Unterlagen zum Projektverlauf gesammelt, sodass bei der Durchführung späterer Projekte auf dieses Wissen zurückgegriffen werden kann.

Studentische Beratung als Sprungbrett für den Einstieg in die Unternehmensberatung?
Eine Tätigkeit bei einer studentischen Unternehmensberatung, die über die reine Mitgliedschaft hinausgeht, ist bei kommerziellen Unternehmensberatungen gerne gesehen. Je nach Art, Dauer und Intensität von Projekten, für die man als studentischer Unternehmensberater mitverantwortlich war, kann ein Engagement bei einer studentischen Beratung die Chancen im Bewerbungsprozess für eine kommerzielle Beratung erhöhen.

Zudem können studentische Berater durch die Angebotserstellung, Planung und Durchführung von Projekten ihr Organisationsvermögen schulen, ihr Zeitmanagement verbessern, sich eine analytische und strukturierte Arbeitsweise aneignen und ihre Teamfähigkeit unter Beweis stellen. Darüber hinaus verfügen studentische Berater über ein souveränes und professionelles Auftreten, da sie bereits eine Reihe von Präsentationen vor Kunden in Führungspositionen gehalten haben. Daher schlagen sich erfahrene studentische Unternehmensberater oft besser in den Auswahlverfahren großer Consulting-Unternehmen, insbesondere bei der Durchführung von Case Studies.

Doch auch durch ehrenamtliches Engagement innerhalb des Vereins ergeben sich hervorragende Perspektiven für die Consulting-Karriere. Somit können Studenten auch abseits des Studiums praktische Erfahrungen in bestimmten Fachgebieten erwerben. Wer als Vorstand oder Ressortleiter Verantwortung übernimmt, kann zudem seine Führungsqualitäten ausbauen und Unternehmergeist beweisen. Vor allem aber können sich studentische Berater durch vereinsinternes Engagement ein Netzwerk aus hoch qualifizierten Nachwuchskräften aufbauen, von dem sie auch im weiteren Verlauf ihrer Karriere profitieren.

Insbesondere für den Bereich Consulting stellt die Tätigkeit als studentischer Berater noch ein zusätzliches Karrieresprungbrett bereit: Renommierte Unternehmensberatungen bieten studentischen Unternehmensberatungen zu Recruiting-Zwecken Schulungen und Workshops an, bei denen die Mitglieder nicht nur vom Know-how der hauptberuflichen Consultants profitieren, sondern auch wertvolle Kontakte für den Einstieg in die Unternehmensberatung knüpfen können.

Tipps zu Bewerbung und Interview-Vorbereitung

3. Tipps zu Bewerbung und Interview-Vorbereitung

Anforderungen an Bewerber

von Nadja Peters

Der Berufseinstieg in die Unternehmensberatung ist ein ideales Karrieresprungbrett. Kein anderes Umfeld bietet die Möglichkeit, so schnell Verantwortung zu übernehmen und einen umfassenden Einblick in die Welt der Wirtschaft oder auch des öffentlichen Sektors zu erhalten. Nur: Wie wird man Consultant? Welche Profile und Qualifikationen werden gesucht – und warum?

Worauf es nicht ankommt

Das Studienfach ist bei den meisten Unternehmensberatungen kein Auswahlkriterium. Im Consulting geht es vor allem darum, Probleme zu lösen – und diese Fähigkeit wird in jeder wissenschaftlichen Ausbildung entwickelt, unabhängig von der Fachrichtung. Die BWL-Grundbegriffe werden neuen Mitarbeitern ohne wirtschaftswissenschaftlichen Studienhintergrund jedoch gleich zu Beginn in speziellen Trainings vermittelt.

Was eine Unternehmensberatung stark macht, ist die Vielfalt ihrer Mitarbeiter, die Kombination aus wissenschaftlichem Arbeiten, interdisziplinärem Denken und Praxisorientierung. Diese Mischung führt zu optimalen Lösungen – oft neu und überraschend. Aus diesem Grund suchen Beratungen Absolventen und Promovierte aller Disziplinen: Ingenieure, Naturwissenschaftler und Mathematiker ebenso wie Wirtschafts- und Geisteswissenschaftler, Mediziner oder Juristen. Bei McKinsey beispielsweise hat nur die Hälfte der Berater einen wirtschaftswissenschaftlichen Hintergrund.

Dieses breite Spektrum spiegelt sich in der Vielfalt der Projekte und Klienten wider. Von der Entwicklung einer Unternehmensstrategie oder Organisationsstruktur über funktionsbezogene Aufgaben in Forschung, Produktion und Logistik, Marketing, IT und Finanzen bis hin zu speziellen Programmen zur Effizienz-, Umsatz- oder Ertragssteigerung – das alles sind Aufgaben, mit denen Unternehmensberatungen beauftragt werden. Die Arbeit erfolgt stets direkt beim Klienten vor Ort, oft in internationalen Teams.

Auch ein bestimmter Notendurchschnitt ist keine zwingende Voraussetzung, um sich bei einer Beratung zu bewerben. Die Mitarbeiter gehören zwar in der Regel zu den Jahrgangsbesten führender Universitäten und Business Schools, und die akademischen Leistungen sind wichtig – aber eine Einladung zum Kennenlernen ist nicht ausschließlich daran geknüpft.

Worauf es wirklich ankommt

Relevante Auswahlkriterien sind neben den akademischen Leistungen insbesondere analytische Fähigkeiten, praktische Erfahrungen und Engagement, das über das Curriculum hinausgeht. Betätigungsfelder können hier im sozialen, kulturellen, sportlichen oder auch politischen Bereich liegen. Entscheidend ist zu sehen, dass sich ein Bewerber für verschiedene Themen begeistern kann und bereit ist, Verantwortung zu übernehmen.

Wichtig ist auch die soziale Kompetenz – sie ist eine Grundvoraussetzung für die konstruktive Arbeit im Team und mit dem Klienten. Hierzu zählen insbesondere Kommunikations- und Kooperationsfähigkeit, Teamgeist und Einfühlungsvermögen. Da Unternehmensberater immer wieder neu mit den unterschiedlichsten Aufgaben und Fragen konfrontiert werden, ist große Flexibilität im Denken und Handeln ebenfalls unverzichtbar.

Wie man sich bewirbt

Der Einstellungsprozess bei Unternehmensberatungen umfasst in der Regel zwei Schritte: die schriftliche Bewerbung und den Auswahltag mit Interviews. Für die schriftliche Bewerbung, die jederzeit eingereicht werden kann, sind folgende Unterlagen erforderlich:

- **Motivationsschreiben:** Darin erläutern die Bewerber, warum sie sich für das Berufsfeld Unternehmensberatung interessieren.
- **Lebenslauf:** Er enthält Angaben zum akademischen Werdegang (mit Abschlussnoten), zu Praktika, Berufserfahrung und Auslandsaufenthalten sowie zu Interessen und Engagements außerhalb der Ausbildung.
- **Zeugnisse:** Alle Schul- bzw. Hochschulzeugnisse ab dem Abitur sowie Praktikumszeugnisse und Zertifikate sollten dem Schreiben beigefügt sein.

Wenn die schriftlichen Unterlagen überzeugen, werden die Bewerber zu Interviews eingeladen. Dabei erwarten die Interessenten mehrere etwa einstündige Gespräche mit meist je einem Consultant. Teil dieser Gespräche ist die Diskussion einer Fallstudie. Dafür muss man keinen Mathe-Leistungskurs belegt haben; allerdings sollte man auch einmal ohne Taschenrechner zurechtkommen können.

Die Bewerber erhalten oft noch am selben Tag ein persönliches Feedback. Falls sich die Berater nach den Interviews in ihrem Urteil einig und die Eindrücke positiv sind sowie das Interesse – auf beiden Seiten – fortbesteht, folgt abschließend ein Interview mit einem Senior-Partner. Geeigneten Bewerbern wird dann meist direkt ein Angebot gemacht.

Das Auswahlgespräch - mehr als eine Case Study

von Tim Ruhoff

„Sehr geehrter Bewerber, wir haben Ihre Bewerbung mit Interesse gelesen und möchten Sie zum Bewerbungsgespräch einladen." - Wer ein solches Schreiben von einer Beratung erhält, sollte sich geehrt fühlen. Der Pflichtteil ist somit geschafft; nun folgt die Kür.

Warum es „Bewerbungs*gespräch*" heißt

Viele Bewerber glauben, dass die Vorbereitung auf ein Bewerbungsgespräch hauptsächlich im Trainieren von Case Studies besteht. Ja - in jedem Interview gibt es eine oder mehrere Case Studies. Ja - mit etwas Übung gelingen diese schneller und sicherer. Das ist jedoch bei Weitem nicht alles! Ein Bewerbungsgespräch ist in erster Linie ein Gespräch, sonst hieße es „Bewerbungs-Case-Study". Genau hier liegt der häufigste Fehler von Bewerbern. Auswendig gelernte Antworten, zurechtgelegte Floskeln und das krampfhafte Anwenden von Analyse-Tools sind schlicht unerwünscht. Stellen Sie sich den Kunden vor, der Sie als Berater für viel Geld einkauft. Will der Dinge hören, die er selbst nachlesen kann? Darüber hinaus sind erlernte Beispiele oft nicht übertragbar, und bei jedem Interviewer hagelt es Minuspunkte, wenn der Eindruck entsteht, dass ein Bewerber nicht mitdenkt.

Jedes Beratungsprojekt verlangt, dass man sich in die Probleme des Kunden einfindet und nach Lösungen sucht. Ob das Problem mit oder ohne Porters Five Forces zu lösen ist, interessiert den Kunden nur marginal. Die Hauptsache ist, es wird gelöst. Es ist noch nie ein Bewerber gescheitert, weil er kein Analyse-Tool genutzt hat. Viele Bewerber haben aber dadurch geglänzt, dass sie sich davon gelöst und unkonventionelle Wege gefunden haben.

Der Bewerbertag

Sie bekommen vor einem Interview immer Infos zum Tagesablauf. In den meisten Fällen sollten die Infos vollkommen ausreichend sein. Seien Sie sich bewusst, dass dem Interviewer Ihre Korrespondenzen mit den Personalern, insbesondere E-Mails, zur Verfügung gestellt werden. Schreiben Sie also formal korrekte E-Mails und führen Sie höfliche Telefonate - egal mit wem. Lesen Sie auf jeden Fall vorher alle Unterlagen sorgfältig durch, und werfen Sie zur Sicherheit noch einen Blick auf die Website. Sollten Sie bei der Vorbereitung zeigen, dass Sie nicht sorgfältig vorgehen, wird jede Beratung das vermerken.

Angemessen gekleidet, fit, ausgeschlafen und pünktlich

Berater kleiden sich schlicht und elegant. Mit einem schwarzen bzw. dunkelgrauen Anzug oder Kostüm liegt man nie falsch. Das äußere Erscheinungsbild ist wichtig, denn Kleider machen bekanntlich Leute. Deshalb sollten Sie auch Tattoos, Piercings oder auffälligen Schmuck nur so zeigen, wie es im Business passend ist. Der Berater wird sich sonst immer fragen: Was würde der Kunde jetzt denken? Lassen Sie es nicht so weit kommen.

Was brauchen Sie, um richtig fit zu werden? Literweise Kaffee? Eine Runde Joggen im Park? Musik Ihrer Lieblingsband? Organisieren Sie es! Man sollte für sein Interview so fit wie möglich sein. Das Auswendiglernen von Kennzahlen oder Formeln gehört unter keinen Umständen an den Frühstückstisch. Sie müssen nicht alles wissen, sondern sich gut verkaufen. Im Interview können Ihnen die Bücher nicht mehr helfen. Ein erholter Geist kann allerdings einiges bewirken.

Seien Sie pünktlich. Am besten stehen Sie mit einem Puffer von 20 Minuten am Empfang der Beratung, bekommen ein Namenskärtchen und setzen sich zu den anderen Bewerbern. Das ist die erste Schlüsselszene. Sicherlich können nicht alle genommen werden, aber die meisten Beratungen haben keine Quote für einen Bewerbungstag. Das bedeutet, die Mitbewerber sind mögliche Verbündete, denn einige Beratungen machen Team-Stresstests, bei denen analysiert wird, wie Sie sich in ein Team einfinden können. Wenn man von Anfang an den Eindruck erweckt, dass man nur sein eigenes Weiterkommen im Fokus hat, werden einem die übrigen Bewerber diese Einstellung nicht danken. Selbiges gilt übrigens für die Berater, die sich im Interview überlegen, ob sie sich ein Projekt mit Ihnen vorstellen können. Außerdem: Man sieht sich immer zweimal im Leben.

Der persönliche Eindruck

Könnte ich mir vorstellen, mit meinem Gegenüber auf einer einsamen Insel ausgesetzt zu sein und mich mit ihm dort durchzuschlagen? Nicht jeder Kollege muss ein Freund werden, aber man sollte schon auf einer Wellenlänge liegen, denn Projekteinsätze sind immer strapaziös. Enge Deadlines, Vorstandspräsentationen, lange Flüge und Wochenenden im Ausland lassen sich nur schwer ertragen, wenn man sich persönlich nicht leiden kann. Daher sollten Sie sich die Interview-Partner genau ansehen und überlegen, ob Sie sich eine intensive Zusammenarbeit vorstellen können.

Ausschlaggebend für ein erfolgreiches Gespräch ist daher die richtige Einstellung: Bewerber und Unternehmen befinden sich an einem Bewerbertag in einer gleichgewichtigen Situation. Schon aus dieser Erkenntnis heraus sollte ein Bewerber offen, ehrlich, aber auch selbstbewusst und durchaus entspannt in solche Bewerbertage starten. Unternehmen suchen nicht den perfekten Bewerber mit dem perfekten Lebenslauf und perfekten Fähigkeiten. Sie suchen den perfekten Match. Nutzen Sie dieses Wissen!

100 Prozent bis zum Ende

Sollte es letztlich nicht klappen, unterschätzen Sie nicht den Wert des abschließenden Gesprächs. Aus Fehlern kann man lernen, aber vielleicht gibt es auch Hinweise, warum Sie zu genau dieser Beratung nicht gepasst haben. Die Erkenntnisse können sowohl für die Vorbereitung weiterer Interviews als auch für die Auswahl der Beratungen sehr wichtig sein.

Bewerbungscheckliste und Partnertraining

von Tim Ruhoff

In einem Interview soll möglichst naturgetreu simuliert werden, was den Kandidaten beim Kunden erwartet. Auch vor einem Beratungsprojekt müssen eine Menge Dinge vorbereitet und erledigt werden – genauso ist es mit dem Bewerbertag. Nutzen Sie die folgende Checkliste, damit Sie nichts vergessen und sich auf das Wesentliche konzentrieren können.

Vier Wochen vor dem Interview – nicht alles geht von heut' auf morgen

Check 1: Partnerinterviews
Die beste Vorbereitung auf ein Interview in der Beratung ist das Partnerinterview. Es geht darum, gemeinsam mit einem anderen Menschen einen Fall zu lösen. Zwar muss der Bewerber die Arbeit machen, aber die Kommunikation und das sinnvolle Fragenstellen sind essenziell. Nutzen Sie die Cases in diesem Buch, und planen Sie möglichst drei Partnerinterviews mit anderen Kandidaten. Die Anfrage für ein Partnerinterview sollte etwa mit dem Versand der Bewerbungsunterlagen beginnen.

Finden Sie Ihren Trainingspartner unter www.e-fellows.net/lernpartner

- Sie können in Lernangeboten suchen, oder Sie stellen selbst ein Lerngesuch ein.
- Das Formular sollte selbsterklärend sein. Wählen Sie unter „Suche Partner für" die Option „Cases üben"; in den weiteren Feldern können Sie unter anderem die Region/Stadt, den Zeitraum sowie die Art der Zusammenarbeit (online oder „in echt") angeben.
- Tragen Sie im Erläuterungsfeld ein, was Sie trainieren möchten (Case Studies, Bewerbungsgespräch inkl. Case Study, inhaltliche Schwerpunkte oder Branchen).
- Meist bekommen Sie schon nach wenigen Tagen die ersten Rückmeldungen.

Es ist sinnvoll, sich vor dem Training über den Ablauf und den Übungsmodus zu verständigen. Ein persönliches Treffen ist sicherlich die beste Vorbereitungsform, allerdings auch die zeitaufwendigste. Für die Interviews sollte Folgendes vorbereitet werden:

- Austausch der Bewerbungsunterlagen vorab
- zwei Fragen zum Tagesgeschehen
- mindestens zwei kritische Fragen zum CV des Partners
- ein Brainteaser und eine Case Study

Was den Ablauf und gewisse Grundregeln betrifft, noch einige Tipps: Erst stellt ein Partner die Fragen. Wenn das Interview nach 45 bis 60 Minuten abgeschlossen ist, tauscht man die Rollen. Der Brainteaser sollte ungefähr fünf bis zehn Minuten der Zeit in Anspruch nehmen, die Case Study maximal 25 Minuten. Damit bleiben mindestens 35 Minuten für das Gespräch. Wer seinen Partner hier ins Schwitzen bringt, bereitet ihn am besten auf das reale Interview vor und verhilft ihm zu einem strategischen Vorteil - oft weiß ein Bewerber nämlich selbst nicht, worüber ein Fremder beim Lesen des CV stolpert. Im Nachgang kann man sich nun gut auf mögliche Fragen vorbereiten. Das Partnertraining hat den großen Vorteil, dass die Interviewsituation greifbarer wird und man sich schneller auf das Wesentliche konzentrieren kann. Das Selbstvertrauen wächst ebenfalls, was für das Bewerbungsgespräch sehr wichtig ist. Das Partnerinterview ist nicht dazu da, sich gegenseitig fertigzumachen, sondern um den anderen auf Stresssituationen vorzubereiten. Zweifellos ein schmaler Grat für zwei Menschen, die sich nicht kennen. Daher ist es wichtig, sachlich, professionell und eher eine Spur gutmütiger zu sein, als man es im Interview erwartet - schließlich tut man sich gegenseitig einen großen Gefallen.

Check 2: Zeitungen

Zeitunglesen ist gut für den Background. Sie sollten up to date sein, denn manche Interviewer werden Ihnen Fragen zum aktuellen Geschehen stellen. Außerdem ist es immer gut, wenn man bei einer Case Study den Bogen zu aktuellen Themen schlagen kann.

Check 3: Kopfrechnen

Kopfrechnen ist nicht bei allen Beratungen in gleichem Maße Pflicht, aber an einem souveränen Umgang mit Zahlen wird jeder Bewerber gemessen. Das Schöne daran ist: Man kann es sehr gut üben und beim Interview beispielsweise durch sehr gute Kopfrechen-Fähigkeiten glänzen.

Check 4: Interviewpartner

Meistens sind die Interviewpartner auf der Website des Unternehmens oder auf Plattformen wie Xing zu finden. Wenn Sie herausfinden, wo sich die Interviewer engagieren, ist das sicherlich ein guter Aufhänger für das Gespräch.

Check 5: Beratungen

Beratungen unterscheiden sich nicht nur in ihren Themenschwerpunkten, sondern auch in den Umgangsformen und Erwartungen an die Bewerber. Die e-fellows.net community und dieses Buch zeigen Ihnen in den Beratungsprofilen, wen die Firmen suchen.

Check 6: The Case Study State of Mind

„The Case Study State of Mind" soll bedeuten, dass man bewusst quer und kritisch denken soll, wenn man Informationen aus der Presse erhält oder Dinge im Alltag wahrnimmt.

- Deutschland hat die Energiewende beschlossen und im folgenden Jahr die Subventionen für alternative Energien reduziert - welche Folgen hat das?

- In vielen europäischen Ländern wird die Anschaffung von Elektroautos durch Zuschüsse vom Staat gefördert. Warum geschieht das bislang nicht in Deutschland?
- Im Zuge der Euro-Krise zeigte sich, dass Griechenland bei der Aufnahme in die Euro-Zone falsche Wirtschaftsdaten angegeben hat. Warum waren diese Daten so wichtig, und warum wäre es für Griechenland in der Krise gut gewesen, keinen Euro zu haben?
- Wie viel kostet eigentlich ein Döner in der Herstellung, und wann ist ein Schnellimbiss profitabel?
- Wie kann es sein, dass es günstiger ist, Krabben aus England in Thailand pulen zu lassen, um sie dann zum Verkauf wieder nach England zu schicken?

Wenn Sie solche Fragen mit Ihren Freunden diskutieren oder selbst eine Antwort suchen, bereiten Sie sich bestens auf ein Interview in der Beratung vor. Dinge hinterfragen und sehend durch das Leben gehen sind Eigenschaften, die man trainieren kann.

Zwei Wochen vor dem Interview – letzte Vorbereitungen

- Kennen Sie Ihre Unterlagen?
- Kennen Sie das Unternehmen und möglichst Ihren Interviewer?
- Wissen Sie, warum Sie genau in dieser Beratung anfangen möchten?
- Kennen Sie den Ablauf und das Timing des Interviews?
- Kennen Sie Ihre Stärken und wissen Sie, wie Sie sie anschaulich belegen können?
- Kennen Sie die Schwachpunkte Ihres CV und wissen Sie, sie zu rechtfertigen?
- Kennen Sie Ablauf und Timing von Brainteasern und Case Studies?
- Haben Sie einige schlaue Fragen an den Interviewer vorbereitet?

Eine Woche vor dem Interview – Finetuning

- Die Reiseplanung steht an.
- Erhöhen Sie Ihren Nachrichtenkonsum.
- Suchen Sie nach realen aktuellen Erfahrungsberichten.

Zu diesem Zeitpunkt sollten Sie wissen, was auf Sie zukommt. Case Studies sollten kein Fremdwort mehr sein, 12×19 rechnen Sie in wenigen Sekunden im Kopf. Warum Sie das Wartesemester gut genutzt haben, auch wenn Sie kein Praktikum vorweisen können, legen Sie in drei kompakten Sätzen dar, und was in der Welt der Wirtschaft gerade passiert, wissen Sie auch. Greifen Sie auch auf Erfahrungsberichte anderer Bewerber zurück, die Sie in diesem Buch, unter www.e-fellows.net/consultingerfahrungsberichte, in der e-fellows.net community und in weiteren Online-Foren finden.

Wenn Sie alle genannten Punkte berücksichtigt haben, sind Sie bestens auf das Interview vorbereitet.

Mit Stress im Bewerbungsgespräch souverän umgehen

von Prof. Dr. Johanna Moebus

Sie haben den Termin Ihres Bewerbungstags rot im Kalender markiert. Sie üben fleißig Case Studies, lesen regelmäßig Zeitung und können Dreisatz und Prozentrechnung ohne Taschenrechner sicher bewältigen. Gratulation, Ihre Vorbereitung läuft auf Hochtouren! Dennoch bekommen Sie schweißnasse Hände, wenn Sie nur an den Bewerbungstag denken? Keine Panik – diese Stressreaktion ist vollkommen normal. Mit der richtigen Vorbereitung und Einstellung können Sie sie sogar zu Ihrem Vorteil nutzen.

Jedes Bewerbungsgespräch ist eine Stresssituation – akzeptieren und nutzen Sie das!

Herzklopfen, kalte schweißnasse Hände und ein flaues Gefühl im Magen – diese Symptome kennen Sie sicher aus anderen Prüfungs- oder Stresssituationen. Mithilfe des vegetativen Nervensystems und des Botenstoffs Adrenalin reagiert Ihr Körper auf einen Stressor. Der Körper will damit die Energie freisetzen, die für eine angemessene Reaktion auf die „Gefahrensituation" nötig ist. Körperfunktionen, die für das unmittelbare Überleben nicht notwendig sind, werden dabei unterdrückt.

Während unsere Vorfahren gut beraten waren, beim Auftauchen eines Säbelzahntigers vor der Höhle entweder zu kämpfen oder möglichst schnell zu fliehen, sollten Sie dies natürlich im Bewerbungsgespräch nicht tun. Nutzen Sie stattdessen die körperliche Stressreaktion als Ihren Bewerbungsturbo – sie ermöglicht Ihnen nämlich, genau im richtigen Augenblick Energie zu mobilisieren und sie Ihrem Gehirn und damit Ihrer Konzentration auf das Bewerbungsgespräch zur Verfügung zu stellen. Auch wenn Sie in der Nacht vor dem großen Tag noch so schlecht geschlafen haben – Sie werden im entscheidenden Moment nicht müde sein. Genauso wenig müssen Sie sich sorgen, während des Gesprächs zur Toilette laufen zu müssen.

Stress wird erst dann zum Problem, wenn die Stressdosis zu groß wird und die Stressreaktion Ihre Leistungsfähigkeit im Bewerbungsgespräch bremst. Dies geht typischerweise damit einher, dass die anregende Wirkung der Stresssituation in Angst oder Panik umschlägt. Sie können sich dann nicht mehr gut konzentrieren und empfinden vielleicht den Drang, das Gespräch abzubrechen. Damit Sie im Bewerbungsprozess Ihr Bestes geben können, ist es daher wichtig, sowohl die Stressdosis als auch Ihre Reaktion darauf zu kontrollieren.

Typische Stresssituationen am Bewerbungstag

Stress entsteht am Bewerbungstag bei einer Unternehmensberatung nicht nur durch das eigentliche Bewerbungsgespräch, sondern auch durch äußere Faktoren und andere Elemente des Bewerbungstags (z. B. schriftliche Tests). Minimieren Sie möglichen Stress durch äußere Faktoren, wo immer dies in Ihrem Einflussbereich liegt. Planen Sie die Anfahrt sorgfältig, informieren Sie sich genau darüber, wo Sie erwartet werden, und kalkulieren Sie einen ausreichenden zeitlichen Puffer ein. Wer bereits in der Bahn den ersten Schweißausbruch erlebt, wird im Bewerbungsgespräch weniger souverän und konzentriert agieren können.

Schriftliche Tests, vor allem Mathematik- oder Logiktests, werden neben den eigentlichen Bewerbungsgesprächen von den Bewerbern als starke Stressoren empfunden. Problematisch ist hierbei häufig nicht der Schwierigkeitsgrad der Aufgaben, sondern eher der Gesamtumfang und das Gefühl des Bewerbers, nicht alles schaffen zu können. Machen Sie sich klar, dass es in der Regel kaum möglich ist, alle Aufgaben eines Tests in der gestellten Zeit zu beantworten. Genauso unwahrscheinlich ist, dass Sie - oder Ihre Mitbewerber - alles fehlerlos bearbeiten können. Schriftliche Tests überprüfen neben Ihrer intellektuellen Leistung immer auch Ihre Souveränität und gegebenenfalls Ihre Fähigkeit, mit einer suboptimalen Leistung umzugehen. Versuchen Sie daher, einen geschrieben Test für den restlichen Bewerbungstag mental zur Seite zu legen. Sollten Sie später auf die Ergebnisse angesprochen werden, ist es immer noch früh genug, Ihre Leistung selbstkritisch zu diskutieren.

Das eigentliche Bewerbungsgespräch ist in der Regel zweigeteilt. Häufig beginnt das Gespräch mit Fragen zur Person und zum Werdegang, bevor der Berater zur Case Study übergeht. Sogenannte Stressfragen, die den Bewerber gezielt aus der Fassung bringen oder provozieren sollen, sind im Gespräch mit Beratern eher unüblich. Stress entsteht in dieser Phase des Gesprächs vielmehr durch Fragen, auf die der Bewerber nicht ausreichend vorbereitet ist: zum Beispiel nach persönlichen Schwächen. Viele Bewerber empfinden auch die persönliche Note des Gesprächs insgesamt als Stressfaktor. Der Druck, als potenzieller neuer Kollege möglichst sympathisch zu wirken, kann zum Stressor werden. Während der zweiten Phase des Case Interviews kommt typischerweise die Angst, den Case nicht richtig oder schnell genug lösen zu können, als Stressfaktor hinzu.

Drei Elemente für mehr Souveränität: Vorbereitung, Kommunikation, Authentizität

Vorbereitung ist nicht nur für die erfolgreiche Bearbeitung von Case Studies notwendig. Auch im persönlichen Teil des Bewerbungsgesprächs kann mit der richtigen Vorbereitung die Stressdosis deutlich reduziert werden. Viele Bewerber stellen sich zwar auf gängige Fragen ein, geraten aber ins Schwitzen, wenn der Interviewer konkrete Beispielsituationen wissen will und detailliert nachfragt.

Wenn es dann so weit ist und Sie im Bewerbungsgespräch sitzen, helfen Ihnen richtige Kommunikation und Authentizität, die Stressbelastung zu kontrollieren und mit Sympathie und Souveränität zu punkten.

Vorbereitung: Ihre USP, überzeugende Stärken und glaubhafte Schwächen

„Inwiefern machen Sie uns besser - nicht nur größer?" „Warum sollten wir gerade Sie einstellen?" Wenn Sie auf diese Fragen eine überzeugende Antwort parat haben, haben Sie bereits einen wesentlichen Aspekt der Vorbereitung geleistet: Sie kennen Ihr Alleinstellungsmerkmal, Ihre Unique Selling Proposition (USP). Der Begriff der USP kommt aus dem klassischen Marketing und passt genauso gut auf Ihr Selbstmarketing im Bewerbungsprozess. Ihre USP beschreibt, welchen Nutzen Sie der Unternehmensberatung durch die spezielle Kombination Ihrer Eigenschaften und Fähigkeiten bringen. Ihre USP sollte Sie nicht nur von anderen Bewerbern unterscheiden, sondern auch einen eindeutigen Nutzen für die Beratung haben. Dabei geht es eher selten um rein fachliche Qualifikationen. Natürlich ist beispielsweise ein sehr gutes BWL-Studium beim Einstieg in die Unternehmensberatung von Nutzen – es ist aber noch lange kein hinreichendes Einstellungskriterium.

„Was schätzen Ihre Kommilitonen/Kollegen an Ihnen?" Dass die Frage nach persönlichen Stärken zum typischen Repertoire eines Bewerbungsgesprächs gehört, ist mittlerweile Allgemeinwissen. Dennoch wird dieses scheinbar harmlose Thema leicht zur Stressfalle. Bedenken Sie, dass Berater berufsbedingt Experten in kritischen Fragen sind. Wenn Sie Ihre Teamfähigkeit als Stärke präsentieren, müssen Sie sich darauf einstellen, diese mit überzeugenden Beispielsituationen belegen zu können. Was genau haben Sie und Ihr Team bereits erreicht? Wie können Sie belegen, dass es sich dabei um eine herausragende Leistung und nicht nur um einen Durchschnittserfolg handelt? Inwieweit ist diese Stärke für die Firma von Nutzen? Beschäftigen Sie sich daher im Vorfeld der Bewerbung strukturiert mit Ihren Stärken. Versuchen Sie, mindestens zwei relevante Stärken fachlicher Art (Hard Skills) und zwei persönlicher Art (Soft Skills) zu finden, die Sie jeweils mit konkreten Beispielen oder Anekdoten belegen können. Üben Sie, Ihre Stärken einer anderen Person zu erklären, und lassen Sie sich kritisch hinterfragen. Es kann hilfreich sein, sich die eigene Argumentation wie eine selbstgemauerte Wand vorzustellen – eine Wand, gegen die der Interviewer kräftig tritt. Bleibt Ihre Wand dabei stehen?

„Was können Sie gar nicht?" Auch auf eine direkte Frage nach Schwächen sollten Sie sich einstellen. Widerstehen Sie der Versuchung, Perfektionismus und Selbstkritik als Schwächen zu verpacken, und überlegen Sie stattdessen: Wo sehen Sie bei sich noch Lernbedarf? Bei welchen Aufgaben sind Sie unsicher? Vielleicht gerade jetzt, im Bewerbungsgespräch, unter Leistungsdruck? Bei dieser Frage geht es primär darum, Ihre Fähigkeit zur Selbstreflexion und Lösungskompetenz zu überprüfen. Bereiten Sie sich darauf vor, zwei Schwächen – am besten je eine aus dem Bereich der Hard und Soft Skills – anhand von realen Beispielsituationen schildern zu können. Je konkreter Sie dies vorbereiten, desto souveräner können Sie mit der Stresssituation im Gespräch umgehen. Vermeiden Sie, Ihr Unvermögen breitzutreten, und konzentrieren Sie sich stattdessen darauf, wie Sie diese Schwäche im Berufsalltag durch Unterstützung und Kompetenzaufbau überwinden können.

Kommunikation: Schweigen ist Silber, Reden ist Gold

Auch bei optimaler Vorbereitung kann es vorkommen, dass Sie beim Bearbeiten der Case Study vor Nervosität den Faden verlieren. Berater sind es gewohnt, nicht alleine zu arbeiten, und das sogenannte Team Problem Solving – also die Problemlösung im Team – gehört zu ihrem Tagesgeschäft. Versuchen Sie, sich dies zunutze zu machen, indem Sie Ihren Interviewer aktiv in die Lösung der Case Study einbeziehen. Der Berater weiß, dass Sie sich in einer Stresssituation befinden und ist häufig bereit, Ihnen die ein oder andere Unterstützung zu geben. Dies setzt jedoch voraus, dass Sie ihn Anteil an Ihren Gedanken haben lassen. Kommunizieren Sie daher transparent und möglichst strukturiert, aber nehmen Sie sich Zeit zum Denken und vermeiden Sie Verzweiflung oder gar Panik. Bedenken Sie, dass Interviewer meist weniger Wert auf eine perfekte Lösung legen, sondern auf ein souveränes und strukturiertes Vorgehen. In der Praxis hat sich folgendes Kommunikationsmuster bewährt:

- Fassen Sie zunächst zusammen, was Sie bereits verstanden haben. Wenn wesentliche Informationen fehlen, wird Sie Ihr Interviewer höchstwahrscheinlich darauf hinweisen. Sie müssen hierbei keine intellektuelle Höchstleistung vollbringen! Die richtige Strukturierung der Ausgangslage ist bereits ein guter Schritt in Richtung Lösung.
- Stellen Sie sicher, dass Sie die Aufgabe verstanden haben, indem Sie sie paraphrasieren.
- Strukturieren Sie den Lösungsraum: Was benötigen Sie für die Lösung der Fragestellung? Welche alternativen Lösungswege sehen Sie? Ihr Gesprächspartner wird Ihnen an dieser Stelle vermutlich einen Hinweis geben, in welche Richtung Sie gehen sollen.
- Erarbeiten Sie den ausgewählten Lösungsweg mithilfe von lautem Denken und Fragen. Nutzen Sie Ihren Interviewer als Sparringspartner und Informationsquelle. Achten Sie auf seine Reaktion: Wenn Sie auf dem Holzweg sind, wird er Ihnen das sehr wahrscheinlich zu verstehen geben.

Vielen Bewerbern hilft es, diese Stresssituation leichter zu bewältigen, wenn sie Stift und Papier zur Hilfe nehmen. Schreiben Sie sich Zahlen, die Sie genannt bekommen, stets auf. Rechnen Sie ruhig schriftlich, und machen Sie sich Notizen zu Lösungsansätzen.

Authentizität: Bitten Sie um Hilfe, und bleiben Sie sich treu

Soweit die Theorie - was aber tun, wenn der Test eine gefühlte Katastrophe war, Sie es nicht geschafft haben, das Thema Ihrer Master-Arbeit allgemeinverständlich zu erklären, und Sie sich noch dazu bei der Case Study verrechnet haben? Erste Hilfe bei Stress und Panik leistet folgende Regel: Bitten Sie um Hilfe! Konkret bedeutet das: Sagen Sie Ihrem Gesprächspartner, dass Sie nervös sind, und nehmen Sie sich eine Minute zum Durchatmen. Allein das Ansprechen Ihrer Aufregung wird Ihnen etwas Erleichterung verschaffen. Bitten Sie um Hilfe, wenn Sie im Case partout nicht mehr ein noch aus wissen. Ein guter Berater kennt auch seine eigenen Grenzen und weiß, wann er sich Unterstützung holen muss. Ihr Interviewpartner wird Ihnen Ihre Nervosität in der Regel nicht negativ auslegen, wenn Sie in der Lage sind, sich aus der Panikfalle zu befreien und das Gespräch beziehungsweise den Case anschließend vernünftig abzuschließen.

Bleiben Sie sich dabei immer treu, und investieren Sie keine Energie darin, sich zu verstellen. In einem Berufsalltag, in dem Zwölfstundentage eher die Regel als die Ausnahme sind, sollten Sie sich auch am Ende eines Projekts noch im Teamraum wohlfühlen. Wenn Sie aber bereits im Verlauf des Bewerbungstags das Gefühl bekommen, dass Sie und die Unternehmensberatung, bei der Sie sich beworben haben, nicht gut zusammenpassen, sollten Sie sich die Freiheit nehmen, weiterzusuchen.

Wie Case-Interviewer ticken

von Fedon Moog

Zu einem erfolgreichen Bewerbungsgespräch gehört eine kleine Portion Magie. Sicherlich, Sie können sich inhaltlich blendend vorbereiten, Dutzende Ratgeber lesen, Cases üben, im Internet recherchieren – Ihr Interview kann trotzdem schiefgehen. Meistens hat das zwei Gründe. Erstens: Sie denken zu viel an sich und zu wenig an Ihren Gesprächspartner. Zweitens: Sie gehen (fälschlicherweise) davon aus, Interviews seien standardisierte, binäre Angelegenheiten, in denen es nur richtig oder falsch gibt. Das ist genau die Haltung, mit der Sie scheitern werden. Denn Berater sind auch nur Menschen, die man am besten auch wie Menschen behandelt. Überzeugen Sie Ihren Gesprächspartner, auch emotional.

Interviews werden meistens von Beratern durchgeführt. Das bedeutet, Ihnen sitzt kein psychologisch ausgebildeter Personalmensch gegenüber. Zwar haben die meisten Interviewer einige Seminare besucht, um gute Bewerberinterviews zu führen. Berater sind dennoch in der Regel keine Interviewprofis, sondern Beratungsprofis. Versetzen Sie sich also in die Lage eines Beraters: In welcher Situation befindet sich ein Berater, wenn er ein Interview durchführt? Und was würde Sie an einem Bewerber interessieren, wenn Sie auf der anderen Seite säßen?

Berater gehen davon aus, dass die Welt durch Vereinfachung besser zu verstehen ist. Helfen Sie Ihrem Berater: Sagen Sie einprägsame Dinge mit simplen Worten. Etwas, das im Gedächtnis haften bleibt. Natürlich waren Sie auf einer guten Uni, können beeindruckende Abschlüsse vorweisen und sich in endlosen Schachtelsätzen kompliziert ausdrücken. Wenn Sie das gern tun, dann gehen Sie am besten an die Uni, nicht in die Beratung. Präsentieren Sie sich also kompakt und klug!

Im Interview ist der Berater Ihr Kunde, den Sie überzeugen wollen. Bedenken Sie, dass er ein anstrengendes Leben führt (Hotels, Meetings, Präsentationen, Flüge, Telefonkonferenzen etc.) – unterhalten Sie ihn, und wecken Sie den Menschen im Berater. Vielleicht mit einer Anekdote, die ihn zum Lachen bringt. Ein seltsames Hobby oder ein skurriles Praktikum wird Ihnen mehr helfen als eine endlose Aufzählung beruflicher Stationen.

Sie brauchen diese emotionale Verbindung: Wenn Sie mindestens einen Ihrer Interviewer auf Ihrer Seite haben, erhöhen sich Ihre Erfolgschancen erheblich. Das liegt am Prozess der Interview-Bewertung. Im Regelfall werden Sie von mehreren Beratern separat befragt, im Anschluss ziehen sich die Interviewer zur Beratung zurück. Wenn sich alle einig sind, dann rutschen Sie problemlos durch. Aber gerade Wackelkandidaten benötigen einen aktiven Fürsprecher. Einen, der für sie kämpft. In einen solchen Kampf wird niemand ziehen, nur weil Sie den Case richtig gelöst haben (das haben vor Ihnen schon Hunderte geschafft).

Stellen Sie sich die meisten Berater wie Diven vor. Zu einer Diva gehört eine Menge Kompetenz und ein Schuss Eitelkeit. Senior-Berater – diejenigen, die Sie interviewen – sind meistens seit einigen Jahren in der Beratung und haben dafür sehr viel (auf)gegeben. Wenn Sie diese Opfer anerkennen, wird sich der Berater verstanden fühlen. Bedauern Sie

Ihr Gegenüber nicht, weil er selten zu Hause ist und wenig Zeit für Freunde hat – fragen Sie lieber: „Wie gehen Sie damit um, dass ...?“ Vergessen Sie nicht: Eitle Menschen reden gerne über sich. Sie möchten bewundert werden. Tun Sie Ihrem Berater den Gefallen. Lachen Sie mit ihm, streicheln Sie sein Ego, und geben Sie zu erkennen, dass sein Projekt total spannend klingt. Das gehört schlicht zum guten Ton.

Über unterschiedliche Firmen, Altersgruppen und soziale Prägungen hinweg kann man drei Gruppen von Berater-Typen beobachten: den Macher, den Analytiker und den Sozialen. Jede Gruppe legt in Gesprächen Wert auf unterschiedliche Aspekte. Wer im Interview Erfolg haben will, sollte sich diese Unterschiede bewusst machen. (Natürlich ist die Realität nicht ganz so einfach wie dieses Modell – aber Sie wollen ja in die Beratung!)

Der Macher: Ergebnisse sind alles

Der Macher unterbricht schnell, baut gerne (Zeit-)Druck auf und legt großen Wert auf Geschwindigkeit. Lassen Sie sich bloß nicht verunsichern, sondern legen Sie einen Zahn zu – auch wenn Sie damit höhere Risiken eingehen. Der Macher wird Ihnen den Rundungsfehler im Kommabereich nicht vorwerfen. Halten Sie sich nicht zu sehr mit der Diskussion von Varianten Ihrer Annahmen auf – damit nerven Sie den Macher-Berater, der Sie dann nur noch öfter unterbrechen wird. Also: Zack, zack Richtung Ergebnis – und die vielen Abers besser außen vor lassen. Wenn Sie am Ende des Cases ein falsches Ergebnis haben, wird Ihnen der Macher das verzeihen. Haben Sie gar keins, dann haben Sie ein Problem.

Der Analytiker: Stringenz zählt

Der Analytiker ist der Gegenpol des Machers. Schnell-schnell nimmt er als oberflächlich wahr, eine spontane Antwort empfindet er als „aus der Hüfte geschossen“. Er schätzt einen guten Plan und das Abwägen von Varianten. Logik und Gründlichkeit gehen vor Zwischenergebnissen und „Nase“. Sie erkennen den Analytiker daran, dass er grundsätzlich ruhig ist und eher langsam spricht. Er wird weniger, dafür aber durchdachtere Fragen stellen. Findet er eine Inkonsistenz in Ihrer Antwort oder im Lösungsvorgehen, wird er anfangen zu bohren, bis Sie entweder den Fehler einsehen oder das Gespräch beendet ist. Vermeiden Sie in jedem Fall Emotionalität; knicken Sie nicht zu schnell ein (der Analytiker weiß Sturheit zu schätzen). Gehen Sie lieber etwas langsamer und dafür genauer vor.

Der Soziale: Der Mensch zählt

Der scheinbar angenehmste Interviewer ist der Soziale. Er ist ein Menschenversteher, der oft flexibler, nahbarer, weniger penetrant als der Macher und weniger scharf als der Analytiker wirkt. Dumm nur, dass diese Sorte Interviewer auch am schwersten mit Fakten zu überzeugen ist. Hier hilft es, den Kopf kurz auf Stand-by-Modus zu schalten und sich auf das Gefühl zu verlassen. Der Soziale interessiert sich für die Schnittmenge an Chemie zwischen ihm, Ihnen und der Firma. Teilen Sie vielleicht Hobbys, Erfahrungen im Studium, haben Sie in derselben Stadt gewohnt? Sagen Sie es ihm. Behandeln Sie den Sozialen eher wie eine Kneipenbekanntschaft in Köln. Aber Vorsicht: Duzen Sie ihn nicht, und überschreiten Sie ebenso wenig die Respektgrenzen. Zeigen Sie sich so, wie Sie sind – alles andere wird er Ihnen wahrscheinlich sowieso nicht abnehmen.

Interview-Tipps für fachfremde Bewerber

von Fedon Moog

Unternehmensberatungen bezeichnen sich gerne als „offen für Bewerber aller Fachrichtungen". Das klingt gut und muntert den Kunsthistoriker mit überschaubaren Jobaussichten möglicherweise auf. Freuen Sie sich allerdings nicht zu früh. Denn gerade ein fachfremder Kandidat muss Hürden im Interview überwinden, bei denen der Exotenstatus im schlimmsten Fall auch hinderlich sein kann.

Der Regelfall: Interviewer mit Wirtschaftshintergrund befragen Exoten

Fachfremde Bewerber, also Bewerber ohne einschlägige Wirtschaftskenntnisse, werden oft als etwas Besonderes behandelt, weil die Interviewer nicht so recht wissen, was sie tatsächlich von dem vermeintlichen Paradiesvogel verlangen können. Denn die meisten Interviewer – Exotenquote hin oder her – sind eben doch BWLer und artverwandte Exemplare. Deswegen fragen sie sich, ob ihr Case „exotentauglich" ist. Ob vielleicht eine Modifikation erforderlich ist. Wie so ein Exot überhaupt an ein Problem herangeht. So viel Unsicherheit gegenüber unserem Kunsthistoriker kann dazu führen, dass er einen weichgespülten Case lösen darf, der nahezu keine BWL-Fachkenntnisse erfordert.

Aber auch dieser glückliche Regelfall bedeutet nicht, dass Keine-Ahnung-Haben eine Option ist. Natürlich müssen Sie auch – und vor allem als Fachfremder – die gängigen Frameworks beherrschen; das ist nicht zuletzt eine Frage des Respekts gegenüber Ihrem potenziellen künftigen Arbeitgeber. „Weichgespült" kann bedeuten, dass der Interviewer nicht die verschiedensten Bilanzpositionen nach unterschiedlichen Rechnungskonventionen erläutert haben will. Ein Fachfremder zu sein wird Sie aber nicht davon entbinden, die Grundrechenarten zu beherrschen und Geschäftssinn zu zeigen.

Abweichend vom Normalfall gibt es zwei Extreme. Die Variante: „Der soll als Exot erst recht zeigen, was er von der BWL versteht." Und die Variante: „Der soll beweisen, dass er wenigstens in seinem Fachgebiet spitze ist."

Um sich auf den Extrem-BWL-Prüfer vorzubereiten, lesen Sie die einschlägigen Ratgeber, und lernen Sie vor allem die technischen Teile (Bilanzposten, GuV, Cashflow, buchhalterische Grundregeln etc.). Der BWL-Extrem-Interviewer wird nicht von Ihnen verlangen, dass Sie alles können. Wenn Sie aber mit dem einen oder anderen Fachterminus glänzen und im Großen und Ganzen eine akzeptable Figur machen, dann haben Sie ihn für sich gewonnen. Um hier zu bestehen, müssen Sie nur ein wenig büffeln, mehr nicht. Schließlich sind die Grundlagen der BWL keine Hexerei.

Selbst wenn Sie folgenden Hinweis für selbstverständlich halten: Seien Sie niemals – auch nicht gegenüber dem Extrem-BWLer – arrogant. Es mag ja durchaus sein, dass die BWL eine der vermutlich jüngsten Hilfswissenschaften ist (insbesondere im Vergleich zur Mathematik,

Physik, Philosophie etc.). Es mag auch sein, dass Ihnen die vereinfachten Problemstellungen der klassischen BWL eher banal vorkommen. Aber es wird einen Grund haben, warum Ihr Interviewer sich dafür entschieden hat. Seien Sie also nett, freundlich und offen.

Der schwierigere Fall: Fachfremde Interviewer befragen fachfremde Bewerber
Schwieriger ist es, wenn fachfremde Bewerber von fachfremden Interviewern geprüft werden. Ein solcher Interviewer ist selbst als Exot eingestiegen, er weiß aus Erfahrung, was auf Sie zukommt – und genau deswegen werden Sie auch von ihm befragt. Jetzt müssen Sie aufpassen, denn es kann durchaus sein, dass der Interviewer das Gleiche studiert hat wie Sie.

Als erstes wird der Interviewer herausfinden wollen, ob Sie auf Ihrem Fachgebiet wirklich der Experte sind, für den Sie sich in der Papierbewerbung ausgegeben haben. Es ist (leider) keine Ausnahme, dass Interviewer Bewerber vor sich sitzen haben, die als Studienschwerpunkte „Internationale Politik", „Internationale Wirtschaftspolitik", „Politische Theorie" oder „Philosophie" angegeben haben – und bei fachspezifischen Fragen maximale Ahnungslosigkeit beweisen. Grundbegriffe und Überblickswissen Fehlanzeige? So wird das nichts.

Machen Sie es besser. Wenn Sie schon wenig Ahnung von BWL haben, dann sollten Sie wenigsten Ihr Studiengebiet extrem gut beherrschen. Wenn Sie auch hier wenig zu bieten haben – dann tun Sie nicht so als ob. Lassen Sie alles, was Sie im Interview nicht mit fundiertem Wissen belegen können, in Ihrer Papierbewerbung weg. Es besteht die Gefahr, dass Sie als Blender dastehen – und Sie gerade deswegen nicht den Einstieg schaffen.

Neben Ihrem fachspezifischen Know-how wird der fachfremde Interviewer Ihre Beratungsfertigkeiten sehen wollen. Es geht darum zu zeigen, dass Sie in Ihrem Wissensgebiet das kleine Beratungseinmaleins anwenden können: Gehen Sie strukturiert an das Problem heran? Wenden Sie die 80/20-Regel an? Kommen Sie auf den Punkt? Konzentrieren Sie sich auf das Wesentliche, gerade dann, wenn Sie sehr viel Expertise auf einem Fachgebiet mitbringen?

Gerne werden Fachfremde mit komplizierten akademischen Abschlussarbeiten darum gebeten, ihr Werk in wenigen Sätzen für jedermann verständlich darzustellen. Bereiten Sie sich auf so eine Frage vor. Erklären Sie Ihrer Oma, was Sie in der Robotik eigentlich vier Jahre lang gemacht haben. Wenn Oma kapiert, wieso dieser Leiter, an dem Sie geforscht haben, die Menschheit weiterbringt, dann sollte es Ihr Interviewer auch verstehen.

Unterschiedliche Case-Typen erfolgreich meistern

von Dr. Jens-Christoph Uhr

Im Recruiting-Prozess von Unternehmensberatungen sind Case-Bearbeitungen an der Tagesordnung. Nach einer Begrüßung könnte Ihr Bewerbungsgespräch mit der Aufforderung starten: „Erstellen Sie bitte ein Marketingkonzept für ein Hotel!". Sie haben zwar Betriebswirtschaft studiert, das Wort „Marketing" jedoch zum letzten Mal im zweiten Semester gehört? Außerdem kennen Sie das Hotelgewerbe nur als Gast? Dennoch kein Grund, nervös zu werden! Selbst wenn Sie einschlägige Vorkenntnisse in der Branche besitzen, wird der Interviewer durch weitere Nachfragen einen wunden Punkt bei Ihnen finden.

Aber warum verwenden Unternehmensberatungen diese Fallstudien und Aufgaben, deren Lösung ein Bewerber nicht kennen kann? Cases sollen Bewerber in eine Situation versetzen, mit der Unternehmensberater jeden Tag konfrontiert sind: Sie müssen sich schnell in neue und ungewohnte Situationen hineindenken und zügig ein Lösungskonzept für eine definierte Aufgabenstellung erarbeiten. Mithilfe eines Cases können die Interviewer schnell erkennen, wie der Kandidat eine derartige Aufgabe bewältigen kann. Die Kriterien, die im Rahmen eines Cases abgeprüft werden können, sind vielfältig: Strukturiertheit, Stressresistenz, Kreativität, logisches sowie analytisches Denken sind im Interview immer gefragt. Man sollte sich jedoch nicht abschrecken lassen: Mit der richtigen Vorbereitung schaffen Sie die besten Voraussetzungen, um jeden Case zu lösen.

Der Abschätzungs-Case

Wie oft drückt ein Unternehmensberater täglich die Enter-Taste einer PC-Tastatur? Wie viele gebrauchte Autos wechseln in Deutschland jährlich ihren Besitzer? Wie viele Fußbälle gibt es in Europa? – Die Themenstellungen in Abschätzungs-Cases sind unerschöpflich und unberechenbar. Hier gilt es, strukturiert an die Lösung heranzugehen, damit Sie alle wesentlichen Aspekte in Ihren Überlegungen berücksichtigen. Ihnen fehlen wichtige Informationen? Fragen Sie nach – oft verrät Ihnen der Interviewer dann mehr Details. Wenn nicht, nehmen Sie die erhaltenen Informationen als Basis, und treffen Sie Annahmen. Bringen Sie dabei Ihre eigene Lebenserfahrung ein: Denken Sie an das Tippen Ihrer Abschlussarbeit, die Anzahl an Gebrauchtwagenverkäufen im Bekanntenkreis und die Fußballvereine aus Ihrer Stadt. Sicherlich helfen Ihnen diese Erfahrungen im Case weiter und geben Ihnen auch Ansatzpunkte, um sich selbst Abschätzungs-Cases zur Übung zu überlegen.

Der Business Case

Business Cases geben Unternehmensberatungen die Möglichkeit, die Fähigkeiten ihrer Bewerber unter praxisnahen Voraussetzungen zu beurteilen. Viele der Cases beruhen auf tatsächlichen, aber stark vereinfachten Projekterfahrungen der Berater und geben dem Bewerber einen guten Einblick in die Beratertätigkeit und eine typische Projektsituation: Nicht nur das Marketingkonzept für das Hotel, sondern auch Finanzierungsstrategien für eine Schiffswerft oder die Kostenreduktion einer Bank können im Business Case als Herausforderung auf Sie zukommen. Oft werden aber auch offene Fragen formuliert: Stellen Sie sich vor, Sie haben eine Million Euro zur Verfügung und möchten ein Unternehmen gründen. Welche Branche wählen Sie? Zeigen Sie die Profitabilität Ihres Unternehmens auf. Ein Grundverständnis der Wirtschaftswissenschaften ist ein absolutes Muss. Ein gutes Allgemeinwissen und Erfahrungen aus Praktika und Studium helfen, um den Interviewer mit realitätsnahen Grundannahmen zu beeindrucken. Von Bewerbern ohne wirtschaftswissenschaftlichen Hintergrund werden keine Expertenkenntnisse verlangt. Dennoch sollten Sie sich in jedem Fall wirtschaftliches Basiswissen angeeignet haben.

Wenn Sie in die Detailanalyse eines Business Cases eintauchen, versetzen Sie sich in die Lage des Unternehmers. Welche Ziele und Interessen verfolgt er? In der Regel gilt es zu optimieren: Umsatz steigern, Produktportfolio anpassen, Kosten senken oder auch Prozesse verbessern. Um zu vermeiden, dass Sie sich in den zahlreichen potenziellen Problemstellungen verlieren, bieten Sie dem Interviewer früh eine Grundstruktur für Ihren Lösungsansatz an. So können Sie rasch in die Diskussion mit ihm einsteigen und eventuell einzelne Aspekte ausklammern.

Es kommt vor, dass Business Cases auch von einer Gruppe von Bewerbern gelöst werden sollen, um die Teamfähigkeit der Bewerber zu beobachten. Finden Sie Ihre Rolle im Team! Allerdings kann nicht jeder der Wortführer sein. Beteiligen Sie sich aktiv an Diskussionen und Analysen, und treiben Sie nicht nur stumm Ihre eigene Analyse voran. Reflektieren Sie im Vorfeld Teamerfahrungen aus Studium oder Praktika: Auf welche Stärken können Sie sich verlassen, und wobei benötigen Sie Unterstützung?

In der Vorbereitung auf den Business Case sollten Sie sich mit Grundzügen der Betriebswirtschaft, wie zum Beispiel einer Gewinn- und Verlustrechnung oder einer Bilanz, aber auch den einschlägigen Lösungsmodellen wie Porters Five Forces oder den 4 Ps des Marketings vertraut machen, die in diesem Ratgeber im Kapitel „Frameworks zur Bearbeitung von Cases" (ab Seite 98) näher betrachtet werden. Der Interviewer kennt oft die angewendeten Modelle und wird deshalb nicht sonderlich beeindruckt sein. Sie sollten diese Modelle also nur als Starthilfe betrachten und eigene Ansätze entwickeln. Aber aufgepasst: Bei der Anwendung eines unpassenden Modells kann der Schuss nach hinten losgehen.

Der Brainteaser

Eineinhalb Hühner legen an eineinhalb Tagen genau eineinhalb Eier. Wie viele Eier legt ein Huhn an einem Tag? Falls Sie nicht das Glück hatten, bereits während Ihrer Vorbereitung über den gefragten Brainteaser gestolpert zu sein, gilt es Ruhe zu bewahren. Ihre Analysefähigkeit und Ihr Vorstellungsvermögen werden in dieser Situation auf die Probe gestellt. Oft landen Sie bei Ihrem Lösungsweg in einer Sackgasse und müssen nochmal von vorne anfangen. Dies bedeutet jedoch nicht, dass Sie gescheitert sind. Sie sollten Ihre Überlegungen aussprechen, eventuell gibt der Interviewer Ihnen zusätzliche Hinweise. Ändern Sie Ihren Blickwinkel, und überzeugen Sie ihn auch mit unkonventionellen Ansätzen. Vermutlich sind Sie so auch darauf gekommen, dass ein Huhn an einem Tag genau zwei Drittel Eier legt.

Neben den verschiedenen Fallstudien sollten Sie im Bewerbungsgespräch eines nicht vergessen: Überzeugen Sie durch Ihre Persönlichkeit. Der Interviewer sucht neben Ihrer fachlichen und analytischen Klasse auch einen zukünftigen Kollegen, mit dem er gerne zusammenarbeitet und auch das ein oder andere Feierabendbier trinkt.

Case Studies und Brainteaser zur Übung finden Sie im vierten Kapitel.

Tipps für Case-Interviews:

1. **Bleiben Sie ruhig!** Der Interviewer wird versuchen, Sie unter Druck zu setzen. Sollten Sie merken, dass Ihre Antwort nicht den Vorstellungen des Gesprächspartners entspricht, bewahren Sie Ruhe. Wichtig ist, dass Sie weiterhin konzentriert bleiben und nach Alternativen suchen. Übrigens: Man muss nicht alle Fragen richtig beantworten, um bei einer Bewerbung Erfolg zu haben.
2. **Strukturieren Sie!** Die Aufgabenstellungen eines Cases sind mitunter sehr komplex. Umso wichtiger ist eine strukturierte Herangehensweise. Geben Sie dem Interviewer das Gefühl, dass Sie durch Ihre eigene Ordnung der Themenbereiche die Problemstellung verstehen und im Griff haben. So wird es für Sie auch leichter, nach Detailausführungen zu den Kernpunkten im Case zurückzufinden.
3. **Arbeiten Sie ergebnisorientiert!** Verlieren Sie sich nicht im Detail, und beziehen Sie sich immer wieder auf die Ausgangsfrage. So gelingt es Ihnen, in der gesetzten Zeit die geforderte Lösung zu erarbeiten. Bedenken Sie: Die Dauer des Interviews ist begrenzt. Je schneller Sie zu einer Lösung kommen, desto mehr Zeit hat der Interviewer, Sie durch weitere Fragen als interessanten Gesprächspartner kennenzulernen.
4. **Teilen Sie Ihre Gedanken!** Ein richtiges Ergebnis im Case genügt nicht für den Interview-Erfolg. Der Lösungsansatz spielt eine entscheidende Rolle. Sie sollten also den Interviewer an Ihren Überlegungen teilhaben lassen, um ihm zu zeigen, dass Sie die Problemstellung erfasst und eine gute Lösung erarbeitet haben.
5. **Stellen Sie Fragen!** Aus Ihrer Sicht fehlen Informationen für ein erfolgreiches Lösen des Cases? Fragen Sie beim Interviewer nach! Dies gilt ebenso, wenn Ihnen Einzelheiten während des Cases unklar erscheinen. Auf diese Weise lassen sich Missverständnisse schnell aufklären.
6. **Begeistern Sie!** Unternehmensberater müssen Ihre Kunden überzeugen. Hierzu sollten Sie in der Lage sein, mit Ihren Ideen zu begeistern und Ihr Gegenüber mitzureißen. Das setzt neben der inhaltlichen Qualität Ihres Vortrags auch ein selbstbewusstes Auftreten und entsprechende kommunikative Fertigkeiten voraus. Sie könnten auch dazu aufgefordert werden, Ihren Vortrag am Flipchart zu präsentieren. Polieren Sie also noch einmal Ihr Soft-Skills-Repertoire auf.
7. **Seien Sie Sie selbst!** Zwar kommt es bei einer Fallstudie in erster Linie auf fachliche Kompetenz an. Dennoch wird sich der Interviewer fragen, wie die Zusammenarbeit mit Ihnen im Team wäre. Arroganz und Überheblichkeit können hier trotz sehr guter Fachkenntnisse zum Ausschlusskriterium werden.

Neun Stolpersteine beim Lösen von Cases

von Fedon Moog

Eine Menge Bewerbungsratgeber behaupten, Case-Interviews bei Unternehmensberatungen seien eine spezielle, maßgeschneiderte Angelegenheit. Das stimmt zwar in Bezug auf den Inhalt der Cases, aber nicht auf deren Beurteilung. Denn die Beurteilung der Bewerberleistung folgt ungeschriebenen, aber recht einheitlichen Standards. Firmenübergreifend sind die Kriterien für Erfolg, Mittelmaß und Scheitern ziemlich stereotyp. Welche Faktoren sind die wichtigsten, und welche Fehler führen mit hoher Sicherheit zur Ablehnung?

Cases sind zwar individuell – die Beurteilung ist aber einheitlicher, als man denkt

Unabhängig davon, bei welcher Unternehmensberatung Sie sich bewerben und wie selektiv das Unternehmen bei der Personalauswahl vorgeht – jeder Berater, der typischerweise ein Case-Interview mit Bewerbern durchführt, prüft vier Faktoren: Struktur, Wissen, Geschäftssinn und Ergebnis. Natürlich werden Sie keine Beratung finden, die explizit genau diese oder nur diese vier Faktoren prüft. Dennoch: Es sind die wichtigsten Aspekte, die in eine Vielzahl von Einzelprüfungskriterien einfließen:

- **Struktur:** Der Bewerber entwirft einen Plan, hat diesen logisch strukturiert, folgt dem Plan, und macht Annahmen während der Case-Bearbeitung transparent.
- **Verständnis:** Der Bewerber versteht den Case, und er kennt sich zumindest grob mit dem (Geschäfts-)Umfeld aus, in dem der Case angesiedelt ist.
- **Gespür:** Geschäftssinn ist beim Bewerber erkennbar. Er fokussiert sich auf die businessrelevanten Fragestellungen.
- **Ergebnis:** Der Case endet mit einem (Zwischen-)Ergebnis, das mindestens plausibel, idealerweise auch richtig ist.

Als Faustregel gilt: Erfüllen Bewerber alle vier Kriterien, haben sie den Case gemeistert. Drei von vier sind okay bzw. Mittelmaß. Weniger heißt: Die Bewerber haben den Case nicht bewältigt. Ob das nun bedeuten muss, dass sie als künftige Mitarbeiter nicht infrage kommen, hängt vom Unternehmen und dessen Auswahlstandards ab. Auch wenn es kaum ein Personaler zugeben würde – von der Laune des Interview-Partners hängt das Glück natürlich auch ab, vor allem bei Grenzfällen.

Was bedeuten die Bewertungskriterien nun in der Praxis? Am einfachsten ist es, einen exemplarischen Case durchzugehen, der einem auch im Interview begegnen könnte – mit dem Ziel, mögliche Stolpersteine zu (er)kennen und diesen geschickt auszuweichen.

Aufgabenstellung des exemplarischen Cases

„Ein befreundeter Skilehrer möchte netto mehr verdienen. Ihm ist aufgefallen, dass es in seinem Skigebiet nur wenige Möglichkeiten gibt, Snacks und Getränke direkt auf der Piste zu kaufen. Er fragt Sie, ob es sich lohnen würde, wenn er mit einer Art mobilem Kiosk (im Sinne eines Bauchladens) im Skigebiet unterwegs wäre. Was raten Sie ihm?“

Auf den ersten Blick sieht dieser Case einfach aus. Es gibt wenige Zahlen und Fakten, der Case ist nicht kompliziert dargestellt. Zudem spielt er in einem Umfeld, das dem Bewerber möglicherweise bekannt ist (anders als vielleicht IT-Netzwerke, Back-Office-Prozesse einer Bank etc.). Doch hinter der Oberfläche stecken eine Reihe von Fallen, die sich auch in anderen Cases wiederfinden.

Struktur

Beratung lebt davon, unstrukturierten Kunden zu helfen, passende Lösungen zu finden. Meistens kennen die Kunden unendlich mehr Details ihrer Branche. Was vielen Kunden aber fehlt, sind die Methoden, um strategische Fragen zu beantworten. Hier können Berater wie Sie helfen.

Fehler 1: Zu breit denken

Das erste K.o.-Kriterium bei einem so breiten Case lauert darin, den Case nicht einzuschränken. Es ist zwar verlockend, die Frage des Skilehrers aus steuerlicher, rechtlicher, organisatorischer, logistischer, Marketing- und Pricing-Sicht zu beleuchten. Realistischerweise wird man das allerdings in 20 bis 35 Minuten nicht schaffen.

Eine mögliche Einschränkung könnte man vornehmen, indem man eines der vielen Frameworks anlegt. Wichtig ist, ein passendes Framework einzusetzen. Man könnte zum Beispiel Porters Five Forces einsetzen, alternativ auch eine Marketingbetrachtung (4 Ps) oder eine Gewinnabschätzung (Kosten/Umsätze im Vergleich zum aktuellen Netto-Einkommen des Skilehrers). Experimentieren Sie besser nicht zu viel – lieber ein bekanntes Framework als eine bunte Lösung, in der Sie (und Ihr Gesprächspartner) den Überblick verlieren.

Fehler 2: Keinen Plan skizzieren

Natürlich sind Sie intelligent und clever. Deswegen wollen Sie auch Berater werden. Vielleicht glauben Sie, dass nur Halbschlaue einen Plan auf Papier skizzieren. Falsch! Ohne Plan werden Sie sich verrennen. Auf jeden Fall aber werden Sie Ihren Interviewer irgendwo auf Ihrem hochgenialen, aber intransparenten Lösungsweg verlieren. Selbst wenn Sie begnadet sind – Ihr Interviewer wird davon ausgehen, dass Sie keinen Plan haben. Also: Skizzieren Sie Ihr Lösungsvorgehen, und sprechen Sie es mit Ihrem Interviewer durch. „Erstens schaue ich mir an ..., zweitens werde ich ...“ Nutzen Sie die Gelegenheit, um klärende Fragen zu stellen.

Fehler 3: Einen Plan haben, ihn aber nicht einhalten

Häufig fangen Bewerber gut an: Sie denken nach, strukturieren das Problem und schreiben den Lösungsweg auf einen Zettel. Der Interviewer freut sich. Und dann passiert es leider, dass der Bewerber sich von seinem Plan löst. Manchmal liegt es am Bewerber, der vor Aufregung nicht mehr geradeaus denken kann und selbst vergessen hat, dass er ja einen Plan skizziert hat.

Manchmal aber liegt es auch am Interviewer, der Fragen stellt, um den Bewerber zu verunsichern, Druck aufzubauen oder einfach nur abzulenken. Ihr Gesprächspartner will sehen, wie Sie mit solchen Situationen umgehen. Das Beste ist, freundlich, aber bestimmt darauf hinzuweisen, dass Sie nun die Bearbeitung des Cases kurzzeitig unterbrechen, aber gleich zum Case zurückkehren werden. Wenn es zeitlich kritisch wird, weisen Sie darauf hin, dass die Beantwortung dieser Extra-Frage möglicherweise die finale Antwort auf die Frage des Skilehrers in Gefahr bringt. Damit zeigen Sie, dass Sie den Fokus auch unter Druck nicht verlieren.

Fehler 4: Intransparent vorgehen

Angenommen, Sie haben sich dafür entschieden, für den Skilehrer das Gewinnpotenzial zu ermitteln, und Sie haben dieses Ziel mit Ihrem Interviewer abgestimmt. Sie planen, zunächst die Umsatzseite zu analysieren, um besser zu verstehen, welche Produkte für welche Kunden und zu welchem Preis angeboten werden könnten. Viele Bewerber aber vergessen dabei, den Interviewer im detaillierten Denkprozess mitzunehmen.

Wenn Sie festlegen, nur Energy-Drinks anzubieten, von drei Euro pro Stück ausgehen und abschätzen, wie viele Skifahrer auf der Piste an solchen Drinks interessiert wären, müssen Sie dies Ihrem Interviewer erklären. Es reicht nicht, sich einfach an das Flipchart zu stellen und „500 Euro pro Tag" hinzuschreiben. Stellen Sie sich vor, Ihr Interviewer ist blind, und Sie wollen ihm über den Gehweg helfen - auch in so einer Situation würden Sie erklären, was Sie nun genau machen und warum.

Verstehen

Oft heißt es, man brauche keinerlei Fachkenntnisse, um einen Bewerbungsprozess erfolgreich zu durchlaufen. Das mag in Ausnahmefällen stimmen. In der Regel müssen Sie aber zumindest sehr genau begreifen, um was es in einem Case eigentlich geht. Das setzt voraus, dass Sie den Case zu 100 Prozent durchdringen und das Umfeld des Cases zumindest einschätzen können.

Fehler 5: Den Case nicht verstehen

Logisch, Sie müssen nachvollziehen können, um was es in diesem Case geht. Bei dem Skilehrer-Case sollte das kein Problem sein. Schwierigkeiten kann es aber bereiten, wenn Sie zu etwas Untypischem aufgefordert werden, z. B. einen Umsetzungsplan bzw. einen Netzplan zu erstellen oder eine Rede zu halten. Grundsätzlich gilt: Wenn Sie auch nur einen Hauch Unsicherheit verspüren, ob Sie den Case richtig verstanden haben und die an Sie gestellte Aufgabe: Fragen Sie nach! Es ist besser zu fragen, als auf Verdacht in die falsche Richtung zu starten. Das könnte Ihnen als Mangel an Struktur ausgelegt werden. Zudem gilt: Der Interviewer wird Ihnen Fragen fast immer nachsehen.

Um das richtige Framework für die Case-Lösung anzuwenden, müssen Sie das Umfeld verstehen, in dem der Case spielt. Sie müssen sich vorstellen können, wie das Geschäftsmodell in der Praxis aussieht. Sie müssen vernünftige Annahmen treffen können, etwa in Bezug darauf, was die meisten Skifahrer interessiert, wie ein Skigebiet funktioniert und was ein Bauchladen ist. Wenn Sie noch nie Skifahren waren, dann haben Sie ein Problem. Der größte Fehler, den Sie jetzt machen können, wäre zu bluffen. Fragen Sie nach! Sagen Sie, dass Sie noch nie Skifahren waren. Tun Sie nicht so, als sei alles klar, wenn Sie in Wahrheit Zweifel haben.

Gespür

Ärgerlicherweise kann man Gespür nicht auswendiglernen. Streber haben hier keine Chance. Den richtigen Riecher für ein gutes Geschäft, eine kreative Strategie oder einen vernünftigen Umsetzungsplan können Sie nicht üben. Interviewer prüfen dieses schwer zu fassende Gespür oft unbewusst ab. Schließlich würde ein Berater niemals zugeben, ein derartig schwammiges Kriterium heranzuziehen. Ein britischer Berater würde möglicherweise von „common sense" sprechen.

Fehler 6: Weltfremd denken

Bei unserem Skilehrer-Case haben Sie viele Möglichkeiten, mangelnden Geschäftssinn zu beweisen. Sie könnten beispielsweise auf die Idee kommen, warme Snacks anzubieten (das wird logistisch kaum funktionieren). Sie könnten auch vorschlagen, Skistöcke anzubieten (Skifahrer verlieren die Stöcke gelegentlich beim Liftfahren). Auch das ist keine sonderlich pragmatische Idee, weil Stöcke schwer sind und in sehr individuellen Größen angeboten werden. Beide Ideen sind hübsch, aber funktionieren wohl eher nicht.

Fehler 7: Zu theoretisch vorgehen

Einer der größten Fehler von Bewerbern ist, dass sie einen Case verkomplizieren, anstatt ihn zu vereinfachen. Beim Skilehrer könnte das bedeuten, dass der Bewerber nicht das Umsatzpotenzial (grob) überschlägt, sondern sich in vielfältigen Szenarien bezüglich der Produkt- und Kundenvarianten verirrt. Ein Theoretiker würde eine Matrix aufmalen, Kundensegmente nach Interesse und Alter aufzeigen, Einkaufskosten danebensetzen, sich vielleicht noch über Sourcing bestimmter Warengruppen Gedanken machen. Alles richtig, aber trotzdem nicht hilfreich. Eine so weitverzweigte Analyse lässt sich in der Kürze der Zeit kaum umsetzen.

Besser ist es, sich zunächst zu überlegen, wie vielen Skifahrern unser mobiler Bauchladen überhaupt pro Tag begegnen könnte. Die Kundengruppen spielen bei dieser Betrachtung zunächst einmal keine Rolle. Ist die Zahl klein, macht eine Segmentierung keinen Sinn, weil die Geschäftsidee unseres Skilehrers vermutlich nicht funktionieren wird (es sei denn, er bietet hochpreisige Produkte mit großer Marge an).

Ergebnis

Berater mögen geniale Strategen sein. Der Kunde wird in der Regel aber nicht am Gedankenprozess seines Beraters, sondern an einem Ergebnis interessiert sein. Dasselbe gilt für den Interviewer. Auch wenn es seltsam klingen mag: Ihr Interviewer ist Ihr Kunde. Er will von Ihnen beraten werden. Vor allem aber wünscht er sich eine Antwort auf seine Frage. Kein Ergebnis zu liefern ist daher keine Option.

Fehler 8: Gar kein Ergebnis liefern

Cases können eine eigenständige Dynamik entwickeln. Man startet mit dem Skilehrer, plaudert hier und da, schiebt noch einen Brainteaser dazwischen – und zack, die Zeit ist um. Das ist schlecht für den Interviewer, zeigt es doch, dass er den Prozess nicht sonderlich gut gemanagt hat. Es ist aber auch schlecht für den Bewerber – denn im Zweifel notiert der Interviewer, dass der Bewerber keine Lösung für den Case gefunden hat (auch wenn das ungerecht erscheinen mag).

Um sich abzusichern, sollten Sie Ihre (Zwischen-)Ergebnisse am Ende des Cases darstellen. Vier Punkte sind hierbei wichtig:

- Was war die Aufgabe?
- Wie sind Sie die Aufgabe angegangen?
- Was haben Sie herausgefunden?
- Was empfehlen Sie?

Auch wenn man zu keinem konkreten Ergebnis gekommen ist, lässt sich das als Ergebnis darstellen. Wenn Sie also festgestellt haben, dass die Geschäftsidee des Skilehrers stark von der Größe des Skigebiets und von rechtlichen Rahmenbedingungen abhängt (Lizenz für den Bauchladen), verkaufen Sie diese Erkenntnis als Ergebnis. Das ist zwar nicht sonderlich spannend, aber besser als gar nichts.

Fehler 9: Ein völlig unplausibles Ergebnis anbieten

Selbst wenn Sie einen tollen Plan herausgearbeitet haben, strukturiert vorgegangen sind, Zwischenfragen beantwortet haben – Sie sind am Case gescheitert, wenn Ihre Empfehlung komplett danebenliegt. Kommen Sie beim möglichen Umsatz auf 100.000 Euro pro Monat, dann sind Sie vielleicht ein bisschen zu optimistisch für einen Berater. Oder Sie haben tatsächlich eine geniale Geschäftsidee und sollten sich überlegen, ob Sie wirklich als Greenhorn in der Beratung anfangen wollen.

BWL-Basiswissen zur Case-Bewältigung

von Thiemo Purkart

Die Grundlagen der Betriebswirtschaftslehre (BWL) sowie deren Grundkonzepte sind eine wichtige Basis für die Arbeit in einer Unternehmensberatung. Zusammen mit den im nächsten Beitrag erläuterten Frameworks sind sie essenziell für die Bearbeitung von Case Studies. Die Modelle und Methoden der BWL basieren auf dem Grundsatz, dass Mittel und Waren in der Regel nicht unbegrenzt verfügbar sind. Die BWL umfasst den gesamten Prozess unternehmerischer Tätigkeiten von der Planung über die Organisation und die Steuerung bis hin zur Durchführung und Kontrolle. Grundlegend für die BWL ist das sogenannte ökonomische Prinzip. Es beschreibt die betriebswirtschaftliche Notwendigkeit, die nötigen Mittel zur Erreichung der Unternehmensziele möglichst ideal einzusetzen. Die Ziele (z.B. Nutzen-, Gewinn- oder Umsatzsteigerung) können auf verschiedene Art und Weise erreicht werden:

- **Minimalprinzip:** Bei vorgegebenem Ziel ist der Mitteleinsatz so gering wie möglich zu halten.
- **Maximalprinzip:** Bei vorgegebenem Mitteleinsatz ist das höchstmögliche Ziel zu erreichen.
- **Optimalprinzip:** Weder das zu erreichende Ziel noch die verfügbaren Mittel sind fest vorgegeben. Die Auswahl der besten Handlungsalternative erfolgt über eine Funktion, die die anfallenden Kosten dem erzielbaren Nutzen gegenüberstellt.

Grundlagen der Betriebswirtschaftslehre

Die Grundlagen der Betriebswirtschaftslehre bilden die einzelnen Funktionen innerhalb eines jeden Unternehmens. Alle hier genannten Funktionen spielen prinzipiell in jedem Unternehmen eine Rolle und sind lediglich je nach Branche oder Ausrichtung eines Unternehmens unterschiedlich stark ausgeprägt. Ein Dienstleistungsunternehmen beispielsweise hat in der Regel weniger stark ausgeprägte Logistik-Bereiche als ein Unternehmen aus dem produzierenden Gewerbe. Aber auch ein Dienstleistungsunternehmen greift auf „Lieferanten“ (z.B. andere Dienstleister) zurück und betreibt eine „Produktion“ (z.B. Wissensgenerierung, Wissensspeicherung), die gesteuert werden muss. Bei der Bearbeitung von Case Studies sind entweder einzelne Funktionen im Detail zu erläutern und ein spezifisches Problem zu lösen, oder es muss der übergreifende Zusammenhang der einzelnen Bereiche innerhalb und außerhalb des Unternehmens hergestellt werden.

Logistik

Die Logistik beschäftigt sich mit den Waren- und Informationsflüssen zwischen Lieferanten (Beschaffungsmarkt), Produktion, Lagern und Kunden (Absatzmarkt). Ebenso sind Abfallentsorgung und Recycling ein wichtiges Aufgabengebiet dieser Teildisziplin. Grosvenor Plowman hat mit der Formulierung der sogenannten „Seven Rights“ eine bekannte Kurzdefinition der Logistik formuliert: Es gilt, das richtige Gut in der richtigen Menge, im richtigen Zustand, am richtigen Ort, zur richtigen Zeit, für den richtigen Kunden und zu den richtigen Kosten bereitzustellen.

Logistikkette nach Ihde

Produktionswirtschaft

Die Produktionswirtschaft behandelt die Planung und Steuerung von Produktionsprozessen sowie deren vor- und nachgelagerte Aufgaben, wie etwa die Bedarfsplanung oder Qualitätskontrolle. Im Allgemeinen unterscheidet diese spezielle Betriebswirtschaftslehre (SBWL) nach der Art der Produkterzeugung zwischen Fertigungs- und Prozessindustrie. In der Fertigungsindustrie werden Produkte in der Regel durch die Montage einzelner Bauteile hergestellt (z. B. Autoindustrie, Maschinenbau etc.). Die Prozessindustrie erzeugt Waren im Zuge durchgängiger Produktionsprozesse, die als Ergebnis stets eine bestimmte Menge, wie etwa Gewicht oder Volumen, eines Produkts haben (z. B. Chemie-, Stahl-, Pharmaindustrie etc.).

Marketing

Das Marketing setzt sich zum Ziel, betriebswirtschaftliche Entscheidungen optimal an den Anforderungen des Marktes auszurichten. Im sogenannten Marketingmix werden die langfristig geplanten Vorgaben in konkrete Aktivitäten betreffend Produkt (product), Preis (price), Kommunikation (promotion) und Distribution (placement) umgesetzt. Mit der steigenden Bedeutung des Dienstleistungssektors wurde der klassische Marketingmix um die Perspektiven Personal, Prozesse und physisches Umfeld erweitert, um die besonders in diesem Industriesektor relevanten Aspekte zu erfassen.

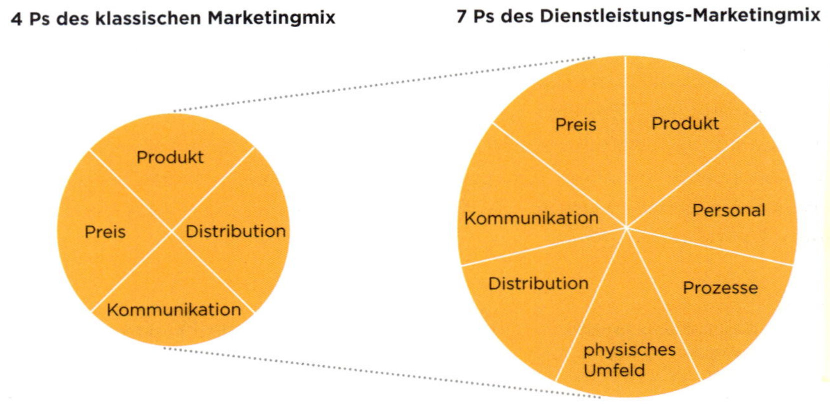

Marketingmix nach Homburg

Finanzwirtschaft
Die Finanzwirtschaft beschäftigt sich mit drei wichtigen Aufgaben unternehmerischen Handelns: Beschaffung von Kapital, Investition und Risikomanagement. Bei der Finanzierung von Unternehmenszielen kommen zum einen der Absatzmarkt für die eigenen Produkte, aber auch die Mittel des Kapitalmarktes zum Einsatz. Durch die finanzielle Bewertung von Investitionsalternativen werden Entscheidungshilfen gegeben, wie das Kapital des Unternehmens optimal eingesetzt werden kann. Im Rahmen des Risikomanagements erfasst und bewertet die Finanzwirtschaft die Risiken des unternehmerischen Handelns, wie etwa Kredit- und Anlagerisiken, Umweltrisiken oder auch Produkt- und Absatzrisiken. Nach nationalem und internationalem Gesetz (z. B. Aktiengesetz, Sarbanes-Oxley-Act – SOX etc.) sind zahlreiche Unternehmen gesetzlich verpflichtet, durch gezieltes Risikomanagement den Fortbestand des Unternehmens abzusichern.

Regelkreis des Risikomanagements

Internes und externes Rechnungswesen

Im Rechnungswesen werden Methoden und Werkzeuge entwickelt und benutzt, die es ermöglichen, Finanzströme innerhalb und außerhalb des Unternehmens zu erfassen und einzelnen Situationen und Positionen zuzuordnen. Das interne Rechnungswesen bildet mit der Kosten- und Erlösrechnung die Grundlage zur Steuerung und Kontrolle unternehmensinterner Leistungserbringung durch das Unternehmenscontrolling. Das externe Rechnungswesen unterliegt meist handels- und steuerrechtlichen Anforderungen (z. B. Handelsgesetzbuch – HGB, International Financial Reporting Standards – IFRS etc.) und dokumentiert die Vermögens-, Finanz- und Ertragslage des Unternehmens für Außenstehende. Die wichtigsten Elemente des externen Rechnungswesens sind die Bilanz sowie die Gewinn- und Verlustrechnung.

Unternehmenspolitik

Mit der Unternehmenspolitik legt ein Unternehmen fest, auf welchen Gebieten es tätig ist und welche Verhaltensgrundsätze für diese Tätigkeiten gelten müssen. Die wichtigste Aufgabe der Unternehmenspolitik besteht darin, den verschiedenen Interessen von Eigentümern (shareholder) und anderen Anspruchstellern (stakeholder; z. B. Angestellte, Kunden, Lieferanten etc.) gerecht zu werden. In jüngster Vergangenheit sind die Aufgaben der Unternehmenspolitik unter dem Begriff „Corporate Governance" in den Mittelpunkt des öffentlichen Interesses gerückt.

Organisation und Personalwesen

Das Organisationsmanagement beschäftigt sich mit der Aufbau- und Ablauforganisation eines Unternehmens, in neuerer Zeit auch mit der Systemkonfiguration. Die Aufbauorganisation, z. B. visualisiert durch ein Organigramm, legt fest, wie einzelne Arbeitsschritte im Unternehmen aufgeteilt werden. Die wichtigsten Bausteine der Aufbauorganisation sind dabei u. a. Betriebsstätten und Werke, aber auch kleinere Einheiten wie etwa Abteilungen, Stabsstellen oder Berichtslinien. Die Ablauforganisation bestimmt und optimiert die Koordination zwischen den Organisationseinheiten zur Erstellung der gesamtbetrieblichen Leistungen. Die resultierende Form von Aufbau- und Ablaufstruktur hat wiederum großen Einfluss auf die Gestaltung und Anpassung der Systemkonfiguration. Die Systemkonfiguration definiert, welche Arbeitsmittel den einzelnen Einheiten der Aufbauorganisation zur Verfügung stehen und legt fest, wie die Ablauforganisation dadurch unterstützt wird, z. B. durch Kommunikations- und Informationssysteme.

Die Hauptaufgaben des Personalwesens liegen in der Personalführung (Personalplanung und -entwicklung, Kommunikation etc.) und der Personalverwaltung (Personaleinsatz und -betreuung, Lohn- und Gehaltswesen etc.). Auch diese Disziplin der BWL unterliegt zahlreichen Gesetzen und Regelungen. International agierende Unternehmen müssen sich dabei mit einer Vielzahl unterschiedlicher Bestimmungen auseinandersetzen, um eine gleiche und faire Behandlung der Mitarbeiter zu gewährleisten.

Informationsmanagement

Informationsmanagement ist einer der am stärksten wachsenden Bereiche in heutigen Unternehmen. Das Informationsmanagement bekommt insbesondere dann großes Gewicht, wenn es darum geht, Informationen und Daten aus verschiedenen Bereichen und den dort genutzten Informations- und Anwendungssystemen innerhalb eines Unternehmens oder z. B. auch nach Fusionen allgemein zugänglich und auswertbar zu machen. Die drei Kerninformationstypen, die zur Steuerung eines Unternehmens benötigt werden, sind:

- Informationen, die eine Aussage über die Zielerreichung der Unternehmensstrategie ermöglichen
- Informationen, die zur Erfüllung rechtlicher und anderer Verpflichtungen dienen
- Informationen, die die Mitarbeiter des Unternehmens benötigen, um ihre täglichen Aufgaben optimal zu erfüllen

Das Informationsmanagement ist eine der wichtigsten Querschnittfunktionen im Unternehmen, da es insbesondere durch die Bereitstellung der Informations- und Systeminfrastruktur die Arbeitsgrundlage für die meisten anderen Unternehmensbereiche schafft. Mit dem Informationsmanagement wird unternehmensweit festgelegt, wie und wo Informationen gespeichert werden, wer Zugang zu diesen Informationen braucht und bekommt und welche Werkzeuge zur Analyse und Nutzung der Daten bereitgestellt werden.

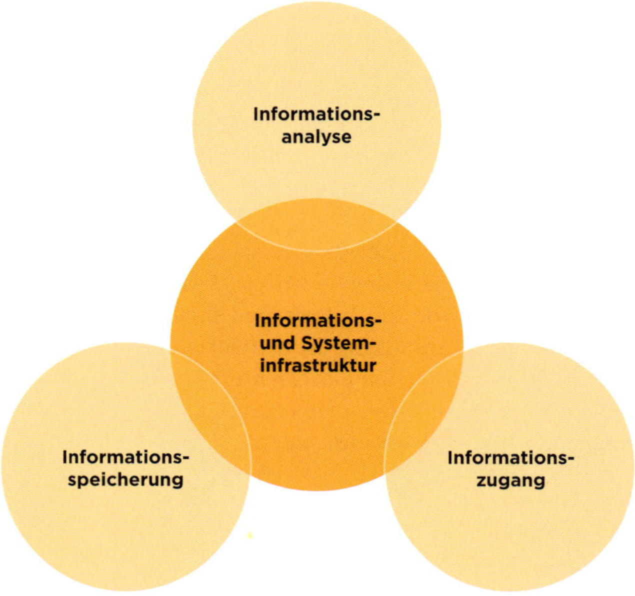

Kerngebiete des Informationsmanagements

Betriebswirtschaftliche Grundkonzepte

Die im Folgenden erläuterten betriebswirtschaftlichen Grundkonzepte bilden – gemeinsam mit den im nächsten Beitrag beschriebenen Frameworks – die Grundlage für die Bearbeitung von Case Studies. Häufig stehen diese Grundkonzepte im Kontext mit den oben aufgeführten Funktionen innerhalb jedes Unternehmens. Bei Fragestellungen aus dem Bereich Marketing spielen oftmals die Konzepte zur Preispolitik eine Rolle, in der Produktionswirtschaft dagegen Skalen-, Verbund- und Dichtevorteile sowie Erfahrungskurven und Produktlebenszyklen. Für Case Studies aus den Bereichen Finanzwirtschaft oder Rechnungswesen werden häufig die Gewinn- und Verlustrechnung, die Bilanz oder bestimmte Kennzahlen benutzt.

Preispolitik

Die Preispolitik beschäftigt sich maßgeblich mit den zwei wichtigsten Marktfaktoren eines Produkts: der Preisuntergrenze und der Preisobergrenze. Die Preisuntergrenze lässt sich aus den Material- und Produktionskosten der Herstellung berechnen und definiert somit die Gewinnschwelle. Die Preisobergrenze ist in der Regel marktorientiert und wird unter anderem von den Preisen konkurrierender Unternehmen oder auch dem Kaufverhalten der Kunden beeinflusst. Das Ziel der Preispolitik ist die Maximierung des Gewinns, der mit einzelnen Produkten oder Dienstleistungen erzielt werden kann. Die gängigsten Preisstrategien sind die Festpreisstrategie (Hochpreis- oder Niedrigpreisstrategie), die Wettbewerbspreisstrategie (Preisführer, -folger oder -kämpfer) und die Preisabfolge-Strategie (mit der Zeit sinkende oder mit der Zeit steigende Preise; auch als Abschöpfungs- bzw. Penetrations-Strategie bekannt).

Skalen-, Verbund- und Dichtevorteile

In der BWL spricht man von Skalenvorteilen (economies of scale), wenn sich die produzierte Menge über die Zeit stärker vergrößert als die Menge der dafür eingesetzten Mittel. Die häufigsten Ursachen für das Auftreten von Skaleneffekten sind steigende Automatisierung, effizientere Arbeitsteilung und Produktionsstätten sowie die Erfahrungskurve. Skaleneffekte können ein entscheidender Faktor in der Preispolitik sein, ermöglichen sie es doch einem Unternehmen, ein Produkt mit der Zeit immer günstiger zu produzieren und somit entweder den Profit zu steigern oder den Preis zu senken.

Darüber hinaus lassen sich Kostenvorteile auch durch effektivere Produktionsmethoden oder eine sinnvolle Erweiterung der Produktpalette erreichen. Realisieren lassen sich diese sogenannten Verbundvorteile (economies of scope) beispielsweise durch die Nutzung derselben Produktionsstätten und -mittel für zusätzliche Produkte und Dienstleistungen. Dies führt zu einer Senkung des Anteils der fixen Kosten je Produkt oder Service-Leistung.

Eine dritte Möglichkeit, Kosten zu senken, ergibt sich, wenn die Nachfrage räumlich konzentriert ist. Diese Dichtevorteile (economies of density) lassen sich besonders bei Unternehmen realisieren, deren Produkte und Dienstleistungen im Transport von Gütern bestehen oder vom Anschluss an ein Versorgungsnetz abhängen, z. B. Post- und Paketdienste, Schienen- und Straßenverkehr, Wasser-, Strom- und Gasversorger etc.

Erfahrungskurve

Die Erfahrungskurve ergibt sich aus der Betrachtung der Auswirkungen von Skalen-, Verbund- und Dichtevorteilen. Anhand dieses Konzepts lässt sich aufzeigen, dass sich ein möglichst hoher Marktanteil zu Beginn eines Produktlebenszyklus vorteilhaft auf die langfristige Wettbewerbsfähigkeit auswirkt. Wichtig ist bei dieser Betrachtung, dass sich die Erfahrungskurve nicht auf die absolute Produktionsmenge bezieht, sondern auf die kumulierte. Vereinfacht ausgedrückt trägt dies der Tatsache Rechnung, dass man pro produzierter Einheit immer weniger dazulernen und somit optimieren kann. Die Erfahrungskurve ist branchenabhängig und lässt deshalb keine generellen Aussagen zu. Für das produzierende Gewerbe geht man davon aus, dass sich die Produktionsstückkosten bei einer Verdoppelung der kumulierten Produktionsmenge um 20 bis 30 Prozent senken lassen.

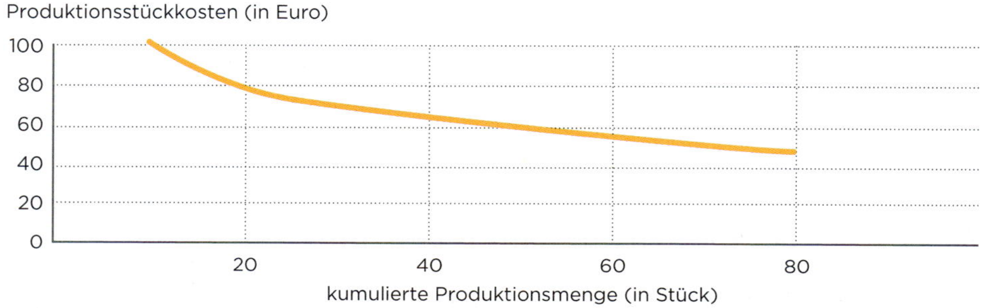

Erfahrungskurve (exemplarisch)

Produktlebenszyklus

Das Modell des Produktlebenszyklus beschreibt die typischen Phasen, die ein Produkt oder eine Dienstleistung durchläuft. Es beginnt mit der Entwicklung und endet mit der Ablösung des Produkts durch einen Nachfolger oder den vollständigen Rückzug aus dem Markt. Das Produktlebenszyklus-Management (kurz: Produktmanagement; engl. product lifecycle management) ist das Kerngebiet der Produktpolitik eines Unternehmens. Durch dieses wird entschieden, wie ein Unternehmen auf neue Anforderungen mittels Produktinnovation reagiert oder sich durch Produktvariation auf veränderte Bedingungen einstellt.

Eines der wichtigsten Ereignisse im Produktlebenszyklus ist der Durchbruch der Einnahmen-/Ausgabenkurve durch Null, der sogenannte Break-even. Ab diesem Punkt hat das Produkt genug Umsatz erwirtschaftet, um nicht nur die Produktions- und Vertriebskosten zu decken, sondern auch die bis dahin entstandenen Entwicklungskosten. Jedes Unternehmen ist bestrebt, die Phasen des Wachstums und der Reife so lange wie möglich auszudehnen, indem es beispielsweise durch die Preispolitik oder gezieltes Marketing seine Marktposition gegen andere Wettbewerber verteidigt.

Ein oft unterbewertetes Handlungsgebiet des Produktmanagements ist die Sättigungsphase. Gelingt es dem Unternehmen in dieser Phase nicht, durch Diversifikation oder Differenzierung den Rückgang der Verkäufe abzufangen, muss das Produkt konsequent und rechtzeitig aus der Produktion und vom Markt genommen werden, bevor Verluste entstehen. Besonders zu beachten ist dabei, dass sich die durch ein Produkt anfallenden Kosten nicht allein durch die Einstellung der Produktion auf Null reduzieren lassen. Vielmehr fallen die sogenannten Verkaufsfolgekosten, wie z. B. Service- und Garantieleistungen oder die Bereitstellung von Ersatzteilen, weiterhin an.

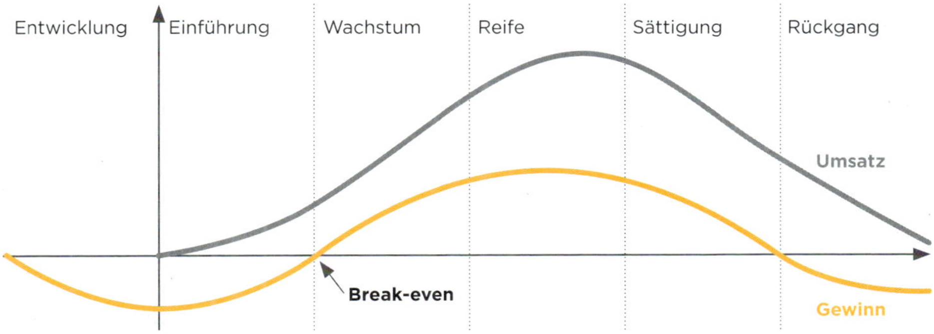

Produktlebenszyklus nach Vernon/Hirsch

Gewinn- und Verlustrechnung (GuV)

Die Gewinn- und Verlustrechnung (GuV) fällt unter das Aufgabengebiet des externen Rechnungswesens und ist neben der Bilanz ein Hauptbestandteil des Jahresabschlusses. Da sich die GuV primär an Empfänger außerhalb des Unternehmens richtet, z.B. Kapitalgeber, Kunden, Lieferanten, Arbeitnehmer etc., unterliegt sie zahlreichen nationalen und internationalen handels- und steuerrechtlichen Vorschriften, z.B. Handelsgesetzbuch – HGB, International Financial Reporting Standards – IFRS, International Accounting Standards – IAS, United States Generally Accepted Accounting Principles – US-GAAP etc. Die Rechengrößen der GuV sind die Aufwendungen und Erträge zur Ermittlung des Betriebsergebnisses oder Jahresüberschusses eines Geschäftsjahres. Obwohl diese Größen grundsätzlich periodengerecht erfasst werden müssen, gibt es Unterschiede in den einzelnen Vorschriften, wie das Betriebsergebnis daraus zu berechnen ist. Die US-GAAP schreiben das sogenannte Umsatzkostenverfahren (UKV) vor, während das HGB, aber auch die IAS zusätzlich das sogenannte Gesamtkostenverfahren (GKV) zulassen. Der wesentliche Unterschied zwischen den Berechnungsmethoden ist, dass das UKV nur die Umsätze und Kosten der in der Periode abgesetzten Produkte und Dienstleistungen berücksichtigt, während das GKV auch Bestandsveränderungen an fertigen und unfertigen Erzeugnissen einbezieht.

Gewinn- und Verlustrechnung	
Gesamtkostenverfahren (GKV)	**Umsatzkostenverfahren (UKV)**
Periodenumsatz +/- wertmäßige Bestandsveränderungen an fertigen und unfertigen Erzeugnissen - Periodengesamtkosten	Periodenumsatzerlöse - Periodengesamtkosten (Kosten des Umsatzes)
= Betriebsergebnis/Jahresüberschuss nach GKV	**= Betriebsergebnis/Jahresüberschuss nach UKV**

Neben der Erfüllung von rechtlichen Anforderungen hat das UKV zudem den Vorteil, dass sich mithilfe der Kostenstellen- und Kostenträgerrechnung die Ergebnisse über Absatzgebiete, Kundenbereiche oder Unternehmensteile aufgliedern lassen. Im GKV werden Aufwendungen und Erlöse lediglich auf einzelne Kostenarten, z. B. Material-, Personal-, Energiekosten etc. aufgeteilt.

Bilanz

Die Bilanz bildet zusammen mit der GuV den Jahresabschluss eines Unternehmens. Wie die GuV auch, richtet sich die Bilanz primär an Empfänger außerhalb des Unternehmens und erfüllt aufgrund ihrer Vergangenheitsorientierung in erster Linie eine Dokumentationsfunktion. Im Gegensatz zur GuV bezieht sich die Bilanz immer auf einen bestimmten Zeitpunkt, den sogenannten Bilanzstichtag, und weist die Vermögens-, Finanz- und Ertragslage eines Unternehmens zu diesem Zeitpunkt aus. Die Bilanz gliedert sich in Vermögen (sogenannte Aktiva) zur Auskunft über die Mittelverwendung und Verpflichtungen (sogenannte Passiva) zum Ausweis der Mittelentstehung und der Finanzierung des Unternehmens.

Innerhalb der Aktiva wird das Vermögen in zwei Gruppen aufgeteilt: zum einen das sogenannte Anlagevermögen, das im Unternehmen langfristig verwendet wird, zum anderen das sogenannte Umlaufvermögen, das dem Unternehmen nur kurzfristig zur Verfügung steht. Die Passiva werden in drei Gruppen untergliedert: das Eigenkapital, das das von den Anteilseignern eingebrachte Stamm- bzw. Grundkapital zuzüglich der erwirtschafteten Rücklagen und Gewinne umfasst; die Rückstellungen, die beispielsweise für Pensionen oder Steuerzahlungen gebildet werden; außerdem das Fremdkapital, das die von Dritten zur Verfügung gestellten Mittel ausweist.

Analog zur GuV müssen Aufwendungen und Erträge auch bei der Bilanz periodengerecht erfasst werden. Zu diesem Zweck können auf beiden Seiten der Bilanz zusätzlich sogenannte Rechnungsabgrenzungsposten gebildet werden, die es ermöglichen, Vermögen und Verpflichtungen der richtigen Bilanzperiode zuzuordnen, z. B. wenn der Zeitpunkt der Lieferung und Rechnungsstellung in eine andere Abrechnungsperiode fällt als der Zahlungseingang.

Bilanz	
Aktiva	**Passiva**
A. Anlagevermögen I. Sachanlagen II. Immaterielle Vermögensgegenstände III. Finanzanlagen **B. Umlaufvermögen** I. Vorräte II. Forderungen und sonstige Vermögensgegenstände III. Wertpapiere IV. Kassenbestand, Bundesbankguthaben, Guthaben bei Kreditinstituten und Schecks **C. Rechnungsabgrenzungsposten**	**A. Eigenkapital** I. Gezeichnetes Kapital II. Kapitalrücklagen III. Gewinnrücklagen IV. Gewinnvortrag/Verlustvortrag V. Jahresüberschuss/Jahresfehlbetrag **B. Rückstellungen** I. Rückstellungen für Pensionen und ähnliche Verpflichtungen II. Steuerrückstellungen III. Sonstige Rückstellungen **C. Verbindlichkeiten** I. Anleihen II. Verbindlichkeiten III. Erhaltene Anzahlungen **D. Rechnungsabgrenzungsposten**
Bilanzsumme	**Bilanzsumme**

Kapitalstrukturkennzahlen

- **Eigenkapitalquote:** Die Eigenkapitalquote drückt den Anteil der Eigenmittel am Gesamtkapital bzw. der Bilanzsumme eines Unternehmens aus.
  - Eigenkapitalquote [%] = (Eigenkapital ÷ Gesamtkapital) × 100
- **Fremdkapitalquote:** Die Fremdkapitalquote gibt den Anteil des Fremdkapitals am Gesamtkapital bzw. der Bilanzsumme an.
  - Fremdkapitalquote [%] = (Fremdkapital ÷ Gesamtkapital) × 100
- **Verschuldungsgrad:** Der Verschuldungsgrad gibt das Verhältnis von Fremdkapital zu Eigenkapital an.
  - Verschuldungsgrad [%] = (Fremdkapital ÷ Eigenkapital) × 100

Erfolgskennzahlen/Gewinnkennzahlen

Zur Berechnung des Gewinns eines Unternehmens haben sich zahlreiche Varianten mit unterschiedlicher Zielrichtung und kontextbezogener Aussagekraft entwickelt. Als Ausgangslage dient all diesen Kennzahlen der Jahresüberschuss, der in der Gewinn- und Verlustrechnung ausgewiesen wird.

- **EBT** (earnings before taxes) – Ertrag vor Steuern: Im Gegensatz zum Jahresüberschuss ist der Gewinn vor Steuern unabhängig von Steuereffekten wie z. B. Steuernachzahlungen oder Steuerminderung. Er eignet sich daher besser für den Vergleich des Gewinns verschiedener Abrechnungsperioden oder Unternehmensbereiche.
- **EBIT** (earnings before interest and taxes): Ertrag vor Zinsen und Steuern. Um die Vergleichbarkeit weiter zu erhöhen, wird zur Berechnung des EBIT der Jahresüberschuss zusätzlich zu den Steuereffekten auch um alle Zinsaufwendungen und -erträge bereinigt.
- **EBITA** (earnings before interest, taxes and amortisation): Ertrag vor Zinsen, Steuern und Abschreibungen auf immaterielle Vermögenswerte. Diese Kennzahl ist gegenüber dem EBIT zusätzlich noch um die Abschreibungen auf Firmenwerte bereinigt.
- **EBITDA** (earnings before interest, taxes, depreciation and amortization): Ertrag vor Zinsen, Steuern und Abschreibungen auf Sachanlagen sowie auf immaterielle Vermögenswerte. Als Erweiterung zum EBITA wird hier der Gewinn nicht nur um Abschreibungen auf Firmenwerte, sondern um alle Abschreibungen auf Vermögensgegenstände bereinigt. Diese Kennzahl ermöglicht somit den Vergleich von Unternehmen, die nach unterschiedlichsten Gesetzgebungen bilanzieren. Die Aussagekraft des EBITDA ist jedoch umstritten, da er im Vergleich mit dem EBT oder dem EBIT zahlreiche Aufwendungen ignoriert.
- **Geldfluss** (cashflow): Der Cashflow wird aus der Differenz von Einnahmen und Ausgaben ermittelt und gibt an, in welchem Umfang ein Unternehmen finanzielle Mittel aus eigener Kraft erwirtschaften kann. Eine genauere Erklärung sowie die bekannten Berechnungsmethoden folgen auf den Seiten 96 und 97.

Gewinnkennzahlen	
Jahresüberschuss + Steueraufwand - Steuererträge + außerordentlicher Aufwand - außerordentliche Erträge	
= EBT	
+ Zinsaufwand - Zinserträge	+ Zinsaufwand - Zinserträge + Abschreibungen auf Firmenwerte - Zuschreibungen auf Firmenwerte
= EBIT	**= EBITA**
+ Abschreibungen auf das Anlagevermögen - Zuschreibungen zum Anlagevermögen	+ Abschreibungen auf Sachanlagen - Zuschreibungen auf Sachanlagen
= EBITDA	

Rentabilitätskennzahlen

Als Basis zur Berechnung der meisten Rentabilitätskennzahlen wird in der Regel der Gewinn vor Steuern (earnings before taxes – EBT) benutzt. Dadurch wird eine vergleichende Bewertung der Rentabilität verschiedener Unternehmen oder Abrechnungsperioden, z. B. wegen unterschiedlicher Steuergesetze möglich.

- **Umsatzrendite:** Die Umsatzrendite (return on sales) bezeichnet das Verhältnis von Gewinn zu Umsatz innerhalb einer bestimmten Periode.

  ▸ Umsatzrendite [%] = (Gewinn ÷ Umsatz) × 100

- **Eigenkapitalrentabilität:** Die Eigenkapitalrentabilität (return on equity) gibt an, wie hoch sich das Eigenkapital innerhalb einer bestimmten Periode verzinst hat.

  ▸ Eigenkapitalrentabilität [%] = (Gewinn ÷ Eigenkapital) × 100

  Die Vergleichbarkeit zwischen verschiedenen Unternehmen allein auf Basis dieser Kennzahl ist nur eingeschränkt möglich, da durch die Senkung der Eigenkapitalquote (z. B. durch die Aufnahme von Fremdkapital) die Eigenkapitalrentabilität steigt. Dieser Effekt wird auch als Hebeleffekt (leverage effect) bezeichnet.

- **Gesamtkapitalrentabilität:** Die Gesamtkapitalrentabilität (return on investment – ROI) gibt an, wie hoch sich das Gesamtkapital innerhalb einer bestimmten Periode verzinst hat.

  ▸ Gesamtkapitalrentabilität [%]
  = [(Gewinn + Fremdkapitalzinsen) ÷ Ø Gesamtkapital] × 100

  Da das Gesamtkapital aus Eigenkapital und Fremdkapital besteht, müssen zur Berechnung der Gesamtkapitalrentabilität sowohl der Gewinn (erwirtschaftet durch den Einsatz des Eigen- und Fremdkapitals) als auch die Fremdkapitalzinsen (an die Fremdkapitalgeber abgeführter Gewinn) mit einbezogen werden. Durch die Verwendung dieser Kennzahl lassen sich die Nachteile der Eigenkapitalrentabilität umgehen.

  Mittels Erweiterung der obigen Formel um

  ▸ Umsatzrendite = (Gewinn + Fremdkapitalzinsen) ÷ Umsatz

  ▸ Kapitalumschlag = Umsatz ÷ Ø Gesamtkapital

  erhält man eine ebenfalls weit verbreitete Darstellung zur Berechnung der Gesamtkapitalrentabilität bzw. des Return on Investment (ROI).

  ▸ ROI [%] = (Umsatzrendite × Kapitalumschlag) × 100

Cashflow

Der Cashflow ist eine betriebswirtschaftliche Kennzahl, die eine Aussage über die Fähigkeit eines Unternehmens erlaubt, die benötigten finanziellen Mittel selbst zu erwirtschaften. Im Zusammenhang mit dem Cashflow spricht man häufig auch vom sogenannten Innenfinanzierungspotenzial, das sich aus der Differenz von Einnahmen und Ausgaben innerhalb einer bestimmten Periode ergibt. Als Einnahmen und Ausgaben sind alle Erträge und Aufwendungen zu verstehen, die innerhalb der Periode zu Ein- oder Auszahlungen geführt haben, d. h. zahlungswirksam waren.

Bei der Berechnung des Cashflows im engeren Sinn, dem sogenannten Cashflow aus Geschäftstätigkeit oder auch operativem Cashflow, können zwei Methoden angewandt werden: Bei der indirekten Methode werden alle nicht zahlungswirksamen Erträge und Aufwendungen vom Jahresüberschuss abgezogen. Bei der direkten Methode ergibt sich der Wert aus der Addition der zahlungswirksamen Erträge und Aufwendungen. Darüber hinaus gibt es noch weitere Varianten von Cashflow-Kennzahlen, die entweder eine Aussage über einen bestimmten Bereich der unternehmerischen Tätigkeit (z. B. Cashflow aus Investitionstätigkeit, Cashflow aus Finanzierungstätigkeit etc.) oder einen bestimmten Teil des finanziellen Potenzials des Unternehmens treffen sollen (z. B. Free Cashflow – freies Kapital beispielsweise zur Rückzahlung von Krediten oder zur Ausschüttung an Anteilseigner).

Cashflow aus Geschäftstätigkeit	
Indirekte Methode	**Direkte Methode**
Jahresüberschuss +/- Abschreibungen/Zuschreibungen +/- Erhöhung/Minderung des Gewinnvortrags +/- Erhöhung/Minderung von Rückstellungen +/- Erhöhung/Minderung von Rücklagen +/- Erhöhung/Minderung am Bestand fertiger und unfertiger Erzeugnisse	[+] Einzahlungen aus Umsätzen + Einzahlungen aus Forderungen - Auszahlungen aufgrund der betrieblichen Tätigkeit (z. B. Personal, Betriebsmittel etc.) - Auszahlungen für Verbindlichkeiten
= Cashflow aus Geschäftstätigkeit (operativer Cashflow)	

Cashflow aus Investitionstätigkeit
[+] Einzahlungen aus Anlagenabgängen (Desinvestitionen) - Auszahlungen für Anlagenzugänge (Investitionen)
= Cashflow aus Investitionstätigkeit

Cashflow aus Finanzierungstätigkeit
[+] Einzahlungen von Eigenkapital - Auszahlungen von Eigenkapital + Einzahlungen aus Aufnahme von Krediten/Verbindlichkeiten - Auszahlungen zur Tilgung von Krediten/Verbindlichkeiten
= Cashflow aus Finanzierungstätigkeit

Free Cashflow
Cashflow aus Geschäftstätigkeit - Cashflow aus Investitionstätigkeit
= Free Cashflow

Frameworks zur Bearbeitung von Cases

von Ali Aslan Gümüsay und David Liebig

Frameworks bieten Strukturen für die Lösung von Case Studies und sind daher wichtige Instrumente in Bewerbungsgesprächen. Sie stellen jedoch lediglich eine unterstützende Funktion zur Lösung von Cases dar. Zur erfolgreichen Lösung eines Falls sind in der Regel Flexibilität und Kreativität gefragt, was zudem die Auslassung oder Anpassung von Frameworks sowie Outside-the-Box-Denken erfordert. Das Beherrschen der Frameworks alleine garantiert nicht, dass stets ein passendes Tool zur Falllösung zur Verfügung steht, das dann nur noch mit Inhalten zu füllen ist. Vielmehr sollte der Bewerber zeigen, dass er in der Lage ist, schnell individuelle und kontextspezifische Strukturen zur Fallstudien-Bearbeitung zu schaffen bzw. bekannte Frameworks so umzugestalten bzw. zu verknüpfen, dass diese den meist komplexeren Ansprüchen des Cases gerecht werden.

Ein Vorschlag für eine strukturierte Übersicht und Anwendung von Frameworks ist nachstehend dargestellt. Die Aufteilung erhebt dabei nicht den Anspruch auf Vollständigkeit. Sie bietet dem Bewerber vielmehr Werkzeuge für die erfolgreiche Bearbeitung von Case Studies. Strategische Fallbeispiele können meist in drei Kategorien untergliedert werden: eine interne, externe und gemischte Fragestellung. Je nach Fragestellung können unterschiedliche Frameworks genutzt werden. Dies bedeutet, dass man den Case für die Auswahl des richtigen Frameworks zunächst einer der drei Problemstellungen zuordnen sollte.

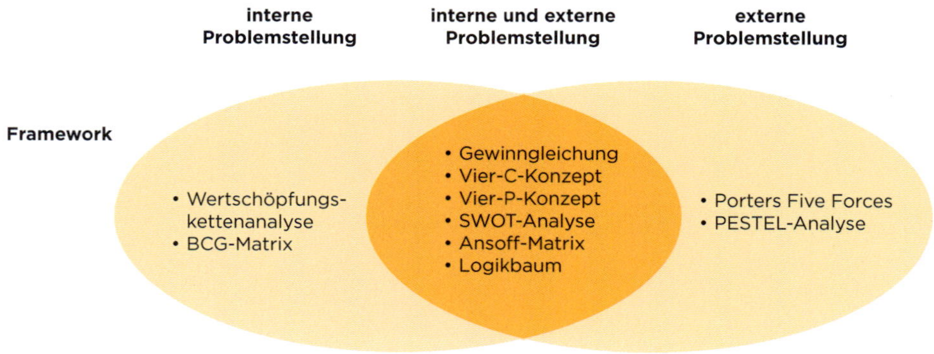

Untergliederung strategischer Fallbeispiele

Externe Problemstellung

Eine externe Problemstellung fokussiert sich auf die Faktoren, die außerhalb des Unternehmens zu finden sind. Nicht die internen Prozesse und Faktoren des Unternehmens stellen das primäre Problemfeld dar, sondern die Umwelt, der Markt, Kunden oder andere Unternehmen sowie von diesen erzeugte Effekte. Folgende zwei Frameworks werden zur Identifikation und Analyse externer Problemstellungen erläutert:

- Five-Forces-Modell
- PESTEL-Analyse

Interne Problemstellung

Fallbeispiele mit internen Problemstellungen betrachten unternehmensinterne Fragestellungen. Sie behandeln beispielsweise eine zu hohe Kostensituation bei den Vertriebsmitarbeitern oder einen zu hohen Lagerbestand aufgrund einer fehlenden Prozesssichtweise. Für die interne Analyse sind folgende Frameworks hervorzuheben:

- Wertschöpfungskettenanalyse
- BCG-Matrix

Interne und externe Problemstellung

Meist sind sowohl interne als auch externe Betrachtungen des Falls notwendig, um herauszufinden, welche Problemstellung vorliegt. Neben der Anwendung der bereits vorgestellten Frameworks zur Analyse von internen und externen Problemstellungen können folgende Analyse-Tools für beide Analyse-Ebenen verwendet werden:

- Gewinngleichung
- Vier-C-Konzept
- SWOT-Analyse
- Vier-P-Konzept
- Ansoff-Matrix
- Logikbaum

Ein gemischter Fall könnte beispielsweise der Gewinneinbruch eines Unternehmens sein. Dies kann sowohl unternehmensinterne Gründe haben, die sich auf die Kostensituation des Unternehmens niederschlagen, als auch externe Ursachen, die beispielsweise die abgesetzte Menge oder eine falsche Preispolitik betreffen. In diesem Fall sollte der Bewerber mögliche interne wie externe Ursachen erkennen und dem Interviewer eine strukturierte, beidseitige Analyse präsentieren.

Frameworks für externe Problemstellungen

Five-Forces-Modell von Michael Porter

Das Five-Forces-Modell ist ein Analyse-Werkzeug, das von Michael E. Porter im Jahr 1979 entwickelt wurde. Porter definierte fünf Faktoren, die eine Branche maßgeblich beeinflussen und die es zur Bewertung der Wettbewerbsintensität und Branchenattraktivität zu berücksichtigen gilt. Für Unternehmen und Organisationen bietet die Betrachtung der fünf von Porter definierten Einflussfaktoren eine Möglichkeit zur systematischen Beobachtung der Marktkräfte sowie deren Zusammenspiel. Es handelt sich bei diesem Modell um ein strategisches Analyse-Werkzeug, bei dem in Case Studies die ganzheitliche Betrachtung der Umwelt im Vordergrund steht und nicht die Detailbewertung des Unternehmens. Ziel der Analyse anhand der Five Forces ist die Bewertung der Marktkräfte und die Ermittlung der Attraktivität einer Branche.

Die Betrachtung der Haupteinflussfaktoren auf eine Branche und das Verständnis für die Zusammenhänge werden in Case-Interviews häufig und gern abgefragt. Die Anwendung des Five-Forces-Modells bietet eine Möglichkeit der ersten Bearbeitung.

Fünf Faktoren des Five-Forces-Modells

Im Folgenden wird das Modell näher erläutert:

Verhandlungsmacht der Lieferanten

Als einen Einflussfaktor bestimmt Porter die Verhandlungsmacht der Lieferanten. Im Case-Interview ist hier beispielsweise die Anzahl sowie die Größe und Marktmacht der Lieferanten abzuschätzen. Bei nur wenigen Anbietern im Markt (Oligopol) werden diese ihre starke Machtposition ausnutzen und erhöhte Preise verlangen. Sofern es sich um einen fragmentierten Lieferantenmarkt mit geringen Marktanteilen der einzelnen Zulieferer handelt, hat das beziehende Unternehmen eine gestärkte Verhandlungsmacht und kann die verschiedenen Lieferanten gegeneinander ausspielen. Dies ist auch abhängig von den Möglichkeiten und/

oder Kosten eines Produktwechsels. Im Fall eines Spezialprodukts fällt es in der Regel schwerer, das Produkt zu ersetzen bzw. ist ein Wechsel mit höheren Kosten verbunden.

Rivalität innerhalb der Branche

Die Rivalität innerhalb der Branche ist meistens der am stärksten wirkende Einflussfaktor. Hierbei ist zu hinterfragen, welcher Wettbewerbssituation das Unternehmen ausgesetzt ist. Anzahl und Marktmacht der Wettbewerber geben hier bereits eine gute Basis für die Bewertung. Häufig kann als erster Anhaltspunkt eine Abschätzung der Concentration Ratio (CR) herangezogen werden. Diese misst den Marktanteil der größten Unternehmen und gibt dadurch Auskunft über die Konzentration in einem Markt. Vereinen beispielsweise die vier größten Unternehmen mehr als 80 Prozent des gesamten Marktes, ist dies ein mögliches Indiz für eine hohe Konzentration in einem Markt, wodurch auf eine eher niedrige Konkurrenzsituation geschlossen werden kann. Hoch fragmentierte Märkte weisen demgegenüber in der Regel einen weitaus größeren Wettbewerb auf. Auch eine fehlende Produktdifferenzierung erhöht den Wettbewerbsdruck.

Verhandlungsmacht der Kunden

Die Marktmacht der Kunden ist eng mit dem angebotenen Produkt verbunden. Handelt es sich um ein undifferenziertes Standardprodukt, können Kunden möglicherweise schnell, günstig und unkompliziert den Anbieter wechseln. Hierbei ist insbesondere auch die Preissensitivität der Kunden einzubeziehen. Bei hoher Sensitivität werden Kunden bei Preissteigerungen schneller geneigt sein, einen Produktwechsel vorzunehmen. Zusätzlich ist die Anzahl der Kunden zu bewerten. Basiert der Absatz eines Unternehmens auf nur wenigen Schlüsselkunden, so ist deren Machtposition deutlich stärker einzustufen als die einer großen, unbekannten Kundenmasse.

Bedrohung durch neue Marktteilnehmer

Neue Marktteilnehmer können sich im Markt etablieren und stellen dabei eine potenzielle Bedrohung dar. In diesem Zusammenhang sind Eintrittsbarrieren in der Branche ein mögliches Hemmnis für Neueintritte. Bestehen beispielsweise rechtliche Beschränkungen in Form von restriktiven Lizenzen, ist der Eintritt von Wettbewerbern schwieriger bzw. seltener der Fall. Weiterhin stellen Kostenvorteile und Skaleneffekte einen wichtigen Bewertungspunkt dar. Besonders kapitalintensive Branchen wie Luft- und Raumfahrt, Pharma oder die Automobilindustrie bieten weniger Möglichkeiten für schnelle Neueintritte und sind dadurch eher weniger von neuen Wettbewerbern bedroht.

Bedrohung durch Substitute

Substitute sind Güter oder Dienstleistungen, die das Potenzial aufweisen, das bestehende Gut oder die bestehende Dienstleistung zu ersetzen. Sie stellen hierdurch eine direkte Bedrohung dar. Klassische Substitutionsgüter sind z. B. Butter und Margarine. Substitutionsprodukte, die unter anderem durch technologischen Fortschritt entwickelt werden, können das vom Unternehmen angebotene Produkt sogar überflüssig werden lassen.

PESTEL-Analyse

Die verschiedensten Umweltfaktoren wirken kontinuierlich auf Unternehmen ein. Die PESTEL-Analyse ist ein Umweltanalyse-Modell, das die strukturierte Betrachtung dieser verschiedenen externen Faktoren ermöglicht. Die Buchstaben sind ein Akronym und stehen für „political, economical, social, technological, environmental, legal", also die politischen, ökonomischen, soziokulturellen, technologischen, ökologischen und rechtlichen Faktoren. Es existieren verschiedene Zusammenstellungen der Buchstaben, wie zum Beispiel PESTLE; zudem gibt es Modelle mit weniger Faktoren wie STEP oder STEEP, die dementsprechend weniger Buchstaben im Akronym beinhalten. Je nach Fallstudie kann die Betrachtung der Faktoren auch auf eine Auswahl beschränkt werden.

Politische Faktoren

Zu den politischen Faktoren gehören unter anderem Wirtschaftsabkommen, Steuern oder andere Beschlüsse der verschiedenen Institutionen. Wirtschaftsabkommen können z. B. das Bewegen von Waren, Dienstleistungen, Personen und Kapital erleichtern, was für das einzelne Unternehmen positive wie auch negative Auswirkungen haben kann. Einerseits können sie für einen stärkeren Wettbewerb sorgen, andererseits mögen dadurch Faktorpreise sinken. Um die jeweiligen Auswirkungen im fiktiven Fallbeispiel zu analysieren, hilft es, mögliche Effekte zu benennen und sie dem Gesprächspartner aufzuzeigen, sodass dieser den fiktiven Kontext erläutern kann.

Ökonomische Faktoren

Ökonomische Faktoren sind zum Beispiel Zinsraten, Währungsschwankungen, Inflation oder Arbeitslosigkeit. Ein Unternehmen, das sehr viel exportiert, mag unter einer starken heimischen Währung leiden, da es nur bedingt die gestiegenen Produktionskosten auf den Preis aufschlagen kann. Gleichfalls kann ein Unternehmen so vergünstigt nötige Ressourcen importieren. Ein hoher Zinskurs kann größere Investitionen erschweren, weil die Kapitalbeschaffung dadurch teurer ist.

Soziokulturelle Faktoren

Soziokulturelle Faktoren wie die demografische Lage, die Einkommensverteilung oder das Arbeitsverständnis wirken sich auf Arbeitnehmer wie auch Konsumenten aus. So kann der demografische Wandel für ein Unternehmen bedeuten, dass es seine Kundenzielgruppe ändern, das Produkt anpassen oder neue Märkte erschließen muss.

Technologische Faktoren

Technologische Faktoren beinhalten Aspekte rund um Forschung, Innovation, Trends und Produktlebenszyklen. Ein Unternehmen kann seinen Wettbewerbsvorteil verspielen, wenn es nicht inkrementale und disruptive Innovationen hervorbringt bzw. auf diese reagiert. Innovation umfasst hierbei nicht nur neue Erfindungen, sondern auch ihre Implementierung bzw. Kommerzialisierung.

Ökologische Faktoren

Zu den ökologischen Faktoren gehören unter anderem Emissionen, Ressourcen-Verbrauch und die Nutzung von Ökosystemen. Ressourcen-Knappheit kann zum Beispiel zu einem Preisanstieg oder zum Bedarf an alternativen Mitteln führen; eine Veränderung der Ökosysteme bzw. des ökologischen Bewusstseins kann die Nachfrage beeinflussen.

Rechtliche Faktoren

Zuletzt sind rechtliche Faktoren wie Gesetzesänderungen zu analysieren – sei es im Wettbewerbsrecht, Arbeitsrecht oder bei anderen Gesetzen an tatsächlichen wie potenziellen Produktions- und auch Vertriebsstandorten. Auch Entscheidungen zu Fusionen und Übernahmen sind stark von den rechtlichen Rahmenbedingungen abhängig.

Frameworks für interne Problemstellungen

BCG-Matrix

Die 1968 von der Boston Consulting Group (BCG) entwickelte Matrix bietet eine Portfolioübersicht und dient der Bewertung der unternehmensspezifischen Geschäftseinheiten (Business Units) oder Produkte. Sie ist die wohl bekannteste 2x2-Matrix und wird daher im Folgenden detaillierter beschrieben. Hintergrund der Bewertung von Produkten oder Geschäftseinheiten mittels der BCG-Matrix ist die andauernde und teilweise unreflektierte Weiterentwicklung von Unternehmen. Produktinnovationen wurden in der Vergangenheit vom Unternehmen geschaffen und am Markt etabliert, ohne jedoch näher auf den Markterfolg oder das Potenzial zu achten. Die BCG-Matrix positioniert die Bewertungsgegenstände, beispielsweise Produkte oder Business Units, anhand der zwei Dimensionen Marktwachstum und relativer Marktanteil.

Marktwachstum

Die Positionierung der Bewertungsgegenstände anhand der Marktwachstums-Dimension zeigt die Marktattraktivität eines Produkts und macht das zukünftige Entwicklungspotenzial transparent. Besonderen Einfluss hat dabei die Produktlebenszyklus-Kurve, die als Grundlage der Bewertung des Marktwachstums herangezogen wird. Ein Produkt, das am Beginn der Lebenszyklus-Kurve steht, sieht sich in der Regel einem hohen Marktwachstum ausgesetzt und ist dementsprechend in der BCG-Matrix hoch zu positionieren.

Relativer Marktanteil

Die Bewertung des relativen Marktanteils ergibt sich aus dem Verhältnis des eigenen Marktanteils zu dem des stärksten Konkurrenten. Ein relativer Marktanteil > 1 weist auf die Marktführerschaft eines Produkts bzw. der Geschäftseinheit hin, da in diesem Fall das Produkt des stärksten Wettbewerbers einen kleineren Marktanteil aufweist als das eigene. Je höher der relative Marktanteil des Produkts, desto weiter links steht es in der Matrix.

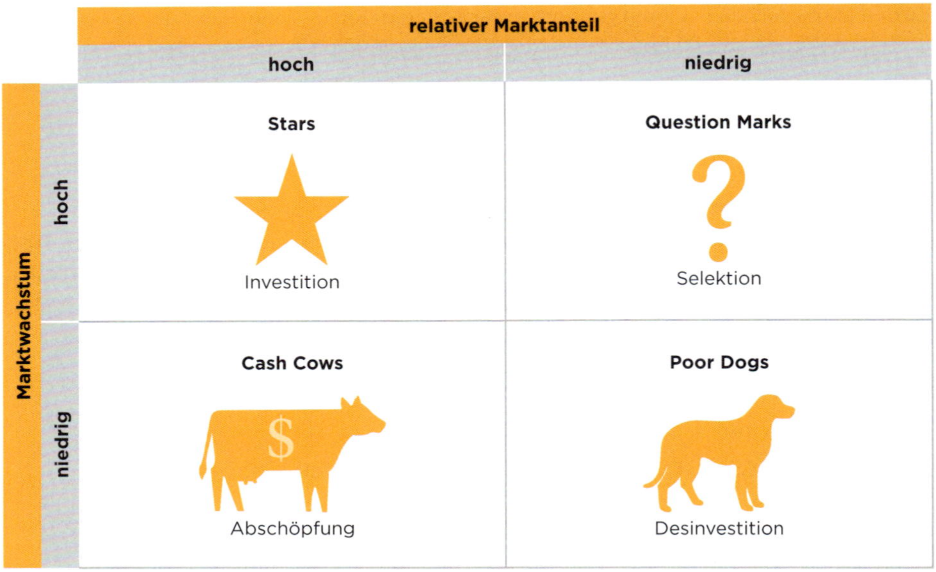

BCG-Matrix

Die Positionierung der unternehmensspezifischen Produkte und Geschäftseinheiten erfolgt in vier Quadranten, denen jeweils unterschiedliche Interpretationen und Handlungsempfehlungen zukommen:

Fragezeichen oder Question Marks

Fragezeichen sind Neuprodukte, die über ein hohes Wachstumspotenzial verfügen, bisher jedoch nur geringe Marktanteile erzielen konnten. Die Produkte bedürfen daher zunächst einer Bewertung in Hinblick auf das tatsächliche Potenzial, um zu einer Aussage über die Weiterentwicklung zu gelangen. In potenzialträchtige Produkte ist zu investieren. Rückflüsse zu Beginn der Markteinführung sind jedoch nicht zu erwarten. In weniger aussichtsreiche Produkte sollte hingegen desinvestiert werden. Bei den Fragezeichen ist somit eine Selektion vorzunehmen.

Stars

Hierunter fallen die Geschäftseinheiten und Produkte, die bereits hohe Rückflüsse generieren, große Marktanteile aufweisen und zudem über weiteres Potenzial verfügen. Trotz des hohen Investitionsbedarfs für die Festigung und den Ausbau der Marktsituation verfügen die Stars bereits über einen hohen Cashflow, der auch zukünftig als aussichtsreich einzuschätzen ist. Strategisch ist daher eine weitere Investition in die Stars zu empfehlen.

Cash Cows

Cash Cows sind durch einen hohen Marktanteil, jedoch nur niedriges Marktwachstum gekennzeichnet. Sie weisen eine hohe Profitabilität, allerdings keine langfristige Ausbaubarkeit auf. Cash Cows stellen jedoch die notwendige Liquidität zum Ausbau der anderen Produkte und Geschäftseinheiten zur Verfügung und sind daher weiter zu „melken". Für Produkte und Geschäftseinheiten der Cash Cows empfiehlt sich eine Abschöpfungsstrategie.

Poor Dogs

Schließlich befinden sich im rechten unteren Quadranten die Poor Dogs. Dabei handelt es sich um auslaufende Produkte, die über einen niedrigen Marktanteil und nur geringes Wachstum verfügen. Obwohl sie meist unprofitabel sind, verzehren Poor Dogs Ressourcen im Unternehmen. Mögliche Erträge sind daher kurzfristig weiter abzuschöpfen, langfristig sollte jedoch desinvestiert werden. Für die Poor Dogs empfiehlt sich daher eine Desinvestitionsstrategie.

Mittels der BCG-Matrix können im Rahmen von Fallstudien Geschäftseinheiten und Produkte bewertet werden. Möglicherweise lassen sich aber Cases durch abweichende und individualisierte Matrixformen treffender behandeln. In solchen Fällen sollten die Dimensionen der BCG-Matrix angepasst werden.

Wertschöpfungskettenanalyse

Zahlreiche Case-Interviews beschäftigen sich mit den internen Prozessen in Unternehmen. Das von Michael E. Porter 1985 vorgestellte Modell zur Analyse der Wertschöpfungskette (Value Chain) bietet in diesem Zusammenhang eine systematische Analyse der im Unternehmen ablaufenden Aktivitäten und Prozesse.

Im Case-Interview ist die Value Chain eine äußerst hilfreiche Methode zur strukturierten Identifikation unternehmensinterner Problemfelder. Nach Porter ist die Wertkette in primäre und sekundäre bzw. unterstützende Aktivitäten untergliedert. Der Bewerber sollte das Problem zunächst anhand der primären Aktivitäten zu ergründen versuchen und anschließend Fragen zu den unterstützenden Aktivitäten stellen. Primäre Aktivitäten sind in diesem Zusammenhang unmittelbar auf den Kunden ausgerichtete Prozesse, wohingegen sekundäre Aktivitäten die primären unterstützen.

Primäre Aktivitäten umfassen folgende Bereiche:

- **Eingangslogistik:** Die Eingangslogistik umfasst den Wareneingang, die Qualitätskontrolle, gegebenenfalls die Lagerung und den anschließenden Transport.
- **Operationen:** Die Operationen stellen den Kern der Leistungserstellung im Unternehmen dar. Dabei kann es sich um eine Weiterverarbeitung oder Zusammenführung mit anderen Komponenten handeln.
- **Marketing und Vertrieb:** Marketing und Vertriebsleistungen umfassen alle mit dem Absatz der Produkte in Zusammenhang stehenden Aktivitäten, wie z. B. Werbeannoncen, Preispolitik etc.

- **Ausgangslogistik:** Die Ausgangslogistik umfasst eine weitere Lagerung und Distribution der im Unternehmen erstellten betrieblichen Leistung.
- **Kundendienst:** Service-Leistungen im Unternehmen finden im Anschluss an die Leistungserstellung und den Absatz des Produkts statt. Hierzu sind im Rahmen der Wertschöpfungsketten-Analyse vor allem Kundenbetreuung, Ersatzteillieferung, Garantien etc. zu zählen.

Sekundäre Aktivitäten haben unterstützenden Charakter und sind daher abteilungsübergreifend zu betrachten:

- Als Unternehmensinfrastruktur wird die Unternehmensführung bezeichnet. Bei der Identifikation von Problemfaktoren können Bewerber z. B. Fragen zur betrieblichen Infrastruktur stellen, da diese von der Unternehmensinfrastruktur festgelegt werden. Dazu gehören Ressourcen-Allokationen, Organisationsstrukturen, Strategiedefinitionen etc.
- Die Personalwirtschaft umfasst die Rekrutierung, die Einsatzplanung, Entlohnung und Freisetzung von Arbeitskräften. Darüber hinaus sind Trainings und Weiterbildungsmaßnahmen in diesem Bereich zu berücksichtigen.
- Technologie-Entwicklung betrifft die IT-Systeme im Unternehmen, die Datenspeicherung und -verwaltung, das unternehmensinterne sowie gegebenenfalls externe Daten- und Wissensmanagement.
- Abschließend ist als unterstützende Aktivität die Beschaffung von Produktionsfaktoren im Unternehmen von großer Wichtigkeit. Diese umfasst alle Kommunikations- und Informationsaustausch-Beziehungen zwischen dem Unternehmen und seinen Lieferanten.

Die hier vorgestellte Wertschöpfungskette von Porter stellt ein generisches Instrument dar, das unbedingt der Anpassung und Spezifizierung auf die jeweilige Unternehmenssituation bzw. den Case bedarf. Die Wertschöpfungskette bietet eine mögliche Prozessschritt-Übersicht an, die von der tatsächlichen abweichen kann und daher meist auf unternehmensspezifische Aspekte angepasst werden muss.

Primäre und sekundäre Aktivitäten der Wertschöpfungskette nach Porter

Frameworks für externe und interne Problemstellungen

Gewinngleichung

Die aus den betriebswirtschaftlichen Grundlagen bekannte Gewinngleichung lässt sich ebenfalls als gute Strukturierungshilfe heranziehen. Die Gewinngleichung besteht in ihrer Grundform aus drei Bestandteilen: Gewinn = Erlöse - Kosten.

Häufig steht der Bewerber im Case-Interview vor der Situation eines Gewinnrückgangs, oder das Unternehmen im Fallbeispiel ist sogar in die Verlustzone geraten. Anhand der Gewinngleichung kann nun eine strukturierte Analyse aufgebaut werden. Hierzu sind die Bestandteile der rechten Seite der Gleichung zunächst vertieft zu betrachten.

Erlöse

Eine Ursache für den Gewinnrückgang kann im abnehmenden Umsatz liegen. Der Umsatz ergibt sich aus der Anzahl der verkauften Produkte (Menge) zum jeweiligen Verkaufspreis. Somit bestimmen die abgesetzte Menge und der Preis den Umsatz, sodass diese beiden Bereiche vom Bewerber zu analysieren sind. Zu geringe Absatzzahlen können beispielsweise auf falsch eingeschätzte Kundenwünsche, eine verfehlte Produktpolitik oder eine mangelhafte Ermittlung des optimalen Vertriebskanals zurückzuführen sein. Möglicherweise ist jedoch die Verkaufsmenge im Interview-Case gleich geblieben oder gar gestiegen, wohingegen die Preise gesunken sind. Dies kann beispielsweise an durch den Vertrieb zusätzlich eingeräumten Rabatte liegen.

Kosten

Die Ursache für einen Gewinnrückgang kann neben einer Umsatzabnahme auch eine Kostensteigerung sein. Die Kosten der Gewinngleichung lassen sich in variable und fixe Kosten unterteilen. Fixkosten fallen unabhängig von der tatsächlich produzierten Menge der Produkte an. Hierzu gehört beispielsweise die Abschreibung für Maschinen. Variable Kosten hingegen sind abhängig von der produzierten Menge und fallen somit nur an, wenn tatsächlich ein Produktionsprozess stattfindet. Hierunter fallen beispielsweise die meisten Input-Faktoren, die in das Produkt einfließen. Dabei sollte auch bewertet werden, ob etwa Komplexitätsvereinfachungen möglich sind, weil das Produkt „over-engineered" ist.

Der Bewerber kann hierbei das Verhältnis der fixen und variablen Kosten untersuchen, wobei vor allem die Ausnutzung von Skalen- und Lerneffekten zu analysieren ist. Zudem sind vor diesem Hintergrund mögliche Investitionsplanungen zu beobachten. Neben dem Verhältnis fixer und variabler Kosten sollte der Bewerber auf die internen Prozesse des Unternehmens eingehen, wobei eine Verknüpfung mit der bereits oben dargestellten Wertschöpfungskette möglich ist.

Insgesamt stellt die Gewinngleichung somit ein gleichermaßen einfaches und effektives Mittel zur Fallbearbeitung dar: Gewinn = Menge × Verkaufspreis - (fixe Kosten + variable Kosten).

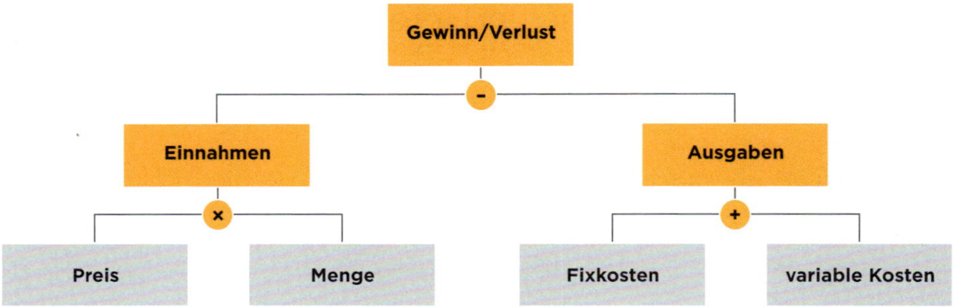

Vier-C-Konzept

Das Vier-C-Konzept bewertet vier maßgeblich auf das Unternehmen wirkende Einflussfaktoren und ermöglicht hierdurch eine grobe Evaluierung des Kerngeschäftes. Die Einflussfaktoren sind dabei sowohl interner als auch externer Natur und bieten dadurch die Grundlage für eine umfassende und übergeordnete Bewertung.

Kunden (Customer)

Zur Bewertung des Kerngeschäfts eines Unternehmens sind zunächst die Kunden zu analysieren. Ähnlich wie in dem bereits vorgestellten Five-Forces-Modell stellt sich die Frage nach der Anzahl und Marktmacht der Kunden. Preissensitive Kunden reagieren anders auf Preiserhöhungen als weniger sensitive. Weiterhin sind in einigen Bereichen mögliche Stammkunden in Erwägung zu ziehen, die für einen kontinuierlichen Umsatz sorgen. Zusätzlich können Kunden in Segmente untergliedert und gegebenenfalls mit differenzierten Produkten angesprochen werden.

Wettbewerb (Competition)

Eine weitere externe Bewertung ist in Bezug auf den Wettbewerb vorzunehmen. Auch dies ist analog zum Five-Forces-Modell durchzuführen, wobei auf die Stärke der Wettbewerber einzugehen ist. Zudem sind hierbei potenzielle neue Wettbewerber zu analysieren sowie hemmende Marktein- und -austrittsbarrieren in die Bewertung einzubeziehen.

Fähigkeiten (Capabilities)

Die Fähigkeiten eines Unternehmens sind in Bezug auf den Gegenstand der Geschäftstätigkeit zu bewerten. Der Bewerber sollte die Ressourcen des Unternehmens abschätzen können, die diesem zu einem Wettbewerbsvorteil verhelfen. Hierunter können beispielsweise die Organisationsstruktur, besondere Logistiksysteme oder ein herausragendes Produktdesign fallen. Neben der Identifikation von positiven Fähigkeiten sind weitere Verbesserungspotenziale offenzulegen.

Kosten (Cost)
Zuletzt ist die Kostenstruktur eines Unternehmens zu betrachten. Hierbei kann der Bewerber auf das Verhältnis von fixen zu variablen Kosten eingehen und auf eventuelle Risiken hinweisen. Zudem können Vergleiche zu anderen Unternehmen durchgeführt werden. Ebenfalls ist in diesem Zusammenhang auf mögliche Skaleneffekte einzugehen, die bei einer höheren Produktionsauslastung möglich werden.

Das Vier-C-Konzept bietet ein ausgezeichnetes Modell für die erste interne und externe Bewertung von Unternehmen und gibt in den meisten Case Studies insbesondere bei Marketingthemen eine gute Strukturierungshilfe. Allerdings sollte der Bewerber auch hierbei eine Erweiterung oder Einschränkung in Erwägung ziehen. Zudem analysiert das Vier-C-Konzept die Kernkompetenzen eines Unternehmens und bietet daher nur eingeschränkte Analyse-Möglichkeiten, wenn es um diversifizierte Unternehmen geht.

SWOT-Analyse

Die SWOT-Analyse unterstützt den Bewerber bei der Analyse von strategischen Fragen und Problemstellungen, die sowohl intern als auch extern begründet sein können. Sie stellt eine einfache und flexible, aber eher oberflächliche Methode dar, bei der sowohl die innerbetrieblichen Stärken und Schwächen (Strengths & Weaknesses) als auch die externen Chancen und Risiken (Opportunities & Threats) in die Betrachtung einfließen:

intern	**Strengths (Stärken)** • Konzentration auf High-Value-Kunden ermöglicht hohe Margen • Personenbeförderungsschein bereits vorhanden • langjährige Erfahrung in der Personenbeförderung	**Weaknesses (Schwächen)** • geringe Fahrerqualifikationen im Team vorhanden • geringes Startkapital für hochklassige Limousinen vorhanden • wenig bestehende Kontakte zu potenziellen Kunden
extern	**Opportunities (Chancen)** • steuerliche Absetzbarkeit von Limousinenservices • alter Fahrzeugbestand der Konkurrenzunternehmen • lokaler Markt für High-Value-Kunden vorhanden • Wirtschaftsaufschwung und aufstrebendes Marktumfeld	**Threats (Gefahren)** • problematischer Markt für qualifiziertes Personal und mehrsprachige Fahrer • Existenz langjährig etablierter Konkurrenzunternehmen

SWOT-Analyse zur Eröffnung eines Limousinenservices

Aus dieser ganzheitlichen Betrachtung kann eine übergeordnete Strategie für das Unternehmen abgeleitet werden, die neben internen Prozessoptimierungen langfristige Zielrichtungen unter Berücksichtigung der Marktentwicklung umfasst. Eine effektive SWOT-Analyse zeichnet sich nicht dadurch aus, dass für jeden der vier Bereiche möglichst viele Themen identifiziert werden, sondern vor allem durch die Selektion der wichtigsten drei bis fünf Inhalte. Der Bewerber sollte daher bemüht sein, den wirklichen Kern jeder Kategorie zu identifizieren.

Die SWOT-Analyse kann beispielsweise zur Bewertung von Unternehmen, Geschäftseinheiten, Produkten oder zur Standortplanung eingesetzt werden.

Die einzelnen Analyse-Teile werden im Folgenden dargestellt:

Interne Analyse

Die interne Analyse fokussiert das Unternehmen selbst und dient dazu, die wesentlichen Stärken und Schwächen zu identifizieren. Hierbei empfiehlt sich ein klar strukturiertes Vorgehen, damit der Bewerber nicht den Eindruck vermittelt, beliebig nach Stärken und Schwächen zu suchen. Der Bewerber hat selbstverständlich die Möglichkeit, die SWOT-Analyse mit anderen Frameworks zu verknüpfen, sodass im Rahmen der internen Analyse beispielsweise die Wertschöpfungskette untersucht werden kann. Die im Unternehmen ablaufenden Wertschöpfungsstufen werden schrittweise durchgegangen und in Bezug auf ihre Stärken und Schwächen analysiert.

Neben der prozessorientierten Analyse können auch Abteilungen des Unternehmens wie Produktion, Marketing und Personalabteilung durchleuchtet werden. Andere Strukturen, beispielsweise die Betrachtung von verschiedenen Kosten und Produkten, z. B. anhand der Bilanz sowie Gewinn- und Verlustrechnung, sind selbstverständlich ebenso anwendbar.

Zusätzlich sollte darauf geachtet werden, dass nicht nur materielle Stärken und Schwächen identifiziert, sondern auch immaterielle Bereiche mit einbezogen werden. Beispielsweise können das Produktdesign oder die äußerst hohe Qualifikation der Mitarbeiter ein Herausstellungsmerkmal darstellen.

Wichtig ist bei der Durchführung der internen Analyse zudem die Gegenüberstellung des Untersuchungsgegenstands mit anderen Vergleichseinheiten (z. B. Unternehmen, Produkten etc.). Eine Stärke oder Schwäche des Unternehmens sollte nur dann als solche identifiziert werden, wenn es sich darin signifikant von den Wettbewerbern unterscheidet.

Externe Analyse

Die externe Analyse umfasst die Analyse und Identifikation der Chancen und Risiken. Sie beschäftigt sich mit der Umwelt des Unternehmens und betrachtet somit Einflussfaktoren, die in der Regel exogen sind. Da die Unternehmensumwelt kaum beeinflussbar ist, bedarf es einer Anpassung des Unternehmens an die Umweltsituation. Das Unternehmen kann somit lediglich reagieren.

Die externe Analyse sollte ebenfalls strukturiert gestaltet werden und umfasst beispielsweise die Themenbereiche Markt, Wettbewerb, Kunden und Zulieferer. Mögliche Chancen und Risiken ergeben sich dabei aus gesättigten Märkten, Bevölkerungsabnahme, demografischen Veränderungen in der Bevölkerung etc.

Im Anschluss an die interne und externe Analyse sind Handlungsanleitungen zu generieren und Empfehlungen abzuleiten. Vereinfacht kann dies durch die Kombination der vier Bereiche geschehen:

- **Stärken - Chancen:** Die Stärken eines Unternehmens sollten in Hinblick auf die gebotenen Chancen bestmöglich genutzt werden. Beispielsweise kann ein charismatischer Unternehmensführer (Stärke) dazu genutzt werden, mittels neuer Medien (Chance) Online-Werbung für das eigene Produkt zu machen.
- **Stärken - Risiken:** Eine Unternehmensstärke kann ebenfalls dazu verwendet werden, auftauchenden Risiken zu begegnen. Beispielsweise kann die charismatische Führungskraft (Stärke) aktive Lobbyarbeit zur Verbesserung der politischen Rahmenbedingungen (Risiko) leisten.
- **Schwächen - Chancen:** Hierbei sollte sich der Bewerber fragen, wie die Chancen zu nutzen sind, um die Schwächen des Unternehmens zu reduzieren. Beispielsweise kann die Globalisierung (Chance) zu einem höheren Absatz in aufstrebenden Ländern verhelfen, wodurch mittels verbesserter Skaleneffekte die Kostensituation des Unternehmens verbessert wird.
- **Schwächen - Risiken:** Bei dieser Kombination sollte der Bewerber für mögliche Bedrohungen sensibilisiert werden. Wenn das Unternehmen beispielsweise einen extrem hohen Energieausstoß bei der Erzeugung seiner Produkte hat (Schwäche), müssen bei einer Änderung der energiepolitischen Rahmenbedingungen in Richtung Restriktionen dringend Maßnahmen ergriffen werden.

Trotz ihrer Einfachheit bietet die SWOT-Analyse somit eine Methodik zur Analyse der internen und externen Situation und führt zudem zu sinnvollen Vorschlägen.

Vier-P-Konzept

Das Vier-P-Konzept wurde von Jerome McCarthy entwickelt und umfasst als Hauptelemente die wichtigsten absatzpolitischen Entscheidungsdimensionen. Dieser Marketingmix dient der Ableitung konkreter Handlungsalternativen und hilft dem Bewerber vor allem bei der Identifikation von Schwachstellen einer Produktpositionierung. Das Vier-P-Konzept umfasst die vier Bereiche Product, Price, Promotion und Place, die unmittelbar auf den Markterfolg eines Produkts einwirken. Die Methode unterstützt den Bewerber sowohl bei der Bewertung einer Neuprodukteinführung als auch bei der Identifikation von Stärken und Schwächen bestehender Produkte.

Product

Der Erfolg eines Produkts am Markt wird maßgeblich durch eine passende Produktpolitik beeinflusst. Das Produkt muss den Markterfordernissen gerecht werden und sich an den Bedürfnissen des Kunden orientieren. Nur ein vom Kunden wahrgenommener Nutzen des Produkts führt zum Kauf. Wichtig ist hierbei, dass das Produkt ein eindeutiges Differenzierungsmerkmal gegenüber anderen Produkten aufweist, wobei häufig von einem einzigartigen Verkaufsargument (USP - Unique Selling Proposition) gesprochen wird.

Neben dem Produkt selbst sind im Rahmen der Analyse auch weitere Aspekte der Produktpolitik zu analysieren. Beispielsweise können hierbei ein modularer Aufbau des Produkts, das Angebot von Nebenleistungen oder Zusatzausstattungen analysiert werden.

Price

Ein entscheidendes Kriterium für den Markterfolg ist die Preispolitik. Diese steht in Zusammenhang mit der Produktpolitik und ist daher nicht ohne deren Einbeziehung zu bewerten. Weist das Produkt ein hohes Maß an Differenzierung zu Wettbewerbsprodukten auf und leistet dieser Unterschied einen wesentlichen Vorteil für den Kunden, so ist in der Regel ein höherer Angebotspreis gerechtfertigt. Ein extrem niedriger Preis, beispielsweise bei einem Standardprodukt, kann ebenfalls sinnvoll sein und zu einer Verdrängung der Wettbewerber führen.

Zusätzlich sind hierbei auch mögliche Rabattaktionen, Sonderkonditionen, Skonti oder Boni zu analysieren, die ebenfalls einen Einfluss auf die Preispolitik des Produkts haben.

Promotion

Maßgeblichen Einfluss auf den Erfolg hat weiterhin die Werbung, die beispielsweise für eine Produktneueinführung durchgeführt wird. Der Bewerber hat diesbezüglich die Art und das Medium der Werbung zu analysieren, deren Angemessenheit zu bewerten sowie Verbesserungspotenziale aufzuzeigen.

Place

Zuletzt ist im Rahmen des Vier-P-Konzepts auf die Distributionspolitik des Produkts einzugehen. Hierbei bewertet der Bewerber, welche Distributionskanäle für die Marktplatzierung optimalerweise zu wählen sind und wie die Kunden zielgerichtet angesprochen werden können.

Die Ansoff-Matrix

Die Ansoff-Matrix, so benannt nach ihrem Erfinder Harry Igor Ansoff, ist ein Instrument zur strategischen Betrachtung unterschiedlicher Wachstumsstrategien. Da sie die vier Produkt-Markt-Kombinationen beleuchtet, wird sie auch Produkt-Markt-Matrix genannt. Die vier Wachstumsstrategien sind Marktdurchdringung bei bestehenden Märkten und Produkten, Produktentwicklung bei bestehenden Märkten und neuen Produkten, Marktentwicklung bei neuen Märkten und bestehenden Produkten und Diversifikation bei neuen Märkten und Produkten. Entlang dieser vier Strategieoptionen können Unternehmen Szenarien der Produktgestaltung entwickeln, die Risiken und Nutzen abwägen und eine Wachstumsstrategie oder eine Kombination auswählen.

		Produkt	
		bestehend	**neu**
Markt	**bestehend**	Marktdurchdringung	Produktentwicklung
	neu	Marktentwicklung	Diversifikation

Ansoff-Matrix

Die vier Produkt-Markt-Optionen:

- **Marktdurchdringung:** Eine Intensivierung der Marktbearbeitung erfolgt z.B. durch Kosten- und Preissenkungen und verstärktes Marketing. Ziel ist es, den Marktanteil mindestens zu halten oder auszubauen, indem der Absatz bei bestehenden Kunden erhöht wird und/oder die Produkte an neue Kunden verkauft werden. Das Wachstumspotenzial ist hierbei begrenzt, wenn der Markt bereits gesättigt ist. Dafür ist das Risiko dieser Strategie meist gering.
- **Produktentwicklung:** Die Gestaltung von Neuprodukten oder neuen Produktlinien entsteht durch eine Weiterentwicklung oder die Einführung eines vollständig neuen Produkts in den bestehenden Markt. Das Unternehmen kann auf eine hohe Marktkenntnis und eine bestehende Infrastruktur zurückgreifen, z.B. bei Organisation, Logistik und Vertrieb.
- **Marktentwicklung:** Die Marktentwicklung erfolgt durch eine geografische Expansion in neue Exportmärkte oder eine Marktausweitung auf neue Kundenzielgruppen. Da bestehende Märkte häufig gesättigt sind, kann das Verkaufspotenzial durch neue Distributions- und Absatzkanäle wirksam erhöht werden.
- **Diversifikation:** Die Diversifikation ist ein doppelter Aufbruch, da sich das Unternehmen außerhalb von gegenwärtigen Produkten und Märkten bewegt. Sie ist damit die risikoreichste Strategie, weil wenig Synergieeffekte zu bestehenden Produkten vorhanden sind und das Unternehmen Neuland betritt. Ansoff unterscheidet hierbei drei Typen der Diversifikation: Die horizontale Diversifikation umfasst artverwandte neue Produkte im Einklang mit Kernkompetenzen des Unternehmens. Die vertikale Diversifikation ist eine Ausweitung der Wertschöpfungskette des Unternehmens auf vorgelagerte (Rückwärtsintegration) oder nachfolgende (Vorwärtsintegration) Prozesse. Die laterale/konglomerate Diversifikation schließlich ist die Ausweitung auf gänzlich neue Markt- und Produktgebiete.

Die Ansoff-Matrix wurde vor über 50 Jahren entwickelt und wird noch heute als Analysewerkzeug genutzt. Zwar beschränkt sie sich auf die beiden Faktoren Märkte und Produkte, ist wachstumsfixiert und erklärt weder die spezifischen Strategie- noch Implementierungsprozesse; dennoch ermöglicht sie eine unkomplizierte Strukturierung von Wachstumsstrategien. Die Ansoff-Matrix ist daher ein hilfreiches Instrument, um die unternehmerische Produkt- und Marktgestaltung in Cases zu analysieren und zu bewerten.

Logikbaum

Entscheidungs- oder Logikbäume dienen der strukturierten Herangehensweise an ein Problem und sind gleichermaßen für interne und externe Problemstellungen geeignet. Der Logikbaum zerlegt das Problem in seine Einzelteile und gewährleistet hierdurch eine übersichtliche Darstellung der Teilprobleme und Gesamtzusammenhänge. Der Top-down-Ansatz ist die am häufigsten verwendete Vorgehensweise, wobei jedoch ein Bottom-up-Ansatz ebenso gut denkbar ist.

Bei der Problemzerlegung muss der Bearbeiter jedoch beachten, dass die Teilprobleme jeweils auf der richtigen Ebene angesiedelt sind und zudem dem MECE-Prinzip entsprechen. MECE steht hierbei für einen Ansatz, der „Mutually Exclusive" (ME) und „Collectively Exhaustive" (CE) ist. Die Bestandteile des Logikbaums sollen demnach überschneidungsfrei sein, gleichzeitig aber im Ganzen ausreichen, um das Problem zu erfassen. Beispielhaft kann dies anhand des Logikbaumes der Gewinngleichung verdeutlicht werden.

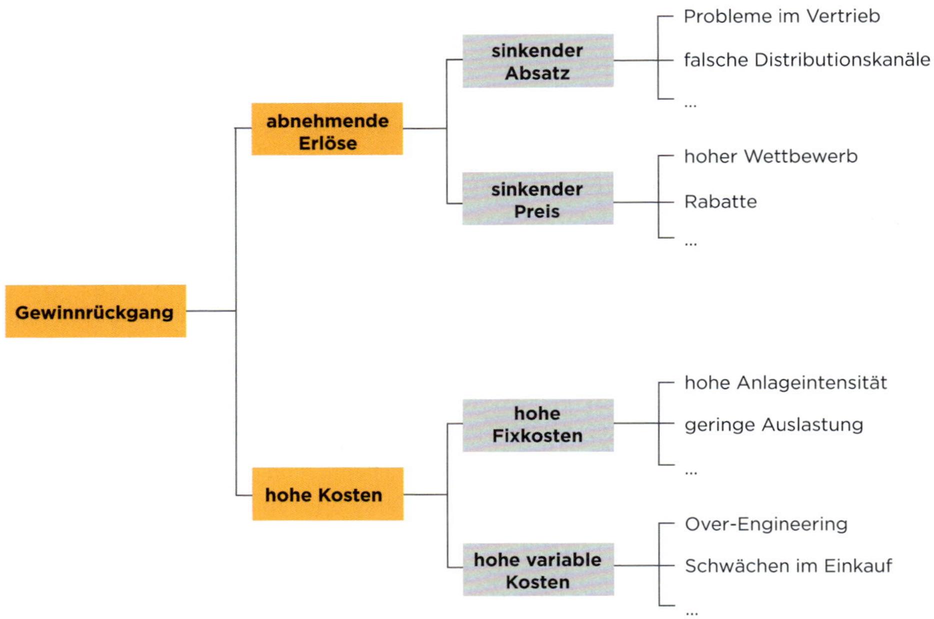

Logikbaum

Weitere Frameworks

Wie anfangs erwähnt, dienen Frameworks als Stütze bei der Bearbeitung von Fallstudien und sind besonders nützlich, wenn sie kritisch und kreativ angewendet werden. Es gibt zahlreiche Konzepte, die als Repertoire dienen. Fünf weitere seien hier kurz erwähnt:

- Benchmarking bezeichnet den Vergleich von Produkten, Dienstleistungen, Prozessen, Methoden und Praktiken zwischen Unternehmen, um Verbesserungspotenzial zu erkennen und entsprechend umzusetzen.
- Die Wettbewerbsmatrix von Michael Porter, die auch unter dem Konzept der generischen Strategien bekannt ist, ist ebenfalls ein Instrument für die Produktpolitik eines Unternehmens. Porter benennt darin die drei Wettbewerbsstrategien Differenzierung, Kostenführerschaft und Fokussierung.
- Eine Alternative zum Five-Forces-Modell bietet das Wertnetz von Adam Brandenburger und Barry Nalebuff. Es betont insbesondere kooperative neben kompetitiven Strategien und führt das Konzept von Komplementoren ein. Komplementoren sind Unternehmen, die zum eigenen Produkt bzw. zur eigenen Dienstleistung ergänzende Produkte oder Dienstleistungen anbieten.
- Das Konzept des Shared Value von Kramer und Porter verortet das Unternehmen in der Gemeinschaft und ist ein integrativer Ansatz von sozialem und wirtschaftlichem Fortschritt. Die Konkurrenzfähigkeit eines Unternehmens und das Befinden der Gemeinschaft bedingen einander in diesem Ansatz.
- Die Szenariotechnik dient als Analyse-Methode zur strategischen Unternehmensplanung, indem sie Trend- und Extremszenarien aufzeigt, woraus sich Handlungsempfehlungen für das betroffene Unternehmen ableiten lassen.

Abschließend ist anzumerken, dass zahlreiche weitere Frameworks eine Möglichkeit der Aufbereitung des Problems bieten, um Cases zu verstehen, zu strukturieren und Handlungsalternativen zu erkennen und aufzuzeigen. Der herausragende Bewerber zeichnet sich insbesondere durch einen neuartigen und kreativen Ansatz aus, der die bekannten Frameworks abändert oder selbstständig neue erschafft.

LINK-TIPP:

Mindmap zum Lösen von Case Studies
Der ehemalige e-fellows.net-Stipendiat Sebastian Paasch hat eine Mindmap angefertigt, die zeigt, wie man an Case Studies herangehen kann. Sie steht unter folgendem Link zum Download zur Verfügung: http://download.e-fellows.net/mind_map.pdf

Hilfreiche Basisdaten für Case Studies

Ob konkreter, realitätsnaher Business Case oder kreative Abschätzung – grundlegende Daten helfen nicht nur beim Meistern von Fallstudien, sie zeigen außerdem ein solides Grundwissen und eine gute Vorbereitung auf das Bewerbungsverfahren. Im Folgenden sind einige Basisdaten zu Deutschland, Europa und der Welt zusammengestellt.

Länderprofil – Deutschland

Basisdaten Deutschland	
Fläche	**357 Tsd. km²**
N-S-Ausdehnung	ca. 870 km
W-O-Ausdehnung	ca. 630 km
Straßennetz	**230 Tsd. km**
Autobahnnetz	13 Tsd. km
Schienennetz	**43,5 Tsd. km**
Einwohnerzahl	**80,85 Mio.**
< 15 Jahre	10,4 Mio.
15 bis 65 Jahre	53,1 Mio.
≥ 65 Jahre	17,35 Mio.
männlich/weiblich	39,3 Mio./41,55 Mio.
Erwerbstätige	43 Mio.
Geburten	715 Tsd.
Anzahl privater Haushalte	**40,2 Mio.**
mit Internetzugang	36,2 Mio.

Viele weitere Daten und Statistiken zu den Themenfeldern Wirtschaft, Umwelt und Gesellschaft finden sich zum Beispiel auf der Website des Statistischen Bundesamtes. Zusätzlich zu den oben genannten Fakten ist es nützlich, über aktuelle politische sowie wirtschaftliche Entwicklungen informiert zu sein. Hierzu empfiehlt sich die Lektüre der gängigen Tageszeitungen.

Zahlen, Daten, Fakten zu Europa

Kommt man im Interview auf das Thema Europa zu sprechen, ist es zunächst wichtig, abzuklären, „welches“ Europa gemeint ist: das geografische Europa, die Europäische Union oder etwa die Eurozone. Die folgende Übersicht der Basisgrößen bezieht sich auf Daten der Europäischen Union mit ihren 28 Mitgliedsstaaten.

Basisdaten EU	
Mitgliedstaaten	**28**
Amtssprachen	**24**
Fläche gesamt	**ca. 4,4 Mio. km²**
flächengrößter Staat: Frankreich (exkl. Übersee)	544 Tsd. km²
flächenkleinster Staat: Malta	316 km²
Einwohnerzahl gesamt	**508,2 Mio.**
Euro-Raum (19 Länder)	338,5 Mio.
Frankreich	66,5 Mio.
Großbritannien	64,1 Mio.
Italien	61,85 Mio.
Spanien	48,1 Mio.
Geburten gesamt pro Jahr	**4,9 Mio.**
Erwerbstätigenquote (15-64-Jährige) gesamt	**69 %**
Frauen	63 %
Männer	75 %

Mithilfe von Eckdaten einiger EU-Staaten lassen sich nun, falls benötigt, die Größenordnungen z. B. von Einwohnerzahl oder Fläche weiterer Länder grob abschätzen. Statt ins Blaue hinein etwa die Fläche von Spanien zu schätzen, macht es einen besseren Eindruck, die Schätzung mit logischen Annahmen zu begründen:

„Die Fläche Spaniens ist etwas kleiner als die Fläche des größten EU-Landes Frankreich mit ca. 550.000 km². Sie ist allerdings weit größer als die Fläche Deutschlands mit ca. 360.000 km². Deshalb schätze ich die Fläche Spaniens auf rund 500.000 km².“

Auf der Website des statistischen Amts Eurostat der Europäischen Kommission sind zusätzlich zu den oben genannten Daten eine große Zahl von Statistiken, Grafiken und Veröffentlichungen über eine weite thematische Bandbreite frei zugänglich.

Basisinformationen – die Welt

Basisdaten global	
Anzahl Staaten/Territorien	**ca. 270**
UN-Mitgliedsstaaten	**193**
Erdoberfläche	**510 Mio. km²**
Meeresfläche	ca. 360 Mio. km²
Landfläche	ca. 150 Mio. km²
landflächengrößte Staaten:	
Russland	17,1 Mio. km²
Kanada	10,0 Mio. km²
USA	9,8 Mio. km²
China	9,6 Mio. km²
landflächenkleinster Staat: Vatikanstadt	0,4 km²
Weltbevölkerung	**7,35 Mrd.**
bevölkerungsreichste Staaten:	
China	1.381 Mio.
Indien	1.309 Mio.
USA	318 Mio.
Indonesien	254 Mio.
bevölkerungsärmster Staat: Vatikanstadt	ca. 840
Anteil < 15 Jahre	**26 %**
Anteil ≥ 65 Jahre	**8 %**
Ø jährl. Bevölkerungswachstum (2005–2010)	**1,1 %**
max. Bevölkerungswachstum: Südsudan	4,02 %
min. Bevölkerungswachstum: Cookinseln	-2,95 %

QUELLEN:

- CIA: https://www.cia.gov/library/publications/the-world-factbook/index.html
- Destatis (Statistisches Bundesamt Deutschland): www.destatis.de
- Eurostat (statistisches Amt der Europäischen Kommission): www.epp.eurostat.ec.europa.eu
- Lexas: www.lexas.de/erde/erdoberflaeche.aspx
- United Nations, Overview: www.un.org/en/sections/about-un/overview/index.html
- United Nations, World Population Prospects: The 2010 Revision (United Nations, Population Division, Department of Economic and Social Affairs): http://esa.un.org/wpp

Case Studies zur Übung

4. Case Studies zur Übung

Cases sind nicht alles, wenn man das Ticket für den Einstieg in die Beratung lösen möchte - aber sie sind des Pudels Kern, wenn man sich bestmöglich auf ein Bewerbungsgespräch vorbereiten will. Das dritte Kapitel hat Ihnen viel Theoriewissen zu den Cases und Tipps für die Praxis mit auf den Weg gegeben; das ist für den Erfolg eines Case-Interviews grundlegend. Darauf aufbauend ist eine Vorbereitung aber nur dann gründlich, wenn man den Ernstfall vorher so gut wie möglich simuliert - und dazu dienen die nun folgenden Case Studies.

Diversität der Cases

Auf rund 60 Seiten folgen nun 13 Cases, die Bewerber schon so oder so ähnlich meistern mussten. Die Fallstudien variieren zum Teil in Umfang, Konzeption und Stil - denn es gibt nicht *den* Case, *den* Case-Verlauf oder *das* Case-Schema. Daher repräsentieren die nun folgenden Fallstudien die Vielfalt der Case-Landschaft. Gerade weil sie größtenteils der Praxis entstammen, beweisen die Cases in diesem Buch, wie groß die Unterschiede je nach Bewerber (und dessen Fachhintergrund), Beratung, Interviewer und Branche ausfallen können.

Fallbeispiele aus dem wahren (Interview-)Leben

„Ich bedauere, dass ich Ihnen den Case erst heute schicken kann. Ich wollte ihn vorher nochmals in der Praxis testen." So ungefähr entschuldigte sich ein Autor dafür, dass er die Fallstudie mit etwas Verspätung ablieferte. Das zeigt, dass die Cases keine reine Erfindung sind - im Labor ausgetüftelt, aber womöglich fernab jeglicher (Interview-)Realität. Im Gegenteil: Es sind größtenteils Cases, die die Berater so oder so ähnlich bereits im Interview verwendet haben, es noch tun oder es zumindest tun könnten.

Auswendig lernen: nein. Verstehen: ja!

Nun wäre es schön, wenn man die folgenden Cases und ihre Lösungswege einfach auswendig lernen könnte - in der Hoffnung, dass diese einem auch im wirklichen Bewerbungsleben begegnen. Abgesehen davon, dass die Wahrscheinlichkeit der eines Sechsers im Lotto nahekommt, raten Interviewer zudem, es offen zuzugeben, wenn man den Case bereits kennt (weil nur so ein authentisches Verhalten bei der Bearbeitung möglich ist). Auswendiglernen bringt jedenfalls nichts; stattdessen sollten Sie versuchen, die Fälle zu lösen, und danach den vorgeschlagenen Lösungsweg nachzuvollziehen und zu verstehen. Das ist die beste Voraussetzung, um das Wissen auf andere Cases zu transferieren.

Brainteaser

Wer nach den Case Studies noch immer nicht genug hat, kann sich den anschließenden Brainteasern widmen - und diese Nüsse mit Grips und „Um-die-Ecke-Denken" knacken.

Faden um einen Zylinder

von Alex Dogariu

Aufgabenstellung

Ein grauer Faden wird schraubenförmig um einen Zylinder gewickelt. Der Faden reicht exakt vier Mal um den Zylinder herum. Der Umfang des Zylinders beträgt exakt 4 cm. Die Länge des Zylinders beträgt exakt 12 cm.

Welche Länge hat der Faden?

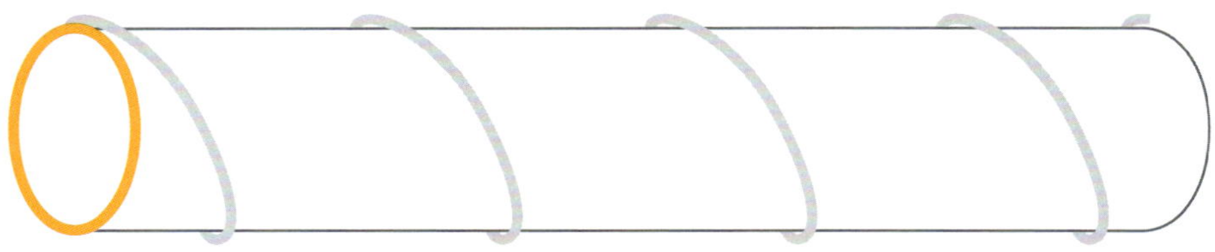

Grafische Darstellung des Zylinders mit Faden

Lösungsweg

Wenn man sich den Zylinder als Papierrolle vorstellt, kann man diese einfach zweidimensional – also flach – ausrollen. Dabei ergibt sich eine ebene Fläche mit 4 cm Höhe (Umfang des Zylinders) und 12 cm Länge.

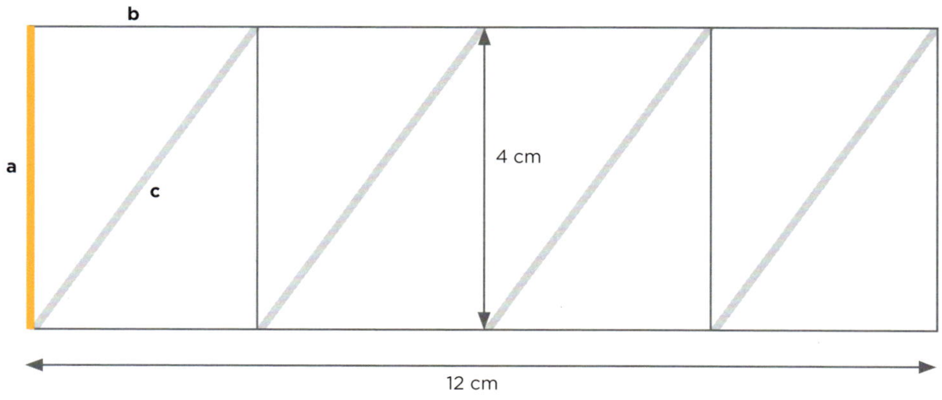

Grafische Darstellung des ausgerollten Zylinders

Der Faden macht genau vier Umdrehungen um den Zylinder. Das entspricht bei 12 cm Länge 3 cm pro voller Umdrehung.

Daraus ergibt sich mit Blick auf die Grafik oben: b = 3 cm.

Mit dem Satz des Pythagoras kann man die Hypotenuse eines rechtwinkligen Dreiecks mit folgender Formel bestimmen:

- $a^2 + b^2 = c^2$

Demnach ist die Diagonale:

- $c = \sqrt{(a^2+b^2)} = \sqrt{(4^2+3^2)} = \sqrt{(16+9)} = \sqrt{25} = 5$ cm

Da der Faden insgesamt vier Mal um den Zylinder gewickelt wurde, ist der Faden insgesamt vier mal 5 cm, also 20 cm lang.

Häuslicher Verbrauch von Speiseöl

von Moritz Hahn

Aufgabenstellung

Interviewer: Wie viele Flaschen Speiseöl verbraucht ein Mensch pro Jahr zu Hause?

Lösungsweg

Bewerber: Mit Speiseöl meinen Sie vermutlich verzehrbares Öl zum Braten oder Anrichten von Salaten?

Interviewer: Genau, zum Beispiel Olivenöl oder Sonnenblumenöl.

Bewerber: Okay. Ich würde mir einen kurzen Moment Zeit nehmen, um meine weitere Vorgehensweise zu strukturieren.

Interviewer: Gerne.

HINWEIS: Der Bewerber sollte verstehen, welcher Zielwert in welcher Einheit gesucht wird. Es ist zu empfehlen, in einem ersten Schritt die relevanten Faktoren auf einem Blatt zu skizzieren und diese in einem zweiten Schritt nach Abstimmung mit dem Interviewer zu quantifizieren.

Bewerber: Ich suche den Jahresverbrauch an Flaschen Speiseöl eines Menschen in Deutschland. Ist das in Ordnung?

Interviewer: Ja, das passt.

Bewerber: Um diesen zu ermitteln, werde ich in einem ersten Schritt den Ölverbrauch je zu Hause zubereiteter Mahlzeit errechnen. In einem zweiten Schritt bestimme ich die Anzahl der Mahlzeiten, die man durchschnittlich zu Hause zu sich nimmt. In einem dritten Schritt rechne ich den Verbrauch auf das Jahr hoch.

Interviewer: Das ist eine plausible und strukturierte Vorgehensweise. Sie können mit der Abschätzung beginnen.

Bewerber: Bevor ich mit der Quantifizierung beginne, möchte ich weitere Annahmen treffen, um die Verbrauchsmöglichkeiten zu spezifizieren. Ich sehe vier große Personengruppen, die zu unterschiedlichen Mahlzeiten zu Hause sind und somit einen unterschiedlich hohen Ölverbrauch zu Hause haben könnten: Schüler, Studenten, Berufstätige und Rentner. Zur Vereinfachung gehe ich von Berufstätigen aus, da diese Personengruppe mit ca. 50 Prozent die größte Gruppe innerhalb der deutschen Gesellschaft ausmacht.

Interviewer: In Ordnung.

Bewerber: Nun möchte ich den Ölverbrauch je zu Hause zubereiteter Mahlzeit errechnen. Ich sehe vor allem zwei Speisen, für deren Zubereitung man Öl benötigt: gebratene Gerichte sowie Salate. Für gebratene Gerichte braucht man ungefähr einen halben Esslöffel Öl, ca. fünf Milliliter, für Salate gilt dasselbe. Ich nehme der Einfachheit halber an, dass eine Mahlzeit aus einem gebratenem Gericht und einem Salat besteht. Somit ergibt sich ein Ölverbrauch von zehn Millilitern je Mahlzeit. Ist die Rechnung für Sie nachvollziehbar?

HINWEIS: Es kommt dem Interviewer nicht auf die möglichst genaue Bestimmung des Ölverbrauchs an, sondern auf eine nachvollziehbare und ergebnisorientierte Vorgehensweise. Der Bewerber kann also abweichende Mengenangaben wählen, solange diese begründet werden.

Interviewer: Ja, das klingt plausibel.

Bewerber: In einem zweiten Schritt möchte ich die Anzahl der Mahlzeiten mit Ölverbrauch je Woche errechnen. Dafür bewerte ich die Wahrscheinlichkeit, ob ein gebratenes Gericht und Salat Bestandteile einer Mahlzeit sein könnten. Das Frühstück besteht meist aus Brot, Brötchen oder Müsli. Öl wird damit also nicht verbraucht. Wochentags befindet sich ein Berufstätiger zum Mittagessen bei der Arbeitsstätte. Somit verbleiben nur zwei mögliche Mittagessen am Samstag und Sonntag. Bei den Abendessen gehe ich davon aus, dass zwei der sieben Abendessen außer Haus eingenommen werden. Somit werden insgesamt zwei Mittag- und fünf Abendessen zu Hause eingenommen.

Interviewer: Okay. Wie schlägt sich das nun im jährlichen Ölverbrauch nieder?

Bewerber: Bei sieben Mahlzeiten mit Ölverbrauch je Woche ergibt sich ein wöchentlicher Ölverbrauch von 70 Millilitern. Unter Beachtung möglicher Reisen und Ausflüge verbringt man vermutlich 40 Wochen zu Hause. Damit beträgt der Jahresverbrauch 2,8 Liter Öl pro Person.

Interviewer: Wie viele Flaschen Speiseöl sind dies?

Bewerber: Wenn eine Ölflasche ca. 0,5 Liter fasst, sind dies fast sechs Flaschen.

Interviewer: Wunderbar, vielen Dank für die Abschätzung!

Katzen im Berliner Olympiastadion

von Marco-Alexander Horchler

Aufgabenstellung

Eine amerikanische Marketingfirma möchte für ein Werbeevent das Berliner Olympiastadion bis zum oberen Rand hin mit Katzen auffüllen und beauftragt nun Ihre Beratungsfirma damit, herauszufinden, wie viele Tiere man hierfür benötigen würde.

HINWEIS: Manche Interviewer lockern die Stimmung durch witzige oder abstruse Aufgabenstellungen auf. Aber auch hier gilt das Grundprinzip, durch valide Annahmen sowie strukturiertes, logisches Vorgehen eine nachvollziehbare Lösung zu erarbeiten. Dafür gibt es natürlich mehrere Möglichkeiten, von denen im Folgenden eine vorgestellt wird.

Lösungsweg

Grundlegend gilt folgende Formel:

- $\text{Anzahl an Katzen} = \dfrac{\text{füllbares Stadionvolumen}}{\text{Volumen pro Katze} + \text{Leerraum pro Katze}}$

Somit lässt sich der Case in zwei Blöcke teilen, um Dividend und Divisor zu berechnen:

Dividend: Füllbares Stadionvolumen
Um dieses Volumen zu berechnen, treffen Sie drei vereinfachende Annahmen:

- Die obere und untere Kurve des Stadions sind Halbkreise.
- Die Fläche zwischen den Kurven ist rechteckig.
- Die Tribünen verlaufen gleichmäßig schräg vom Innenfeld bis hin zum oberen Rand.

Zusätzlich gibt Ihnen der Interviewer auf Ihre Nachfrage hin einige Daten zum Stadion:

- Außenmaße: 304 m in der Länge, 230 m in der Breite, 16 m Wandhöhe
- Feldmaße: 190 m in der Länge, 116 m in der Breite, 15 m Spielfeldtiefe

Auf Basis dessen erstellen Sie eine Skizze:

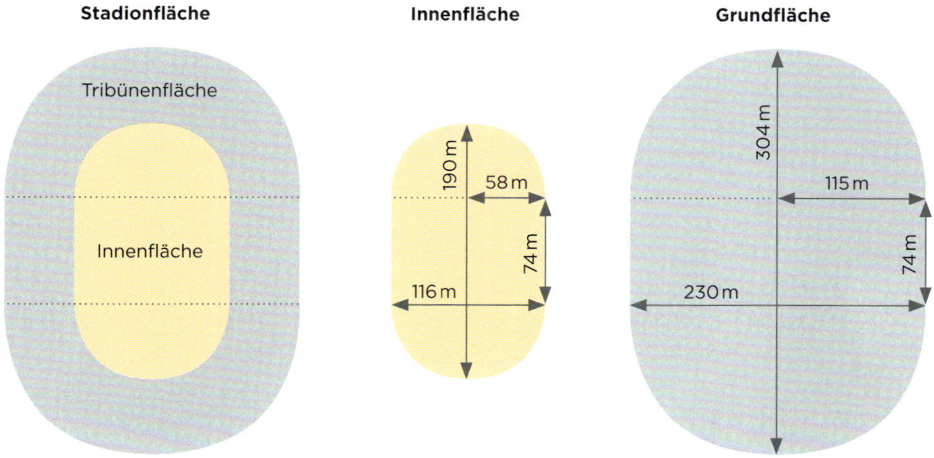

Abstraktion der Stadionfläche in einfache geometrische Formen

Das freie Innenvolumen des Stadions lässt sich in zwei Teile aufteilen:

- Raum über der Innenfläche
- Raum über den Tribünen

Die Fläche des Innenraumes setzt sich aus zwei identischen Halbkreisen und einem Rechteck zusammen. Die Halbkreise haben einen Durchmesser von 116 m, also einen Radius von 58 m. Das Rechteck ist ebenfalls 116 m breit und nimmt von den 190 m Gesamtlänge 74 m ein, nämlich den Teil, den die beiden Halbkreise mit ihren je 58 m nicht abdecken. Die Fläche A_{Innen} entspricht also $\pi \times r^2 + l \times b = 3{,}14 \times 58\ m^2 + 116\ m \times 74\ m = 19.147\ m^2$. Die zugehörige Höhe ergibt sich aus den 15 m von der Innenfläche bis zum Erdbodenniveau und weiteren 16 m bis zum oberen Rand. Sie beträgt somit 31 m.

► V_{Innen} ist also $A_{Innen} \times h = 19.147\ m^2 \times 31\ m = 593.557\ m^3$

Die Fläche des Tribünenraumes lässt sich ermitteln, indem man die Innenfläche von der Grundfläche des Stadions abzieht. Letztere lässt sich analog zur ersteren berechnen und beträgt 58.546,5 m². $A_{Tribüne}$ ist demnach $A_{Grund} - A_{Innen} = 58.546{,}5\ m^2 - 19.147\ m^2 = 39.399{,}5\ m^2$. Multipliziert man diese Fläche mit der Höhe von 31 m, so erhält man das Gesamtvolumen über der Tribünenfläche. Diese besteht aus der Tribüne selbst und aus dem Leerraum zwischen der Tribüne und dem oberen Stadionrand. Wegen der gleichmäßig zulaufenden Tribüne sind diese beiden Volumenanteile gleich groß. Das freie, mit Katzen befüllbare Volumen ergibt sich folglich durch die Multiplikation des Gesamtvolumens mit 0,5.

► $V_{Tribüne}$ ist also $A_{Tribüne} \times h \times 0{,}5 = 39.399{,}5\ m^2 \times 31\ m \times 0{,}5 = 610.692{,}25\ m^3$

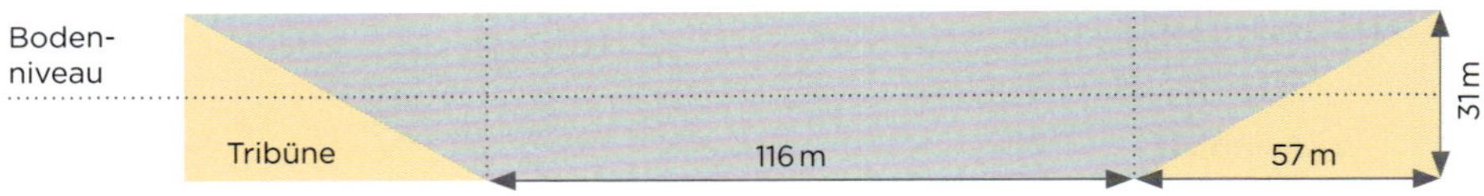

Aufriss des Stadions mit Tribüne und Leerräumen

Damit ergibt sich ein Dividend von 593.557 m^3 + 610.692,25 m^3 = 1.204.249,25 m^3.

Divisor: Volumen pro Katze + Leerraum pro Katze

Zur näheren Eingrenzung der Aufgabe fragen Sie den Interviewer, um welche Art von Katzen es sich handelt. Er entgegnet Ihnen hierauf, dass aus Sicherheitsgründen keine Raubkatzen, sondern nur normale Hauskatzen eingesetzt werden sollen.

Stellt man sich eine stehende Hauskatze mit senkrecht nach vorne gestrecktem Kopf und gestrecktem Schwanz vor, so lässt sich diese in drei geometrische Grundformen aufteilen:

- 1 großer Zylinder (Körper inklusive Kopf)
- 4 kleine Zylinder (Beine)
- 1 kleiner und längerer Zylinder (Schwanz)

Für den großen Zylinder lässt sich eine Länge von 35 cm annehmen. Schätzt man die Breite eines Katzenkörpers auf 10 cm, so hat der Zylinder einen Grundflächenradius von 5 cm.

► $V_{\text{Körper inkl. Kopf}}$ entspricht also $\pi \times r^2 \times h = 3{,}14 \times (5\text{ cm})^2 \times 35\text{ cm} = 2.747{,}5\text{ cm}^3$.

Für die Beine lässt sich eine Länge von 10 cm annehmen und mit einem Durchmesser von 2 cm rechnen.

► V_{Bein} beträgt also $\pi \times r^2 \times h = 3{,}14 \times (1\text{ cm})^2 \times 10\text{ cm} = 31{,}4\text{ cm}^3$

Zur Vereinfachung empfiehlt es sich nun, für den Schwanz den gleichen Durchmesser wie für die Beine anzunehmen, wobei man aber von einer Länge von 25 cm ausgehen kann.

► V_{Schwanz} ist somit $V_{\text{Bein}} \times 2{,}5 = 31{,}4\text{ cm}^3 \times 2{,}5 = 78{,}5\text{ cm}^3$

So beträgt das Katzenvolumen:

► $V_{\text{Körper inkl. Kopf}} + 4 \times V_{\text{Bein}} + V_{\text{Schwanz}} = 2.747{,}5\text{ cm}^3 + 4 \times 31{,}4\text{ cm}^3 + 78{,}5\text{ cm}^3 = 2.951{,}6\text{ cm}^3$

Zur Überprüfung Ihrer Rechnung merken Sie an, dass eine Hauskatze etwa 3 bis 4 kg wiegt und ihr Körper, ähnlich wie der menschliche, zum Großteil aus Wasser besteht. Wasser wiegt 1 kg pro Liter. Das errechnete Volumen von ca. 3 Liter pro Katze scheint also plausibel.

Katzen lassen sich aufgrund ihrer Form allerdings nicht so dicht aneinanderlegen, wie es beispielsweise bei Ziegelsteinen der Fall wäre. Daher muss auch der Leerraum zwischen den gestapelten Katzen berücksichtigt werden. Aus Zeitgründen gehen Sie hierbei pragmatisch vor, erhöhen das Volumen pro Katze um 20 Prozent und runden ab. Damit ergibt sich für den Divisor ein Wert von 3,5 dm^3.

Ergebnis

$$\text{Anzahl an Katzen} = \frac{\text{füllbares Stadionvolumen}}{\text{Volumen pro Katze} + \text{Leerraum pro Katze}}$$

$$= \frac{1.204.249{,}25\ m^3}{3{,}5\ dm^3} \approx 344.071.214\ \text{Katzen}$$

Um das Berliner Olympiastadion randvoll zu befüllen, werden also 344,1 Millionen Katzen benötigt. Zur Veranschaulichung: Dies entspricht in etwa der Einwohnerzahl der USA.

Automatisierung bei der Bearbeitung von Kraftfahrtversicherungen

von Jan Patzer und Dr. Michael Reich

Aufgabenstellung

Ein führender Kompositversicherer[1] ist erfolgreich im Vertrieb von Kraftfahrtzeug-Versicherungen. Die Bearbeitung der Neuanträge soll künftig deutlich stärker vollautomatisiert werden, um Kosten zu sparen (sog. Dunkelverarbeitung). Dabei soll nicht nur vertikal in der Sparte der Kraftfahrt-Versicherung optimiert, sondern horizontal über die gesamte Wertschöpfungskette hinweg effizienter gearbeitet werden. Neben der Bearbeitung der neuen Anträge muss der gesamte Weg vom Kunden zum Versicherer und zurück zum Kunden betrachtet werden.

Aktuell vermittelt der Versicherer etwa 400.000 Kraftfahrt-Versicherungen im Jahr:

- 250.000 Papieranträge
- 150.000 elektronisch eingereichte Anträge (sog. e2e-Geschäft), davon 15.000 voll automatisiert in Dunkelverarbeitung

Kann es dem Unternehmen gelingen, bis 2020 1,5 Millionen Euro einzusparen?

Lösungsweg

Weitere Details in Erfahrung bringen

Bewerber: Welche Informationen liegen zu den Kosten für die drei genannten Arten der Antragstellung bzw. Verarbeitung vor? Besteht aktuell ein Potenzial zur Kostensenkung je Vorgang?

Interviewer: Die Kosten für die Bearbeitung eines Papierantrags liegen aktuell bei 50 Euro je Vertrag. Bei einem elektronisch eingereichten Vertrag sind es 40 Euro, sofern er nicht automatisiert verarbeitet werden kann. Falls eine automatisierte Verarbeitung möglich ist, werden 10 Euro kalkuliert. Die IT arbeitet mit Hochdruck an der Verbesserung der Schriftguterkennung, sodass Papieranträge vermehrt direkt in die Dunkelverarbeitung laufen. Zu-

1 Oberbegriff für alle Versicherungszweige, die ein Schaden-/Unfall-Versicherungsunternehmen betreiben darf, die also keine Lebens-, Kranken- oder Rechtsschutzversicherung sind.

dem wird erwartet, dass das elektronisch eingereichte e2e-Geschäft bis 2020 durch Prozessoptimierungen nur noch Kosten in Höhe von 35 Euro pro Antrag verursacht, auch wenn es nicht durch eine automatisierte Bearbeitung läuft.

Bewerber: Warum wird nur ein kleiner Teil des elektronisch eingereichten Geschäfts vollständig automatisiert bearbeitet?

Interviewer: Beim Einreichen der Verträge durch die Vertriebspartner fehlen häufig Angaben oder es treten technische Probleme auf. Dann muss der elektronisch eingereichte Vertrag durch einen Sachbearbeiter manuell weiterverarbeitet werden. Dadurch wird der Prozess fast so aufwendig wie bei der Bearbeitung eines Papierantrags.

Bewerber: Könnte man durch Schulungen der großen Vertriebspartner die Fehlerhäufigkeit beim Einreichen von elektronischen Verträgen reduzieren?

Interviewer: Ja, durch diese Form der Weiterbildung könnte bis 2020 die Quote des e2e-Geschäfts, welches direkt in die Dunkelverarbeitung läuft, um 5 bis 15 Prozent erhöht werden.

Bewerber: Bleibt die Anzahl der Neuverträge über die Jahre konstant?

Interviewer: Ja. Gehen Sie in diesem Beispiel bitte davon aus.

Berechnung auf Basis der vorliegenden Informationen

Zunächst berechnet der Bewerber die Ist-Kosten:

- 250.000 × 50 Euro + 135.000 × 40 Euro + 15.000 × 10 Euro = 18,05 Mio. Euro

Es lassen sich drei Maßnahmen zusammenfassen, die zu einer höheren Automatisierung und/oder einer kostengünstigeren Verarbeitung der Versicherungsanträge führen:

1. Schrifterkennung bei Papieranträgen
2. allgemeine Prozessoptimierungen im e2e-Geschäft
3. Qualitätssteigerung/Fehlersenkung im e2e-Geschäft durch Schulungen

Auf dieser Basis berechnet der Bewerber die Soll-Kosten für das Jahr 2020 und ermittelt aus der Differenz die Ersparnis:

Wenn durch automatische Schrifterkennung bis zum Jahr 2020 – so nimmt der Bewerber an – fünf Prozent weniger Papieranträge bearbeitet werden müssen bzw. 12.500 Anträge direkt in die Dunkelverarbeitung laufen, entstehen für die verbleibenden 237.500 Papieranträge nur noch Kosten in Höhe von 11,875 Millionen Euro.

Durch eine Erhöhung der Automatisierungsquote durch Schulungen im e2e-Geschäft können bis 2020 10 Prozent (Mittelwert aus Angabe des Interviewers) des elektronisch eingereichten Geschäfts, also 13.500 Anträge, in die Dunkelverarbeitung laufen. Somit werden nun insgesamt 41.000 Anträge vollautomatisch verarbeitet. Bei 10 Euro pro Antrag liegen die Kosten bei 410.000 Euro.

Bei den verbleibenden 121.500 e2e-Anträgen sinken die Bearbeitungskosten durch Prozessoptimierungen von 40 Euro auf 35 Euro je Antrag. Die Kosten belaufen sich auf 4.252.500 Euro.

	Kosten pro Antrag	Gesamtkosten
250.000 Papieranträge	50 Euro	12.500.000 Euro
135.000 klassische e2e-Anträge	40 Euro	5.400.000 Euro
15.000 e2e-Anträge in Dunkelverarbeitung	10 Euro	150.000 Euro
		18.050.000 Euro
237.500 Papieranträge **(-5 % bzw. -12.500 Euro dank Schrifterkennung)**	50 Euro	11.875.000 Euro
121.500 klassische e2e-Anträge **(-10 % bzw. -13.500 Euro dank Schulungen)**	35 Euro **(-5 Euro dank Prozess-optimierung)**	4.252.500 Euro
41.000 e2e-Anträge in Dunkelverarbeitung **(15.000 + 12.500 + 13.500)**	10 Euro	410.000 Euro
		16.537.500 Euro

Berechnung von Ist- und Soll-Kosten

Nach den Soll-Kosten wird zuletzt die Differenz berechnet:

- 18.050.000 – (11.875.000 + 410.000 + 4.252.500) = 1.512.500 Euro

Die jährliche Gesamtersparnis beträgt somit ca. 1,51 Millionen Euro. Es ist dem Versicherer also möglich, sein Ziel bis 2020 zu erreichen.

Produktionsvolumen eines Sonnencreme-Herstellers

von Michael Mohaupt

Aufgabenstellung

Interviewer: Unser Kunde ist der Sonnencremehersteller Sunny. Wir sind beauftragt worden, die ideale Menge an zu produzierenden Tuben für dieses Jahr zu ermitteln.

HINWEIS: Für die Bearbeitung dieser bewusst offen formulierten Fragestellung ist kein spezielles Hintergrundwissen notwendig. Im Vordergrund steht die Strukturierungsfähigkeit des Bewerbers. Es bietet sich daher an, zunächst weitere Informationen zur Aufgabenstellung und zur Ausgangssituation zu erfragen und nach einer kurzen Bedenkzeit seinen Lösungsansatz strukturiert und nachvollziehbar darzulegen.

Lösungsweg

Bewerber: Unser Kunde Sunny stellt Sonnencreme her und möchte die diesjährige Produktionsmenge festlegen.

Interviewer: Exakt.

Bewerber: Ist neben dieser Fragestellung noch eine weitere Zielsetzung zu beachten?

Interviewer: Ja, der Kunde möchte seinen Gewinn bei minimalem Risiko maximieren.

Bewerber: Okay, erlauben Sie mir vorab einige Verständnisfragen zum Kunden. Zuerst würde ich gerne mehr über unseren Auftraggeber und sein Geschäftsumfeld erfahren. Wo und für welchen Markt wird produziert? Was wissen wir über die Kunden von Sunny?

Interviewer: Der Hersteller ist in Portugal ansässig und beliefert den Großhandel im Land. Anwender der Sonnencreme sind neben Einheimischen vor allem Touristen, die diese im stationären Handel kaufen.

Bewerber: Bei Sonnencreme handelt es sich um ein stark saisonales Konsumgut. Haben wir weitere Informationen zur Produktpalette von Sunny? Gibt es gewisse Vorteile und ggf. auch Nachteile der Produkte im Vergleich zum Wettbewerb?

Interviewer: Seit einigen Jahren bietet unser Kunde eine Premium-Sonnencreme an. Lassen Sie uns im weiteren Verlauf auf dieses Produkt fokussieren. Es ist allergenfrei, besonders verträglich, schützt vor vorzeitiger Hautalterung und bietet einen hohen und überdurchschnittlich lang anhaltenden Lichtschutzfaktor. Um diese besonderen Qualitätsansprüche sicherzustellen, verpflichtet sich Sunny, nur für die aktuelle Saison zu produzieren. Nicht abgenommene Tuben werden entsorgt.

Bewerber: Diese hohe Qualität macht sich bestimmt im Preis bemerkbar. Wie würden Sie daher die Preisstruktur beschreiben? Können die Anwender das Produkt zudem nur über den stationären Handel beziehen oder gibt es auch einen Direktvertrieb für Endverbraucher (z. B. Onlineversand) bzw. ist dieser angedacht?

Interviewer: Durch das hohe Qualitätsversprechen akzeptieren die Anwender einen Preisaufschlag und zahlen 30 Euro je Tube im Laden. Der Hersteller stellt dem Großhandel dafür 10 Euro in Rechnung. Ihre Frage zu den Distributionswegen gefällt mir, ist aber nicht relevant für die weitere Betrachtung. Zudem sieht unser Auftraggeber derzeit auch keinen Bedarf an einer strategischen Veränderung. Lassen Sie uns daher nun auf die ursprüngliche Fragestellung schauen.

Bewerber: Okay, widmen wir uns der festzulegenden Produktionsmenge, von der auch der Gewinn in starkem Maße abhängt. Ich sehe folgende vier Einflussfaktoren auf die finale Produktionsmenge. Zunächst wird die Nachfrage nach Sonnencreme durch das zu erwartende Wetter, d. h. die Sonnenstrahlung im kommenden Sommer beeinflusst. Insbesondere durch den Atlantikeinfluss an Portugals Küste kann ich mir durchaus eine gewisse Bewölkung und damit kühlere Sommer vorstellen. Mit Blick auf die Gesamtnachfrage müssen des Weiteren die Produktionsmengen von Wettbewerbern und mögliche Substitute wie Sonnenhut oder Sonnenschirm Berücksichtigung finden. Natürlich wirkt sich auch der Verkaufspreis auf die Absatzmenge aus. Gegebenenfalls mit den Abnehmern vereinbarte Preisstaffelungen können sogar dafür sorgen, dass bewusst weniger produziert wird, um einen bestimmten Mengenrabatt nicht gewähren zu müssen und so den maximalen Umsatz bei dem jeweiligen Abnehmer zu erzielen. Als letzten Einflussfaktor können mögliche Economies of Scale durch sinkende Stückkosten hingegen einen Anreiz liefern, den Produktionsumfang zu erhöhen. Diese Faktoren möchte ich nun im Detail analysieren. Fangen wir mit dem Wetter an. Wie viele Tuben wurden letztes Jahr vom Premium-Produkt produziert und wie war das Wetter damals?

Interviewer: Es war ein heißer Sommer, und es wurden 40.000 Tuben hergestellt.

Bewerber: Ich nehme an, es konnten alle Tuben verkauft werden?

Interviewer: Ja.

Bewerber: Hätte Sunny mehr verkaufen können? Mussten Bestellungen abgelehnt werden?

Interviewer: Ja. Die Erfahrungen zeigen, dass während eines heißen Sommers 60.000 Tuben nachgefragt werden. Fällt der Sommer kühl aus, können nur 20.000 Tuben abgesetzt werden.

Bewerber: Gibt es eine Prognose für den kommenden Sommer?

Interviewer: Mit 30 Prozent Wahrscheinlichkeit wird es ein heißer Sommer werden; zu 70 Prozent wird der Sommer kühl ausfallen. Was fangen Sie mit dieser Information an? Vernachlässigen wir zunächst die anderen von Ihnen vorgeschlagenen Einflussfaktoren.

Bewerber: Lassen Sie mich bitte kurz die bisherigen Informationen zusammenfassen. Wir haben eine Premium-Sonnencreme, die an den Großhandel für 10 Euro je Tube verkauft wird. Mit einer Wahrscheinlichkeit von 30 Prozent wird der Sommer heiß, und es können 60.000 Tuben verkauft werden. Mit der Gegenwahrscheinlichkeit erleben wir einen kühlen Sommer, und nur 20.000 Tuben können abgesetzt werden. Können Sie Angaben zu den Produktionskosten machen?

Interviewer: Rechnen Sie insgesamt bitte mit vier Euro je Tube.

Bewerber: Bei diesen Rahmenbedingungen ergibt sich folgende Rechnung: Pro verkaufter Tube Sonnencreme werden sechs Euro Gewinn erwirtschaftet. 30 Prozent von 60.000 sind 18.000 Tuben, und 70 Prozent von 20.000 sind 14.000 Tuben. In der Summe ergeben sich somit 32.000 produzierte Tuben Sonnencreme.

Interviewer: Ist das Ihre Antwort? Wissen Sie, wie viele Bewerber auf dieses Ergebnis kommen? Denken Sie noch einmal über die zur Verfügung gestellten Informationen und die Zielstellung nach.

Bewerber: Okay, lassen Sie mich bitte den bisherigen Weg kurz überdenken und einen neuen Ansatz entwickeln. Ich glaube, ich habe die beiden Szenarien kühler versus heißer Sommer bei der Berechnung vorschnell zusammengefasst, anstatt sie deutlich voneinander abzugrenzen. Ich möchte daher den zu erwartenden Gewinn als Erwartungswert für die beiden Szenarien anhand der möglichen Produktionsmengen ermitteln. Wenn wir 20.000 Tuben produzieren, können wir unabhängig vom Wetter stets alle Tuben verkaufen. Der erwartete Gewinn beträgt in diesem Fall 120.000 Euro (siehe nachfolgende Tabelle). Wenn wir 40.000 Tuben herstellen, werden wir mit einer Wahrscheinlichkeit von 30 Prozent alle Tuben verkaufen können. Hingegen werden bei einem kühlen Sommer nur 20.000 Tuben verkauft, und die übriggebliebenen 20.000 Tuben müssen entsorgt werden. Sollen Entsorgungskosten in der Berechnung Berücksichtigung finden?

Interviewer: Ein interessanter, neuer Ansatz. Planen Sie 0,50 Euro je Tube ein. Fahren Sie bitte fort.

Bewerber: Im Falle eines kühlen Sommers müssen bei identischen Produktionskosten aber bei einem nur halb so hohem Umsatz (im Vergleich zu einem heißen Sommer) zudem noch Entsorgungskosten von 10.000 Euro gezahlt werden. Bei einem Produktionsvolumen von 40.000 Tuben sinkt der erwartete Gewinn damit auf 93.000 Euro. Werden sogar 60.000 Tuben hergestellt, können mit einer Wahrscheinlichkeit von 70 Prozent wieder nur 20.000 Tuben abgesetzt werden. Im Falle eines kühlen Sommers übersteigen die Produktions- und Entsorgungskosten somit die Umsatzeinnahmen deutlich. Zu 30 Prozent wird der Sommer hingegen heiß, und ein Gewinn von 360.000 Euro kann erwirtschaftet werden. Damit ergibt sich ein zu erwartender Gewinn von insgesamt 66.000 Euro.

Art des Sommers	Szenario heiß	Szenario kühl
Wahrscheinlichkeit	**30 %**	**70 %**
Produktionsmenge V1	**20.000 Tuben**	
Produktionskosten	80.000 Euro = 4 Euro x 20.000 Tuben	
Verkaufsmenge	20.000 Tuben	20.000 Tuben
Umsatz	200.000 Euro = 10 Euro x 20.000 Tuben	200.000 Euro = 10 Euro x 20.000 Tuben
Gewinn im Szenario = Umsatz – Kosten	120.000 Euro = 200.000 – 80.000 Euro	120.000 Euro = 200.000 – 80.000 Euro
Gewinn als Erwartungswert	**120.000 Euro** = 0,3 x 120.000 Euro + 0,7 x 120.000 Euro	
Produktionsmenge V2	**40.000 Tuben**	
Produktionskosten	160.000 Euro = 4 Euro x 40.000 Tuben	
Verkaufsmenge	40.000 Tuben	20.000 Tuben
Umsatz	400.000 Euro = 10 Euro x 40.000 Tuben	200.000 Euro = 10 Euro x 20.000 Tuben
Entsorgungskosten	0 Euro	10.000 Euro = 0,50 x 20.000 Tuben
Gewinn im Szenario = Umsatz – Kosten	240.000 Euro = 400.000 – 160.000 Euro	30.000 Euro = 200.000 – 160.000 – 10.000 Euro
Gewinn als Erwartungswert	**93.000 Euro** = 0,3 x 240.000 Euro + 0,7 x 30.000 Euro	
Produktionsmenge V3	**60.000 Tuben**	
Produktionskosten	240.000 Euro = 4 Euro x 60.000 Tuben	
Verkaufsmenge	60.000 Tuben	20.000 Tuben
Umsatz	600.000 Euro = 10 Euro x 60.000 Tuben	200.000 Euro = 10 Euro x 20.000 Tuben
Entsorgungskosten	0 Euro	20.000 Euro = 0,50 x 40.000 Euro
Gewinn im Szenario = Umsatz – Kosten	360.000 Euro = 600.000 – 240.000 Euro	–60.000 Euro = 200.000 – 240.000 – 20.000 Euro
Gewinn als Erwartungswert	**66.000 Euro** = 0,3 x 360.000 Euro + 0,7 x (–60.000 Euro)	

Gegenüberstellung der verschiedenen Produktionsmengen

Bewerber: Auf Basis dieser Berechnungen und unter Maßgabe eines risikoaversen Auftraggebers empfehle ich eine diesjährige Produktionsmenge von 20.000 Tuben Sonnencreme. Der Hersteller kann so einen sicheren Gewinn von 120.000 Euro einplanen. Bei höheren Produktionszahlen verringern die Produktions- und Entsorgungskosten im Falle eines kühlen Sommers (mit immerhin 70 Prozent Wahrscheinlichkeit) den Gewinn immer weiter. Dies führt letztlich dazu, dass der insgesamt zu erwartende Gewinn geringer ausfallen würde.

Bei der empfohlenen Produktionsmenge erscheint es mir jedoch sinnvoll, sich auch über die mögliche Reaktion der Abnehmer und die langfristigen Effekte auf die Kundenbeziehung Gedanken zu machen, wenn im Falle eines heißen Sommers trotz höherer Nachfrage nur 20.000 Tuben (im Vergleich zu 40.000 Tuben im Vorjahr) geliefert werden können. Vielleicht sollte hier die Möglichkeit einer kurzfristigen Sonderproduktion ins Auge gefasst werden.

Interviewer: Sehr gut. Ihr zweiter Ansatz hat die Nuss geknackt. Geht doch.

Herangehensweise und Besonderheiten bei Cases dieser Art

Der Case zeigt eine häufig anzutreffende Situation im Interview. Der Bewerber versucht nach einer anfänglich guten Strukturierung zu einer schnellen Lösung zu gelangen. Gut gelingen dem Bewerber zunächst das Beleuchten der Rahmenbedingungen und das adäquate Zusammenfassen der bisherigen Erkenntnisse. Viele wichtige Informationen werden vom Interviewer aber erst auf Nachfrage mitgeteilt und können die Bearbeitung stark beeinflussen, so wie die Schärfung der Zielstellung, die Fokussierung auf das Premium-Produkt oder die Berücksichtigung von Entsorgungskosten in diesem Case. Es ist nicht ungewöhnlich, dass der Interviewer (auch aus Zeitgründen) einen gewissen Fokus in der Bearbeitung setzen will und muss. Daher kann es passieren, dass einige Ihrer Einfälle und Ideen als nicht relevant eingeschätzt werden. Lassen Sie sich davon nicht entmutigen und bleiben Sie einer strukturierten Vorgehensweise treu.

Falls Sie das Gefühl haben, in einer Sackgasse gelandet zu sein bzw. vom Interviewer eindeutige Zweifel an Ihren Ergebnissen geäußert werden, reflektieren Sie offen Ihren bisherigen Ansatz, beleuchten Sie getroffene Annahmen und rollen Sie das Problem mit einem Perspektivenwechsel neu auf. Besinnen Sie sich auf Ihre Stärken, und starten Sie mit einem neuen Lösungsweg durch. So hat es in diesem Case geholfen, durch konkrete Produktionszahlen unter Einbeziehen der beiden Wetterszenarien ein Gefühl für den zu erwartenden Gewinn zu entwickeln und letztlich die richtige Empfehlung auch mit Blick auf das damit verbundene Risiko auszusprechen.

Ich wünsche Ihnen viel Erfolg bei der Vorbereitung und herausfordernde Interviews.

Entwicklung einer Kundenkontakt-strategie für die Luxury Cars Ltd.

von Alex Dogariu

Aufgabenstellung

Die Luxury Cars Ltd. hat in den letzten 15 Jahren in viele BRIC-Staaten expandiert. Diese Staaten sind durch teilweise zweistellige Wirtschaftswachstumsraten besonders attraktiv. Zudem ist die Gesellschaft sehr statusorientiert, wodurch der Absatz von Premium-Automobilen ein zusätzliches Wachstum erfährt.

Das Management hat Sie beauftragt, in einem dieser Märkte eine ganzheitliche Kundenkontaktstrategie zu entwickeln. Zudem soll eine Steigerung der Kundenzufriedenheit erreicht werden, indem die Erreichbarkeit des Kundenkontaktcenters (KKC) auf ein Service-Level von 80 Prozent angehoben wird. Das bedeutet, dass 80 Prozent der Anrufe innerhalb von 20 Sekunden angenommen werden und maximal 20 Prozent der Anrufer in der Warteschlange warten, bis ein Agent frei wird, oder zu einem späteren Zeitpunkt anrufen müssen. Kurzfristig ist wohl ein Kapazitätsaufbau die sicherste Variante.

Es empfiehlt sich, dass der Bewerber seine Annahmen und den Lösungsansatz transparent darlegt. Stift und Papier (in einem realen Case auch Flipchart/Whiteboard) können gerne genutzt werden.

Lösungsweg

Strukturierung der Aufgabenstellung

Die Aufgabe besteht aus zwei Teilen:

a. Ganzheitliche Kundenkontaktstrategie:
Sie müssen trotz der wenigen Informationen in Absprache mit dem Interviewpartner Empfehlungen für eine Kundenkontaktstrategie entwickeln. Dazu müssen Sie die Ist-Situation und die Zielsetzung des Managements genauer abfragen, um dann auf Basis von Kriterien, die Sie festlegen, eine Strategie zu entwickeln.

Das Management erläutert auf Nachfrage, dass Sie dabei alle Geschäftsfelder berücksichtigen sollen und in Zukunft auch die Marktdurchdringung durch ausgehende Akquise-Anrufe bei Bestands- und potenziellen Neukunden gesteigert werden soll. Kurzfristig sollen durch eine bessere Erreichbarkeit des KKC und einen qualitativ hochwertigeren Service die Kundenzufriedenheit und -loyalität erhöht werden. Weiterhin stellt das Management fest, dass digitale Kommunikationskanäle immer wichtiger werden. Auch die Kosten spielen eine Rolle, daher sollte auch ein Outsourcing des KKC nicht ausgeschlossen werden.

Der Interviewpartner möchte in einer Zusatzfrage zudem Ihr Automobil-Fachwissen testen und bittet Sie, die gängigsten Kundenanfragen für die wichtigsten Geschäftsfelder zu benennen.

b. Erreichbarkeit des KKC
Sie müssen sinnvolle Annahmen für eine möglichst realistische Kapazitätsplanung treffen, um damit die Anzahl benötigter Kundenbetreuer – im weiteren Verlauf „Agents" genannt – für eine 80-prozentige Erreichbarkeit zu berechnen.

Im Gespräch erfahren Sie, dass die Erreichbarkeit des KKC aufgrund der stetig steigenden Anzahl eingehender Anfragen auf 60 Prozent gefallen ist. (Zur Erinnerung: Dies bedeutet, dass nur noch 60 Prozent der Anrufe innerhalb von 20 Sekunden direkt von einem Agent angenommen werden.) Von allen Anfragen sind 40 Prozent telefonische Anfragen. 60 Prozent gehen über verschiedene digitale Kanäle ein, also E-Mail, Chats etc. Insgesamt hat das Unternehmen 80.000 Kunden im besprochenen Markt. Jedes Jahr kommen ca. zehn Prozent Neukunden hinzu. Das Management fügt noch hinzu, dass zunächst kurz-, mittel- und langfristige Maßnahmen zur Steigerung der Erreichbarkeit definiert werden sollen, bevor Sie die benötigte Anzahl an Agents für eine 80-prozentige Erreichbarkeit berechnen.

Entwicklung eines Lösungswegs

Zu a. Aus den bisherigen Erläuterungen geht hervor, dass für das Management folgende Kriterien zur Entwicklung einer Kundenkontaktstrategie besonders wichtig sind: Service-Umfang (für eingehende Kundenanfragen, aber z. B. auch für ausgehende Akquisekontakte), Geschäftsfelder, angebotene Services je Geschäftsfeld, Kommunikationskanäle, Make or Buy (also die Entscheidung, ob das Kundenkontaktcenter intern betrieben wird – „make" – oder extern bei Agenturen eingekauft wird – „buy").

Auf Basis dieser Informationen sollten Sie eine Tabelle erstellen, die eine Bewertung des KKC erlaubt und aus der Sie Strategieempfehlungen ableiten können.

In den einzelnen Kategorien können Sie zusätzlich glänzen, indem Sie aktuelle Trends wie Connected Car oder die Digitalisierung in der Kommunikation mit dem Kunden ansprechen. Connected Car bezeichnet Fahrzeuge, die es dem Kunden mittels verbauter SIM-Karte erlauben, aus dem Fahrzeug selbst heraus den Kontakt zu einem KKC aufzunehmen, wenn er eine Panne hat oder einen Service-Termin buchen möchte. Das Automobil sendet zudem Informationen an den Hersteller über den Verschleiß von Teilen etc. Auch in der Kundenkommunikation ist seit Jahren ein Trend zur Digitalisierung zu beobachten. Vor allem die Generation Y nutzt bereits heute lieber Self-Service-Angebote anstatt über Telefon mit einem Agent zu sprechen.

Service-Umfang	Geschäftsfelder	Zusatzfrage: Anfragearten je Geschäftsfeld	Kanäle	Make or Buy
eingehende Kundenkontakte	Verkauf	Verkauf: • Infoanfrage • Kontaktanfrage • Probefahrtanfrage • Angebotsanfrage	Telefon	internes KKC
ausgehende Kundenkontakte, z. B. Akquise-anrufe	After-Sales, z. B. Fahrzeug-Service-Anfragen	After-Sales: • Infoanfrage • Kontaktanfrage • Werkstatt-Terminanfrage • Angebotsanfrage • Teile-/Zubehör-Anfrage • Hilfe bei Unfall/Panne • Support-Anfrage	digital: • Webseite • E-Mail • Chat • SMS • Nachrichten via App • Drittseiten, z. B. mobile.de in Deutschland • Social Media	externe KKC-Agentur
	Financial Services	Financial Services: • Infoanfrage • Kontaktanfrage • Angebotsanfrage • Support-Anfrage	Connected Car	

Kriterien zur Entwicklung einer Kundenkontaktstrategie

Mit Blick auf die Tabelle und die Zielsetzungen des Managements sollten Sie zum Beispiel erläutern, dass es kurzfristig am einfachsten ist, mehr Agents extern zu engagieren, um eine höhere Kundenzufriedenheit zu erreichen. Eingehende Anfragen haben erste Priorität, denn eine schlechte Erreichbarkeit oder schlechter Service wirken sich unmittelbar negativ auf die Kundenzufriedenheit und -loyalität und damit auf den Absatz aus.

Zwar möchte das Management Kosten einsparen, beim KKC raten Sie aber von einer langfristigen externen Vergabe ab, da Sie die Service-Qualität als wichtiger einschätzen. Externe Anbieter können selten das gleiche Know-how wie der Hersteller selbst aufbauen. Des Weiteren haben externe Anbieter aus datenschutzrechtlichen Gründen nicht immer vollen Zugang zu den Kundendaten und bieten dadurch gezwungenermaßen einen schlechteren Service an. Kostenersparnisse könnten durch Self-Service-Angebote und Prozessoptimierung erreicht werden. Gemeint sind hierbei z. B. interaktive Kalender auf der Website zur Werkstatt-Terminbuchung, eine Spezialisierung der Agents auf bestimmte Fachgebiete oder die Verschlankung der Abläufe bei eingehenden Anfragen (Einrichten von FAQs für Agents, vorformulierte Standard-Antworten auf wiederkehrende Anfragen etc.). Nachdem die Luxury Cars Ltd. im Premium-Segment aktiv ist, halten Sie auch eine Spezialisierung der Agents auf bestimmte Geschäftsfelder für empfehlenswert. So kann eine höhere Qualität im Service gewährleistet werden.

Da zudem die Marktdurchdringung gesteigert werden soll, empfehlen Sie als langfristigen Schritt den Ausbau der ausgehenden Kundenkontakte durch den Aufbau eines eigenen (Vertriebs-)Teams. Es ist davon auszugehen, dass sich in einigen Jahren das Marktwachstum stabilisieren wird. Um dann Marktanteile zu gewinnen, muss proaktiv auf Interessenten zugegangen werden. Wie oben bereits angedeutet, sollten Sie außerdem auf eine stärkere Einbindung digitaler Kanäle hinweisen sowie auf Trends wie Conntected Car.

Das Management zeigt sich mit Ihrer Empfehlung sehr zufrieden und bittet Sie nun mit dem Problem Kapazität/Erreichbarkeit fortzufahren.

Zu b. Welche Möglichkeiten gibt es, die Erreichbarkeit des KKC kurz-, mittel- und langfristig zu steigern?

	Kapazität (Anzahl an Agents)	**Prozesseffizienz**	**Technische Systeme** (z. B. CRM- oder Call-Center-Systeme)
kurzfristig	• externes Call Center beauftragen • Mitarbeiter aus anderen Abteilungen ins KKC versetzen	• Fertigungstiefe in der Qualifizierung reduzieren (Aufgaben verringern)	• Vorqualifikation des Kunden durch Auswahl der Abteilung („1“ für Verkauf, „2“ für Service etc.)
mittelfristig	• Arbeitnehmerüberlassung (ANÜ) von Extern	• Prozessflow optimieren	• Integration von Kundendaten • Automatic Call Recognition (dank Rufnummernerkennung hat der Agent direkt die Kundendaten des Anrufenden vorliegen)
langfristig	• Agents intern einstellen	• mehrere Support Level aufbauen (z. B. Level 1 für allgemeine Anfragen, Level 2 für Auftragserstellung oder Terminbuchung)	• Automatisierung von Prozessen (z. B. Self-Service-Angebote wie ein Webformular zur Terminbuchung oder Instant Voice Recognition, um per Spracherkennung am Telefon die eigenen Kundendaten zu ändern oder den Fahrzeugstatus in der Werkstatt über das Kennzeichen abzufragen)

Maßnahmen zur Steigerung der Erreichbarkeit

Sie haben drei Möglichkeiten, kurzfristig die Erreichbarkeit zu steigern: über eine Kapazitätssteigerung, also mehr Agents, effizientere Prozesse oder die verstärkte Nutzung technischer Systeme.

Wenn man im Bereich der Prozesseffizienz z. B. nur noch die präferierten Termine aufnehmen würde anstelle der Terminbuchung, würde das die verfügbare Zeit der Agents erhöhen. Die Servicequalität und damit die Kundenzufriedenheit dürften sich jedoch verschlechtern. Die kurzfristigen Ansätze bei technischen Systemen brächten nur eine geringfügige Verbesserung. „Drücken Sie die Eins, um mit dem Verkauf zu sprechen“ – diese selbstständige Vorselektion durch den Kunden könnte die Vermittlung von Anrufen zwischen Agents vereinfachen. Manche Kunden dürften dies jedoch als störend empfinden und auflegen. Da Ihr Ziel lautet, die Kundenzufriedenheit zu steigern, bleibt Ihnen kurzfristig also nur übrig, die Kapazität zu erhöhen. Agents intern einzustellen, würde zu lange dauern (Recruiting, Training, Produktwissen etc.). Daher empfehlen Sie dem Management, ein externes Call Center zu beauftragen. So können Sie die Belastungsspitzen abfangen. Nichtsdestotrotz müssen die externen Agents Zugang zu den Systemen erhalten und in puncto Produktwissen sowie Prozesse trainiert werden. Meist verfügen sie schon über eine Call-Center-Software und haben Kommunikationstrainings absolviert. Langfristig sollten die Agents intern eingestellt werden, um - wie oben bereits erwähnt - vollen Zugang zu allen Kunden- und Fahrzeugdaten und Produktinformationen zu haben, Synergien aus der gemeinsamen Schulung von alten und neuen Mitarbeitern zu nutzen und einen einfachen bereichsübergreifenden Informationsaustausch zu gewährleisten.

Berechnung der benötigten Anzahl an Agents

Sie erläutern, dass Sie nun die Anzahl an Agents pro Jahr berechnen, um ein Service-Level von 80 Prozent sicherzustellen, und dazu folgende Formel verwenden:

$$\text{Anzahl Agents} = \frac{\text{Anzahl eingehender Anfragen p.a.} \times \text{80 \% Service-Level} \times \text{Bearbeitungsdauer pro Anfrage in Minuten}}{\text{Arbeitszeit pro Agent p.a. in Minuten}}$$

Der Interviewpartner weist Sie darauf hin, dass für gewöhnlich Belastungsspitzen auftreten und normalerweise auch die Servicezeiten eine Rolle spielen. Sie dürfen jedoch in diesem Fall von fünf Arbeitstagen à acht Stunden pro Woche und einer gleichmäßigen Verteilung der Anfragen ausgehen. Zudem müssen Sie nicht nach Anfrageart differenzieren und dürfen mit einem Durchschnittswert an Anfragen pro Kunde rechnen.

a. Anzahl eingehender Anfragen p.a.:

	Bestandskunden	**Neukunden**
Anzahl (lt. Angabe)	80.000	80.000 x 10 % = 8.000
Ø Anfragen pro Kunde p.a.	5	5
Erläuterung zur Ermittlung dieser Näherungswerte (können im Case auch abweichen)	• 2 Service-Termine p.a. (abh. von Serviceintervallen, Nutzung etc.) • 2 Reifenwechsel p.a. (für ein Land mit Wintersaison) • HU/AU alle 2 bis 3 Jahre = 0,5 p.a. • Verkaufsanfrage alle 2 Jahre = 0,5 p.a. (z. B. Info, Prospektmaterial, Probefahrt)	• 2 Infoanfragen • 1 Terminanfrage (Beratungsgespräch) • 1 Probefahrtanfrage • 1 Angebotsanfrage

b. Bearbeitungsdauer (mit Vor- und Nachbereitung):

Da Ihnen zu Beginn die Information gegeben wurde, dass Anfragen über Telefon und digitale Kanäle eingehen, mutmaßen Sie, dass telefonische Anfragen im Schnitt länger dauern. Der Interviewpartner bestätigt Ihnen dies und bittet Sie, Annahmen für die Dauer zu treffen.

	Telefonische Anfragen	Digitale Anfragen
Ø Bearbeitungsdauer pro Anfrage in Minuten	10	5
Anteil an Anfragen (lt. Angabe)	40 %	60 %

c. Arbeitszeit pro Agent p.a. in Minuten:

Arbeitstage p.a.	220 (ohne Wochenenden, Urlaub, gesetzliche Feiertage etc., kann abweichen in BRIC-Staaten)
Effektive Arbeitstage p.a.	220 Arbeitstage x 70 % = 154 Arbeitstage (je 10 % Abzug für Offline-Zeit durch Meetings/Pausen, Krankheit/Abwesenheit sowie Wartezeit auf Anfragen)
Gesamtarbeitszeit in Minuten	154 x 8h pro Tag x 60 Minuten = 73.920

Setzt man nun alle Werte in die Formel ein, ergibt sich:

$$\blacktriangleright \text{ Anzahl Agents} = \frac{\text{Anzahl eingehender Anfragen p. a.} \times \text{80 % Service-Level} \times \text{Bearbeitungsdauer pro Anfrage in Minuten}}{\text{Arbeitszeit pro Agent p.a. in Minuten}}$$

$$= \frac{(80.000 \times 5 + 8.000 \times 5) \times 0{,}8 \times (0{,}4 \times 10 + 0{,}6 \times 5)}{73.920} = 33{,}33$$

Das bedeutet: Um ein Service-Level von 80 Prozent zu erreichen, benötigt man insgesamt 33,33 Agents. Bei einem aktuellen Service-Level von 60 Prozent sind – über einen Dreisatz leicht zu ermitteln – 25 Agents im Einsatz. Somit werden aufgerundet 8,5 zusätzliche Agents benötigt, also z. B. 8 Personen in Vollzeit und eine in 50-Prozent-Teilzeit.

HINWEIS: Je nach Wahl Ihrer Prämissen können Sie auf eine andere Anzahl an Agents kommen. Wichtiger als die exakte Berechnung ist im Case-Interview der Lösungsweg und die Plausibilität der Annahmen. Außerdem würden Ihnen im Realfall echte Datensätze aus dem KKC und Benchmarks von Call Centern vorgelegt werden.

Zero-Rating bei der Telco S.E.

von Gregor Dunkel und Gustav von der Schulenburg

Aufgabenstellung

Interviewer: Unser Auftraggeber, die Telco S.E., ist ein international führendes Telekommunikationsunternehmen, dessen Kerngeschäft aus Festnetztelefonie, Mobilfunk, Internetdiensten und TV besteht. Das Unternehmen verfügt über ein eigenes Netz (Mobilfunk und Festnetz). Während die klassische Telefonie an Stellenwert verliert, gewinnen mobile Daten zunehmend an wirtschaftlicher Relevanz.

Die Regulierung zur Netzneutralität fordert eine diskriminierungsfreie Datenübertragung, d. h. einzelne Services dürfen in ihrem Zugang nicht eingeschränkt werden. Jedoch können die Netzbetreiber das Datenvolumen und die Geschwindigkeit für einzelne Dienste gesondert verrechnen. Während Sprachdienste mittlerweile standarisiert als Flatrate angeboten werden, sind Volumen oder Geschwindigkeit der mobilen Daten in den meisten Tarifen limitiert. Datenintensive Dienste sind für Endkunden also weniger attraktiv. Anbieter von mobilen Diensten sind daher daran interessiert, ihre Produkte (z. B. Musik- oder Video-Streaming) zu „zero-raten", so dass diese nicht das Datenvolumen des Endkunden verbrauchen.

Bitte beurteilen Sie im Folgenden, ob unser Auftraggeber, die Telco S.E., Zero-Rating in Kooperation mit einem Musik-Streaming-Dienst anbieten sollte.

Lösungsweg

Bewerber: Bevor ich Ihre Frage beantworten kann, würde ich gerne sicherstellen, dass ich die Ausgangslage richtig verstanden habe. Unter Zero-Rating verstehe ich, dass einem Konsumenten die verbrauchten Daten von einer bestimmten App oder Website nicht in Rechnung gestellt werden. Ist das richtig?

Interviewer: Ja, das ist richtig. Insbesondere im Mobilfunk ist Zero-Rating für Endkunden interessant, da in den meisten Tarifen das schnelle Datenvolumen begrenzt ist. Sobald ein Endkunde sein gebuchtes Datenvolumen verbraucht hat, wird die Geschwindigkeit des mobilen Internets so stark gedrosselt, dass der Konsum von Multimedia-Inhalten kaum noch möglich ist. Um auch danach noch mit hoher Geschwindigkeit surfen zu können, muss der Endkunde Extravolumen kaufen. Im Ergebnis nutzen sie datenintensive Dienste unterwegs nur eingeschränkt, um den Erwerb von zusätzlichem Datenvolumen zu vermeiden.

In der Praxis wird Zero-Rating meist für einzelne Produkte, wie einen bestimmten Video-Streaming-Dienst oder eine Gruppe an Diensten (z. B. für alle führenden sozialen Netzwerke) angeboten. Die Kosten für die anfallenden Daten werden in der Regel entweder von den Telekommunikationsgesellschaften oder den Anbietern der Inhalte getragen.

Als Erstes würde ich Sie gerne bitten, ohne zu detailliert auf die Technik einzugehen, herauszufinden, wo bzw. wie Zero-Rating bei einem Mobilfunk-Produkt umgesetzt werden könnte.

Bewerber: Meinen Sie mit „wo" die einzelnen Schritte des Datenflusses eines Online-Dienstes?

Interviewer: Ja, das wäre ein guter Ansatz.

Bewerber: Geben Sie mir einen Augenblick, um meine Gedanken zu strukturieren.

HINWEIS: In einem Interview ist es kein Problem, sich einen Augenblick Zeit zu nehmen, um anschließend eine gut strukturierte Antwort zu geben.

Datenfluss bei einem mobilen Online-Dienst

Bewerber: Wenn ich den Datenfluss eines Online-Produktes betrachte, habe ich einen Server, auf dem das Produkt angeboten wird (z. B. ein Musik-Streaming-Dienst), das Netz zwischen dem Streaming-Anbieter und dem Endkunden (in diesem Falle das Mobilfunknetz) sowie das Endgerät des Endkunden (z. B. Smartphone).

Eine Messung des Datenverbrauchs müsste an all diesen Punkten möglich sein. Der Streaming-Anbieter könnte den Datenverkehr auf seinen Servern von einem bestimmten Endkunden messen. Der Netzbetreiber hingegen kann den Fluss der Daten durch die Netze erfassen. Durch eine App könnten die verbrauchten Daten auch auf dem Endgerät des Endkunden gemessen werden.

Interviewer: Sehr gut. Für welchen der drei Messpunkte würden Sie sich als Telekommunikationsanbieter entscheiden?

Bewerber: Die verschiedenen Möglichkeiten haben sicherlich ihre Vor- und Nachteile. Ich vermute, dass aus Sicht der Telco S.E. eine Messung der verbrauchten Daten im Netz sinnvoll wäre. Zum einen, da unser Kunde dieselbe Technologie für verschiedene Produkte wie z. B. Musik-Streaming, Video-Streaming etc. nutzen könnte, zum anderen aber auch, da unser Kunde die Kontrolle über die Messung behält. Sollte die Telco S.E. besonderen Zeitdruck haben, ein entsprechendes Produkt auf den Markt zu bringen, dann lässt sich das Zero-Rating wahrscheinlich leichter auf dem Server oder Endgerät abbilden.

HINWEIS: In der Regel wird ein Interviewer kein tieferes Verständnis der Thematik voraussetzen. Wichtig ist nur, dass Sie sich durch zielgerichtete Fragen strukturiert einer Problemlösung nähern können.

Wirtschaftliche Betrachtung

Interviewer: Super, vielen Dank. Unser Kunde überlegt, ob es sich (finanziell) für ihn lohnt, ein Zero-Rating-Produkt anzubieten, bei dem der Endkunde nicht für die anfallenden Daten bei einem Musik-Streaming-Dienst zahlen muss.

Bewerber: Das kann natürlich spannende Auswirkungen auf das Geschäftsmodell haben. Um dies zu analysieren, würde ich Umsatz und Kosten in zwei Szenarien vergleichen. Mit anderen Worten: Ein Vergleich des Gewinns mit und ohne Zero-Rating. Haben wir Daten zu Umsatz und Kosten vorliegen?

Interviewer: Das ist eine gute Idee. Hier habe ich eine Übersicht mit relevanten Informationen auf Basis von Monatswerten für Sie. Nehmen Sie zudem an, dass ein Endkunde ohne Zero-Rating durchschnittlich ein Gigabyte (GB) je Monat verbraucht und dass es nur einen Musik-Streaming-Dienst gibt.

Datennutzung ohne Zero-Rating
1 GB Highspeed-Volumen, davon:

Datennutzung mit Zero-Rating für Musik-Streaming
1,5 GB Highspeed-Volumen, davon:

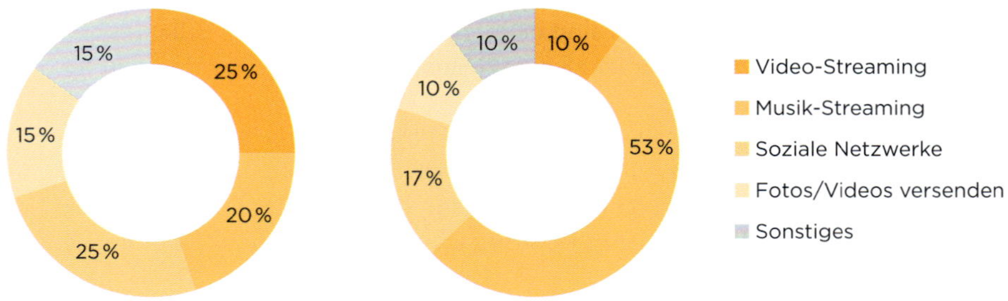

Anzahl Mobilfunkkunden	12 Mio.
Preis pro GB	8 Euro
Kosten pro GB (inkl. aller Gemeinkosten)	4 Euro

Vergleich der Datennutzung ohne und mit Zero-Rating

Bewerber: Ah, interessant! Die Datennutzung für Musik-Streaming vervierfacht sich im Falle von Zero-Rating (20 Prozent von 1 GB vs. 53 Prozent von 1,5 GB Datenvolumen). Bei genauerer Betrachtung sehe ich, dass im direkten Vergleich die Datennutzung für Video-Streaming zurückgeht. Das heißt, wir beobachten hier gegenläufige Effekte in der Datennutzung. Die Endkunden scheinen Video-Streaming mit Musik-Streaming zu substituieren.

Auffällig ist auch die hohe Gewinnmarge von 50 Prozent, die in der kleinen Tabelle sichtbar wird. Zudem frage ich mich, ob jeder der 12 Millionen Mobilfunkkunden potenziell an dem Streaming-Dienst Interesse hat. Außerdem handelt es sich bei den Daten um Monatswerte. Der Einfachheit halber würde ich daher auch in Monaten rechnen. Wenn gewünscht, kann ich meine Ergebnisse natürlich auf ein Jahr hochrechnen, aber bei Mobilfunktarifen erscheint mir das ein greifbarer Zeithorizont zu sein.

HINWEIS: Klären Sie genau, was das Ziel Ihrer Rechnung ist. Quantifizieren Sie es: Zeithorizont, Einheit, Gewinn oder Umsatz ... Am besten schreiben Sie das Ziel sogar über die Seite Ihrer Rechnung. Bevor Sie rechnen, hilft es, die Gleichung mit Worten aufzuschreiben (z. B. „Gewinn = Umsatz - Kosten"). So bekommen Sie einen besseren Überblick über die gegebenen Größen, holen Ihren Interviewer mit ins Boot und geben ihm die Chance, Sie bei dem Case zu unterstützen.

Wenn Sie Annahmen zur Vereinfachung treffen, begründen Sie diese. Bei Rechnungen empfiehlt es sich zu fragen, ob Ihre gerundeten Werte für die weitere Rechnung ausreichen.

Interviewer: Da haben Sie wirklich wichtige Punkte genannt. Auch Ihre Zweifel, was das Potenzial des Musik-Streaming-Dienstes angeht, sind berechtigt. Nehmen Sie an, dass sich jeder dritte Endkunde für das Produkt entscheiden würde, und rechnen Sie erst einmal mit Monatswerten.

Bewerber: Gut, dann habe ich nun alle Informationen, die ich für meine Rechnung benötige. Als Struktur bietet sich die Gewinngleichung an, die ich für beide Szenarien aufstellen würde. Um schneller ein Ergebnis zu erreichen, arbeite ich mit gerundeten Werten.

Szenario 1, Ist-Zustand: Normaler Datenvertrag ohne Musik-Streaming

- Gewinn = Umsatz - Kosten
- Umsatz = Anzahl Kunden × Verbrauch in GB × Preis pro GB
  = 12 Mio. × 1 × 8 Euro = 96 Mio. Euro
- Kosten = Anzahl Kunden × Verbrauch in GB × Kosten pro GB
  = 12 Mio. × 1 × 4 Euro = 48 Mio. Euro
- Gewinn = 96 Mio. Euro - 48 Mio. Euro
  = 48 Mio. Euro pro Monat (50 Prozent Marge)

Wie bereits anfangs erwähnt ist die Gewinnmarge recht hoch. Spannender wird nun das zweite Szenario. Hierzu möchte ich im ersten Schritt die Mobilfunkkunden in zwei Gruppen aufteilen: Die erste Gruppe mit Zero-Rating-Option im Musik-Streaming und die zweite Gruppe mit regulärem Datentarif. Zu der ersten Gruppe gehören vier Millionen Kunden. Bei dieser Gruppe muss ich darauf achten, dass das Datenvolumen für Musik-Streaming nicht abgerechnet wird (gerundet: 50 Prozent von 1,5 GB). Für die restlichen acht Millionen Nutzer werde ich die reguläre Datennutzung (1 GB) unterstellen.

Szenario 2, Soll-Zustand: Datenvertrag ohne und mit Zero-Rating (ZR) für Musik-Streaming

- Umsatz ohne ZR = (⅔ × 12 Mio.) × 1 × 8 Euro = 64 Mio. Euro
- Umsatz mit ZR = (⅓ × 12 Mio.) × (0,5 × 1,5) × 8 Euro = 24 Mio. Euro
- Umsatz gesamt = 64 Mio. Euro + 24 Mio. Euro = 88 Mio. Euro
- Kosten gesamt = (8 Mio. × 1 × 4 Euro) + (4 Mio. × 1,5 × 4 Euro)
= 32 Mio. Euro + 24 Mio. Euro = 56 Mio. Euro
- Gewinn = 88 Mio. Euro – 56 Mio. Euro = 32 Mio. Euro pro Monat

Logischerweise beträgt die Marge nicht mehr 50 Prozent, da der Umsatz nicht proportional zu den Kosten ansteigt. Im Endeffekt entgeht unserem Kunden durch Zero-Rating die Hälfte des Umsatzes für die Nutzergruppe mit der Musik-Streaming-Option.

Dieses vereinfachte Geschäftsmodell mit Zero-Rating für Musik-Streaming-Dienste ist zwar noch rentabel, allerdings hätte das Unternehmen keinen rein monetären Anreiz dazu, denn der entgangene Gewinn wird direkt an den Endkunden durchgereicht.

Der Vollständigkeit halber würde ich daher gerne noch den entgangenen Gewinn für die Telco S.E. berechnen, da ich mir vorstellen kann, dass dieser Betrag Kern der Verhandlungen zwischen unserem Kunden und dem Musik-Streaming-Dienst sein wird.

- Entgangener Umsatz = 4 Mio. × ((1 – 0,5) × 1,5) × 8 Euro = 24 Mio. Euro

Da sich die variablen Kosten pro GB nicht mit der verbrauchten Datenmenge verändern, kann unser Kunde seine ursprüngliche Marge von 50 Prozent durch Schließung der Umsatzlücke wieder erreichen. Hierzu müsste der Streaming-Anbieter 24 Millionen Euro für das Zero-Rating zahlen.

Warum Zero-Rating?

Interviewer: Sehr gut. Da gebe ich Ihnen Recht. Ihre Rechnungen haben gezeigt, dass die Attraktivität von Zero-Rating von den Zahlungen des Musik-Streaming-Dienstes abhängt. Auch ohne entsprechende Zahlung vom Streaming-Anbieter hat sich unser Kunde dafür entschieden, Zero-Rating anzubieten. Was für Gründe könnte die Telco S.E. hierfür gehabt haben?

Bewerber: Abgesehen von einer finanziellen Betrachtung ist ein solches Angebot sicherlich auch hilfreich, um sich von Wettbewerbern zu differenzieren. In einem solchen Fall kann der Dienst dazu beitragen, neue Endkunden zu gewinnen und existierende Endkunden zu halten.

Das Angebot könnte sich positiv auf die Gewinnung von Neukunden auswirken, indem es die Marke besser positioniert (z. B. jünger, hipper etc.). Auch könnte das Angebot Kunden des Musik-Streaming-Dienstes davon überzeugen, von anderen Telekommunikationsdienstleistern zur Telco S.E. zu wechseln.

Die Hürde, zu einem anderen Telekommunikationsunternehmen mit einem anderen Musik-Angebot zu wechseln, könnte durch ein solches Produkt auch erhöht werden, weil der Kunde sich an die intensive Nutzung des Musik-Streaming-Diensts gewöhnt hat und die Konkurrenz kein Zero-Rating anbietet.

Interviewer: Vielen Dank!

HINWEIS: Zeigen Sie Interesse – besonders bei Cases, die auf echten Projekten basieren. Stellen Sie Fragen zum Projekt, z. B. wie es ausgegangen ist.

Entwicklung einer Pricing-Strategie für die 3Druck AG

von Christian Kolodziejczak

Ausgangssituation

Die 3Druck AG ist ein innovativer Druckmaschinen-Hersteller, dessen Produkte Metalle durch Elektronenstrahlschmelzen und selektives Lasersintern, ein spezielles Schichtbauverfahren, in vielfältige Formen bringen. In der Branche gibt es eine Vielzahl von Anbietern, die 3D-Drucker herstellen und anbieten. Dabei werden vorrangig Kunststoffe oder -harze verarbeitet und nur selten Metalle wie durch die langlebigen Drucker der 3Druck AG. Kunden schätzen die Technologie besonders im Rahmen des sog. Rapid Prototyping und zur Herstellung von Komponenten, für die sich die Massenproduktion nicht lohnt. Die Technologie ermöglicht es, Lagerbestände an seltenen Ersatzteilen sowie das darin gebundene Kapital zu reduzieren. Die Auftragsbücher der 3Druck AG sind entsprechend gut gefüllt, und es ist ein steigendes Druckvolumen zu erwarten.

Die Preisgestaltung und das strategische Monetarisierungsmodell sind bei 3Druck „Chefsache" und dienen dem übergeordneten Margenziel von zehn Prozent auf die Produkt- und Servicekosten. Bei der kostenbasierten Preisgestaltung für die drei Druckermodelle 3D, 3DD und 3DDD werden daher jeweils pauschal 20 Prozent auf die Herstellungs- und Installationskosten erhoben (Listenpreis). Kunden können durch eine Einmalzahlung die Drucker kaufen und variabel Services hinzubuchen. Dies ist meist erst dann der Fall, wenn ein Fehler auftritt.

Die mangelnde Planbarkeit der Service-Leistungen führt zu einem fast ausgeglichenen Verhältnis von Umsatz und Kosten im Service-Bereich der Produkte 3D und 3DD. Das Produkt 3DDD ist ausgestattet mit einer Kombination aus Premium-Software und einer M2M-SIM-Karte (nötig für die Kommunikation u. a. zwischen Maschinen). Dadurch kann das Maschinenverhalten in Echtzeit ausgewertet werden. So werden Reparaturen besser planbar und Servicekosten können eingespart werden. Zusätzlich wird gemäß der Entwicklung hin zur sogenannten Industrie 4.0 die digitale Integration der Drucker in den Maschinenpark der Kunden möglich.

Die erste Grafik zeigt ein Dokument aus dem Controlling mit den relevantesten Werten für Preisentscheidungen. Diese basieren auf den Ergebnissen der Vorjahre sowie, was die Entwicklung des im Markt realisierbaren Preises angeht, auf Marktanalysen. Außerdem wurden in der zweiten Grafik Kennzahlen berechnet, die Aufschluss über die finanzielle Performance der drei Produkte 3D, 3DD und 3DDD geben.

Produkt	**3D**	**3DD**	**3DDD**
Geschwindigkeit (Objekte/h)	1	2,5	5
Ausschussquote	5 %	1,5 %	0,1 %
Basis-Software	✓	✓	✓
Premium-Software	-	✓	✓
M2M-SIM-Karte	-	-	✓
geschätzte Laufzeit/Jahr (h)	3.000	3.000	3.000
Kosten in Euro			
Herstellkosten	5.000	10.000	15.000
Installationskosten	100	150	200
Service Kosten/Jahr	5.000	8.000	9.500
Gesamtkosten/drei Jahre	20.100	34.150	43.700
Marge und Umsatz in Euro			
Ø Zielmarge	20 %	20 %	20 %
Listenpreis	6.120	12.180	18.240
Ø realisierter Marktpreis	5.100	12.007	18.240
Preistrend	sinkend	neutral	steigend
Ø Service-Umsatz/Jahr	4.500	8.000	15.000
Ø Umsatz/drei Jahre	18.600	36.007	63.240
Ø realisierte Marge/Jahr	**-2 %**	**2 %**	**15 %**

Aktuelle Kosten und Margen für die Produkte 3D, 3DD, 3DDD (Grafik 1)

Kennzahlen	**3D**	**3DD**	**3DDD**
realisierter Umsatz/ Maschinenstunde	2,07	4,00	7,03
Kosten/Maschinenstunde	2,23	3,79	4,86
Gewinn/Maschinenstunde	**-0,17**	**0,21**	**2,17**
realisierter Umsatz/ erfolgreiches Objekt	2,18	1,62	1,41
Kosten/erfolgreiches Objekt	2,35	1,54	0,97
Gewinn/erfolgreiches Objekt	**-0,18**	**0,08**	**0,43**

Aktuelle Kosten pro Maschinenstunde und Objekt (Grafik 2)

Eine Marktforschungsstudie ergab, dass die Kunden der Zielgruppe ganz unterschiedliche Wahrnehmungen bezüglich der drei Produkte haben (siehe Grafik unten). Auch die Wettbewerbssituation unterscheidet sich: Im unteren Preissegment sind viele Anbieter aktiv, im Premiumsegment deutlich weniger. Im letztgenannten Segment bescheinigt die Zielgruppe der 3Druck AG außerdem einen technologischen Wettbewerbsvorteil.

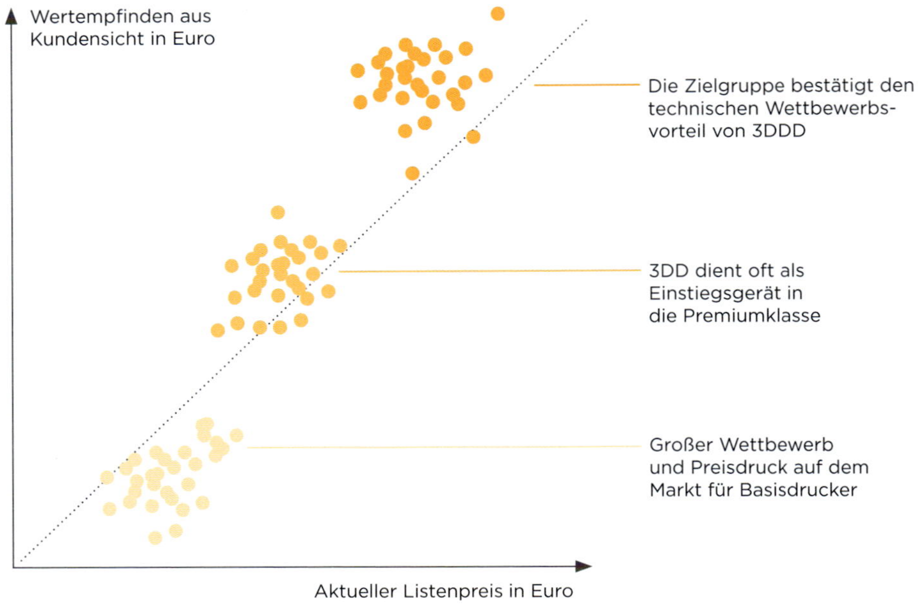

Wertempfinden der Kunden im Vergleich zum Listenpreis (Grafik 3)

Aufgabenstellung

a. Das aktuelle Monetarisierungsmodell und die Preissetzung scheinen nicht das gewünschte Margenziel zu erfüllen. Was könnte neben den hohen Servicekosten der Grund dafür sein?
b. Der Fokus des Monetarisierungsmodells soll zukünftig auf das Kundenziel erfolgreich gedruckter Objekte ausgerichtet sein. Wie könnte ein solches Modell aussehen bei gleichzeitiger Gewinnoptimierung?
c. Die Umstellung von einer kostenbasierten hin zu einer wertbasierten Pricing-Strategie kann mit einer Preiserhöhung einhergehen. Wie könnte man höhere Preise für den Drucker 3DDD bzw. die von 3DDD gedruckten Objekte begründen?

Lösungsweg

a. Das aktuelle Monetarisierungsmodell zielt auf einen einmaligen Verkauf der langlebigen Drucker ab. Services dienen eher dem Erhalt der Drucker, als dass sie zur Profitabilität beitragen. Über die einmal verkauften Drucker kann die 3Druck AG also nicht fortlaufend am steigenden Druckvolumen teilhaben, sondern lediglich, wenn erreichte Kapazitätsgrenzen zum Kauf neuer Drucker führen.

Ein kostenbasiertes Margenziel berücksichtigt weder die individuelle Wettbewerbssituation noch die Zahlungsbereitschaft bzw. das Wertempfinden der Zielgruppe in Bezug auf ein spezifisches Produkt. Man kann also davon ausgehen, dass ein kostenbasierter Preis entweder zu niedrig ist und ein Teil der Zahlungsbereitschaft verschenkt wird oder dass der Preis zu hoch ist und daher ebenfalls zu einem suboptimalen Gewinnergebnis führt. Preise sollten im Normalfall markt- und vor allem kundenorientiert bestimmt werden, bspw. indem man das sog. Value Based Pricing implementiert.

b. Statt 3D-Drucker zu verkaufen, könnte der Anbieter 3D-Drucker-Laufzeit oder gedruckte Objekte verkaufen und sich so lösungsorientierter aufstellen. Langlebige Drucker sind zwar eine Stärke der 3Druck AG, können aktuell aber den Absatz neuer Geräte behindern. Aus Kundensicht sind Preise, die an erfolgreich hergestellten Objekten festgemacht sind, gut nachvollziehbar und führen zu einer besseren Planbarkeit. So arbeitet die 3Druck AG auf das gleiche Ziel hin wie ihre Kunden: erfolgreich produzierte Objekte bei geringem Aufwand für Ersatzdrucker.

Da sich im unteren Preissegment der Preisverfall durch großen Wettbewerb fortsetzen wird, sollte sich die 3Druck AG auf ihre Kernkompetenz im Premiumsegment fokussieren und die Drucker der Reihe 3D und ggf. auch 3DD aus dem Portfolio nehmen. Der strategische Wechsel zum Verkauf der gedruckten Objekte unterstützt diese Maßnahme, da bei 3DDD – wie Grafik 2 weiter oben zeigt – die Kosten pro Objekt am niedrigsten sind und gleichzeitig der Gewinn am höchsten ist.

c. Vergleicht man bei allen drei Druckern den Listenpreis mit dem realisierten Durchschnittspreis, zeigt sich, dass nur bei 3DDD diese beiden Werte übereinstimmen. Bei 3D und 3DD liegt der Durchschnitts- unter dem Listenpreis. Man kann daraus schlussfolgern, dass es keine Probleme gibt, den Listenpreis beim Kunden durchzusetzen, da wohl der Marktpreis über dem Listenpreis liegt. Dazu passt auch das in Grafik 3 visualisierte Kundenfeedback, denn hier liegt der wahrgenommene Kundennutzen (in Euro) proportional über dem Listenpreis. In der Kommunikation zu einer moderaten Preiserhöhung kann man sich also auf die hohe Wertigkeit der Lösung berufen, die der Kunde bereits heute so empfindet. Wird die Preiserhöhung im Zusammenhang mit der Umstellung auf das objektbezogene Monetarisierungsmodell durchgeführt, kann man die gewonnene Flexibilität und die geringeren Anfangsinvestitionen betonen. Grundsätzlich sollte die Preiserhöhung für den Kunden nachvollziehbar sein und das Wertempfinden nicht übersteigen, um negative Umsatzeffekte zu minimieren.

Attraktivität des Marktes für Wärmezähler

von Moritz Hahn

Aufgabenstellung

Interviewer: Das Private-Equity-Haus InvestBest möchte HeatCo akquirieren, einen deutschen Hersteller von Wärmemengenzählern (WMZ) und Heizkostenverteilern (HKV). Das Management von HeatCo plant, innerhalb der nächsten drei Jahre jährlich um 28,9 Prozent zu wachsen. InvestBest möchte im Zuge der Due-Diligence-Phase von uns wissen, wie attraktiv der Markt ist und ob HeatCos Umsatzwachstumsziele realistisch sind.

Lösungsweg

HINWEIS: Der Bewerber sollte die Aufgabenstellung wiederholen, um sicherzustellen, dass er nichts missversteht. An dieser Stelle verzichten wir zur Vereinfachung hierauf.

Bewerber: Bevor ich beginne, einen Lösungsweg zu skizzieren, möchte ich verstehen, was WMZ und HKV sind. Wozu werden diese Geräte eingesetzt?

Interviewer: WMZ und HKV sind Geräte, die den Wärmeverbrauch messen können. Dabei gibt es jeweils zwei Subtechnologien: mechanische WMZ (M-WMZ) und Ultraschall-WMZ (US-WMZ) sowie Verdunster-HKV (V-HKV) und elektronische HKV (eHKV). Diese Geräte wurden in den 50er-Jahren flächendeckend in Deutschland eingeführt und haben es ermöglicht, die Heizkosten verbrauchsabhängig zu verrechnen. Zuvor war es Praxis, Heizkosten pauschal anhand der Quadratmeterzahl einer Wohnung auf die Haushalte eines Mehrfamilienhauses umzulegen.

Bewerber: Und was ist der Unterschied zwischen WMZ und HKV?

Interviewer: Die Geräte nutzen unterschiedliche Technologien, um den Wärmeverbrauch zu messen. In Abhängigkeit von den Rohrsystemen der Häuser müssen zwei unterschiedliche Technologien genutzt werden. Im Altbau wurden vermehrt vertikale Rohrsysteme verbaut, weshalb die HKV eingesetzt werden müssen. Diese montiert man direkt auf die Heizkörper. Im Neubau werden vermehrt horizontale Rohrsysteme verbaut, wodurch jede Wohneinheit ein eigenes Heizrohr besitzt. Dort genügt ein Gerät, das direkt am Rohr angebracht wird. Hier kommt der WMZ zum Einsatz.

Bewerber: Okay, es werden also abhängig von der Heizkörperzahl je Wohneinheit mehrere HKV benötigt. Im Vergleich wird nur ein WMZ je Wohneinheit installiert, richtig?

Interviewer: Genau.

Bewerber: Ich verstehe aber noch nicht, weshalb WMZ nicht auch bei vertikalen Rohrsystemen installiert werden können. Was verhindert den Einsatz?

Interviewer: Bei vertikalen Rohrsystemen verlaufen die Leitungen durch mehrere Wohneinheiten, wodurch das erhitzte Heizmedium nicht verbrauchsgerecht einer Wohnung zugeordnet werden kann. Der Wärmeverbrauch kann in dem Fall nur anhand der Temperaturmessung einzelner Heizkörper je Wohneinheit ermittelt werden. Es werden also HKV benötigt.

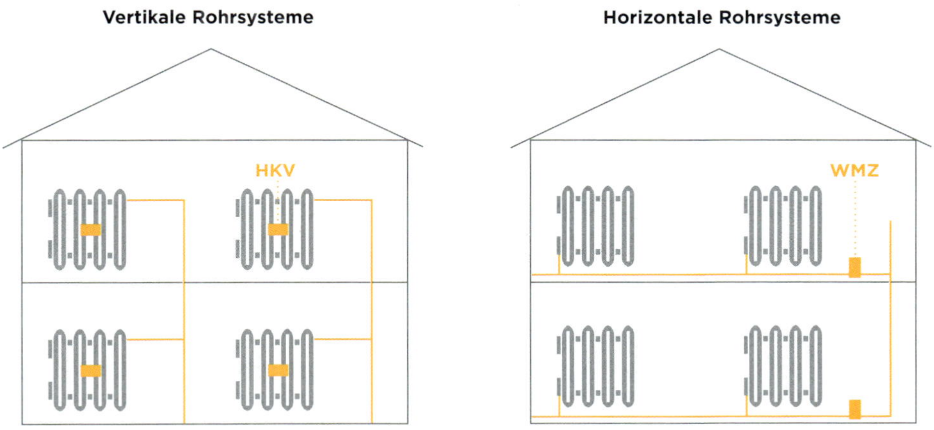

Rohrsysteme und dafür geeignete Wärmezähler

Bewerber: Ah, okay, ich verstehe. Und weshalb gibt es jeweils zwei Subtechnologien?

Interviewer: Die Subtechnologien sind Ergebnis der Weiterentwicklung: Der eHKV ist moderner und genauer als der V-HKV; das US-WMZ ist genauer und verschleißfreier als das M-WMZ.

Bewerber: Okay. Jetzt verstehe ich die Produkte etwas besser. Ich würde mir nun einen Moment Zeit nehmen, um die weitere Vorgehensweise zu strukturieren.

1. Marktattraktivität und Marktgröße

HINWEIS: Nach Klärung der Fragen sollte sich der Bewerber Zeit nehmen, um einen passenden Lösungsweg zur Beantwortung der Aufgabenstellung zu finden und die Vorgehensweise logisch zu strukturieren. Ein Logikbaum bietet sich an.

Bewerber: Der erste Teil der Frage war, wie attraktiv der Markt ist. Hierfür habe ich drei wichtige Einflussfaktoren identifiziert, die sich auf die Marktattraktivität auswirken. Erster Hebel ist die Marktgröße der jeweiligen Produktsegmente, da ein zu kleiner und unreifer Markt möglicherweise nicht den potenziellen Profit- bzw. Renditeanforderungen von InvestBest entsprechen würde. Ein weiterer relevanter Faktor ist das zukünftige Marktwachstum. Ein stark wachsender Markt bietet mehr Möglichkeiten, die hohen Umsatzwachstumsziele zu erreichen. Letzter Faktor ist die Wettbewerbsintensität, welche ich anhand der Anzahl der Wettbewerber und der Verteilung der Marktanteile bewerten würde. Große Marktmacht einzelner Wettbewerber kann zu Preiskämpfen führen und es erschweren, profitable Produktnischen nachhaltig zu besetzen. Eine hohe Wettbewerberzahl kann Möglichkeiten zum anorganischen Wachstum bieten. Diese drei Hebel haben einen erheblichen Einfluss auf die Marktattraktivität und sind für das Private-Equity-Haus somit von hoher Bedeutung.

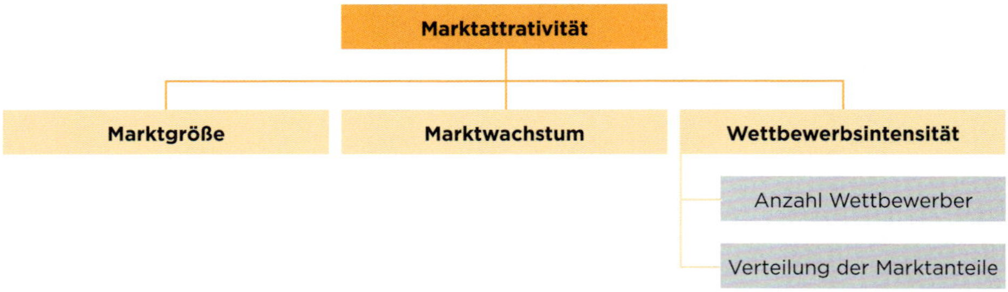

Einflussfaktoren auf die Marktattraktivität

Interviewer: Sehr schön. Damit haben Sie die wichtigsten Faktoren erfasst. Ich bin vor allem an der Marktgröße interessiert. Bitte nehmen Sie nun eine Abschätzung der Marktgröße für HKV und WMZ in Deutschland vor. Dabei sei anzumerken, dass Geräte zur verbrauchsbasierten Wärmemessung nur in Mehrfamilienhäusern vorgeschrieben sind.

Bewerber: Aha. Was meinen Sie mit „Mehrfamilienhäusern“? Ich nehme an, dass Einfamilienhäuser somit von der Regelung ausgenommen sind?

Interviewer: Richtig. Mit Mehrfamilienhäusern sind Häuser mit mehr als zwei Haushalten bzw. Wohneinheiten gemeint.

Bewerber: Okay. Und werden diese Geräte auch in Gewerbehäusern bzw. Büros installiert?

Interviewer: Guter Punkt. Wir gehen jedoch zur Vereinfachung nur von Haushalten in Wohnhäusern aus. Gewerbehäuser werden bei der Abschätzung vernachlässigt.

Bewerber: Okay. Ich nehme mir wieder einen kurzen Moment, um meine Gedanken zu strukturieren.

Interviewer: Gut.

Bewerber: Im Rahmen der Abschätzung möchte ich einen monetären Wert für den deutschen Markt von WMZ und HKV ermitteln. Hierbei werde ich die vier Subtechnologien in die Rechnung inkludieren.

Interviewer: Genau. Den Wert suchen wir.

Bewerber: In Deutschland leben ca. 80 Millionen Menschen. Der durchschnittliche Haushalt besteht aus zwei Personen, damit kommen wir auf 40 Millionen Haushalte bzw. Wohneinheiten. Weitergehend müssen wir diese Haushalte noch nach Ein-/Zweifamilienhäusern und Mehrfamilienhäusern unterteilen, da nur Haushalte in Mehrfamilienhäusern relevant sind. Kennen Sie das Verhältnis?

Interviewer: Nein, Sie können gerne eine sinnvolle Annahme treffen.

Bewerber: Ich würde von einem 50:50-Verhältnis ausgehen, da viele Menschen in Städten in Mehrfamilienhäusern wohnen. Auf dem Land hingegen wohnen die Menschen eher in Einfamilienhäusern. Deswegen wäre die Verteilung wahrscheinlich gleich groß. Ist das eine sinnvolle Annahme?

Interviewer: Ja, das klingt plausibel. Machen Sie bitte weiter.

Bewerber: Dies ergibt 20 Millionen Haushalte in Mehrfamilienhäusern. Als nächstes müssen wir diese noch in Altbau- und Neubauwohnungen untergliedern, da dies den Einsatz entweder von HKV oder WMZ festlegt. Haben Sie Informationen zur Verteilung der Altbau- und Neubauwohnungen?

Interviewer: Nein. Bitte treffen Sie eine realistische Annahme.

Bewerber: Ich denke, es gibt mehr Altbauten als Neubauten in Deutschland. In Städten wie München oder Berlin ist der Wohnraum knapp, und es werden kontinuierlich neue Wohnhäuser gebaut, jedoch kenne ich bisher nur wenige Personen, die in modernen Häusern wohnen. Ich gehe also von ca. 60 Prozent Altbau und 40 Prozent Neubau aus.

Interviewer: Ja, das ist eine sinnvolle Annahme.

Bewerber: Somit ergeben sich zwölf Millionen Haushalte in Altbauwohnungen und acht Millionen Haushalte in Neubauwohnungen. Das sind die potenziellen Kunden. Um jedoch die jährliche Absatzzahl zu errechnen, muss ich noch die Lebensdauer einbeziehen. Haben Sie Informationen darüber?

Interviewer: Ja, HKV haben eine Lebensdauer von zehn Jahren und WMZ von fünf Jahren.

Bewerber: Gibt es Unterschiede bei den Subtechnologien?

Interviewer: Nein. Die Lebensdauer der Subtechnologien ist identisch.

Bewerber: Okay. Um den jährlichen Absatz der HKV zu errechnen, muss ich noch die durchschnittliche Anzahl von Heizkörpern je Haushalt schätzen. Ich würde bei einem Zweipersonenhaushalt von Zweiraumwohnungen ausgehen. Somit gibt es eine Heizung im Bad, eine Heizung in der Küche, eine Heizung im Flur und je eine Heizung in den zwei Zimmern. Das ergibt fünf Heizkörper je Haushalt.

Interviewer: Sehr gut. Machen Sie weiter.

Bewerber: Bei zwölf Millionen Altbau-Haushalten sind das 60 Millionen Heizkörper. Gemäß der Lebensdauer von zehn Jahren beträgt der jährliche HKV Absatz sechs Millionen Stück. Gemäß der Lebensdauer von fünf Jahren bei WMZ beträgt der jährliche Absatz hier 1,6 Millionen Stück (bei acht Millionen Haushalten mit je einem Gerät). Um das Marktvolumen zu errechnen, benötige ich noch die Preise und die Verteilung der Geräte auf die jeweiligen Subtechnologien. Haben Sie dazu Informationen?

Interviewer: Ja, schauen Sie sich bitte die Tabelle an.

Deutschland	Heizkostenverteiler		Wärmemengenzähler	
	V-HKV	eHKV	M-WMZ	US-WMZ
Marktanteil	10 %	90 %	60 %	40 %
Durchschnittspreis	10 Euro	15 Euro	60 Euro	80 Euro
Jährliches Marktwachstum (2017–2019)	-9,4 %	2,4 %	-0,2 %	13,7 %
Anzahl Wettbewerber	1	6	8–9	11–12

Wichtige Marktdaten

Bewerber: Vielen Dank. Damit errechne ich als erstes die Absatzzahlen der Subtechnologien. Im zweiten Schritt multipliziere ich die Preise, um das Marktvolumen in Euro zu ermitteln.

Interviewer: Gut.

Bewerber: Das ergibt 600.000 V-HKV und 5,4 Millionen eHKV. Im V-HKV-Markt werden sechs Millionen Euro umgesetzt, im eHKV-Markt 81 Millionen Euro. In Summe beträgt der Umsatz auf dem HKV-Markt 87 Millionen Euro.

Interviewer: Gut.

Bewerber: Bei den Wärmemengenzählern ergeben sich 960.000 M-WMZ und 640.000 US-WMZ. Dies entspricht einem Marktvolumen bei den M-WMZ von 57,6 Millionen Euro, und 51,2 Millionen Euro bei den US-WMZ; in Summe 108,8 Millionen Euro.

Interviewer: Ok. Wie groß ist nun der Markt für WMZ und HKV zusammen?

Bewerber: Das gesamte Marktvolumen beträgt 195,8 Millionen Euro.

2. Umsatzwachstumsziele und strategische Optionen

Interviewer: Sehr gut. Das ist richtig. Bitte überprüfen Sie nun die Umsatzwachstumsziele von HeatCo.

Bewerber: HeatCos Management strebt ein jährliches Umsatzwachstum von 28,9 Prozent an. In Anbetracht des Marktwachstums in Deutschland von -9,4 Prozent bis 13,7 Prozent scheint dieses Ziel sehr ambitioniert. Wissen wir, ob HeatCo auf den Märkten aller vier Subtechnologien aktiv ist?

Interviewer: HeatCo bietet aktuell nur M-WMZ an. Diese genießen einen guten Ruf bei den Kunden.

Bewerber: Okay, sehr interessant. Daraus schlussfolgere ich, dass mit dem aktuellen Produktangebot ein Umsatzwachstum von 28,9 Prozent noch unrealistischer erscheint, da der M-WMZ-Markt nicht wächst, sondern leicht schrumpft. Um überhaupt Umsatzwachstum zu erreichen, bedarf es der Verdrängung von Wettbewerbern. Dies wäre möglicherweise im einstelligen Prozentbereich machbar, jedoch glaube ich nicht, dass knapp 30 Prozent Umsatzwachstum erreichbar sind.

Interviewer: Okay. Unter welchen Umständen wären denn 30 Prozent Umsatzwachstum erreichbar?

Bewerber: Aus strategischer Sicht gibt es die Möglichkeit, stärker in den internationalen Markt zu expandieren oder das Produktportfolio zu erweitern. Diese Maßnahmen könnten das Umsatzwachstum über den deutschen Marktdurchschnitt heben, jedoch wäre ein Zuwachs von 15 Prozentpunkten weiterhin außergewöhnlich.

Interviewer: Aha. Dann gehen wir davon aus, dass HeatCo das Produktportfolio erweitern möchte. Für welche Subtechnologie würden Sie sich entscheiden?

Bewerber: Der US-WMZ Markt erscheint interessant. Ein jährliches Marktwachstum von 13,7 Prozent sowie eine hohe Wettbewerberzahl deuten auf einen attraktiven und fragmentierten Markt hin. HeatCo könnte auch durch die Übernahme eines Konkurrenten in den Markt einsteigen.

Interviewer: Sehr schön, vielen Dank für Ihre Einschätzungen!

Labor der Zukunft

von Iris Weyer-Menkhoff

Ausgangssituation

Ein medizinisches Labor, dessen Kerngeschäft in der diagnostischen Untersuchung sowie der Befundung von Proben aus Körpermaterialien besteht, organisiert und strukturiert seine Geschäftsprozesse neu, um die Transformation zu einem modernen, produktiven und integrativen Hochdurchsatzlabor umzusetzen.

Der Probenfluss vom Probeneingang bis hin zur Befundung/Archivierung bildet das Kerngeschäft des Labors: Ein Kunde schickt das zu untersuchende Probenmaterial zusammen mit den Untersuchungsanforderungen an das Labor. Im Probeneingang werden die Probe und die dazugehörigen Untersuchungen im Laborinformationssystem (kurz: LIS) erfasst. Anschließend wird die Probe auf Grundlage der angeforderten Untersuchungen zur Analyse auf die entsprechenden Abteilungen und Arbeitsplätze im Laborbereich verteilt. Nach der Analyse wird die Probe im Labor archiviert und der Befund elektronisch an den Kunden übermittelt.

Automationslösungen in Form von Probenverteilern und Analysegeräten – einzeln oder im Verbund zu einer Produktionsstraße – sollen nun manuelle Arbeits- und Analyseschritte ersetzen. Das LIS und die in dieser Software hinterlegten Regeln steuern den gesamten Probenfluss automatisch. Die Software nimmt also die Schlüsselrolle im Gesamtprozess ein.

Aufgabenstellung

Ein automatischer Probenverteiler soll in Zukunft die manuelle Verteilung der Proben übernehmen. Erarbeiten Sie ein Verteilkonzept auf Grundlage der Eigenschaft von Probe und Arbeitsplatz, um im LIS Regeln zu hinterlegen, die den Probenverteiler richtig steuern.

HINWEIS: Diese Fallstudie ist sehr komplex, weil praxisnah. Naturwissenschaftliche Fachkenntnisse sind hilfreich, aber nicht zwingend erforderlich. Zur Vereinfachung kann die Grafik aus dem zweiten Schritt zur Hilfe genommen werden.

Eigenschaften der Proben und Arbeitsplätze

In der Praxis wurden die unten genannten Eigenschaften vom Kunden erfragt und aufgenommen. Aus Zeitgründen werden diese Eigenschaften dem Bewerber bereitgestellt.

a. Jeder Untersuchung, die auf Basis der Proben durchgeführt wird (z. B. Messung des Glucose-Werts, um Diabetes nachzuweisen), ist ein Arbeitsplatz im Labor zugeordnet. An einem Arbeitsplatz können mehrere Untersuchungen durchgeführt werden.
b. Für eine Probe können mehrere Untersuchungen angefordert sein.
c. Der Probenverteiler verteilt die Proben auf Verteilziele. Die Verteilziele sind verschiedene Schubladen, in welche die Proben sortiert werden. Diesen Verteilzielen wiederum sind die Arbeitsplätze zugeordnet. Ein Verteilziel kann mehrere Arbeitsplätze enthalten.
d. Aus einer Probe können sogenannte Aliquots (Abtrenner) erzeugt werden, wenn aus ihr mehrere Untersuchungen angefordert sind. Man spricht dann von dem Original als Primärprobe und vom Aliquot. Hintergrund: Wenn man die Probe teilt, können die Untersuchungen gleichzeitig durchgeführt werden und man erreicht eine Produktivitätssteigerung, weil man Zeit spart.
e. Jedem Verteilziel wird immer nur ein Aliquot zugeteilt. Es erfolgt dann später eine Unterverteilung.
f. Jedem Arbeitsplatz sind Kategorien zugeordnet. Die Kategorie bestimmt darüber, ob eine Probe vom Probenverteiler überhaupt geöffnet oder nicht geöffnet und aliquotiert oder nicht aliquotiert werden darf. Hintergrund: Das Öffnen der Probe birgt eine Kontaminationsgefahr und sollte deswegen erst am entsprechenden Arbeitsplatz durchgeführt werden. Außerdem sollen manche Analysen nur aus dem Original durchgeführt werden.

Lösungsweg

HINWEIS: Die folgenden Fragestellungen helfen bei der schrittweisen Erarbeitung des Verteilkonzeptes. Behalten Sie also während des Lösens die übergeordnete Aufgabenstellung immer im Kopf.

1. Schritt

Interviewer: Welche Regeln können Sie aus den oben genannten Informationen aufstellen?

HINWEIS: Das Strukturieren der Informationen sollten Sie laut vornehmen, sodass der Interviewer Ihren Gedanken folgen kann. Notieren Sie die Eigenschaften isoliert und so kurz und einfach wie möglich. So können Sie schnell Regeln aufstellen, ohne etwas Wichtiges zu übersehen. Die größeren Zusammenhänge ergeben sich später dann ebenfalls leichter.

Bewerber: Die oben genannten Informationen zeigen, dass eine Probe mit einer Untersuchung genau einen Arbeitsplatz hat. Dieser Arbeitsplatz hat genau ein Verteilziel im Probenverteiler. Daraus folgt als Regel:

Die Untersuchung der Probe bestimmt über den Arbeitsplatz das Verteilziel. Auf Basis der benötigten Verteilziele kann der Probenverteiler die Verteilung vornehmen.

Wenn auf Basis einer Probe mehrere Untersuchungen durchgeführt werden, können diese einem oder auch mehreren Arbeitsplätzen zugeordnet sein. Diese Arbeitsplätze können wieder einem oder mehreren Verteilzielen zugeordnet sein. Um die Produktivität zu steigern und die Zeit bis zur Befundung zu verringern, werden Aliquots aus der Primärprobe erstellt. Daraus folgt als Regel:

Die Anzahl der verschiedenen Verteilziele bestimmt die Anzahl der Aliquots, die erzeugt werden müssen. Es ist nicht die Anzahl der Arbeitsplätze, weil zwei Arbeitsplätze eventuell das gleiche Verteilziel haben.

Rechnerisch gibt es vier Möglichkeiten, wenn man die Kategorien an einem Arbeitsplatz als Matrix (öffnen/nicht öffnen vs. aliquotieren/nicht aliquotieren) darstellt. Da eine Probe, die nicht geöffnet werden darf, auch nicht aliquotiert werden kann, ergeben sich in diesem Fall schließlich drei Kategorien, wovon je eine einem bestimmten Arbeitsplatz zugeordnet ist:

- Kategorie A: öffnen und aliquotieren
- Kategorie B: öffnen und für diesen Arbeitsplatz nicht aliquotieren – generell ist aber das Aliquotieren erlaubt
- Kategorie C: nicht öffnen und nicht aliquotieren

Da der Probenverteiler die Probe nicht auf die Arbeitsplätze, sondern auf die Verteilziele verteilt, muss dem Verteilziel auch eine Kategorie zugeordnet werden. Ein Verteilziel kann mehrere Arbeitsplätze mit verschiedenen Kategorien enthalten. Wenn das der Fall ist, schlägt Kategorie „nicht" immer Kategorie „schon", d. h. sobald ein Arbeitsplatz mit Kategorie C einem Verteilziel zugeordnet ist, wird dem Verteilziel ebenfalls die Kategorie C zugeordnet. Wenn ausschließlich Kategorie B und A im Verteilziel beinhaltet sind, bekommt das Verteilziel die Kategorie B. Ist es nur Kategorie A, bekommt das Verteilziel auch die Kategorie A. Daraus folgt die Regel:

Das Verteilziel mit seiner Kategorie bestimmt, wie mit der Probe umgegangen wird.

2. Schritt

Interviewer: Können Sie eine Reihenfolge der Regeln erarbeiten, die der Probenverteiler bei der Abfrage und Verteilung beachten muss?

Bewerber: Um die Probe auf das richtige Verteilziel zu verteilen, muss der Probenverteiler die Untersuchung der Probe abfragen. Wenn der Probenverteiler die Untersuchungen kennt, kann er auch die benötigten Arbeitsplätze bzw. deren Verteilziele bestimmen.

Die Anzahl der verschiedenen Verteilziele bestimmt darüber, wie viele Aliquots vom Probenverteiler zu erzeugen sind. Bei einem Verteilziel wird keine Aliquotierung vorgenommen, bei zwei Verteilzielen erzeugt er ein Aliquot, bei drei verschiedenen Verteilzielen erzeugt er zwei Aliquots usw. Danach verteilt er die Primärprobe und alle Aliquots auf die Arbeitsplätze.

Da einige Arbeitsplätze nur mit dem Original arbeiten können bzw. die Probe vom Probenverteiler nicht geöffnet werden darf, muss der Probenverteiler nach dem Ermitteln aller Verteilziele zuerst überprüfen, welche Kategorien diese Verteilziele haben. Falls die Kategorie C enthalten ist, wird entgegen der oben erstellten Regel die Probe ungeöffnet auf das Verteilziel gestellt. Die Anzahl der Verteilziele hat in diesem Fall keine Auswirkung auf die Anzahl der benötigten Aliquote.

Daraus folgt folgende Bearbeitungsreihenfolge der Regeln:

1. Ermittlung aller Verteilziele
2. Abfrage der Kategorien der ermittelten Verteilziele
3. Verteilung der Probe je nach Kategorie: verteilen (Kategorie C), öffnen und anschließend verteilen (Kategorie B) oder öffnen, aliquotieren und dann verteilen (Kategorie A)

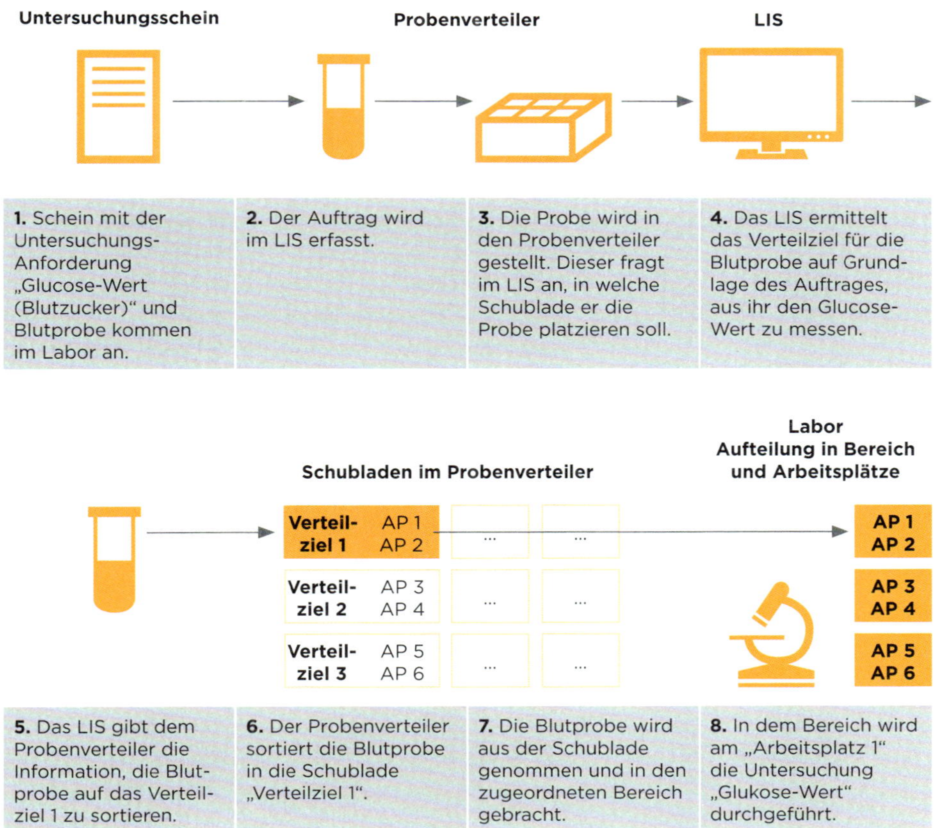

Grafische Darstellung des Probenverteil-Prozesses

3. Schritt

Interviewer: Was passiert, wenn auf Basis einer Probe zwei Untersuchungen durchgeführt werden sollen, die auf je zwei Verteilziele kommen, die jeweils der Kategorie C zugeordnet sind? Wie könnte man im Fall, dass aliquotiert wird, die Verteilung der Primärprobe und des Aliquots steuern?

Bewerber: Dann muss eine weitere Regel eingeführt werden, die die Verteilziele priorisiert. Im ersten Beispiel wird die ungeöffnete Probe dann dem Verteilziel mit der höchsten Priorität zugeordnet. Da vom Probenverteiler kein Aliquot erzeugt werden darf, muss die Probe nach der Untersuchung am ersten Arbeitsplatz ein zweites Mal verteilt werden. Dieses Mal auf den zweiten Arbeitsplatz. Auch die zweite Frage kann man mithilfe der Prioritäten beantworten: Das Verteilziel mit der höchsten Priorität bekommt die Primärprobe und alle anderen Ziele bekommen die Aliquots.

Interviewer: Wie könnte man die Reihenfolge der Untersuchungen festlegen?

Bewerber: Prioritäten können sich zum einen ergeben, wenn man die Untersuchung nach Wichtigkeit der Diagnosen einteilt. Es ist wahrscheinlich wichtiger die Viruslast von HIV-Viren zu bestimmen, als im gleichen Blut die Konzentration von Calcium zu ermitteln. Des Weiteren könnte man auch die Vergütung der einzelnen Untersuchungen zur Priorisierung heranziehen. So würde eine Untersuchung, mit der man viel Gewinn macht, eine höhere Priorität bekommen als eine Untersuchung, mit der weniger Gewinn erzielt wird.

4. Schritt

Interviewer: In welcher Reihenfolge müssen welche von den oben erarbeiteten Regeln vom LIS abgefragt werden, um dem Probenverteiler die richtige Information zu liefern, wie er die Probe zu behandeln hat? Erstellen Sie hierzu einen Entscheidungspfad. Ausgangspunkt ist dieser: „Die ungeöffnete Primärprobe wird in den Probenverteiler gestellt, und der Probenverteiler fragt das LIS, was er mit der Probe machen soll."

Bewerber: Ich würde folgenden Pfad vorschlagen.

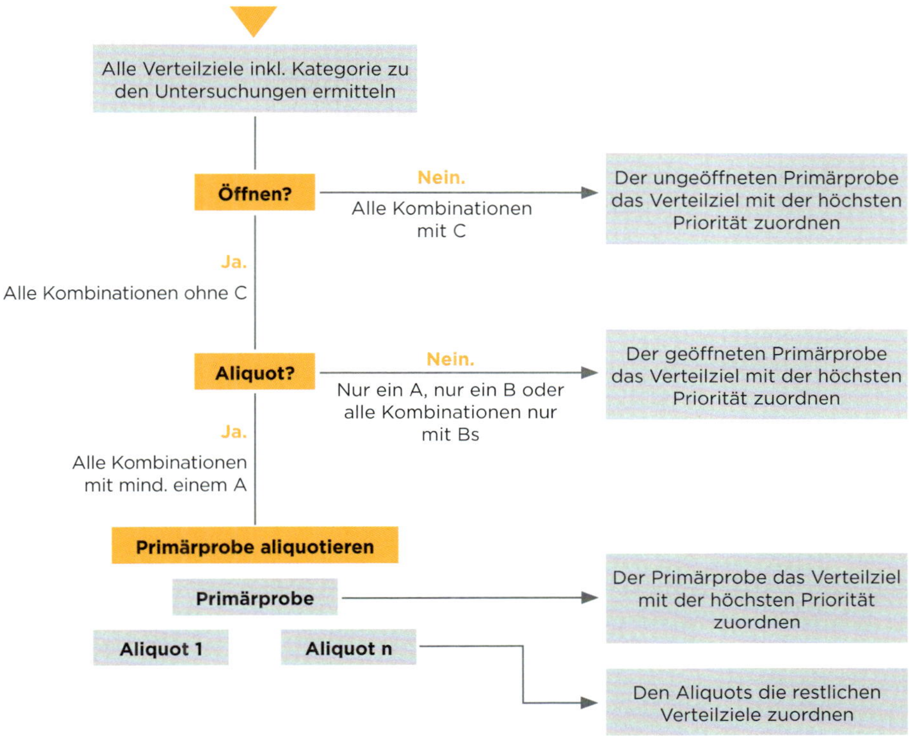

Entscheidungspfad des LIS zur Ermittlung der Verteilziele

Interviewer: Ja, das klingt plausibel. Danke!

Das selbstfahrende Auto

von Dr. Karsten Engler und Dr. Fabian Gleisner

Aufgabenstellung

Interviewer: Angenommen, im Jahre 2030 sind alle technischen und rechtlichen Fragen zum autonomen Fahren geklärt, selbstfahrende Autos sind Realität geworden. Sie stehen vor der Kaufentscheidung für einen Neuwagen. Lohnt sich der Kauf eines selbstfahrenden Autos? Wie würden Sie zu einer Entscheidung kommen?

Lösungsweg

HINWEIS: Gerade bei dieser bewusst offen gehaltenen Aufgabe bietet es sich an, die Fragestellung und das Vorgehen zur Bearbeitung mit dem Interviewer zu klären.

Bewerber: Autonomes Fahren, ein spannendes Thema! Wenn ich Sie richtig verstanden habe, soll ich eine fundierte Kaufentscheidung zwischen einem selbstfahrenden und einem konventionellen Auto treffen. Um zu einer Entscheidung zu kommen, würde ich den Kaufpreis, den Restwert und die laufenden Kosten der Autos gegenüberstellen. Wenn dieses Vorgehen für Sie grundsätzlich in Ordnung ist, würde ich gerne wissen, wie lange die Fahrzeuge genutzt werden sollen.

Interviewer: Das ist in Ordnung. Bitte treffen Sie bezüglich der Nutzungsdauer selbst eine Annahme. Bevor Sie das tun, habe ich noch zwei Fragen, die Sie mir bitte am Flipchart präsentieren. Erstens, welche Vorteile hat ein selbstfahrendes Auto gegenüber relevanten alternativen Mobilitätskonzepten? Zweitens, anhand welcher Kriterien würden Sie zu einer Entscheidung kommen?

Bewerber: Gerne, ich nehme mir einen Moment Zeit, um meine Gedanken zu sortieren und die verschiedenen Fragestellungen vorzubereiten.

Interviewer: Selbstverständlich.

HINWEIS: Der Bewerber stellt seine Argumente am Flipchart vor, ggf. hilft der Interviewer, um noch fehlende Punkte zu ergänzen. Tipp: Auch am Flipchart kommt es auf eine klare Struktur an. Das Ergebnis sollte zudem optisch ansprechend aussehen.

Bewerber: Danke für Ihre Geduld. Für mich steht das selbstfahrende Auto im Wettbewerb zu einem herkömmlichen Auto sowie zum öffentlichen Personennahverkehr. Ich würde folgende fünf Kriterien betrachten: Sicherheit, Umweltfreundlichkeit, Schnelligkeit bzw. Zeit, Komfort und die soziale Komponente, also die Frage, ob mein Fortbewegungsmittel auch gut für die Allgemeinheit ist.

Ich habe für alle Kriterien eine sehr einfache binäre Bewertung mit Plus und Minus vorgenommen, wobei mir klar ist, dass dies angreifbar ist. Für mich persönlich sind die Kriterien Schnelligkeit und Komfort so wichtig, dass ich für eine detaillierte Betrachtung der Kosten in einem Business Case lediglich auf ein selbstfahrendes bzw. ein konventionelles Fahrzeug schauen möchte.

	ÖPNV	Herkömmliches Auto	Selbstfahrendes Auto
Sicherheit	+	-	+
Umweltfreundlichkeit	+	-	+
Schnelligkeit/Zeit	-	+	+
Komfort	-	+	+
Soziale Komponente	+	-	+

Bewertung der drei Mobilitätskonzepte

Interviewer: Bitte erläutern Sie mir für das selbstfahrende Auto ihre Bewertungen.

Bewerber: Gerne. Sicherheit: Autonomes Fahren hat das Potenzial, die Zahl der Unfälle drastisch zu reduzieren. Umweltfreundlichkeit: Durch eine vorausschauende, passive Fahrweise hat ein selbstfahrendes Auto einen geringeren Kraftstoffverbrauch. Zeit: Es sind beispielsweise keine Erholungspausen für den Fahrer nötig, die Parkplatzsuche entfällt. Komfort: Man kann die Fahrzeit für andere Dinge nutzen, zum Beispiel arbeiten, lesen oder schlafen. Soziale Komponente: Auch behinderte oder ältere Menschen könnten durch ein selbstfahrendes Auto mobil sein.

Interviewer: Danke, mir gefällt Ihre Struktur, und die Argumente finde ich überwiegend schlüssig. Lassen Sie uns nun auf die ursprüngliche Frage zurück kommen: Wie würden Sie zu einer Entscheidung für oder gegen ein selbstfahrendes Auto kommen?

Bewerber: Ich würde nun für ein konventionelles und ein selbstfahrendes Auto nacheinander folgende drei Aspekte quantifizieren: Die Anfangsinvestition bzw. den Kaufpreis, die jährlichen fixen und laufenden Kosten sowie den Restwert. Wenn Sie einverstanden sind, würde ich mit dem Kaufpreis anfangen.

Interviewer: Einen Moment, Sie haben einen wichtigen Aspekt noch nicht genannt. Denken Sie mal beim autonomen Fahren nicht nur an Kosten.

Bewerber: Lassen Sie mich kurz nachdenken. Ach ja, bei einem selbstfahrenden Auto kann es auch noch Einnahmequellen für den Halter geben. Das Fahrzeug kann in der Zeit, in der der Halter es nicht benötigt, quasi alleine Geld verdienen, beispielsweise als Taxi oder als Mietwagen. Also betrachte ich als weiteren Aspekt nun auch noch laufende Einnahmen.

Interviewer: Sehr gut, fahren Sie fort.

Bewerber: Als Kaufpreis für einen herkömmlichen Neuwagen mit der nötigsten Ausstattung setze ich 36.000 Euro an – hierbei orientiere ich mich an den Preisen, die ich recherchiert habe, als ich neulich verschiedene Autos im Internet konfiguriert habe. Für ein selbstfahrendes Auto würde ich einen Aufschlag von 50 Prozent ansetzen, also 54.000 Euro. Diese Annahme basiert auf der Erfahrung mit reinen Elektroautos. Hier zeigt sich sehr deutlich, dass neue Technologien im Markt in den ersten Jahren noch einen signifikanten Aufpreis haben.

Interviewer: Es gibt Studien, die den Aufpreis für selbstfahrende Autos bei nur rund 5.000 Euro prognostizieren. Ihre Annahme könnte man daher als recht konservativ bezeichnen. Rechnen Sie dennoch erst einmal so weiter.

Bewerber: Gut. Als Nächstes möchte ich die fixen Kosten betrachten. Hier gibt es die Versicherung und die Steuer sowie die Miete für einen Parkplatz. Als Kosten für die Versicherung eines herkömmlichen Autos setze ich 800 Euro jährlich an. Für ein selbstfahrendes Auto würde ich nur 200 Euro bzw. einen Rabatt von 75 Prozent annehmen, denn ein wesentliches Argument für das autonome Fahren ist die Sicherheit. Autonomes Fahren reduziert die Zahl der Unfälle drastisch, daher sollte die Versicherung erheblich günstiger sein.

Die Steuer liegt bei 200 Euro für das herkömmliche und 100 Euro für das selbstfahrende Auto. Hier rechne ich analog zu den Elektroautos mit steuerlichen Anreizen für diese neue Technologie.

Die Miete für einen Parkplatz setze ich mit 1.000 Euro im Jahr an. Hierbei denke ich an einen teuren Parkplatz in der Innenstadt nahe dem Arbeitsplatz. Diese entfällt für ein selbstfahrendes Auto, welches sich selbst einen kostenlosen Parkplatz suchen kann.

Interviewer: Was gibt es sonst noch für fixe Kosten? Denken Sie mal an den TÜV.

Bewerber: Dafür würde ich einen zusätzlichen Sammelposten „sonstige fixe Kosten" von 500 Euro im Jahr bilden. Hierunter fallen insbesondere die Haupt- und Abgasuntersuchung. Diese Kosten sind für beide Fahrzeuge identisch.

Interviewer: Wenn ich alles richtig aufgenommen habe, haben Sie jährlich fixe Kosten von 2.500 Euro für das herkömmliche Auto angesetzt, gegenüber 800 Euro für das selbstfahrende Auto.

Bewerber: Richtig. Habe ich einen wesentlichen Posten vergessen, oder gibt es Annahmen, die für Sie völlig falsch getroffen wurden? Sonst würde ich nun die laufenden Kosten betrachten wollen.

Interviewer: Für eine erste Annäherung ist das in Ordnung. Würden Sie bei den laufenden Kosten ebenfalls große Unterschiede sehen?

Bewerber: Bei den laufenden Kosten nehme ich für beide Autos Kosten für Werkstatt, Wäsche und Pflege von 750 Euro im Jahr an. Diese sind für die Kaufentscheidung also irrelevant. Lediglich bei den Benzinkosten sehe ich beim selbstfahrenden Auto aufgrund der passiven Fahrweise eine Ersparnis. Bei einer angenommenen Fahrleistung von 10.000 Kilometern im Jahr, einem Verbrauch von acht Litern auf 100 Kilometern und einem Benzinpreis von 1,50 Euro pro Liter ergeben sich 1.200 Euro Benzinkosten für das normale Auto. Das selbstfahrende Auto hat einen um 20 Prozent geringeren Verbrauch und somit nur Benzinkosten von 960 Euro. Insgesamt ergeben sich laufende Kosten von 1.950 Euro im Jahr für das konventionelle und 1.710 Euro für das selbstfahrende Auto.

Interviewer: Der Benzinpreis ist etwas hoch, aber wir sind im Jahr 2030. Ich könnte mir vorstellen, dass es bei den Werkstattkosten noch Unterschiede gibt. Das selbstfahrende Auto könnte den laufenden Service zu besseren Konditionen erhalten, indem es zu Randzeiten autonom zu festgelegten Servicezentren fährt. Aber rechnen Sie erst einmal so weiter. Sie wollten nach den fixen und laufenden Kosten den Restwert betrachten. Was haben Sie denn nun als Nutzungsdauer angenommen und warum?

Bewerber: Ich betrachte einen Nutzungszeitraum von fünf Jahren, denn die Investition in autonomes Fahren sollte sich allerspätestens in diesem Zeitraum für mich rechnen.

Bei einem normalen Auto setze ich nach fünf Jahren und einer moderaten Laufleistung von 50.000 Kilometern einen Restwert von zwei Dritteln bzw. 24.000 Euro an. Das selbstfahrende Auto wird nur noch die Hälfte oder 27.000 Euro wert sein, da ich annehme, dass die Technologie sehr schnell veraltet und das Auto neben der privaten Laufleistung auch noch einige Kilometer fährt, um zusätzliche Einnahmen zu generieren.

Zu den Einnahmen komme ich übrigens gleich. Zunächst möchte ich eine Zwischenbilanz ziehen: Nach fünf Jahren verkaufe ich zum angenommenen Restwert die Autos wieder und habe fünf Jahre lang die fixen und laufenden Kosten getragen. Somit fallen Kosten von 34.250 Euro für das konventionelle und 39.550 Euro für das selbstfahrende Auto an. Dieses Delta von 5.300 Euro gilt es nun durch laufende Einnahmen zu schließen. Um einen positiven Case für das selbstfahrende Auto zu erreichen, müsste ich pro Jahr also Einnahmen in Höhe von rund 1.100 Euro erzielen.

	Herkömmliches Auto in Euro	**Selbstfahrendes Auto** in Euro	**Begründung des Unterschieds beim selbstfahrenden Auto**
Kaufpreis	36.000	54.000	Aufpreis für Technik (Assistenzsysteme etc.)
Fixe Kosten p. a.	2.500	800	Vergünstigung bei Versicherung und Steuer, Entfall der Parkplatzmiete
Laufende Kosten p. a.	1.950	1.710	geringerer Spritverbrauch
Restwert nach fünf Jahren	24.000	27.000	nur 50% Restwert wegen Mehrnutzung (Generierung von Einnahmen)
Bilanz nach fünf Jahren	(36.000 - 24.000) + (5 x 2.500) + (5 x 1.950) = **-34.250**	(54.000 - 27.000) + (5 x 800) + (5 x 1.710) = **-39.550**	Delta: 5.300 Euro, die das selbstfahrende Auto teurer ist
			mit rund 1.100 Euro Einnahmen p. a. positiver Case für selbstfahrendes Auto

Kostenrechnung für herkömmliches und selbstfahrendes Auto

Interviewer: Sehr schön. Sie betrachten die mindestens notwendigen Einnahmen, das gefällt mir. Halten Sie 1.100 Euro an jährlichen Einnahmen durch ein selbstfahrendes Fahrzeug für realistisch?

Bewerber: Ich halte 1.100 Euro unbedingt für realistisch. Angenommen, man lässt das selbstfahrende Auto an jedem zweiten Arbeitstag während der Arbeitszeit als Taxi arbeiten. Bei 100 Arbeitstagen wäre dann ein Nettoerlös von nur 11 Euro nötig – nach allen entstehenden Mehrkosten für Wertverlust, Benzin, Versicherung, Wartung und Pflege.

Interviewer: Sie würden sich also für das autonome Fahren entscheiden?

Bewerber: Ja, das würde ich. Neben der ökonomischen Betrachtung würde ich persönlich, wie anfangs dargestellt, den Komfort und die Zeitersparnis sehr hoch bewerten. Mir wäre es aber auch wichtig, dass das Modell mir ermöglicht, noch selbst zu fahren, rein aus nostalgischen Gründen.

Bepreisung von Betriebsmittelkrediten

von Dr. Johann F. Thieme und Isabell Häfner

Aufgabenstellung

Eine Bank denkt darüber nach, die Bepreisung ihrer Kreditlinien auf Geschäftskonten zu überarbeiten. Der Kontokorrentkredit bei Firmenkunden entspricht dem Dispositionskredit bei Privatkunden: Dem Kunden wird in Abhängigkeit von Kreditfähigkeit und Kreditwürdigkeit eine Kreditlinie in einer vereinbarten Höhe bereitgestellt, die er je nach Bedarf mehr oder weniger stark in Anspruch nimmt.

Die aktuelle Case Study gliedert sich in drei Aufgabenbereiche:

1. Vorüberlegungen (qualitativ)
2. Preisdifferenzierung bei Betriebsmittelkrediten (qualitativ)
3. Konkretes Preismodell (quantitativ)

Lösungsweg

1. Vorüberlegungen

Interviewer: Sprechen wir zunächst über die Bankenbranche im Allgemeinen. Vor welchen Herausforderungen stehen Banken aus Ihrer Sicht?

Bewerber: Die Erträge der Banken geraten zunehmend unter Druck. Das liegt einerseits an der abnehmenden Zinsspanne, andererseits an den zunehmenden regulatorischen Anforderungen, die viel Geld kosten. Zudem hat sich der Wettbewerbsdruck durch Direktbanken und die zunehmende Vergleichbarkeit der Angebote durch das Internet insgesamt erhöht, sodass die Margen künftig weiter sinken dürften.

HINWEIS: Bewerber sollten gut über aktuelle wirtschaftliche Entwicklungen informiert sein. Es wird kein Spezialwissen erwartet, jedoch sollten die wichtigsten Fakten aus der Presse bekannt sein.

Interviewer: Das ist alles richtig. Fangen wir mit der Zinsspanne an: Warum verdienen Banken denn weniger im Zinsgeschäft als früher?

Bewerber: Seit einigen Jahren sind die Zinsen sehr niedrig, und die Zinsstrukturkurve ist sehr flach.

Interviewer: Was genau meinen Sie damit?

Bewerber: Die Zinsstrukturkurve zeigt den Zusammenhang zwischen Laufzeit und Zinsniveau. Bei längeren Laufzeiten sind die Zinsen normalerweise höher als bei kürzeren Laufzeiten. Wenn ich zum Beispiel für zehn Jahre Festgeld anlege, bekomme ich einen höheren Zinssatz als auf meinem Tagesgeldkonto.

Interviewer: Genau. Aber was ist das Problem bei einer sehr flachen Zinsstrukturkurve?

Bewerber: „Flach" bedeutet, dass der Zinsunterschied zwischen kurz- und langfristigen Anlagen heute geringer ist als vor einigen Jahren. Im Zinsgeschäft verdienen Banken jedoch einen wichtigen Teil ihrer Erträge durch die sogenannte Fristentransformation. Sie verleihen also Kapital zu einem großen Teil langfristig, z. B. für Baufinanzierungen und langlaufende Kredite, und refinanzieren sich zu einem großen Teil über kurzfristige Einlagen, z. B. Tagesgelder. Bei einer flachen Zinsstrukturkurve verdienen sie weniger bei der Fristentransformation als bei einer steilen Kurve.

HINWEIS: Es wird von Bewerbern ohne Banking-Hintergrund nicht erwartet, dass sie dieses Wissen mitbringen. Nennt der Bewerber jedoch Begriffe wie „Zinsspanne" oder „Zinsstrukturkurve", sollte er sich auf entsprechende Rückfragen einstellen.

Interviewer: So ist es. Kommen wir zum zweiten Punkt, den Sie genannt haben: Regulatorik. Warum ist das für viele Banken ein Problem?

Bewerber: Primäres Ziel der erhöhten regulatorischen Anforderungen ist die Stärkung der Eigenkapitalbasis der Banken, damit diese nicht wie bei der letzten Finanzkrise erneut in eine wirtschaftliche Schieflage geraten und teilweise vom Steuerzahler gerettet werden müssen. Daher müssen Banken ihre Geschäfte künftig mit mehr Eigenkapital unterlegen.

Interviewer: Was bedeutet das für die Banken?

Bewerber: Neben dem erhöhten Personalaufwand entstehen im Wesentlichen höhere Eigenkapitalkosten für die Geschäftsaktivität. Dadurch sinkt also die Rentabilität des eingesetzten Eigenkapitals.

Interviewer: Richtig. Kommen wir nun zu einem konkreten Beispiel, wie sich die Rentabilität wieder erhöhen lässt.

2. Preisdifferenzierung bei Betriebsmittelkrediten

Interviewer: Die wichtigste Art der Betriebsmittelfinanzierung für Firmenkunden sind sogenannte Kontokorrentkredite. Sie haben ja vielleicht selbst einen Dispositionskredit, sodass Sie Ihr Girokonto überziehen können. Eine Kreditlinie auf Geschäftskonten ist nichts anderes. Wie verdienen Banken normalerweise Geld mit Kontokorrentlinien?

Bewerber: Wenn die Funktionsweise die gleiche ist wie bei einem Dispositionskredit, verdient die Bank nur Geld, wenn ich den Kredit in Anspruch nehme, also mein Konto überziehe und dafür Zinsen zahle.

Interviewer: Genau. Wo sehen Sie Ertragspotenziale für die Bank bei einer solchen Bepreisung von eingeräumten Kreditlinien? Denken Sie dabei auch an die erhöhten Eigenkapitalanforderungen, die wir gerade besprochen haben.

Bewerber: Wenn Banken für ihre Geschäftsaktivitäten mehr Eigenkapital vorhalten müssen, dürfte das auch für Kontokorrentlinien gelten, richtig?

Interviewer: So ist es. Banken müssen für die meisten ihrer zugesagten Kontokorrentlinien mehr Eigenkapital vorhalten als früher. Bezugsgröße ist jeweils die gesamte bereitgestellte Kreditlinie, unabhängig von der Nutzung. Die Details sind hier nicht entscheidend, es geht um das Prinzip.

Bewerber: Ich verstehe. Ertragspotenziale sehe ich insbesondere bei der Bepreisung des nicht in Anspruch genommenen Teils der Linie.

Interviewer: Genau. Eine solche fixe Gebühr auf den bereitgestellten, aber nicht in Anspruch genommenen Teil der Kreditlinie nennt man Kreditprovision oder Bereitstellungsprovision. Welche Vorteile hat die Kreditprovision gegenüber dem alten Modell ohne Kreditprovision?

Bewerber: Im alten Modell wird nur der in Anspruch genommene Teil der Kreditlinie bepreist, und zwar durch anfallende Zinsen auf die Inanspruchnahme. Mit einer ausreichend hoch bemessenen Kreditprovision kann die Bank vermutlich zusätzliche Erträge erwirtschaften, was wir natürlich validieren müssten. Zweitens werden die Erträge verstetigt, da die Abhängigkeit von der Nutzung der Linien sinkt.

Interviewer: Völlig richtig. Zur Validierung kommen wir später – nehmen wir erst einmal an, dass Kreditprovisionen und Zinssätze künftig so bemessen sind, dass die Bank einen Mehrertrag erwirtschaftet. Allerdings möchte die Bank einen Rabatt auf die Zinssätze gewähren, um hier einen attraktiven Preispunkt kommunizieren zu können. Welche Vorteile eines solchen Modells sehen Sie?

Bewerber: Mit der Kreditprovision und dem Zinssatz führt die Bank einen zweiteiligen Tarif ein. Das hat zwei wichtige Vorteile. Erstens ist die Bank nicht mehr so einfach mit dem Wettbewerb vergleichbar, weil zwei Preispunkte komplexer sind als einer. Zweitens kann sich die Bank einen günstigeren Zinssatz leisten, weil sie ja durch die Einführung der Kreditprovision mehr verdient. Das kann auch vorteilhaft bei der Neukundengewinnung sein, wenn die günstigen Zinssätze aktiv kommuniziert werden.

HINWEIS: Das Konzept der Kreditprovision dürfte den wenigsten Bewerbern bekannt sein; zweiteilige Tarife nach dem Prinzip „Grundpreis plus Nutzungsentgelt“ gibt es aber z. B. auch bei Telefonanbietern oder der BahnCard. Diesen Transfer sollten gute Bewerber leisten können.

Interviewer: Wie würden Sie die Kosten des alten und des neuen Preismodells grafisch darstellen?

Bewerber: Mit zunehmender Auslastung steigen die Kosten mit und ohne Kreditprovision an. Mit Kreditprovision haben wir einen Sockelbetrag, der von der Nutzung unabhängig ist. Die Gerade ist jedoch flacher als ohne Kreditprovision, da wir einen geringeren Zinssatz gewähren können. Nun hängt es von der Auslastung ab, welches Modell günstiger für den Kunden ist.

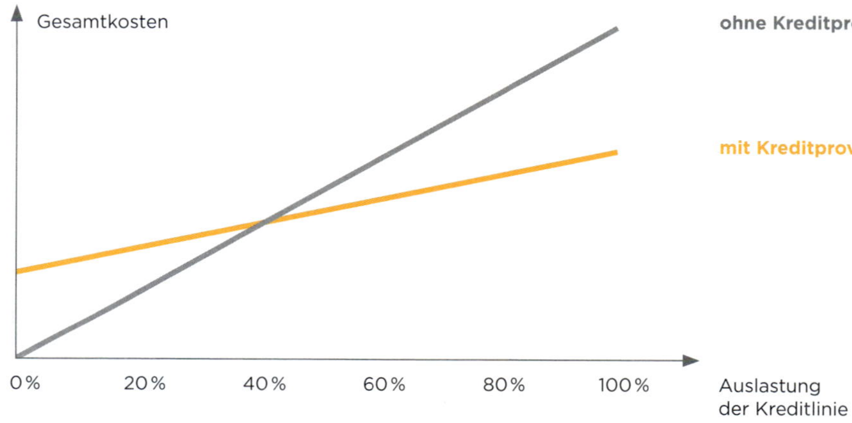

Zweiteiliger Tarif aus Kreditprovision und Zinssatz

Interviewer: In Ordnung. Was sollten Sie bei der Einführung einer Kreditprovision beachten?

Bewerber: Die Mehrbelastungen sollten insgesamt vertretbar sein, damit die Einführung von Kunden und Vertrieb akzeptiert wird. Durch die gezielte Senkung der Zinsen kann es bei einigen Kunden sogar zu einer Besserstellung kommen. In jedem Fall sollte die Bank differenziert vorgehen, indem sie für unterschiedliche Kunden unterschiedliche Kreditprovisionen und Zinssätze anbietet.

Interviewer: Das sehe ich auch so. Nach welchen Kriterien könnte die Bank ihre Preise differenzieren?

Bewerber: Zunächst könnte sie nach der Höhe der Kreditlinie differenzieren. Kunden mit großen Linien haben tendenziell mehr Verhandlungmacht und erhalten entsprechend günstigere Konditionen. Dieser Verhandlungsmacht sollte das neue Preismodell Rechnung tragen, indem größeren Linien automatisch bessere Konditionen eingeräumt werden. Zudem bekommen Kunden mit guter Bonität tendenziell bessere Konditionen als Kunden mit schlechter Bonität, da letztere in der Regel wenig Alternativen und damit eine schlechtere Verhandlungsposition haben. Das könnte man ebenfalls im neuen Preismodell abbilden.

Interviewer: Genau. Es gibt noch einige andere Treiber, aber Sie haben die beiden wichtigsten bereits identifiziert.

3. Konkretes Preismodell

Interviewer: Nehmen wir an, die Bank hat folgendes Preismodell entwickelt. Wie Sie sehen, differenziert sie nun nach Höhe der Kreditlinie und nach Bonität:

Höhe der Kreditlinie bzw. Zinssatz p.a. bei...	**≤ 50 TEUR**	**> 50 bis ≤ 250 TEUR**	**> 250 TEUR**
... sehr guter Bonität	8,0 %	7,0 %	6,0 %
... guter Bonität	9,0 %	8,0 %	7,0 %
... mittelmäßiger Bonität	11,0 %	10,0 %	9,0 %
... schlechter Bonität	13,0 %	12,0 %	11,0 %
Kreditprovision p.a. auf nicht genutzte Kreditlinie	**2,0 %**	**1,5 %**	**1,0 %**

Preismodell, abhängig von Kreditlinie und Bonität

Interviewer: Nehmen Sie an, der Zinssatz war vor Einführung der Kreditprovision einheitlich bei zehn Prozent für alle Kunden. Was ändert sich nach Einführung der neuen Konditionen?

Bewerber: Viele Kunden zahlen künftig weniger Zinsen als vorher, Kunden mit mittelmäßiger oder schlechter Bonität jedoch größtenteils genauso viel oder mehr. Die Gesamtbelastung hängt jedoch von ihrem Nutzungsverhalten ab.

Interviewer: Inwiefern?

Bewerber: Da die Kreditprovision nur auf den nicht genutzten Teil der Kreditlinie berechnet wird, werden Kunden, die die Linie kaum in Anspruch nehmen, tendenziell mehr bezahlen als vorher. Die Frage ist nun, welcher Effekt für den Kunden überwiegt: Die Zinsersparnis aufgrund einer guten Bonität oder die Mehrbelastung durch die Kreditprovision.

HINWEIS: Der Bewerber muss hier erkennen, dass es sich nicht um eine fixe Provision handelt, sondern um eine Provision, deren absoluter Betrag mit zunehmender Auslastung der Kreditlinie sinkt, da sie nur auf den nicht in Anspruch genommenen Teil der Kreditlinie berechnet wird.

Interviewer: Was denken Sie?

Bewerber: Dazu müsste ich wissen, wie der Zusammenhang zwischen Bonität und Auslastung ist. Ich vermute, dass Kunden mit guter Bonität ihre Kreditlinie tendenziell weniger auslasten als Kunden mit schlechter Bonität.

Interviewer: Das ist tatsächlich der Fall.

Bewerber: Dann profitieren Kunden mit guter Bonität von den niedrigeren Zinssätzen. Allerdings überwiegt insgesamt der Effekt der Einführung der Kreditprovision, da diese Kunden aufgrund der geringen Auslastung eine relativ hohe Kreditprovision bezahlen.

Interviewer: Das haben Sie richtig erkannt. Betrachten wir nun den konkreten Fall eines Kunden mit einer Kreditlinie von 80.000 Euro, guter Bonität und einer Auslastung von 20 Prozent im Jahresdurchschnitt. Führen Sie die Berechnungen am besten mit allgemeinen Variablen durch, damit wir flexibel sind. Gegeben sind die Höhe der Linie *L*, die durchschnittliche Auslastung *u*, der Zinssatz *i* und die Kreditprovision *p*. Wie hoch sind die jährlichen Kosten *C* der Kreditlinie?

Bewerber: Die Kosten setzen sich aus Zinsen und Kreditprovision zusammen, wobei letztere nur auf den nicht in Anspruch genommenen Teil der Linie anfällt:

- $C = i \times u \times L + p \times (1 - u) \times L = [(i - p) \times u + p] \times L$

Wir haben also einen einfachen linearen Zusammenhang zwischen Auslastung und Gesamtkosten, wobei die Kreditprovision *p* einen Sockel bildet. Da der Zinssatz in unserem Beispiel größer als die Kreditprovision ist, haben wir einen positiven Zusammenhang: Je höher die Auslastung, desto höher die Gesamtkosten.

HINWEIS: Alternativ könnte der Bewerber den Zusammenhang mit konkreten Zahlen darstellen, mit der allgemeinen Formel ist die Lösung der folgenden Schritte jedoch einfacher. In jedem Fall sollte der Bewerber die Zusammenhänge qualitativ und quantitativ erklären können, auch wenn er nicht sofort auf die richtige Formel kommt. Bei der Vereinfachung von Gleichungen gilt: Gründlichkeit vor Schnelligkeit.

Interviewer: Genau. Nun zurück zu unserem konkreten Fall: Zahlt der genannte Kunde mehr oder weniger als vorher?

Bewerber: Vorher hat der Kunde zehn Prozent auf die Inanspruchnahme von 16.000 Euro bezahlt, also 1.600 Euro pro Jahr. Jetzt zahlt er laut Tabelle einen Zinssatz von acht Prozent und eine Kreditprovision von 1,5 Prozent. Laut der Gleichung ergeben sich Gesamtkosten von 2.240 Euro. Das entspricht einer Kostensteigerung von 40 Prozent für diesen Kunden.

Interviewer: Welche Anreize setzt also das neue Preismodell?

Bewerber: Es besteht ein Anreiz, die Linie stärker zu nutzen und somit die Auslastung zu erhöhen, weil die Kreditprovision nur auf den nicht in Anspruch genommenen Teil der Linie anfällt. Alternativ könnte der Kunde seine Linie reduzieren, um einen Teil der Kreditprovision zu sparen. Beides wäre im Sinne der Bank, weil sie entweder mehr verdient oder Eigenkapitalkosten spart, wenn nicht in Anspruch genommene Linien von den Kunden reduziert werden.

Interviewer: Richtig. Welche Auslastung müsste denn ein Kunde mit gleicher Bonität und gleicher Linienhöhe haben, damit er vorher und nachher die gleiche Belastung hat?

Bewerber: Wenn wir mit Subskript *a* und *n* für „alt" und „neu" die Variablen vorher und nachher bezeichnen, dann hatte der Kunde vorher Gesamtkosten von:

- $C_a = i_a \times u \times L$

Seine neuen Gesamtkosten betragen:

- $C_n = [(i_n - p) \times u + p] \times L$

Setzen wir C_a und C_n gleich, so erhalten wir:

- $i_a \times u \times L = [(i_n - p) \times u + p] \times L$

Oder aufgelöst nach *u*:

- $u = p \div ((i_a - i_n) + p) = 0{,}015 \div ((0{,}10 - 0{,}08) + 0{,}015) \approx 43\,\%$

HINWEIS: Es wird nicht vom Bewerber erwartet, dass er ohne Zwischenschritte auf das Endergebnis kommt. Zugunsten einer kürzeren Darstellung wurde hier jedoch auf die Zwischenschritte verzichtet.

Interviewer: Sehr gut. Wie interpretieren Sie das Ergebnis?

Bewerber: Ab einer Auslastung von etwa 43 Prozent zahlen Kunden in dieser Bonitäts- und Größenklasse weniger als vorher. Bei noch höheren Auslastungen ist die Zinsersparnis größer als die Mehrbelastung durch die Kreditprovision. Das ist wie bei BahnCard-Kunden: Wer mehr fährt, bekommt einen besseren Preis. Das System setzt also die richtigen Anreize.

HINWEIS: Normalerweise kommt die Lösung einer solchen Aufgabe nicht wie hier dargestellt „auf Knopfdruck“, sondern erfordert einige Interaktion bzw. Hilfestellung durch den Interviewer. Wie in jedem Interview gilt: Je mehr Hilfe der Bewerber benötigt, desto schwächer fällt die Beurteilung seiner analytischen Fähigkeiten aus.

Interviewer: Genau so ist es. Vielen Dank, das war ein sehr guter Case.

Restrukturierung eines Automobilindustriezulieferers

von Bernd Leppla

Aufgabenstellung

Sie bereiten einen Pitch für einen potenziellen Kunden vor. Der Kunde, ein Zulieferer der Automobilindustrie, kündigte bereits an, dass er sich nach einem Umsatz- und Profitabilitätseinbruch in einer schwierigen Situation befindet. Im Kern Ihrer Vorbereitung stehen die Fragen, wie hoch mögliche Einsparungen sein müssen und welche Maßnahmen mit welchen Effekten ergriffen werden können, damit Ihr Kunde wieder ein positives EBITDA ausweisen kann. Zur Vorbereitung stellt Ihnen der potenzielle Kunde die letzte Jahres-Gewinn- und Verlustrechnung und Unternehmensinformationen zu Verfügung. Ihr Interviewpartner ist ein Partner aus Ihrem Beratungshaus, dem Sie Ihre Ansatzpunkte zunächst vorstellen.

GuV in Millionen Euro	2015
Umsatz	**70,0**
Materialkosten	37,0
Rohertrag	**33,0**
Personalkosten	27,0
Deutschland	18,0
Österreich	3,0
Frankreich	5,6
Rumänien	0,4
Gemeinkosten	12,0
Betriebskosten und Mieten	4,0
Verwaltungskosten	5,0
Vertriebskosten	3,0
EBITDA	**-6,0**

Unternehmensinformationen

- Automobilindustriezulieferer mit besonderen Kenntnissen im Bereich Innenhochdruckumformung für Fahrzeugkarosserieteile
- Im abgelaufenen Geschäftsjahr hat das Unternehmen seinen dritten Produktionsstandort in Rumänien eröffnet.
- 4 Standorte: Deutschland (Zentrale, Einkauf, Vertrieb und Produktion), Österreich (F&E), Frankreich (Produktion), Rumänien (Produktion)
- 450 Mitarbeiter gesamt: 300 in Deutschland, 50 in Österreich, 80 in Frankreich, 20 in Rumänien
  - Produktion: 300 Mitarbeiter an den 3 Produktionsstandorten
  - Produktbereich „Special Know-how“: 30 Mitarbeiter in Frankreich und 150 Mitarbeiter in Deutschland als Teil der Produktionsbelegschaft; dieser Produktbereich sollte in Hochlohnland verbleiben
- Absatzmärkte: Europa (60 %), China (35 %), USA (5 %)

GuV und Unternehmensinformationen

Lösungsweg

Bevor Sie mit der Bearbeitung beginnen, sollten Sie einen guten Überblick über die gegebenen Informationen gewinnen und die Vorgehensweise definieren. Sie werden feststellen, dass Ihnen Prämissen für die Bearbeitung fehlen und Sie Annahmen treffen müssen. Die Unternehmensinformationen enthalten technische Begriffe und Floskeln wie „Special Know-how" – lassen Sie sich dadurch nicht in die Irre führen.

Formulierung der Vorgehensweise

Planen Sie zunächst die Vorgehensweise Ihrer Bearbeitung. Klären Sie die Prämissen, die für die Bearbeitung nötig sind und definieren dann erst die möglichen Hebel.

Prämisse 1: Sie haben eine Ist-GuV erhalten, sollen jedoch einen Restrukturierungsplan für die Zukunft erstellen. Nutzen Sie hierfür den Hinweis, dass ein Umsatzeinbruch stattfand. In solch kritischen Unternehmenssituationen ist zu einer konservativen Sicht zu raten. Auf dem Weg zur Profitabilität sollten Sie daher keinesfalls von einem Umsatzanstieg in der Zukunft ausgehen. Konzentrieren Sie sich auf die Kostenseite.

Prämisse 2: Ihr potenzieller Kunde möchte, dass Sie ihn auf dem Weg zur Profitabilität auf EBITDA-Level beraten. Definieren Sie, welches Maß an Profitabilität mit der Restrukturierung erreicht werden soll. Profitabilität erreichen Sie, sobald Sie einen positiven EBITDA-Wert erlangen. Streben Sie bei Ihrer Ausarbeitung daher keine zweistelligen Werte, sondern zunächst einen Wert zwischen null und einem Prozent vom Umsatz an – profitabel ist, wer die „schwarze Null" vorweisen kann.

Prämisse 3: Ihr potenzieller Kunde hat keine Angabe zum zeitlichen Horizont gemacht, bis zu dem das Unternehmen wieder profitabel sein soll. Hier gilt, eher zügig als langsam zu agieren. Planen Sie daher nur mit Maßnahmen, die innerhalb der nächsten zwölf bis 18 Monate implementiert werden können. Langfristig wirksame Maßnahmen können Sie später erwähnen, sollten diese jedoch zunächst nicht berücksichtigen.

In Prämisse 1 haben Sie sich auf die Optimierung der Kostenseite festgelegt. Die GuV zeigt Ihnen dazu die Aufstellung der Material-, Personal- und Gemeinkosten. In den Unternehmensinformationen wird die Standorteröffnung in Rumänien erwähnt. Dies könnte ein Hinweis darauf sein, dass hier mögliche Einsparungseffekte durch Produktionsverlagerungen schlummern. Planen Sie, im Laufe der Bearbeitung darauf einzugehen.

Untersuchung der möglichen Maßnahmen

Ihre Vorgehensweise legt den Fokus auf die Kostenseite. Gehen Sie anhand der GuV alle Posten durch und gleichen Sie Möglichkeiten zur Einsparung mit den erhaltenen Unternehmensinformationen ab.

Materialkosten

Die Praxis zeigt, dass beim Materialeinkauf dank globaler Bezugsmöglichkeiten Einsparungen erzielt werden können. Jedoch sind diese, insbesondere in der Automobilindustrie, aufgrund von langfristigen Lieferverträgen und Qualitätsanforderungen nicht einfach zu realisieren. Da hier weitere Angaben fehlen, kann pauschal mit Kostensenkungen von wenigen Prozentpunkten gerechnet werden. Mit einer konservativen Planung von einem Prozent haben Sie ihren ersten Schritt erreicht. Gegebenenfalls wird Ihr Partner Sie korrigieren.

- Einsparung Materialkosten = 1 % × 37 Mio. Euro = 0,37 Mio. Euro

Personalkosten

Aus der GuV und den Unternehmensinformationen ist ersichtlich, dass das Unternehmen mehrere Standorte betreibt. Zunächst sollten Sie hier volle Transparenz für die Maßnahmendefinitionen gewährleisten – und zwar auf die Frage, wie hoch die länderspezifischen Personalkosten im Durchschnitt sind. Sie erhalten folgende Werte:

	Mitarbeiter	**Personalkosten** in Mio. Euro/Jahr	**Mitarbeiterkosten** in Mio. Euro/Mitarbeiter/Jahr
Deutschland	300	18	0,06
Österreich	50	3	0,06
Frankreich	80	5,6	0,07
Rumänien	20	0,4	0,02
Gesamt	**450**	**27**	

Personalkosten im Detail

Die Unternehmensbeschreibung gab bereits den Hinweis, dass jüngst ein Produktionsstandort in Rumänien eröffnet wurde. Insgesamt hat das Unternehmen 300 Mitarbeiter im Produktionsumfeld, davon 20 in Rumänien und 80 in Frankreich, woraus sich schließen lässt, dass in Deutschland 200 in der Produktion beschäftigt sind. Bei Verfolgung der jüngsten Standortstrategie geraten die Produktionsstandorte Frankreich und Deutschland in den Fokus der Analyse. Ziehen Sie mit Blick auf die deutlich geringeren Personalkosten eine Verlagerung von Produktionskapazitäten und Personal aus Frankreich und Deutschland nach Rumänien in Betracht. Klammern Sie entsprechend der obigen Unternehmensinformationen den Produktbereich „Special Know-how" aus, da er in einem Hochlohnland verbleiben soll.

- Einsparung durch Mitarbeiterverlagerung von Frankreich nach Rumänien

$$\text{Einsparung durch Mitarbeiterverlagerung von Frankreich nach Rumänien} = \text{Abbau Mitarbeiter} \times \text{Mitarbeiterkosten in Frankreich} - \text{Aufbau Mitarbeiter} \times \text{Mitarbeiterkosten in Rumänien}$$

$$= (80 - 30 \text{ Mitarbeiter}) \times 0{,}07 \text{ Mio. €} - 50 \text{ Mitarbeiter} \times 0{,}02 \text{ Mio. €}$$
$$= 2{,}5 \text{ Mio. € pro Jahr}$$

- Einsparung durch Mitarbeiterverlagerung von Deutschland nach Rumänien

$$\text{Einsparung durch Mitarbeiterverlagerung von Deutschland nach Rumänien} = \text{Abbau Mitarbeiter} \times \text{Mitarbeiterkosten in Deutschland} - \text{Aufbau Mitarbeiter} \times \text{Mitarbeiterkosten in Rumänien}$$

$$= (200 - 150 \text{ Mitarbeiter}) \times 0{,}06 \text{ Mio. €} - 50 \text{ Mitarbeiter} \times 0{,}02 \text{ Mio. €}$$
$$= 2 \text{ Mio. € pro Jahr}$$

Gemeinkosten

Die Gemeinkosten erscheinen mit zwölf Millionen Euro sehr hoch. Nachdem die Verteilung der Gemeinkosten auf die Standorte nicht bekannt ist, sind entsprechende Annahmen zu treffen. Auffällig ist der F&E-Standort in Österreich. Nach Verlagerung von Personal aus Deutschland und Frankreich nach Rumänien wären hier theoretisch Räumlichkeiten verfügbar, sodass die F&E-Aktivitäten umgesiedelt werden könnten. Um Synergien mit anderen Unternehmensprozessen zu nutzen, bietet sich der Standort Deutschland als zukünftiger F&E-Standort an. Hierdurch entstehen personalkostenseitig keine Einsparungen, jedoch sind betriebs- und verwaltungskostenseitig Einsparungen möglich. Eine vorsichtige Schätzung könnte sich auf 0,5 Millionen Euro belaufen.

Bei den verbleibenden Gemeinkosten in Höhe von 11,5 Millionen Euro sind die restlichen Einsparungen zu realisieren. Hier müssen Sie ein Ziel vorgeben, ohne das die angestrebte Profitabilität – eine „schwarze Null" beim EBITDA – nicht gewährleistet werden kann. Bisher haben Sie Einsparungspotenziale in Höhe von 5,37 Millionen Euro identifiziert. Die verbleibenden 0,63 Millionen Euro, also knapp über 5 Prozent der Gemeinkosten, können erfahrungsgemäß durch ein Restrukturierungsprojekt identifiziert und eingespart werden.

Ergebnis

Ihr Interviewpartner wird erfreut feststellen, dass Sie das Ziel erreicht haben, sechs Millionen Euro einzusparen. Davon entfallen 0,37 Millionen Euro auf Einsparungen im Materialeinkauf, 4,5 Millionen Euro auf Personalkosten und 1,13 Millionen Euro auf Gemeinkostenmaßnahmen.

Weitere Einsparungen sind durchaus denkbar. Ein möglicher Ansatz sind die 50 Mitarbeiter im F&E-Bereich, die bei insgesamt 450 Mitarbeitern doch einen sehr großen Anteil einnehmen. Auch der Verwaltungs-, Einkaufs- und Vertriebsapparat scheint mit insgesamt

100 Mitarbeitern sehr üppig zu sein. Weisen Sie Ihren Interviewpartner bei der Vorstellung Ihrer Ansatzpunkte und Maßnahmen darauf hin. Das zeigt, dass Sie sich über die Aufgabenstellung hinaus Gedanken machen. Zudem könnten Sie erste Maßnahmen auf der Umsatzseite benennen.

Als langfristigen Ausblick können Sie das Chinageschäft erwähnen, das immerhin 35 Prozent vom Umsatz ausmacht. Im asiatischen Raum betreibt das Unternehmen noch keinen Standort, und in der Automobilindustrie folgt die Zulieferindustrie gewöhnlich seinen Kunden. Entsprechend Ihrer dritten Prämisse sollten Sie jedoch davon absehen, hier zu tief einzusteigen.

Zusammenfassung

Erste praktische Erfahrungen sind bei der Bearbeitung dieser Fallstudie von Vorteil, da aufgrund der schlechten Informationslage Auswirkungen möglicher Einsparpotenziale zu schätzen sind. Bei einer Bearbeitungszeit von 40 Minuten ist diese Fallstudie mit ein wenig Übung gut lösbar. Lassen Sie Ihre Praxiserfahrungen in den Lösungsweg einfließen, und üben Sie sich darin, fehlende Informationen herzuleiten.

1. Klären Sie die Prämissen zur Bearbeitung dieser Fallstudie.

- Prämisse 1: Fokus liegt auf Kosten. Es wird kein Umsatzanstieg berücksichtigt.
- Prämisse 2: Profitabilität heißt hier „die schwarze Null".
- Prämisse 3: Zeithorizont für mögliche Maßnahmen sind zwölf bis 18 Monate.

2. Bestimmen Sie Maßnahmen und deren Einflüsse zur Erreichung der Profitabilität.

- Materialkosten: Kostensenkung im Einkauf
- Personalkosten: Verlagerung von Produktionskapazitäten aus Deutschland und Frankreich nach Rumänien
- Gemeinkosten: Eingliederung des F&E-Standorts Österreich in Deutschland

3. Gehen Sie auf das Einsparungsziel für den Gemeinkostenbereich ein, das bisher noch nicht konkret definiert ist.

4. Berücksichtigen Sie in der Ergebnispräsentation die nächsten Schritte.

- Umsatzsteigerung durch weitere Präsenz im asiatischen Raum
- Personalstruktur im Nichtproduktionsbereich
- Kosteneffizienz durch Standort im asiatischen Raum

Lösungsweg auf einen Blick

Brainteaser

von Dr. Karsten Engler und Dr. Fabian Gleisner

Aufgabenstellung

1. Kühlschrank
Nennen Sie möglichst viele Argumente, um einem Inuit in der Arktis einen Kühlschrank zu verkaufen. Hinweis: Bei dieser Frage geht es darum, unter Zeitdruck kreativ zu sein und möglichst viele Verkaufsargumente zu finden.

2. Glücksspiel
Bei einem Glücksspiel wird eine Münze so oft geworfen, bis diese das erste Mal Kopf zeigt – dies beendet das Spiel. Der Gewinn richtet sich nach der Anzahl der Münzwürfe. Erscheint Kopf gleich beim ersten Wurf, erhält man einen Euro als Gewinn. Erscheint Kopf beim zweiten Wurf, erhält man zwei Euro, beim dritten Wurf vier Euro, beim vierten Wurf acht Euro usw., d. h. der Gewinn verdoppelt sich mit jedem Münzwurf.

Wie viel sollte man für die Teilnahme an diesem Spiel maximal bezahlen?

3. Summe
Was ist die Summe der Zahlen von 1 bis 100?

4. Tierische Stärke
Welches Tier ist das stärkste?

5. Pärchen bilden
Bitte vervollständigen Sie das letzte Paar: 28 – 14, 8 – 4, 16 – 8, 12 – ?

6. Auf dem Mond
Was ist auf dem Mond schwerer als auf der Erde?

7. Haltestelle
In einem Bus befinden sich 21 Fahrgäste. An einer Haltestelle steigen elf davon aus und vier neue Fahrgäste ein. Wie viele Personen sind jetzt im Bus?

8. Reihe
Ergänzen Sie logisch: MDMD …

9. Goldmünze
Was ist eine Goldmünze mit dem Prägedatum „11 vor Christus“ etwa wert?

Lösungsvorschläge

1. Kühlschrank
- Ein Kühlschrank schützt die Lebensmittel vor den wilden Tieren der Arktis.
- Wenn der Kühlschrank groß genug ist, könnte er einem Inuit als „Panic Room“ dienen z. B. vor einem wilden Eisbären.
- Bei einer konstanten Temperatur im Kühlschrank von z. B. +4 Grad bleiben Getränke flüssig und Nahrungsmittel genießbar, die sonst gefrieren würden.
- Ein Kühlschrank bietet einen sauberen, hygienischen Ort für Lebensmittel.
- Ein Kühlschrank lässt sich abschließen und kann als sicherer Ort für Wertsachen verwendet werden.
- Die Fächer des Kühlschranks vereinfachen es, Ordnung zu halten – ein geordneter Stauraum für alle Lebensmittel.
- Ein moderner Kühlschrank ist ein schmückendes Möbelstück.
- Ein Kühlschrank als Statussymbol: Alle anderen Inuit haben auch einen Kühlschrank, und ein Kühlschrank gehört einfach zum modernen Lebensstil.
- Ein Kühlschrank gibt Wärme nach außen hin ab und heizt somit das Iglu.
- In Zeiten der globalen Erwärmung kann ein Kühlschrank irgendwann auch in der Arktis zur Kühlung der Lebensmittel notwendig werden.

2. Glücksspiel
Die auf den ersten Blick paradoxe Antwort lautet, dass man theoretisch jede beliebige Teilnahmegebühr zahlen sollte, da der erwartete Gewinn im Mittel unendlich hoch ist. Dies erscheint irrational, intuitiv würde man erwarten, nur einige Euro gewinnen zu können. Diese offenbar paradoxe Diskrepanz führte auch zum Namen dieses berühmten Glücksspiels: das „Sankt-Petersburg-Paradoxon“.

Rational betrachtet sollte sich die Zahlungsbereitschaft für dieses Spiel nach dem zu erwartenden Gewinn richten. Die Wahrscheinlichkeit für Zahl wird mit jedem Münzwurf immer geringer, aber der mögliche Gewinn steigt exponentiell an.

Der Gewinn in diesem Spiel beträgt bei n Runden $2^{(n-1)}$, also z. B. bei zehn Runden 512 Euro (2^9), bei 21 Runden schon über eine Millionen Euro. Die Wahrscheinlichkeit dafür, dass bei der n-ten Runde erstmalig Kopf geworfen wird ist, allgemein formuliert, $\frac{1}{2}^n$. Bei zehn Runden liegt die Wahrscheinlichkeit, erstmalig Kopf zu werfen, bei 0,1 Prozent ($\frac{1}{2}^{10}$ bzw. $\frac{1}{1024}$).

Der erwartete Gewinn ergibt sich aus der Summe der Auszahlungsbeträge bewertet mit deren Eintrittswahrscheinlichkeiten, d. h. $\frac{1}{2} \times 1 + \frac{1}{4} \times 2 + \frac{1}{8} \times 4 + \ldots = \frac{1}{2} + \frac{1}{2} + \frac{1}{2} + \ldots = \infty$.

3. Summe

Hierzu gibt es einen Trick: Addiert man jeweils die erste und die letzte Zahl, ergibt das jeweils 101 (100 + 1; 99 + 2; usw.). Das letzte Zahlenpärchen sind 50 und 51 - ebenfalls 101. Die 50 Zahlenpaare ergeben in Summe 5.050. Carl Friedrich Gauß entdeckte die dahinterliegende „Gaußsche Summenformel" als neunjähriger Schüler.

4. Tierische Stärke

Achtung, hierbei handelt es sich um eine Scherzfrage. Die Schnecke ist das stärkste Tier, denn sie kann ein Haus tragen.

5. Pärchen bilden

Man ist versucht, mit Sechs zu antworten. Richtig ist aber Fünf, denn es geht um die Anzahl der Buchstaben: Das Wort „28" hat 14 Buchstaben etc.

6. Auf dem Mond

Die Frage ist nicht ganz einfach zu beantworten, denn auf dem Mond ist die Schwerkraft bekanntlich geringer als auf der Erde. Auf die Lösung kommt man, wenn man bedenkt, dass die Erde eine Atmosphäre hat, der Mond nicht. Dinge, die leichter sind als Luft - zum Beispiel ein mit Helium gefüllte Ballon - haben auf dem Mond keinen Auftrieb und sind folglich „schwerer".

7. Haltestelle

15, nämlich 14 Fahrgäste und der Fahrer

8. Reihe

FSS. Es geht um die Wochentage (M = Montag, D = Dienstag usw.)

9. Goldmünze

Fast nichts, denn es handelt sich um eine Fälschung. Zur Zeit der Münzprägung konnte man nicht wissen, dass elf Jahre später Christus geboren werden würde.

Ausgewählte Veranstaltungen von e-fellows.net

Master Day Business & Economics

Worum geht es? In Einzelgesprächen, an Ständen und in Vorträgen informieren sich die Teilnehmer bei Business Schools aus ganz Europa über ihre wirtschaftswissenschaftlichen Master-Studiengänge. Ausgewählte Unternehmen präsentieren ihre Einstiegsangebote und Praktika. Außerdem gibt es Expertentipps zu Finanzierung, Bewerbung und GMAT.

Wann und wo? 4. März 2017 (München), 11. März 2017 (Stuttgart), 25. März 2017 (Frankfurt am Main), 31. März 2017 (Zürich), 14. Oktober 2017 (Wien), 27. Oktober 2017 (Köln)

Für wen? Bachelor-Studenten und Absolventen

Details unter www.e-fellows.net/masterday

MBA Day

Worum geht es? Rund 30 ausgewählte Spitzenunis wie INSEAD, London Business School, IE oder St. Gallen laden MBA-Interessenten zum persönlichen Gespräch ein. Neben Einzelgesprächen gibt es die Möglichkeit zum informellen Austausch am Stand, Vorträge zur MBA-Planung und zum GMAT-Test sowie – exklusiv für Teilnehmer – MBA-Stipendien im Gesamtwert von 500.000 Euro.

Wann und wo? 11. März 2017 (München), 21. Oktober 2017 (Frankfurt am Main)

Für wen? Junge Berufstätige, Absolventen und Studierende kurz vor dem Studienabschluss

Details unter www.e-fellows.net/mbaday

e-fellows.net working Consulting

Worum geht es? Mit Berufserfahrung in die Beratung: Beim Karriere-Brunch treffen ausgewählte (Young) Professionals auf Vertreter renommierter Beratungen. In entspannter Atmosphäre knüpfen die Teilnehmer Kontakte und loten ihre Karrierechancen aus.

Wann und wo? 13. Mai 2017 (München, working Women), 10. Juni 2017 (Düsseldorf), 24. Juni 2017 (Stuttgart), 14. Oktober 2017 (München), 28. Oktober 2017 (Frankfurt am Main), 4. November 2017 (Hamburg)

Für wen? Leistungsstarke (Young) Professionals mit Interesse an der Unternehmensberatung

Jetzt vormerken per Mail an karriereservice@e-fellows.net

Erfahrungsberichte

5. Erfahrungsberichte

Um herauszufinden, ob man für den Beruf des Unternehmensberaters wirklich geeignet ist, sollte man sich einem Praxistext unterziehen. Darüber hinaus können Personen, die bereits Praktika absolviert oder den Berufseinstieg schon hinter sich haben, den einen oder anderen Tipp mit auf den (Karriere-)Weg geben.

Wie haben Einsteiger den Bewerbungsprozess gemeistert? Mit welchen Aufgaben wurden sie konfrontiert? Was hat sie dazu bewogen, sich für das jeweilige Beratungsfeld zu entscheiden? Worin bestehen ihre Aufgaben und Herausforderungen? Und welche Vorteile, aber auch Schattenseiten bringt der Beruf des Unternehmensberaters mit sich?

Die Autoren der folgenden Erfahrungsberichte gewähren Einblicke in ihren Berateralltag und beantworten dabei eine ganze Reihe von Fragen, die potenzielle Einsteiger gerade beschäftigt oder in Zukunft noch beschäftigen wird.

Georg Fenske

Psychologie (Master)
Universität Trier

Raus aus dem Hörsaal – rein ins Beraterleben

Mit dem Bachelorabschluss und ersten theoretischen Kenntnissen im Gepäck wollte ich mein bestehendes Wissen unbedingt auch praktisch anwenden. Um während des Masterstudiums schon begleitend Praxiserfahrungen zu sammeln, entschied ich mich für die Mitarbeit in einer studentischen Unternehmensberatung. Heute kann ich sagen: Dieser Schritt hat sich gelohnt! Ich kann mein Wissen vielfach anwenden, sammle stetig Praxiserfahrungen und knüpfe interessante Kontakte zu Unternehmen.

Wie ist die Arbeit in einer studentischen Unternehmensberatung?
Seit etwa zwei Jahren bin ich Mitglied in der studentischen Unternehmensberatung Contact & Cooperation in Trier. Contact & Cooperation existiert seit 1992 und ist deutschlandweit aktiv. Halbjährlich führen wir im Durchschnitt zwischen acht und zehn semesterbegleitende Beratungsprojekte durch. Die Projektteams bestehen meist aus vier bis sechs Consultants und werden bewusst interdisziplinär zusammengesetzt. Ein Projektleiter organisiert die Arbeit im Team und koordiniert den Kontakt zum Unternehmen. Von IT über Vertrieb bis hin zu Human Resources und Marketing sind unsere Projekte in sehr unterschiedlichen Bereichen angesiedelt. Genauso facettenreich wie unsere Projekte sind auch die Unternehmen, mit denen wir zusammenarbeiten. Die Bandbreite reicht vom Ein-Personen-Startup über regionale Mittelständler bis hin zum international agierenden Global Player.

Bisher habe ich an drei sechsmonatigen Beratungsprojekten im Bereich Human Resources mitgewirkt. Eine Kickoff-Veranstaltung, in der die spezifischen Ziele mit dem Unternehmen abgestimmt wurden, bildete jeweils den Auftakt der Projekte. Anschließend arbeiteten wir im Team gemeinsam an den Aufgaben. Nach der Hälfte des vereinbarten Zeitrahmens präsentierten wir dem Unternehmen unsere bisherige Ausarbeitung, um die gemeinsame „Marschroute" endgültig anzugleichen und festzustecken. Nach der Zwischenpräsentation arbeiteten wir im Team das Projektziel final aus. Dabei investierte jedes Teammitglied in etwa fünf bis acht Stunden pro Woche, wobei in der Prüfungsphase bewusst zeitliche Ressourcen zum Lernen freigehalten wurden. Während der Ausarbeitung wurde der Kontakt zum Unternehmen stets via Telefon, Skype oder kurze Meetings im Unternehmen gehalten. Mit einer Endpräsentation und anschließenden Diskussion im Unternehmen wurden die Projekte dann abgeschlossen.

Welche Vorteile bietet eine studentische Unternehmensberatung?
Persönlich sehe ich den Hauptvorteil darin, bereits erworbenes Wissen aus dem Studium in der Praxis sinnvoll anwenden und vertiefen zu können. Contact & Cooperation ermöglicht mir, eine Brücke zwischen Theorie und Praxis zu schlagen, und dies sogar begleitend zum Semester.

Für ein Praktikum muss man oft ein ganzes Semester aussetzen. Im schlechtesten Fall stellt man als Praktikant dann fest, dass das Beraterleben gar nicht zur eigenen Person passt. Ich konnte dagegen erste Eindrücke gewinnen, ohne das Studium zu pausieren. Da mir persönlich der erste Einblick sehr zugesagt hat, bin ich seitdem weiter als studentischer Berater aktiv. Dank wertvoller Praxiserfahrungen konnte ich vor allem auch meine Soft Skills deutlich weiterentwickeln. Ich habe gelernt, im Team effektiv Lösungen zu erarbeiten, von verschiedenen Wissensgrundlagen und Sichtweisen zu profitieren und mit teilweise auftretenden kleineren Konflikten in der Gruppe umzugehen. Gerade durch die Präsentationen vor Unternehmensvertretern, die Kritik meiner Erfahrung nach deutlich schneller anbringen als der durchschnittliche studentische Teilnehmer bei Seminarpräsentationen, verbesserte ich merklich meine Präsentationsfähigkeit, wurde sicherer im Auftreten und lernte mit kritischen Fragen souverän umzugehen. Im Hinblick auf einen Berufseinstieg ins Consulting sind diese Lernerfahrungen sicherlich sehr nützlich und helfen gegebenenfalls dabei, sich von der „Masse" der Studierenden abzuheben. Zusätzlich konnte ich wertvolle Kontakte zu Unternehmensvertretern, motivierten Kommilitonen und Alumni knüpfen. Die Nutzung dieses Netzwerks führt nicht selten dazu, dass einem unserer studentischen Berater ein Praktikumsplatz oder manchmal sogar der Direkteinstieg angeboten wird.

Fazit: Wohl keine Alternative zum Praktikum, aber eine lohnenswerte Ergänzung
Studentische Unternehmensberatungen bieten meiner Meinung nach viele Vorteile: Zu erwähnen wäre das Arbeiten auf Augenhöhe, die großen Handlungsspielräume, die hohe Verantwortung sowie der direkte Kontakt zum Unternehmen, das beraten wird. Je nach Erfahrungslevel des Studierenden kann ein Praktikum im Consulting dies wohl nicht im gleichen Maße gewährleisten. Wer eine Karriere als Berater anstrebt, kommt um ein Praktikum in der Beratung aber trotzdem nicht herum. Es ermöglicht ohne Frage einen tieferen und realeren Einblick in die professionelle Arbeit eines Consultants. Dennoch ist die Tätigkeit als studentischer Berater meiner Meinung nach sehr lohnenswert. Sie ermöglicht durch erste Eindrücke, Praxiserfahrungen und Kontakte, die eigenen Berufspläne zu festigen und den ersten Schritt auf dem Karriereweg zu gehen. Da es in Deutschland mittlerweile an den meisten Universitätsstandorten studentische Unternehmensberatungen gibt, kann ich jedem Studierenden, der Interesse an der Beratung hat, eine Mitarbeit nur nahelegen.

Oliver Hof

Senior Implementation Specialist
The Boston Consulting Group

Consulting: Alles ist möglich

Viele Absolventen fragen sich am Ende des Studiums, welche berufliche Richtung sie einschlagen sollen. Diese Frage hat sich bei mir dank des dualen Studiums nicht gestellt. Ich hatte bereits meinen Traumberuf als Unternehmensberater gefunden. In den nahezu sechs Jahren seit dem Beginn meines Studiums habe ich so viel erlebt und gelernt, dass ich es gar nicht vollständig wiedergeben kann.

Die Arbeit im Consulting bietet viele Möglichkeiten und Chancen. Den größten Vorteil sehe ich dabei nicht in der monetären Vergütung, den gesammelten Meilen und den Business-Class-Flügen, sondern in der Erfahrung. Man erhält Einblick in viele Problemstellungen und lernt diese effizient zu lösen. Das Leben im Consulting fordert jedoch auch einen Preis. Jeder hat schon von dem berühmten „Leben aus dem Koffer" gehört. Dabei ist nicht das Leben aus dem Koffer selbst das Anspruchsvolle, sondern die hohe Flexibilität, die durch die berufliche Tätigkeit gefordert wird. Warum es sich trotzdem lohnt und für mich die absolut richtige Entscheidung war, möchte ich in den nächsten Absätzen erläutern.

Beschleunigter Berufseinstieg dank des dualen Studiums
Zurückblickend auf den Sommer 2010, als ich mein duales Studium bei Accenture in der Beratung angefangen habe, bin ich damals doch sehr naiv in das Berufsleben gestartet und hätte niemals erwartet, dass ich in den folgenden Jahren so viel erleben würde. Bereits in den drei Jahren als Student konnte ich unglaublich wertvolle Erfahrungen in unterschiedlichsten Projekten sammeln. Das Wertvollste waren dabei aber aus meiner Sicht die Soft Skills, welche man in dieser Zeit entwickelt hat. Viele Absolventen sind nach dem Studium in ihrem Fachgebiet gut ausgebildet, aber oftmals mangelt es eben an den benötigten Soft Skills. Gerade im Consulting spielen Fähigkeiten wie das produktive Arbeiten unter Stress, Zeitmanagement oder auch Networking eine extrem wichtige Rolle. Daher empfehle ich ein duales Studium oder Praktika. Denn nur mit einem ausgewogenen Verhältnis zwischen theoretischem Wissen und praktischer Erfahrung kann man in diesem Umfeld erfolgreich sein. Mein duales Studium ist der Grundstein für meinen beruflichen Erfolg und hat auch meine Entscheidung für das Consulting als Karriereweg maßgeblich beeinflusst. Dank der gesammelten Erfahrung wurde ich bereits nach einem Jahr zum Consultant befördert und habe das Angebot bekommen, ins Ausland versetzt zu werden.

Als Consultant im Ausland – Diversität und eine andere Arbeitsweise

Jedem ist bewusst, dass in unterschiedlichen Ländern in einem anderen Stil gearbeitet wird, aber erst, wenn man es tatsächlich erlebt hat, wird einem klar, wie groß die Unterschiede tatsächlich sind, auch wenn sie von außen als Kleinigkeiten wahrgenommen werden. Genau das habe ich nach kurzer Zeit erfahren, nachdem ich nach Texas (USA) gewechselt habe. Auf einmal standen viel mehr Meetings in meinem Kalender und Small Talk nahm eine fundamentale Rolle im beruflichen Alltag ein. Nach und nach passt man sich langsam an, und wenn man nach einiger Zeit nach Hause zurückkehrt, stellt man fest, dass sich die eigene Arbeitsweise verändert hat.

Das Consulting lebt von Diversität, von einem bunten Team, das unterschiedliche Ansätze und Ideen hat. Nur durch diese Vielfalt ist es möglich, das eigene Denken kritisch zu hinterfragen und am Ende zum besten Ergebnis für den Kunden zu kommen.

Vor Ort beim Kunden – unterschiedliche Kulturen und wertvolle Einblicke

Ein weiterer Unterschied ergibt sich aus der Zusammenarbeit unterschiedlicher Unternehmenskulturen. Die Kultur eines Consultingunternehmens ist aufgrund der Arbeitsart ganz anders geprägt als die der meisten Kunden. Man muss also als Consultant lernen, sich an die Kultur des Kunden anzupassen, ohne dabei die eigene aufzugeben. Dies fällt gerade dann schwer, wenn man längere Zeit beim Kunden vor Ort arbeitet. Für mich war das der Fall, als ich über ein Jahr vor Ort war und in dieser Zeit nur selten ein Büro meiner eigenen Firma besucht habe. Es war eine unglaublich wertvolle Erfahrung, da ich viel darüber gelernt habe, wie man eine dauerhafte Beziehung zu Entscheidungsträgern auf Kundenseite aufbaut. Man muss dabei darauf achten, dass die Grenze zwischen Berater und Kunde nicht zu sehr verschwimmt, denn am Ende des Tages muss man weiterhin in der Lage sein, Prozesse und Entscheidungen kritisch beurteilen zu können.

Der größte Vorteil, den ich aus der Arbeit auf Projekten gezogen habe, war die Zusammenarbeit mit Leuten aus allen Rängen. So bin ich an einem Tag morgens um drei Uhr mit dem Außendienst unterwegs gewesen, um Produkte in den Supermarkt zu bringen, und am Abend des nächsten Tages saß ich mit dem CIO der Firma beim Dinner. Dadurch hatte ich einen holistischen Blick auf das Unternehmen, seine Prozesse, Strategie und Problempunkte.

Zusammenfassend lässt sich sagen, dass ich drei Hauptpunkte für den Erfolg im Consulting und zugleich für die Attraktivität des Bereiches sehe: die Verbindung zwischen praktischer und theoretischer Arbeit, die vielfältigen Möglichkeiten und Chancen und die ausgeprägte Diversität. All diese Punkte zusammen ermöglichen ein unglaublich gutes Arbeitsumfeld und lehren das bekannte „Thinking outside the box".

Benedikt Holt

Consultant
thyssenkrupp Management Consulting

Inhouse Consulting – der perfekte Berufseinstieg?

Um es direkt vorwegzunehmen: Der Einstieg in eine interne Managementberatung war nie Teil meiner Karriereplanung. Letztendlich fand ich im Inhouse Consulting jedoch den optimalen Berufseinstieg nach meinem Studium. Abwechslungsreiche und anspruchsvolle Projekte, ein hohes Maß an Teamgeist, Internationalität sowie ständig neue Herausforderungen beschreiben sowohl die Anforderungen an meinen Traumberuf als auch meine ersten eineinhalb Jahre bei thyssenkrupp Management Consulting (TKMC) sehr zutreffend.

Industriekonzern vs. externe Beratung

Bereits während der Schulzeit stand für mich fest, dass ich nach dem Studium in einem großen Industriekonzern arbeiten möchte. Deshalb habe ich mich für das Studium des Wirtschaftsingenieurwesens am KIT in Karlsruhe entschieden und meinen Studienfokus auf Fahrzeugtechnik und Corporate Finance gelegt. Dieses theoretische Wissen habe ich durch unterschiedliche Praktika in der Industrie ergänzt. Doch bereits nach meinem ersten mehrmonatigen Praktikum wusste ich, dass ich mehr will. Mir wurde schnell bewusst, dass ich ständig auf der Suche nach neuen Herausforderungen sowie abwechslungsreichen Themen bin. Daher habe ich mich schon während meines Bachelor-Studiums bei Kommilitonen sowie bei Karriere-Events über Alternativen informiert und bin auf das Berufsfeld Consulting aufmerksam geworden. Weltweit arbeiten, Verantwortung übernehmen, ein inspirierendes Umfeld – die externen Beratungen versprachen genau das, was ich gesucht habe. Daraufhin habe ich an diversen Recruiting-Events der großen, externen Unternehmensberatungen teilgenommen. Mein Wunsch, in eine externe Unternehmensberatung einzusteigen, hat sich mehr und mehr verfestigt. Was mich insbesondere am Consulting gereizt hat und immer noch reizt, sind die hohe Leistungsbereitschaft der Kolleginnen und Kollegen, die Zusammenarbeit in jungen, dynamischen Teams und das hohe Maß an Anspruch und Professionalität bei Methodik und Inhalt.

Von der Alternative zum Favoriten – Inhouse Consulting hat mich überzeugt

Gegen Ende des Master-Studiums wollte ich dann meine beruflichen Zukunftspläne in die Tat umsetzen. Wie es sich für einen angehenden Berater gehört, begann alles mit einer Excel-Übersicht. Diese umfasste eine Auflistung meiner Top 15 Arbeitgeber, sortiert nach Relevanz und bewertet nach Vor- und Nachteilen. Auf dieser Liste waren vornehmlich große, externe

Strategieberatungen. Was bei mir zunächst nur als Alternative galt, wurde bei tiefergehender Recherche immer interessanter - Inhouse Consulting. Aufgrund meiner Präferenzen hinsichtlich Industrie, Standort sowie Tätigkeitsspektrum gehörte TKMC zu den wenigen mich ansprechenden internen Beratungen, bei denen ich mich beworben habe. Nach Versand meiner Bewerbungsunterlagen dauerte es nur etwa zwei Wochen, bis ich den Arbeitsvertrag unterzeichnet hatte. Schlussendlich hat bei meiner Entscheidung weder die Bekanntheit noch die Größe des Unternehmens den Ausschlag gegeben, sondern vielmehr das Gesamtpaket aus dem Miteinander der Kollegen, dem inhaltlichen Fokus sowie der Weiterentwicklung und den persönlichen Karriereperspektiven.

Die optimale Kombination

Kaum zu glauben, dass mein Studentenleben bereits mehr als eineinhalb Jahre zurückliegt. Rückblickend lässt sich festhalten, dass die Entscheidung für einen Berufseinstieg im Inhouse Consulting und gegen eine externe Beratung sowie den Direkteinstieg in einen Großkonzern für mich genau richtig war. Tatsächlich ist die interne Beratung in gewisser Weise eine Kombination aus beidem. Natürlich ist man durch Projekte in nur einem Unternehmen in gewisser Weise „beschränkt". Als diversifizierter Industriekonzern mit hoher Ingenieurkompetenz bietet thyssenkrupp für mich als Wirtschaftsingenieur jedoch genau die richtige Mischung aus Spezialisierung und Generalismus. thyssenkrupp bietet durch die sechs Business Areas mit Standorten in knapp 80 Ländern eine hohe Themenvielfalt und Internationalität, sodass weltweite strategische und operative Projekte in den verschiedenen Einheiten und auf Corporate-Ebene für viel Abwechslung sorgen. Neben vielen Gemeinsamkeiten mit externen Strategieberatungen gefällt mir insbesondere, dass unser Team aktuell aus „nur" etwa 40 Beraterinnen und Beratern besteht, was einen sehr persönlichen Umgang miteinander ermöglicht und kurze Wege sowie Transparenz bietet. Dies lässt sich auch über die Interaktion mit den Kunden sagen. Unsere Kunden sind gleichzeitig Kollegen, was die Zusammenarbeit vielfach erleichtert und wodurch sich auch längerfristige berufliche sowie private Kontakte knüpfen lassen. Man darf jedoch nicht vergessen, dass es sich bei Inhouse Consulting um eine Tätigkeit handelt, die sehr anspruchsvoll ist und ein hohes Maß an Engagement fordert. Lange Arbeitstage in intensiven Projektphasen, das viele Reisen sowie Zeit- und Ergebnisdruck können auch mal anstrengend sein. Am Ende wird man jedoch mit einem zufriedenen Kunden, einem tollen Zusammenhalt im Projektteam und einer hohen Lernkurve belohnt - und natürlich mit dem Erfolg, einen Beitrag geleistet zu haben, um den eigenen Konzern jeden Tag ein wenig besser zu machen.

Inhouse Consulting - für mich der perfekte Berufseinstieg!

„Two roads diverged in a wood, and I – I took the one less traveled by, and that has made all the difference." Dieses Zitat von Robert Frost beschreibt meinen aktuell noch recht kurzen Karriereweg ganz passend. Meinen Berufseinstieg in einer internen Beratung zu machen, entsprach nie meiner anfänglichen Planung. Als Zwischenfazit kann ich jedoch sagen, dass es genau die richtige Entscheidung war.

Marco-Alexander Horchler

Master of Science in Management
Friedrich-Alexander-Universität Erlangen-Nürnberg

Der Job, der jeden Tag neu erfunden wird

Mittwoch, 13. August 2014, morgens auf der A81 Richtung Stuttgart: Nach einem längeren Stau bleibt mir nun kaum noch Zeit. Ich entschließe mich, den Stadtverkehr zu meiden und mein Auto im Parkhaus der Wilhelma abzustellen. Mein Blick richtet sich fast nur auf die Uhr rechts unten an meinem verzögert reagierendem Navi. Angekommen schlage ich die Tür zu, sprinte mit dem Sakko in der Hand los und erreiche noch die letztmögliche Bahn der U14 Richtung Hauptbahnhof. Nach einem weiteren kurzen Fußweg durch die Königstraße komme ich um 09:01 Uhr zu meinem Bewerbungsgespräch bei Horváth & Partners an. Drei Stunden später – der Praktikumsvertrag in meinem E-Mail-Postfach. Diesem ersten Erfolg gingen viele Absagen voraus. Es hieß immer wieder, ich hätte zu wenig Praxiserfahrung, und darum war es auch so schwer, diese Praxiserfahrung zu bekommen. Als allerdings die erste Station geschafft war, konnten weitere wie z. B. KPMG, Capgemini Consulting oder Stern Stewart folgen. Die Vorstellungen und Erwartungen, die mich für die Beratung begeisterten, wurden in diesen Praktika voll und ganz erfüllt.

Vielfalt

Während meiner bisherigen Praktika habe ich vor allem im Financebereich gearbeitet, war aber auch für einen Automobilhersteller, einen Automobilclub und einen Übertragungsnetzbetreiber tätig. Auch die Projektziele waren dabei sehr breit gestreut. Sie reichten von strategischen Marktanalysen bis hin zur Konzeptionierung neuer Organisationseinheiten. Diese Vielfalt machte jeden Tag zu einer neuen spannenden Herausforderung und garantierte eine steile Lernkurve. Dabei war es nicht entscheidend, möglichst viel fachliches Vorwissen zu haben, sondern sich strukturiert und schnell mit neuen Thematiken auseinandersetzen zu können. Im späteren Karriereverlauf spezialisiert man sich allerdings auch eher auf bestimmte Bereiche.

Verantwortung

In meinen Beratungspraktika habe ich von Anfang an große Gestaltungsfreiheit und Eigenverantwortung gewährt sowie direkt eigene Arbeitspakete zugeteilt bekommen. So durfte ich z. B. eine Werttreiberanalyse durchführen, um Auffälligkeiten im Verhältnis der Soll- und Ist-Kosten in verschiedenen Bereichen der Automobilentwicklung zu identifizieren. Mit den Ergebnissen konnten wir den jeweiligen Abteilungsleitern helfen, ihre Effizienz zu verbessern. Ein anderes Mal entwickelte ich einen Fragebogen zur Analyse von Unternehmensstrategien. Basierend darauf konnten wir Optimierungspotenziale unseres Kunden identifizieren und ihn zielgerichtet beraten. Auch die direkte Zusammenarbeit mit den Kunden gehörte während der Praktika zu meinen Aufgaben. So durfte ich z. B. ein Kick-off-Meeting für eines unserer Teilprojekte mit Managern des Kunden eigenständig vorbereiten und moderieren. Die Beratung ermöglicht es, eigene Ideen zu verwirklichen und damit einen spürbaren Beitrag zum Erfolg zu leisten.

Kollegen

Einmal sagte ein Berater im Bewerbungsgespräch zu mir: „Wenn ich in meinem alten Job einen Termin am Freitag um 13 Uhr eingestellt habe, konnte es sein, dass keiner mehr zusagte. Wenn ich hier einen Termin am Freitag um 19 Uhr einstelle, ist sofort jeder dabei." Was im ersten Moment witzig klingt, hat doch einen sehr wahren Kern. Die Leute, die ich in der Beratung kennengelernt habe, waren hoch motiviert. Es ging nicht darum, Aufgaben zu erledigen, weil man musste, sondern etwas zu verwirklichen, weil man wollte - auch wenn das hieß, montags um vier Uhr aufzustehen, um rechtzeitig beim Kunden zu sein. Das Betriebsklima hängt natürlich immer vom jeweiligen Team ab, aber ich habe es fast immer als sehr gut erlebt. Manchmal haben wir auch nach Feierabend etwas zusammen unternommen und z. B. die Katakomben einer Bierbrauerei besichtigt.

Trotz allem sollte man sich dessen bewusst sein, dass die Unternehmensberatung auch lange Tage, Arbeiten unter Druck und viel Reisen mit sich bringt. Wer mit diesem Lebensstil gut zurechtkommt, ist in der Beratung genau richtig.

Meiner bisherigen Erfahrung nach kann ich Bewerbern dazu raten, sich neben den Cases ausreichend auf den persönlichen Teil des Interviews zu konzentrieren. Man sollte sich vor einer Bewerbung genau überlegen, zu welcher Firma man möchte und warum. Authentizität und gegenseitige Sympathie überzeugen schließlich mehr als ein gut gerechneter Case. Zudem hilft einem der Personal Fit auch selbst, eine geeignete Stelle zu finden. Darüber hinaus habe ich auf Recruiting-Events und an Auswahltagen auch gemerkt, dass viele Firmen großen Wert auf Target Schools legen. Ich hatte bei der Auswahl meiner Uni damals keine Rankings berücksichtigt, würde in Zukunft aber neben anderen Kriterien auch darauf achten.

Alexander Kundorf

Fellow Senior Associate
McKinsey & Company

Themen, die begeistern

Ein wesentlicher Grund für mein Interesse an der Beratung war und ist für mich die Vielfalt der Klienten, Problemstellungen und natürlich der Personen, mit denen man interagiert. Alle paar Monate arbeitet man sich in neue Situationen ein und kann dabei enorm viel lernen. Dabei beschäftigt man sich mit hoch aktuellen Fragen, die Unternehmen weltweit herausfordern, und kann einen wertvollen Beitrag zur Lösung des Problems leisten.

Faszinierende Themenvielfalt und mein Hang zur Technik
Durch die unglaubliche Bandbreite an Projekten kann man sich mit jenen Sektoren und Kernthemen beschäftigen, die einen am meisten faszinieren. Bei McKinsey kann man maßgeblich mitentscheiden, an welchen Projekten man mitwirken möchte. Diese Chance habe ich von Anfang an genutzt und unter anderem bereits Klienten aus der Modewelt, dem Finanzsektor, dem Maschinenbau oder auch der Automobilbranche betreut. Gerade die Unternehmen aus technischen Branchen habe ich mir gezielt ausgesucht, und hier sehe ich auch meinen zukünftigen Schwerpunkt.

Eigentlich war ich schon immer technikaffin. Das ist bereits als Kind beim Basteln klar geworden und macht sich noch heute jedes Mal bemerkbar, wenn ich ein Flugzeug besteige. Am liebsten sitze ich dort am Fenster, um die Klappenbewegungen zu beobachten, und werfe beim Betreten des Fliegers auch schon mal gerne einen Blick ins Cockpit. Studiert habe ich dann auch Technologie- und Managementorientierte Betriebswirtschaftslehre (TU München) an der Schnittstelle zwischen Betriebswirtschaft und Technik. Über Praktika konnte ich schon während des Studiums Erfahrungen in der Systemtechnik sowie im Fahrzeug- und Maschinenbau sammeln. Umso mehr freut es mich daher jedes Mal, wenn ich mein technisches Wissen in die Projektarbeit einfließen lassen kann. Bei einem Automobilhersteller haben wir beispielsweise technische Diskussionen mit den Ingenieuren geführt, um das Design und Fertigungsverfahren verschiedener Bauteile zu optimieren. Von den Ingenieuren wurde ich direkt als Diskussionspartner auf Augenhöhe geschätzt.

Im Team – das Miteinander wird groß geschrieben
Bei McKinsey hilft jeder dem anderen, wo er kann – sei es inhaltlich oder auch durch konstruktives Feedback und persönliches Coaching. Auch wenn man einen Kollegen am ande-

ren Ende der Welt zu einem speziellen Thema kontaktiert, bekommt man immer eine hilfreiche Antwort, oder man wird an andere Kollegen weitervermittelt, die einem weiterhelfen können. Das finde ich großartig! Generell haben wir alle etwas davon, wenn wir uns gegenseitig weiterbringen.

Im Team arbeitet man mit einer Vielzahl an smarten Leuten mit den unterschiedlichsten Fachhintergründen zusammen. Da hat die eine Kollegin Theaterwissenschaften, die andere Elektrotechnik studiert. Ein Kollege hat Erfahrung in der Politik, ein anderer ein tiefes Verständnis im Bereich Raketentechnik. Ich bin immer wieder beeindruckt, wie durch diese Vielfalt verschiedene Perspektiven in die Teamarbeit einfließen und vielseitige Lösungsansätze entstehen. Bei uns gibt es keine feste Teamzuteilung, sondern die Teams werden für jedes Projekt neu ausgewählt. Somit kommt man häufig mit neuen, inspirierenden Kollegen in Kontakt und kann sich gleichzeitig ein solides Netzwerk aufbauen.

Einstieg erleichtern – durch internationale Erfahrungen, Praktika und Fallstudienpraxis

Diese Vielfalt setzt sich auch bei den möglichen Einsatzorten fort. Die Projektarbeit bei McKinsey hat mich schon nach Südafrika, Großbritannien, Mexiko und in die Schweiz geführt. Außerdem arbeitet man regelmäßig in interkulturellen Teams und mit internationalen Experten oder Klienten zusammen. Das professionelle Auftreten im internationalen Umfeld ist also sehr wichtig. Man erlernt es zum Beispiel gut in Auslandspraktika oder in meinem Fall bei einem Auslandssemester, welches ich an der Georgia Tech in den USA absolvierte.

Die Erfahrungen, die ich durch Praktika in Unternehmen sammeln konnte, haben mir bei meinem Einstieg in die Beratung sehr geholfen. Ein gutes Verständnis für die Interessen der einzelnen Akteure im Unternehmen sowie für die externen Geschäftsbeziehungen zu entwickeln ist entscheidend – auch in meinem heutigen Arbeitsalltag beim Klienten. In der Uni steht so etwas so gut wie nie auf dem Lehrplan, sondern muss in der Praxis erlernt werden. Ich kann jedem Bewerber nur empfehlen, vor dem Auswahltag einige Fallstudien mit Kommilitonen oder Bekannten durchzuspielen. Damit macht man sich mit bestimmten Lösungsansätzen vertraut und fühlt sich oft besser vorbereitet. Auch Frameworks können bei der strukturierten Problemlösung helfen. Und es ist sicherlich nicht verkehrt, wenn man schon einmal etwas von „Porter's Five Forces" gehört hat. Aber im Interview werden diese ja nicht direkt abgefragt. Und ein zu großer Fokus auf einstudierte Frameworks wird vermutlich eher hinderlich sein. Am Ende denkt man womöglich zu sehr in Schubladen und kann sich nicht ausreichend auf das individuelle Fallbeispiel einstellen.

Wer an einem Einstieg in die Beratung interessiert ist, sollte den Austausch mit Bekannten suchen, die diese Welt von innen kennen. Deren Einschätzungen zur Teamarbeit und vielseitigen Projekterfahrungen helfen jedem Neuling, sich ein eigenes Bild zu machen. Mir hat außerdem gut gefallen, bei Recruiting-Events die McKinsey-Berater in ungezwungener Atmosphäre persönlich kennenzulernen und meine Fragen loszuwerden.

Ich freue mich schon auf die nächsten Herausforderungen!

Michèle Launer

IT-Consultant
adesso AG

Als Quereinsteiger zum IT-Consultant

Strategie- und Managementberatungen sind dafür bekannt, auch Quereinsteigern eine Perspektive zu bieten. Aber welche Möglichkeiten gibt es für Nicht-Informatiker, in der technisch geprägten IT-Beratung Fuß zu fassen?

IT-Consultant – passt das zu mir?
Es existiert das Vorurteil, dass in der Beratung vorrangig „Blender" punkten können. Spätestens im ersten Projekt zeigen sich jedoch verschwiegene Defizite, die meist nicht ad hoc behoben werden können. Zudem hat jedes Unternehmen eine individuelle Kultur, in die zwangsläufig nicht jeder Bewerber passt. Oberste Maximen sind also Ehrlichkeit und Authentizität im Jobinterview. Vorab helfen grundlegende Fragen herauszufinden, ob der Beruf des IT-Consultants eine gute Wahl für den eigenen Einstieg ist: Habe ich ein grundsätzliches Interesse an IT, und kann ich mich gut in unbekannte Sachverhalte einarbeiten? Kann ich anderen Unbekanntes gut erklären, und bin ich bereit, mein Wissen zu teilen? Kann ich gut vor Menschen sprechen, und bin ich fähig, meine Ideen zu vertreten? Kann ich konstruktives Feedback geben und auch selbst annehmen? Bin ich bereit, viel zu reisen, und komme ich auch in fremden Städten gut zurecht? Können alle Fragen bejaht werden, ist dies bereits eine gute Basis für einen Einstieg als (IT-)Consultant. Es empfiehlt sich außerdem, auch Freunde um eine Einschätzung zu bitten, um die eigene Wahrnehmung zu prüfen.

Einstieg in die IT-Beratung
Am Ende meines Bachelorstudiengangs „Management im Gesundheitswesen" war ich mir sicher, dass ich nicht im Gesundheitswesen arbeiten möchte. Auf meiner Suche nach betriebswirtschaftlich geprägten Stellen stieß ich auf eine Ausschreibung als IT-Consultant im Bereich Human Capital Management. An das Telefoninterview schloss sich ein persönliches Gespräch an, in dem mir meine zukünftigen Aufgaben geschildert wurden. Trotz meines geringen technischen Hintergrundwissens wirkten die Themen sehr interessant, sodass auch wegen der positiven Stimmung in den Gesprächen und der sympathischen Fachvorgesetzten mein Entschluss zu einem Einstieg als IT-Consultant feststand.

Das IT-Consulting gliedert sich in die technisch geprägte IT-basierte Beratung, die Fachberatung und die methodische Beratung. Besonders letztere bietet einen guten Einstieg auch für Nicht-Informatiker, da z. B. Themen wie Prozessberatung oder Anforderungsmanagement im Fokus stehen. Das Feld der Fachberatung kann ebenso gute Einstiegsmöglichkeiten bieten.

Bei meinem jetzigen Arbeitgeber, dem IT-Dienstleister adesso AG, sind die Geschäftsfelder nach Branchen wie Insurance, Health, Automotive oder Banking unterteilt. Das Verständnis der Geschäftsprozesse der Kunden ist unabdingbar für eine gute Beratungsleistung. Daher werden in diesen „Lines of Business" auch Absolventen eingestellt, die Expertise aus genau diesen Branchen mitbringen, selbst wenn sie nur über wenig technisches Hintergrundwissen verfügen.

Berufserfahrung, die man während des Studiums gesammelt hat, ist ein großer Pluspunkt, der kleine Defizite in technischen Bereichen ausgleichen kann. Schließlich kann der Umgang mit Kunden in keiner Vorlesung erlernt werden. Dennoch sind IT-Consultants oftmals die Schnittstelle zwischen Fachbereich und IT. Je mehr man von jeder Seite versteht, umso einfacher ist ein langfristiges Bestehen in diesem Beruf.

Perspektiven in der IT-Beratung

Die digitale Transformation der Wirtschaft beschert der IT-Beratung gute Zukunftsaussichten. Kaum eine Branche kommt mehr ohne IT aus, und die Wirtschaftsprozesse sind durchdrungen von IT. Für Absolventen resultieren daraus zum einen unzählige Möglichkeiten, eine spannende Aufgabe zu finden. Zum anderen bedeutet diese Entwicklung erhöhte Anforderungen durch steigende Komplexität. Querschnittsstudiengänge, wie zum Beispiel BWL, können kaum noch alle Aspekte der Tätigkeit eines Consultants abdecken. Erlerntes Fachwissen wird daher zwangsläufig berufsbegleitend ausgebaut. Bei der adesso AG wird dies beispielsweise durch über 100 Schulungen auch neben dem Projektalltag realisiert. Die Referenten sind zum Teil externe Trainer, überwiegend jedoch erfahrene interne Kollegen, die auch nach der Schulung weiterhin als Ansprechpartner zum Thema verfügbar sind.

Mein erstes Projekt war 350 km von meinem Wohnort entfernt, und der Kunde erwartete eine 5-Tage-Präsenz der Berater am Projektort. Diese Reisetätigkeit muss man in der Beratung natürlich mögen. Viele Kunden akzeptieren bereits Remote-Arbeiten, jedoch ist dies nicht selbstverständlich. Trotz der vielen Reisen und der Projekteinsätze in wechselnden Teams gibt es bei der adesso AG einen starken Zusammenhalt. Das wird besonders deutlich, wenn es mit allen Mitarbeitern für ein verlängertes Wochenende auf Seminarfahrt in den Süden geht oder wenn Sommerfeste und Weihnachtsfeiern anstehen.

Mein Fazit: Absolventen, die mit wechselnden Situationen umgehen können und ein Interesse an dauerhaftem Lernen haben, bietet die IT-Beratung viele Chancen und in jedem Fall spannende Aufgaben.

Christopher Olsienkiewicz

Senior Consultant
Roland Berger

Beratung mit der Extraportion Benzin im Blut

Montagabend 20:30 Uhr, Flughafen München, Flug TK1636 nach Istanbul. Anstatt wie normalerweise am Montagmorgen München zu verlassen, bin ich heute erst am Abend auf dem Weg zu meinem nächsten Projekt. Immer wenn ein neues Projekt startet, bin ich gespannt, welche Herausforderungen und neuen Erfahrungen uns beim Kunden erwarten. Doch dieses Mal bin ich besonders neugierig, denn Istanbul ist nur eine Zwischenstation. Mit der TK878 geht es anschließend direkt weiter in den Mittleren Osten. In ein Land mit mehr als 5.000 Jahren dokumentierter Geschichte, ein Land voller Traditionen, mit der zweitgrößten Universität der Welt, auf Platz 18 der wirtschaftsstärksten Länder liegend – unser Ziel ist die Hauptstadt des Irans, Teheran. Als ich von dem Projekt im Iran erfahren habe, war ich sofort Feuer und Flamme und es war klar: Hier will ich dabei sein. Wer besonderes Interesse an einem bestimmten Land oder einer Region hat, für den macht Roland Berger es auch möglich, auf den entsprechenden Projekten zu arbeiten. Für mich persönlich macht genau diese Komponente den Berateralltag spannend.

Während der Flieger abhebt, schaue ich aus dem Fenster und lasse die letzten zwei Jahre, seit ich bei Roland Berger im Automotive Competence Center eingestiegen bin, Revue passieren.

Reasons to join

Damals habe ich mich nach meinem M.Sc. of International Business an der HEC Paris entschieden, bei Roland Berger anzufangen – ein Schritt, den ich nie bereut habe. Die Gründe für meinen Einstieg waren die gleichen, die mich auch heute noch motivieren, häufig unterwegs zu sein und viel Zeit bei meinen Kunden zu verbringen: Mir macht es einfach Spaß, vor immer neuen Herausforderungen zu stehen, strategisch-analytisch zu denken und gemeinsam mit unseren Kunden an ihren kritischsten Problemstellungen zu arbeiten. Außerdem gefällt mir der einzigartige Fokus, den mir die Competence-Center-Struktur im Unternehmen bietet. Ich habe mich schon immer für die Automobilbranche interessiert. Nun kann ich meine Leidenschaft für das Automobil mit den Vorzügen der Projektarbeit in einer internationalen Strategieberatung verbinden. Bereits nach kurzer Zeit habe ich mir Expertenwissen angeeignet, um dem Kunden einen echten Mehrwert zu bieten.

Vielfältige Projekte in der Automobilbranche

Der Fokus auf eine Branche bedeutet aber nicht, dass die Projekte eintönig werden. Ganz im Gegenteil. Jedes Projekt ist einzigartig, genauso wie es unsere Kunden sind. Ich hatte Projekte entlang der kompletten automobilen Wertschöpfungskette: Angefangen beim amerikanischen Kunststoffhersteller, der sein Automobilgeschäft stärker wachsen lassen wollte, über den französischen Exterieur-Zulieferer, für den wir eine langfristige Produktstrategie entwickelt haben. Einen deutschen Premium-OEM haben wir bei der Umsetzung seiner größten IT-Projekte unterstützt, während wir in einem anderen Projekt einem OEM aus den Emerging Markets bei der Erarbeitung einer Kooperationsstrategie mit einem europäischen Unternehmen unterstützt haben. Auch im Sekundärmarkt konnte ich Erfahrung sammeln, beispielsweise bei einem der größten Online-Portale für Autoteile, das sich stärker im B2B-Geschäft aufstellen wollte. Alle Projekte boten einzigartige Lernerfahrungen, die alle eines gemeinsam hatten, nämlich unseren Beratungsansatz: Wir entwickeln gemeinsam mit unseren Kunden kreative, pragmatische und ergebnisorientierte Strategien und Lösungen, die auf eine nachhaltige Wertschöpfung zielen.

It's character that creates impact

Neben den Projektinhalten macht auch das Team den Unterschied. Unsere Unternehmenskultur ist stark von unseren Werten Entrepreneurship, Excellence und Empathy geprägt. In der Praxis drückt sich das durch einen sehr starken Team-Spirit aus, der auch bei uns im Bereich Automotive mit einer Extraportion Benzin im Blut gelebt wird: Hilfsbereitschaft, Offenheit und Diskussionen auf Augenhöhe – sei es zwischen Praktikanten, Beratern, Projektmanagern oder Partnern – sind keine Marketingfloskeln, sondern gelebte Selbstverständlichkeiten. Von Anfang an werden neue Teammitglieder voll integriert und durch ein Buddy- und Mentorenprogramm beim Einstieg und darüber hinaus begleitet. Regelmäßige Team-Dinner, Sommerfeste, Weihnachtsfeiern und auch der eine oder andere gemeinsame Oktoberfest-Besuch sorgen dafür, dass man schnell einen großen Teil seiner Kollegen kennenlernt und sein eigenes Netzwerk kontinuierlich erweitert. Das diesjährige Global Automotive Event, bei dem ich mir mit den Kollegen auf der Go-Kart-Bahn ein spannendes Rennen geliefert habe, war eines meiner Highlights.

Let's do this

Dienstagmorgen 6:00 Uhr, Landung. Wir verlassen zügig das Flugzeug, um zum Projekt-Kick-off beim Kunden zu fahren. Projektziel und -ansatz sind definiert, jetzt gilt es zu verstehen, welche Anforderungen der Kunde stellt, und die nächsten Wochen gemeinsam Ideen auszuarbeiten und konkrete Lösungsvorschläge zu entwickeln. Auch wenn dieses Projekt, der Kunde und auch das unbekannte Land sicherlich noch einige Überraschungen für uns bereithalten, bin ich mir sicher, dass wir es erfolgreich abschließen werden. Denn neben meiner eigenen Erfahrung, Neugier und Kreativität habe ich ein großartiges Projekt-Team an meiner Seite und als Teil von Roland Berger ein riesiges Netzwerk an Experten hinter mir, die uns jederzeit weiterhelfen, sollten wir Unterstützung brauchen.

Franziska Sperl

Beraterin
h&z Unternehmensberatung AG

It's up to you! Jeder muss seinen eigenen Weg finden

Als Vorbereitung auf meine Bewerbungsgespräche hat mir diese Buchserie sehr weitergeholfen. Daher freue ich mich, meine eigenen Erfahrungen nun weitergeben zu können. Ich heiße Franziska, bin 26 Jahre alt und habe mich für den Berufseinstieg in einer mittelständischen Beratung entschieden, um dort meinen individuellen Weg zu gehen.

Langweilig… next please!

Ein „normaler" Bürojob mit routiniertem Arbeitsalltag wäre für mich nie in Frage gekommen. Mir wurde schon immer schnell langweilig und ich habe die Neugierde und Wissbegierde, ständig etwas Neues lernen zu wollen. Auch wollte ich mich noch nicht auf ein bestimmtes Unternehmen oder eine Branche festlegen – getreu dem Motto „Probieren geht über Studieren" –, um herauszufinden, wofür mein Herz beruflich schlägt. Das Feld der Unternehmensberatung bietet einen abwechslungsreichen Job mit der Möglichkeit, in kurzer Zeit enorm viele Erfahrungen und Eindrücke in verschiedenen Branchen, Firmen und Fachbereichen zu sammeln.

Out of the box

Dank einiger Professoren wurde ich schon an der Uni zum kritischen Hinterfragen von Sachverhalten sowie Querdenken ermutigt – eine Fähigkeit, die sich im Beraterealltag auszahlt. Für verschiedenste Fragestellungen muss innerhalb eines meist straffen Zeitplans eine auf den Kunden zugeschnittene Lösung erarbeitet werden. Standardkonzepte oder Lehrbuchansätze helfen höchstens als grobe Leitlinien weiter. Vielmehr geht es darum, die Expertise der einzelnen Teammitglieder zu kombinieren und daraus etwas Neues zu schaffen. Als Frau gehöre ich meist einer Minderheit an, erfahre aber immer mehr, dass die männlichen Kollegen den weiblichen Einfluss zu schätzen gelernt haben. Empathie und Sorgfalt sind nur zwei der Eigenschaften, die insbesondere Frauen in Teams einbringen. Bisher habe ich durch die Bank positive Erfahrungen damit gemacht, als Frau in der Männerdomäne Beratung zu arbeiten. Hin und wieder passiert es allerdings, dass man als Frau unterschätzt wird, was ich aber eher als Vorteil sehen würde, da man so durch gute Leistungen für positive Überraschungen sorgen kann.

Soziale Isolation und Leben für die Arbeit?

Diese Vorurteile gegenüber Unternehmensberatungen kann ich nicht bestätigen. Während ich diesen Beitrag schreibe, sitze ich im Zug auf dem Weg zurück nach München. Ich habe einen achtstündigen Kundenworkshop in Mannheim hinter mir, dazu kommen insgesamt sechs Stunden Zugfahrt. Zugegeben, anstrengend ist das schon, aber nicht jeder Tag ist gleich. Jedes Projekt und jede Projektphase bringen andere Anforderungen mit sich, sodass es auch ruhigere Zeiten gibt. Mit dem Reisen komme ich bisher gut zurecht. Ich hatte das Glück, einige Zeit auf einem Projekt in Kopenhagen verbringen zu können, und mein nächstes Projekt wird in München sein. Für mich passt das Verhältnis zwischen Leben im Hotel und zu Hause. Die allseits bekannte Work-Life-Balance hat meiner Meinung nach jeder selbst in der Hand. Mit ausreichend Organisation und Disziplin schafft man es, die Wochenenden arbeitsfrei zu halten, gleiches gilt für Urlaube. Genauso liegt es an jedem selbst, seine Freundschaften zu pflegen. Natürlich muss man seine Freizeit entsprechend planen, aber wirklich gute Freunde sind den Aufwand wert und haben Verständnis, wenn man phasenweise auch mal keine Zeit für ein Treffen hat. Deshalb nutze ich gerne die Reisezeiten, um per WhatsApp und Co. in Kontakt zu bleiben und einfach mal ein kurzes „Hallo" zu schicken.

Klein, aber oho

Es muss nicht immer eine der großen Unternehmensberatungen sein, um eine erfolgreiche Karriere hinzulegen. In einer kleinen oder mittelständischen Beratung kann man sich schneller einen Namen machen und profitiert von extrem flachen Hierarchien, kurzen Entscheidungswegen und einer ganz speziellen Unternehmenskultur. Bei h&z wird darauf geachtet, dass Kandidaten wirklich in die Belegschaft passen. Daher müssen auch Praktikanten und Werkstudenten, die sich für einen Festeinstieg bewerben, den regulären Recruitingprozess durchlaufen und sich erneut beweisen. Die hohe Trefferquote passender Mitarbeiter spricht für sich. Entwicklungsmöglichkeiten folgen keinem starr vorgezeichneten Weg, sondern können individuell abgestimmt werden. Durch Mentoring und Coaching findet man schnell Anschluss und wird aktiv im Unternehmen aufgenommen. Die weiblichen Berater treffen sich zudem regelmäßig im Rahmen des Female Consultant Clubs, um sich gegenseitig zu unterstützen und eigene unternehmensinterne Aktionen zu realisieren.

Berater leben von ihrer individuellen Persönlichkeit

In meiner Zeit bei h&z habe ich gelernt, dass man durch Eigeninitiative schneller vorankommen kann und die Lernkurve deutlich steiler wird. Wer den nötigen Mut hat, eigene Ideen und Vorschläge einzubringen und aktiv voranzutreiben, kann seine Sichtbarkeit im Unternehmen erhöhen. Hier spüre ich die Vorteile besonders einer mittelständischen Beratung. Beispielsweise heißt das, dass ich die Möglichkeit habe, auch direkt mit Partnern und Vorständen zusammenzuarbeiten. Jungen Einsteigern, insbesondere Frauen, kann ich nur raten, die dadurch gewonnene Aufmerksamkeit zu nutzen, um sich im Unternehmen zu positionieren. Voraussetzung ist natürlich, dass man seine Vorhaben in die Tat umsetzt und durch entsprechendes Selbst- und Zeit-Management – gegebenenfalls neben der regulären Projektarbeit – das Arbeitspensum stemmt.

Jan Teckemeyer

Senior Business Consultant
BearingPoint

Beratung: Was ist dran an den Klischees?

Nachtschichten im Büro, noch ein Call im Taxi vom Flughafen nach Hause und Business-Dinner mit dem Kunden – das sind die Klischees, die viele Uni-Absolventen im Kopf haben und die auch ein Stück weit meine anfängliche Vorstellung vom Beraterleben geprägt haben. Aber wie sieht die Realität aus, und was macht diesen Job aus?

Der Reiz, in die Beratung zu gehen, bestand für mich vor allem in der Perspektive, zum Berufseinstieg verschiedene Unternehmen, Funktionsbereiche und Projekte kennenzulernen und mein Netzwerk in verschiedene Richtungen auszubauen. Zuvor hatte ich während eines dualen Studiums neben der Uni drei Jahre in einer Retailbank mehrere Bereiche des Bankgeschäfts kennengelernt und ein Auslandspraktikum absolviert. Danach fiel es mir schwer, die Entscheidung zu treffen, in einer bestimmten Funktion – z. B. im Vertrieb – einen Job anzutreten.

Der Arbeitsalltag unterscheidet sich je nach Typ des Beratungshauses
Wie genau der Arbeitsalltag als Berater letztendlich aussieht, richtet sich stark nach dem Typ des Beratungshauses – und davon abhängig nach Länge und Art der Projekte. Während Strategieberatungen ihre Teams oft in kurze, konzeptionelle Projekte mit wechselnden Themen entsenden, sind bei umsetzungsorientierten Beratungen Projekte von über einem Jahr Länge keine Seltenheit. Tendenziell findet auf längeren Projekten eine höhere Spezialisierung statt. Dafür ist das Spektrum an Kunden und Themen, die man kennenlernt, kleiner. Unabhängig von den Kundenprojekten gibt es über die Mitarbeit an Pitches für neue Projekte in der Regel immer wieder die Möglichkeit, über den Tellerrand zu schauen und andere Themen kennenzulernen.

Wie erhofft positionierte ich mich nach dem Berufseinstieg zunächst als Generalist. In den ersten sechs Monaten lernte ich auf einem Kundenprojekt die Grundlagen des Projektgeschäfts und die richtige Herangehensweise an Problemstellungen. Allerdings wurde mir auch schnell klar, dass insbesondere von Neueinsteigern erwartet wird, sich detailliert in Themen einzuarbeiten und Know-how aufzubauen, um einen Mehrwert erbringen zu können. Es galt, einige Themen oder ein Hauptthema zu besetzen, zu diesen aber vollständig auskunftsfähig zu sein. Auf den höheren Senioritätsstufen mag sich dies ändern, wenn es stärker darum geht, Projekte und Kunden zu gewinnen und weniger darum, sich als Fachmann zu entwickeln.

Kurze Einarbeitungszeiten und Reisetätigkeit sind Standard

Absolventen, die in die Beratung gehen möchten, sollten aus meiner Sicht insbesondere Offenheit für Neues und eine schnelle Auffassungsgabe mitbringen. Zum Teil habe ich erst sehr kurzfristig vor Start der Projekte bzw. der Vorstellung beim Kunden erfahren, um welche Themen und Aufgaben es im Detail geht. Vom Berater wird erwartet, sich selbst innerhalb weniger Tage intensiv in Themen einzuarbeiten. Hier habe ich mich oft kurzzeitig unter hohem Leistungsdruck gefühlt, andererseits aber auch die hohe Lernkurve geschätzt. Bei der Einarbeitung in neue Themen, aber auch im normalen Projektalltag, ist die Fähigkeit, komplexe Dinge aufzunehmen und zu strukturieren, unabdingbar.

Doch nicht nur thematisch, sondern auch örtlich müssen Berater flexibel sein. Auch wenn Mitarbeiter, alleine aus Kostengründen, teilweise wohnortnah eingesetzt werden, sind Auswärtsprojekte eher die Regel als die Ausnahme. Entscheidend ist, wo der Kunde die Berater braucht. Ich habe es immer als Chance gesehen, für einige Zeit in einer anderen Stadt zu wohnen. Insbesondere wenn das Projekt die Anwesenheit für vier oder fünf Tage erfordert, verlagert sich der Lebensmittelpunkt an den Ort des Projekts. Ich war in der Regel von Montagvormittag bis mindestens Donnerstagabend unterwegs. Dies habe ich als eine der Schattenseiten des Beraterlebens erlebt, da wenig Zeit bleibt, um mit Freunden und Bekannten in Kontakt zu bleiben. Andererseits ergibt sich zum Teil die Gelegenheit, am Projektstandort alte Bekannte wiederzutreffen. Außerdem gibt es meist einen starken Zusammenhalt im Projektteam, sodass regelmäßig gemeinsame Aktivitäten anstehen.

Die Entwicklung in der Beratung liegt in der eigenen Hand

In der Beratung gilt nach meiner Erfahrung mehr als in anderen Jobs das Motto „Jeder ist seines Glückes Schmied". Durch die flachen Hierarchien gibt es viele Möglichkeiten, sich einzubringen, sei es bei Präsentationen beim Kunden, bei internen Events oder bei der Erstellung von Studien. Das führt vor allem in der Anfangszeit zu einer steilen Lernkurve. Ich habe schon in den ersten Monaten die Verantwortung für einige Themen auf dem Kundenprojekt bekommen, was andernorts erst nach ein oder zwei Jahren möglich gewesen wäre.

Aus meiner Sicht ist die Beratung für ambitionierte Absolventen eine perfekte Gelegenheit, schnell in das Projektgeschäft und auch in bestimmte Branchen hineinzuwachsen. Man sollte sich allerdings im Klaren sein, dass man häufig gezwungen ist, seine Komfortzone zu verlassen und dass eigene Wünsche, z. B. zur thematischen Ausrichtung, nicht immer berücksichtigt werden. Je mehr man sich engagiert und für die Führungskräfte sichtbar ist, umso mehr hat man allerdings die Chance, zu steuern, in welche fachliche Richtung man sich entwickeln möchte. Bei guter Leistung hat man außerdem eher die Möglichkeit, für spannendere Projekte angesprochen zu werden.

Iris Weyer-Menkhoff

Consultant
Consileon

Vom Apotheker zum Unternehmensberater

Parallelen Apotheker – Berater
Nachdem ich das Pharmaziestudium erfolgreich absolviert hatte und die Approbation als Apothekerin erhielt, entschloss ich mich, meinen beruflichen Werdegang in einer Unternehmensberatung fortzusetzten. Beim Einstieg war mir nicht klar, dass Apotheker außerhalb ihres Pharmazeuten-Kreises wohl eher eine Seltenheit darstellen. Zumindest schließe ich das aus den erstaunten Gesichtsausdrücken, die mir entgegengebracht werden, sobald die Sprache auf meine Berufsausbildung kommt. Folgendes Szenario scheint sich in den Köpfen abzuspielen: „Apothekerin, Apotheke, Frau mit weißem Kittel hinter der Ladentheke, verkauft Medikamente, gibt's die überhaupt außerhalb der Apotheke? – hier steht eine junge Frau, ohne Kittel und Medikamente, sie ist Beraterin, kann die das überhaupt?“ Darauf kann ich nur erwidern, dass man als ausgebildeter Pharmazeut eigentlich die besten Voraussetzungen mitbringt.

Man hat zum einen ein anspruchsvolles und vielseitiges Studium hinter sich gebracht, in dem man das theroretische Wissen in zusätzlichen praktischen Übungen im Labor direkt anwenden musste. Darüber hinaus hat jeder Apotheker zur Zeit seines Abschlusses einschlägige Erfahrungen im Umgang mit und in der Beratung von Kunden, da sechs Monate des Praktischen Jahres in einer öffentlichen Apotheke absolviert werden müssen. Bei einer guten Ausbildungsapotheke lernt man sogar betriebswirtschaftliche Aspekte für die Leitung einer Apotheke kennen. Trotz der praktischen und kaufmännischen Anteile in unserer Ausbildung zählen Pharmazeuten dennoch zu den Naturwissenschaftlern. Meine Herausforderung lag nun darin, zu zeigen, dass man eigentlich gar kein Sonderfall ist und in einigen Fällen das Fachwissen sogar zum Vorteil werden kann.

Projekterfahrung
Mein erstes Projekt führte mich in ein großes Pharmaunternehmen, und so begann mein Einstieg in einem Umfeld, in dem ich mich auskannte. Da im Gesundheitswesen und unter Medizinern eine größere Skepsis gegenüber anderen Berufsgruppen vorherrscht, konnte ich auf fachlicher Ebene schnell Vertrauen zum Kunden aufbauen und eine Brücke zwischen „Berater“ und „Kunde“ schlagen.

Dennoch war die Anfangszeit in mehrfacher Hinsicht herausfordernd. In Besprechungen versuchte ich, Diskussionen durch meinen fachlichen Input zu bereichern, und gleichzeitig hörte ich aufmerksam zu, um aus dem Gespräch möglichst viel aufzunehmen. Mir hat es dabei immer sehr geholfen, Gesprächsnotizen zu verfassen, die ich im Nachgang nochmals durchging. Das Schreiben von Protokollen ist ebenfalls sehr hilfreich, weil man gezwungen wird, die eigenen Gesprächsnotizen sorgfältig zu bearbeiten und auszuformulieren.

Aber nicht nur mit Blick auf den Kunden, sondern auch auf die Kollegen war die Zeit herausfordernd. Als Neuling mit einem anderen Hintergrund wollte ich zeigen, dass mein Hintergrund als Pharmazeutin ein Vorteil sein kann. Um die Fachfragen der Kollegen korrekt beantworten zu können, habe ich mich nochmals sorgfältig mit pharmazeuthischen und medizinischen Themen auseinandergesetzt, um die Sachverhalte möglichst klar und eindeutig erklären zu können.

In diesem Zusammenhang ergibt sich eine Spannung zwischen zwei Polen: Welches Wissen wird von mir vorausgesetzt (nämlich das wirtschaftliche Wissen, das die anderen durch ihre Ausbildung mitbringen), und was kann ich nicht ohne zu Fragen wissen? Da beide Seiten Unbekannte darstellen, ist es eine Gratwanderung, die in jedem Fall neu definiert wird. Wem diese Gratwanderung gelingt, der verschafft sich frühzeitig Anerkennung durch die Kollegen.

Fazit

So gestaltete sich meine erste Zeit durchaus aufwändig, weil ich zu dem normalen Arbeitspensum zusätzliche Studier- und Recherchezeit einplanen musste. Dafür musste ich auch einige Male das Wochenende nutzen. Absolventen sollten damit rechnen.

Ich persönlich habe den Mehraufwand gerne in Kauf genommen, weil mir so eine Chance geboten wurde, nicht nur Neues zu lernen, sondern dieses auch direkt anzuwenden. Zudem habe ich auf diesem Weg das Gefühl bekommen, schneller als „vollwertiger Kollege" gesehen zu werden. Dies zeigte sich darin, dass mir schon sehr früh Verantwortung für Aufgaben übertragen wurde, die ich dann direkt mit dem Kunden erarbeitet und besprochen habe.

Die Mühe hat sich gelohnt – und wenn man sich ein wenig eingelebt hat und die anfängliche Hürde erst einmal genommen ist, normalisiert sich das Pensum auch.

Unternehmensporträts

6. Unternehmensporträts

Im letzten Teil des Buches finden Sie 37 Unternehmensporträts auf jeweils vier Seiten. Neben den jeweiligen Ansprechpartnern und den wichtigsten Fakten zum Unternehmen gehen die Beratungen darin auf einige Fragen ein, die sich Interessenten stellen, unter anderem:

- Was unterscheidet die Beratung von anderen Beratungen?
- Was zeichnet die Unternehmenskultur aus?
- Wie lässt sich die Arbeitsatmosphäre beschreiben?
- Wen suchen die Beratungen? Welche Anforderungen werden gestellt?
- Was wird Absolventen geboten?
- Kann man schon während des Studiums Erfahrungen sammeln?
- Wie läuft das Bewerbungsverfahren ab?
- Wie sehen die ersten Wochen aus?
- Welche Karrieremöglichkeiten bietet das Unternehmen?
- Welche Möglichkeiten der Weiterqualifizierung gibt es?
- Welche internationalen Angebote sind verfügbar?
- Wie ist es um die Work-Life-Balance bestellt?

Viele Porträts enthalten auch Kurzberichte von Mitarbeitern, die einen Einblick in ihre Arbeitswelt gewähren und Ihnen Tipps mit auf den Weg geben. Wer weiß, vielleicht sind Sie ja bald Kollegen.

Sollten Fragen offenbleiben, finden sich vertiefende Informationen auf den Websites der einzelnen Firmen. Auch die genannten Ansprechpartner stehen für eine persönliche Auskunft gerne zur Verfügung. Ein Tipp: Dieses Buch ist mit Sicherheit ein guter Aufhänger, wenn Sie Kontakt zu den Beratungen aufnehmen.

Hinweis: Um die Lesbarkeit zu verbessern, verzichten die Unternehmen auf geschlechtsspezifische Personenbezeichnungen. Alle Angaben beziehen sich jedoch immer auf Frauen und Männer gleichermaßen.

Standorte in Deutschland: Berlin, Bremen, Frankfurt am Main, Hamburg, Hannover, Karlsruhe, Köln, Leipzig, München (Hauptverwaltung), Nürnberg, Stuttgart (Hauptverwaltung)

Standort Allianz Inhouse Consulting:
München

Tätigkeitsschwerpunkt:
integrierter Finanzdienstleister

Umsatz: 32,1 Mrd. Euro

Mitarbeiter in Deutschland: über 30.000 (Allianz Gruppe)

Mitarbeiter: über 20
(Allianz Inhouse Consulting)

Geplante Neueinstellungen 2017:
Praktikaten: ca. 15
Consultants: 5–10

Allianz Inhouse Consulting
Allianz Deutschland AG
Königinstraße 28
80802 München
www.allianz-inhouse-consulting.de

Antje Fiegler-Franz
Allianz Inhouse Consulting
+49 89 3800-16344
inhouse-consulting@allianz.de

Digitalisierung, demographischer Wandel und Big Data: Eine unserer wichtigsten Aufgaben ist es, aus diesen und weiteren Megatrends die richtigen Schlüsse für unsere Auftraggeber, den Vorstand und das Top-Management der Allianz Deutschland, zu ziehen. AIC ist dabei Ideengeber, Treiber und Enabler zugleich. Als Teil unseres Teams begleiten Sie mit Ihrer interdisziplinären Expertise strategische Projekte in unterschiedlichen Unternehmensbereichen – von der Strategie bis zur Umsetzung.

Warum sollten Studenten/Absolventen gerade bei Ihnen anfangen? Das Allianz Inhouse Consulting bietet Berufseinsteigern und Young Professionals eine attraktive Kombination aus den Berufsfeldern Consulting und Finanzdienstleistungen. Als Mitglied eines jungen und dynamischen Beraterteams haben Sie die Chance, sowohl die Weiterentwicklung des Allianz Inhouse Consulting als auch die strategische Positionierung der Allianz Deutschland aktiv mitzugestalten.

Worin unterscheiden Sie sich von externen Strategieberatungen? Wer sich für das Allianz Inhouse Consulting entscheidet, möchte die herausfordernden Tätigkeiten einer Beratung mit einer gegenüber externen Beratungen ausgewogeneren Work-Life-Balance verbinden – so reduziert sich zum Beispiel die Reisezeit deutlich. Als interne Unternehmensberatung ist es für uns selbstverständlich, Projekte von der Konzeption bis zur Umsetzung aktiv mitzugestalten. Der nachhaltige Erfolg unserer Projekte ist für uns zentral. Stetiger Kontakt zu den Kollegen und Entscheidern ermöglicht es uns, schnell ein unternehmensweites Netzwerk aufzubauen und den Konzern in seiner ganzen Vielfalt kennenzulernen.

Wie entwickeln Sie Talente auf ihrem Karriereweg? Wir bieten Ihnen eine steile Lernkurve und gezielte persönliche Förderung – durch die Arbeit an komplexen strategischen Projekten kombiniert mit verschiedenen internen und externen Schulungen sowie einem Entwicklungsprogramm für Führungskräftenachwuchs. Zudem ermöglichen wir Ihnen die frühe Übernahme von Verantwortung und von Beginn an engen Kontakt zu Top-Entscheidern. Durch den umfassenden Einblick in die verschiedenen Unternehmensbereiche werden Sie zu einem attraktiven Kandidaten für einen späteren Wechsel ins Management der Allianz.

Wen suchen Sie? Wir suchen Studierende mit sehr guten Studienleistungen, insbesondere aus den Gebieten der Wirtschafts- und Naturwissenschaften. Analytisches Denken, Problemlösungskompetenz und kommunikative Fähigkeiten sind für Ihre tägliche Arbeit als Berater unabdingbar. Eigeninitiative, Kundenorientierung, ausgeprägte Teamfähigkeit sowie relevante Praktika runden Ihr Profil ab.

Wie läuft das Bewerbungsverfahren bei Ihnen ab? Interessenten, die uns mit ihrer Bewerbung überzeugt haben, laden wir zu einem unserer ganzjährig stattfindenden Bewerbertage ein. Dort erwarten Sie Einzelinterviews mit unseren Beratern, in denen Sie Ihren bisherigen Werdegang erläutern und Fallstudien lösen. Sofern Sie uns in den ersten Gesprächen überzeugen konnten, folgt am Nachmittag ein weiteres Gespräch mit der Leitung des Allianz Inhouse Consulting. Im Idealfall bekommen Sie noch am selben Tag ein Angebot ausgesprochen.

Dr. Tanja Peter

Jahrgang 1985
Consultant

Von der Wissenschaft in die Beratung

Mein Hintergrund und Einstieg – alles andere als klassisch
Nach meinem Psychologiestudium habe ich mich entschieden, mein dort erworbenes Wissen im Rahmen einer Promotion an der LMU München weiter zu vertiefen. Neben meiner wissenschaftlichen Arbeit war ich als Trainerin und Beraterin zu den Themen Führung, Zusammenarbeit und Innovation tätig. Auf die Position im Allianz Inhouse Consulting (AIC) wurde ich bei meiner Recherche nach Möglichkeiten zum Quereinstieg in die Beratung aufmerksam. Bei mir punktete das AIC insbesondere mit seinem individuellen Entwicklungsmodell. Die sehr abwechslungsreiche Projektarbeit erlaubt über mehrere Jahre Einblick in unterschiedlichste Bereiche der Allianz zu gewinnen und bereitet dadurch optimal auf eine spätere Führungsposition innerhalb des Unternehmens vor. Nach interessanten Case Studies mit den erfahrenen Beratern und dem Mittagessen mit den jüngeren Kollegen im Rahmen des Bewerbertages wusste ich: Das passt einfach!

Mein typischer Arbeitsalltag – unmöglich zu beschreiben
Einen typischen Arbeitsalltag gibt es nicht. Und das macht die Arbeit im AIC so spannend. Dadurch dass man von Anfang an Verantwortung für eigene Projekte übernimmt und diese gezielt vorantreibt, setzt sich der Arbeitsalltag aus der Erstellung von Analysen und Präsentationen, Durchführung von Workshops und Abstimmungen mit Kunden zusammen. Derzeit arbeite ich im Digitalisierungsprojekt, welches ein weitreichendes Themenspektrum beinhaltet. In meinen Projektsträngen verantworte ich eigene Teilprojekte und lerne – gerade als Quereinsteigerin – viel Neues. Die einzige Routine sind die wöchentlichen Jours Fixes, das Teamessen am Freitag und spontane Stand-ups, in denen wir uns gegenseitig über unsere Projekte auf dem Laufenden halten.

Mein Team – jung, interdisziplinär und „fun to work with"
Kollegialität und Teamwork werden bei uns groß geschrieben. Im AIC triffst du Personen mit unterschiedlichsten Werdegängen an: ehemalige externe Berater, Nachwuchswissenschaftler, die gerade ihre Promotion abgeschlossen haben, Quereinsteiger aus anderen Abteilungen der Allianz sowie Universitätsabsolventen aus dem Bereich der Wirtschaftswissenschaften, die erst kürzlich ihren Master abgeschlossen haben. Wir setzen auf Diversität und Interdisziplinarität. Als promovierte Sozialpsychologin bin ich dafür nur ein Beispiel unter vielen.

Andersch
IHR ERFOLG. UNSERE QUALITÄT.

Standorte in Deutschland:
Frankfurt am Main, Hamburg und Düsseldorf

Tätigkeitsschwerpunkte:
Restrukturierung

Mitarbeiter in Deutschland: ca. 60

Geplante Neueinstellungen 2017:
Consultants: ca. 10
Praktikanten und Werkstudenten: ca. 15

Andersch AG
Wirtschaftsprüfungsgesellschaft
Junghofstraße 24
60311 Frankfurt am Main
www.andersch-ag.de

Simone Döring
Recruiter
+49 211 876360-21
karriere@andersch-ag.de

Ausschließlich auf Restrukturierung spezialisierte Beratung, vertrauensvolle und kollegiale Teamatmosphäre, steile Lernkurve durch unmittelbares Training-on-the-Job, Andersch-Academy und individuelle Förderungen. Durch die Arbeit in wechselnden Projektteams in unterschiedlichen Branchen lernt man bei Andersch jeden Tag dazu.

Was zeichnet Ihre Unternehmenskultur aus? Kontinuität und zufriedene Mitarbeiter sind die Grundlage unseres Erfolgs. Dafür tun wir einiges: Wir bieten ein motivierendes, inspirierendes und vertrauensvolles Arbeitsumfeld. Besonderen Wert legen wir auf eine gute Teamatmosphäre. Viele von uns arbeiten seit über zehn Jahren zusammen – das klappt nur, wenn man sich wohlfühlt. Daher ist bei uns kein Raum für die oft zitierte „Ellenbogen-Mentalität" in Unternehmensberatungen.

Welche sind Ihre Einstellungskriterien? Andersch liefert seinen Mandanten stets höchste Beratungsqualität. Dafür brauchen wir sehr qualifizierte und engagierte Kolleginnen und Kollegen. Echte Persönlichkeiten. Menschen, die etwas bewegen wollen und die den besonderen Spirit von Andersch mittragen. Neben sehr guten akademischen Leistungen und relevanter Praxiserfahrung zählen für uns soziale Kompetenz, Leidenschaft für die Restrukturierung, Kreativität bei der Entwicklung geeigneter Lösungsvorschläge sowie ein überzeugendes Auftreten. Weiterhin sollten Sie ein solides Zahlenverständnis und vor allem die Fähigkeit „breit zu denken" mitbringen.

Welche Karrieremöglichkeiten bieten Sie? Die Aus- und Weiterbildung unserer Mitarbeiter besitzt einen zentralen Stellenwert. Nur motivierte und hervorragend ausgebildete Mitarbeiter können frühzeitig Verantwortung übernehmen und das hohe Qualitätsversprechen, das wir unseren Mandanten geben, einlösen. Durch intensives Training-on-the-Job, maßgeschneiderte teaminterne Weiterbildungen („Andersch-Academy") sowie individuelle Förderung von postgradualen Zusatzqualifikationen (z. B. LL.M., CFA, Promotion und MBA) stellen wir eine steile Lernkurve sicher.

Nennen Sie drei Dinge, die Sie von anderen Beratungen abheben. Ausschließlich auf Restrukturierung spezialisierte Beratung, vertrauensvolle und kollegiale Teamatmosphäre, steile Lernkurve durch unmittelbares Training-on-the-Job sowie maßgeschneiderte Weiterbildungen.

Wie läuft das Bewerbungsverfahren in Ihrem Unternehmen ab? Senden Sie uns Ihre vollständigen Bewerbungsunterlagen, damit wir ein klares Bild von Ihnen gewinnen. Zusätzlich zu Ihrem Lebenslauf benötigen wir Ihr Abiturzeugnis sowie alle nachfolgenden beruflichen und akademischen Zeugnisse. Uns interessieren Informationen zu Werdegang, Qualifikation, Engagement und Überzeugung – eben das „gewisse Etwas". Wenn Ihr Profil zu unseren Anforderungen passt, laden wir Sie zu einem unserer Bewerbertage ein. Hier erhalten Sie die Möglichkeit, uns, unsere Kultur und unsere Projekte näher kennenzulernen. Im Rahmen von zwei Interviews möchten wir darüber hinaus gerne Ihre Persönlichkeit sowie die Art und Weise kennenlernen, mit der Sie Fragestellungen strukturieren und Lösungen entwickeln. Noch am selben Tag erhalten Sie ein ausführliches Feedback.

Christopher Weiss

Jahrgang 1987
Senior Consultant

Andersch AG – Inside out

Mein Bachelor- (BWL) und Masterstudium (Finance & Accounting) habe ich an der Katholischen Universität Eichstätt-Ingolstadt (WFI), in Washington D.C. und Boston absolviert. Durch Praktika in verschiedenen Unternehmensberatungen, im Private Equity und in der Industrie sammelte ich praktische Erfahrungen in verschiedenen Branchen und Ländern. Am Ende war es mein Wunsch, in der Beratung den Berufseinstieg zu finden.

Bevor mich mein Weg zur Andersch AG führte, konnte ich bereits Arbeitserfahrungen im Bereich der Unternehmensbewertung sammeln. Mit Restrukturierung hatte ich bis dahin nur relativ wenige praktische Berührungspunkte. Nach den erfolgreichen Bewerbungsgesprächen und dem Vertragsangebot war für mich sofort klar, dass ich für Andersch arbeiten möchte. Ich hatte einfach ein richtig gutes Gefühl. Heute kann ich sagen, dass mein Bauchgefühl mich nicht getäuscht hat. Andersch bietet ein sehr spannendes und herausforderndes Arbeitsumfeld mit hohem Qualitätsanspruch. Bedingt durch die Unternehmensgröße versteht man sich auch über die Projekte hinaus als Team. Auf den Projekten arbeitet man vom Vorstand bis zum Analyst sehr eng zusammen. Dies wiederum führt zu einer sehr steilen Lernkurve, und die sehr kollegiale, mitunter freundschaftliche Arbeitsatmosphäre macht einfach Spaß!

Die Situationen, in denen wir als Berater angefragt werden, erfordern von uns, sich den Herausforderungen des Unternehmens sehr intensiv zu widmen. Hierbei gilt es, sich für ein maßgeschneidertes und erfolgsversprechendes Restrukturierungskonzept ein sehr tiefes Verständnis des Unternehmens zu erarbeiten, wodurch es praktisch nie langweilig wird. Neben strategischen, operativen und finanziellen Fragestellungen erfordern unsere Projekte auch immer juristisches Fachwissen. Das Arbeiten in diesem breiten Themenspektrum empfinde ich als extrem reizvoll. Seit meinem Einstieg bei Andersch habe ich insbesondere Sanierungskonzepte in den Bereichen Schifffahrt, Logistik, Private Equity und zuletzt auch für einen landwirtschaftlichen Großbetrieb erarbeitet. Andersch achtet stark auf eine angemessene Arbeitsbelastung, wobei auch Spitzenzeiten nicht ausgeschlossen werden können. Meine Freizeit verbringe ich sehr gerne mit Sport, guten Freunden oder schönen Wochenendtrips.

Arthur D Little

Standorte in Deutschland:
Frankfurt am Main, München

Standorte weltweit: über 30 Büros in Europa, Nord- und Südamerika und Asien

Tätigkeitsschwerpunkte:
Beratungsgebiete: Automotive, Chemical Industry, Consumer Goods & Retail, Energy & Utilities, Engineering & Manufacturing, Financial Services, Healthcare, Telecommunication, Information, Media & Electronics (TIME), Travel & Transportation

Services: Information Management, Operations Management, Strategy & Organization, Sustainability & Risk, Technology & Innovation Management

Mitarbeiter weltweit: ca. 1.000

Geplante Neueinstellungen 2017:
Arthur D. Little plant gemäß der positiven Geschäftsentwicklung monatlich Neueinstellungen – insbesondere von Hochschulabsolventen und Mitarbeitern mit ein bis drei Jahren Berufserfahrung.

Arthur D. Little GmbH
The Squaire 13
60600 Frankfurt am Main
www.adlittle.de/karriere_de.html

Kerstin Ahrens und Carina Pfaffe
Human Resources Central Europe
+49 69 450098-0
careers.ce@adlittle.com

Arthur D. Little zählt seit 1886 zu den Innovationsführern in der Consultingbranche und ist ein global aufgestelltes Unternehmen. Diese Internationalität ist im täglichen Projektgeschäft deutlich spürbar und ermöglicht unseren Beratern den Einsatz an unseren weltweiten Standorten. Durch unser internationales Trainingsprogramm, on-the-case-coachings und regelmäßige Assessments haben unsere Berater die Möglichkeit, sich sowohl fachlich als auch persönlich rasant weiterzuentwickeln.

Was zeichnet Ihre Unternehmenskultur aus? Die Unternehmenskultur von Arthur D. Little zeichnet sich seit über 130 Jahren durch flache Hierarchien, den partnerschaftlichen Beratungsansatz und die familiäre Atmosphäre aus. Jede einzelne Persönlichkeit bekommt die Möglichkeit, sich frei zu entfalten. Unsere Berater bringen einen hohen Drive, Mut, Verantwortungsbereitschaft, Teamspirit und Innovationsfähigkeit mit. Wir sind stolz darauf, für viele der Fortune-1000-Unternehmen weltweit sowie für andere Marktführer und Organisationen des öffentlichen Sektors tätig zu sein.

Welchen Abschluss sollten Bewerber haben (Bachelor, Master, MBA, Promotion)? Sie sollten über einen erstklassigen Diplom- oder Masterabschluss an einer renommierten Universität verfügen. Besonders interessiert sind wir an Absolventen der Studiengänge Wirtschaftsingenieurwesen, Wirtschaftsinformatik, Betriebswirtschaft und der technischen Studienrichtungen mit betriebswirtschaftlicher Zusatzqualifikation (MBA, Zweitstudium).

Kann man bei Ihnen auch schon während des Studiums Erfahrungen sammeln? Studierende, die mindestens das fünfte Fachsemester mit überdurchschnittlichem Erfolg abgeschlossen haben, können sich bei uns für ein Praktikum bewerben. Sie arbeiten als vollwertiges Mitglied eines international ausgerichteten Teams und lernen das Beraterleben hautnah kennen. Während des Praktikums steht Ihnen ein Mentor für alle Anliegen zur Seite.

Wie läuft das Bewerbungsverfahren in Ihrem Unternehmen ab? Unser Auswahlprozess umfasst neben Einzelgesprächen, Fallstudien und einer Kurzpräsentation eine Selbsteinschätzung zur Persönlichkeit sowie einen Logik-Test. Neben Ihren fachlichen Kompetenzen ist es uns sehr wichtig, dass Ihre Persönlichkeit zu uns passt.

Was erwarten Sie in fachlicher/persönlicher Hinsicht? Wir erwarten überdurchschnittliche analytische und konzeptionelle Fähigkeiten, Durchsetzungsvermögen, Innovationsfähigkeit sowie eine hohe Eigenmotivation. Sie sollten unter Beweis stellen können, dass ein guter Teamplayer gerade durch seine Individualität in der Zusammenarbeit mit anderen zum Erfolg kommt. Wir suchen offene, authentische Persönlichkeiten, die Spaß am Kontakt mit anderen Menschen haben. Unsere Mitarbeiter verfügen über tiefgreifende Industrieerfahrung und kennen die Trends von morgen und ihre Auswirkungen auf einzelne Branchen.

Martin Born

Jahrgang 1983
Manager

International als ein Team beraten

Nach meinem beruflichen Einstieg in der Strategieberatung und zwei Jahren in einem internationalen Medienkonzern kam ich 2012 zurück in die Beratung und startete meinen Karriereweg bei Arthur D. Little. Seitdem arbeite ich in der TIME Practice in verschiedensten Märkten, vom Oman im Osten bis Großbritannien im Westen. Hier berate ich unsere Kunden in strategischen Fragestellungen, von der Neuausrichtung ihrer Produkte und Märkte und der möglichen Akquise von Portfoliounternehmen über die Reorganisation von Unternehmenseinheiten bis hin zu Fragestellungen, die die IT und die technischen Komponenten eines Unternehmens berühren.

Warum Beratung ...
Ich bin ein Kind unserer Zeit, ich suche die Abwechslung und stets neue Herausforderungen. Während meiner Tätigkeit in einem mittelständisch geprägten Konzern wuchs in mir daher der Wunsch, wieder stärker in einem internationalen Umfeld mit mehr Abwechslung tätig zu sein. Dieses Ziel wurde in der Arbeit bei Arthur D. Little mehr als erfüllt. In unseren Projekten bearbeiten wir nicht nur vielfältigste strategische Fragestellungen mit höchsten Anforderungen, sondern unsere Projekte bringen uns auch immer wieder in Berührung mit den verschiedensten (Unternehmens-)Kulturen. Dabei sind Flexibilität und Anpassungsbereitschaft neben einer hohen fachlichen Qualifikation die zentralen Fähigkeiten, die täglich von mir und meinen Kollegen gefordert werden.

... und warum Arthur D. Little?
Besonders die herausragende Arbeits- und Unternehmenskultur bei Arthur D. Little hilft, die täglichen Aufgaben zu meistern. Das zeigt sich immer wieder dann, wenn sich Kollegen aus verschiedenen Offices auf neuen Projekten treffen, sofort ein Team bilden und mit viel Spaß und Engagement gemeinsam die Herausforderungen unserer Kunden lösen. Diese besondere Form der Zusammenarbeit, die gute Work-Life-Balance und natürlich die immer wieder fordernden und spannenden internationalen Projekte auf höchstem Niveau sind es auch, die mich noch einige Jahre bei Arthur D. Little halten werden.

Audi
Consulting

Standorte in Deutschland:
Ingolstadt

Tätigkeitsschwerpunkte:
Interne Topmanagement-Beratung der AUDI AG

Mitarbeiter in Deutschland: 30

Audi Consulting
AUDI AG
85045 Ingolstadt
www.audi-consulting.de

Recruiting AUDI AG
+49 841 89-31364
karriere@audi.de

Audi Consulting ist die interne Topmanagement-Beratung der AUDI AG. Das übergeordnete Ziel lautet: die Vision, Audi bis zum Jahr 2020 als führende Premiummarke weltweit zu etablieren. Wir setzen konzeptionelle Eckpfeiler für Kernthemen und steigern so kontinuierlich die Unternehmensperformance. Wir verbinden Mitarbeiter und zukunftsweisende Ideen und stellen täglich unsere Maxime „Vorsprung durch Technik" unter Beweis.

Was zeichnet Ihre Arbeit aus? Audi Consulting bietet fundiertes Wissen über die gesamte Wertschöpfungskette – von der Produktentwicklung über die Produktion und Qualitätssicherung bis zum Vertrieb. Dabei handeln wir umsetzungsorientiert und entwickeln pragmatische Lösungen für eine nachhaltige Verbesserung in den Fachbereichen. Mit über 150 abgeschlossenen Beratungsprojekten ist Audi Consulting erfolgreich bei Audi etabliert und gehört heute zu den renommiertesten deutschen Inhouse-Beratungen. Als Treiber und Gestalter für die Entwicklung der AUDI AG zum weltweit führenden Premiumhersteller handeln wir nach dem Audi Consulting Prinzip:

Wahrnehmen: Wir nehmen die Entwicklung von Gesellschaft, Denken und Technologie intensiv wahr und hören auf die Bedürfnisse unserer Kunden.
Vorausdenken: Wir haben das Wissen und den Überblick, um vorausdenken zu können und entwickeln zukunftsweisende Lösungen für morgen.
Zusammenführen: Wir erkennen, was wichtig ist und führen die entscheidenden Faktoren zusammen, indem wir die besten Köpfe und Technologien vereinen.
Verändern: Wir haben die Kompetenz zu erfolgreichen Veränderungen und den festen Willen, gemeinsam automobiles Premium von morgen zu definieren.

Wer passt zu Ihnen? Der Schlüssel zum dauerhaften Beratungserfolg liegt in unseren Mitarbeitern begründet: Wir suchen Menschen mit ausgeprägter sozialer Kompetenz, hoher Kreativität sowie analytischem und strukturiertem Denkvermögen. Sie sollten jederzeit offen für neue Lösungswege sein, kundenorientiertes Handeln in den Vordergrund stellen und bereits profundes Fachwissen aus dem Automobilbereich mitbringen. Teamfähigkeit und der unbedingte Wille, Verantwortung zu übernehmen, sind weitere entscheidende Punkte, um bei Audi Consulting erfolgreich zu sein.

Welchen fachlichen Hintergrund sollten Bewerber mitbringen? Der Großteil unserer Mitarbeiter hat ein Studium des (Wirtschafts-)Ingenieurwesens oder der Wirtschaftswissenschaften absolviert. Ein weiterer Abschluss wie MBA oder Promotion und/oder erste Erfahrungen in der Unternehmensberatung oder Automobilindustrie sind hilfreich. Außerdem sind Begeisterung und Herzblut für das Thema Automobil und speziell für die Produkte von Audi die Grundlage, sich langfristig bei uns zu etablieren und wohlzufühlen.

Welche Einstiegs- und Karrieremöglichkeiten bieten Sie?
Praktikant: Nach abgeschlossenem dritten Fachsemester steigen Sie als Berater auf Zeit bei uns ein. Der Praktikumszeitraum beträgt drei bis sechs Monate und bietet Ihnen als festes Teammitglied einen ersten Einblick in die Projektarbeit.

Bachelor und Master: Im Anschluss an Ihre Abschlussarbeit starten Sie bei uns als Business Analyst. Sie sind vollwertiger Teil des operativen Projektteams und arbeiten eng mit dem Team auf Kundenseite zusammen. Sie erstellen Analysen, entwickeln Lösungen und unterstützen bei der Umsetzung des Konzeptes. Nach und nach übernehmen Sie die Verantwortung für eigene Module und entwickeln sich zum Consultant.

Professionals mit Berufserfahrung: Je nach Hintergrund und Berufserfahrung steigen Sie bei uns als Consultant, Senior Consultant oder Projektleiter ein. Die Verantwortung reicht dabei von Modul- über Teilprojekt- bis hin zur Projektleitung für eines oder mehrere Themen. Über die Stufen Consultant und Senior Consultant entwickeln Sie sich zum Projekt-Manager, was gleichzusetzen ist mit einer Managementposition in der AUDI AG. Uns ist wichtig, dass Sie sich auf diesem Weg kontinuierlich fachlich und persönlich weiterentwickeln. Dazu bietet Audi Consulting die ideale Plattform: Bereichsübergreifende Projekte sorgen für eine enge Vernetzung im Unternehmen. Die Zusammenarbeit mit den Entscheidungsträgern aus unterschiedlichen Geschäftsbereichen bietet Ihnen die Bühne, sich in einem möglichen zukünftigen Zielbereich zu präsentieren und Ihren Wechsel in eine Linienfunktion vorzubereiten.

Welche Trainings und Weiterbildungsmöglichkeiten bieten Sie? Audi Consulting bietet ein umfangreiches Trainings- und Weiterbildungsprogramm an: Für jeden neuen Mitarbeiter steht ein einwöchiges „Boot Camp“ am Beginn seiner Beratertätigkeit bei Audi. Hier werden Audi Consulting-spezifische Inhalte vermittelt und Kontakte zum neuen Team aufgebaut. Darüber hinaus gibt es regelmäßige Trainings zu Fach- und Methodenwissen sowie Vorträge zu aktuellen Projektinhalten und Trends im Automotive-Bereich. Ergänzend kann jeder Berater an individuellen Trainings teilnehmen.

Wie läuft das Bewerbungsverfahren bei Ihnen ab?
Praktikanten: Nach einer positiven Beurteilung der Bewerbungsunterlagen wird der Kandidat zum persönlichen Auswahlgespräch eingeladen. Dieses umfasst ein Gespräch zur Motivation für Audi Consulting sowie die Bearbeitung von zwei Case Studies zu aktuellen Automobilthemen.
Bachelor/Master/Professionals: Hier wird ein dreistufiger Bewerbungsprozess durchlaufen: Zunächst findet ein erstes Gespräch mit einem Manager und dem zuständigen Personalbereich statt. Verläuft dieses positiv, steht als nächster Schritt ein Assessment Center an: Der Bewerber wird in Case Studies, Präsentationen und fiktiven Beratungssituationen auf seinen „Fit“ zur Audi Consulting getestet. Abschließend findet ein persönliches Gespräch mit dem Leiter der Audi Consulting statt.

Tipps für Ihre Bewerbung: Jeder Bewerber sollte ein fundiertes Verständnis der Automobilindustrie mitbringen und mit aktuellen Entwicklungen und Trends in der Branche vertraut sein. Darüber hinaus ist es hilfreich, sich auf die Bearbeitung von Case Studies vorzubereiten: Wichtig sind hierbei eine strukturierte Herangehensweise, der Fokus auf die relevanten Aspekte der Frage, eine logische Argumentationskette sowie das Abwägen der Plausibilität Ihrer Antwort.

Audi
Consulting
Beste Gründe für das Arbeiten bei Audi:
Wir gestalten Audi.
Audi Consulting ist die interne Top-Management-Beratung der AUDI AG.
Unser Beitrag: Konzeptionelle Eckpfeiler, die Audi voranbringen.
Begleiten Sie Audi auf dem Weg zum führenden Premiumhersteller.
Jetzt bewerben: www.audi-consulting.de

BearingPoint

Standorte in Deutschland: Berlin, Düsseldorf, Frankfurt am Main, Hamburg, Leipzig, München, Stuttgart, Walldorf

Standorte weltweit:
33 Standorte in 20 Ländern

Tätigkeitsschwerpunkte:
Management- und Technologieberatung

Mitarbeiter in Deutschland: 1.400

Mitarbeiter weltweit: 3.500

Geplante Neueinstellungen 2017: 400

BearingPoint GmbH
Speicherstraße 1
60327 Frankfurt am Main
www.bearingpoint.com

Tim Verhoeven
Leiter Recruiting
+49 69 13022-8482
tim.verhoeven@bearingpoint.com

BearingPoint ist eine der führenden Management- und Technologieberatungen Europas. Wir unterstützen unsere Kunden aus Industrie, Finanz- und Versicherungsbranche sowie der öffentlichen Verwaltung bei der Entwicklung neuer Geschäftsstrategien, der Optimierung bestehender Verfahren und Prozesse sowie der Auswahl passender Technologiekonzepte.

Was bieten Sie Ihren Talenten? Mit BearingPoint entscheiden Sie sich für abwechslungsreiche Aufgaben bei namhaften Kunden, kontinuierliches Lernen und stetige Entwicklungsmöglichkeiten. Neben einer individuellen Karriereplanung finden Sie mit unserem Work-Life-Balance-System zudem das optimale Gleichgewicht zwischen Arbeitsleben und Freizeit und dazu attraktive Vergütungsmodelle und Benefits. Berufseinsteiger mit Bachelor-Abschluss unterstützen wir auf ihrem Weg zum Master.

Wer passt gut zu Ihnen? Unsere Teams bestehen aus Kollegen mit unterschiedlichen Fachhintergründen, die Branchenkenntnisse mit fachlicher und technischer Expertise vereinen. Zu uns passen daher ausgeprägte Teamplayer mit hoher Motivation, Flexibilität und Kreativität. Neben überdurchschnittlichen Leistungen in Schule und Studium sollten Sie dabei anspruchsvolle Praktika, Auslandserfahrung, sehr gute Deutsch- und Englischkenntnisse sowie Mobilität mitbringen. Zudem sind analytische und konzeptionelle Fähigkeiten sowie Kommunikationsstärke gefragt. Bewerber ohne praktische Erfahrung in Form von Ausbildung, Praktika oder Werkstudierendentätigkeit können bei der Auswahl nicht berücksichtigt werden.

Wie verläuft der Bewerbungsprozess in Ihrem Unternehmen? Wenn Ihre schriftliche Bewerbung eingeht, entscheidet unser Recruiting-Team zeitnah, ob Ihre Voraussetzungen und Erwartungen mit unseren Angeboten übereinstimmen und leitet Ihre Unterlagen an den entsprechenden Fachbereich weiter. Und schon sind Sie mittendrin! Es erwarten Sie in der Regel bis zu zwei Gesprächsrunden; als Berufseinsteiger nehmen Sie zudem an einem unserer zentralen Auswahltage in unserer Frankfurter Niederlassung teil. In den Interviews lernen Sie Ihren potenziellen Vorgesetzten sowie weitere Berater kennen. Hier überzeugen Sie uns von Ihrer fachlichen und persönlichen Qualifikation und informieren sich über Ihre Perspektiven bei BearingPoint. Im Rahmen des Auswahltags stellen Sie Ihre analytischen und sozialen Kompetenzen in mehreren Gruppenübungen unter Beweis.

Wie sieht der Berufseinstieg bei BearingPoint aus? An unseren monatlich zentral in Frankfurt stattfindenden „New Member Days" erhalten alle Neueinsteiger einen Überblick über unser Geschäftsmodell, unsere Arbeitsweisen, Methoden und Tools. Anschließend werden Sie dann in Ihrer jeweiligen Niederlassung vom dortigen „Onboarder" und von Ihrem persönlichen Tutor empfangen. Sie erhalten Ihre technische Ausstattung und lernen Ihre zukünftigen Kollegen kennen. Neben Ihrem Tutor, der Ihnen alle Fragen rund um den Einstieg beantwortet, steht jedem Berater ein Karrierementor zur Seite. Er gibt wertvolle Ratschläge zur eigenen Laufbahnplanung und bespricht in regelmäßigen Abständen Ihre Entwicklung mit Ihnen. Einen tieferen Einblick in unsere interdisziplinäre Arbeitsweise bekommen Sie im Rahmen unserer einwöchigen Be.School. Hier erleben Sie die BearingPoint-Kultur, erfahren mehr über unser internationales Netzwerk und bearbeiten mit Neueinsteigern aus den anderen europäischen Niederlassungen verschiedene Case Studies. Nach diesem Einstieg wartet schon Ihr erster Projekteinsatz auf Sie.

Gibt es das klassische BearingPoint-Projekt? Nein, die Projekte richten sich immer nach den Anforderungen und Bedürfnissen unserer Kunden. Sie können von unterschiedlicher Dauer sein und reichen von einigen Wochen bis hin zu mehreren Monaten. Dementsprechend verschieden sind auch die Teamgrößen. Viele Projekte sind sowohl mit nationalen als auch mit internationalen BearingPoint-Kollegen besetzt – in solchen Fällen ist die Projektsprache Englisch. Wir arbeiten sehr eng und vor Ort mit unseren Kunden zusammen. Die Projektteams bestehen in den meisten Fällen aus Mitarbeitern des Kunden und unseren Beratern, sodass Teamwork über alle Karrierestufen hinweg verlangt wird. Jedes Projekt wird von einem unserer Partner verantwortet, die operative Projektleitung übernimmt ein Senior Manager oder Manager. Es besteht zudem die Möglichkeit, im Ausland eingesetzt zu werden.

Wie sieht ein typischer Arbeitstag bei Ihnen aus? Kein Tag ist wie der andere. Das macht Consulting ja so interessant und spannend! Insofern gibt es keinen „typischen" Arbeitstag. Unsere Teams arbeiten in Projekten beim Kunden und mit dem Kunden. Dort werden gemeinsam Prozesse analysiert, Daten erfasst und aufbereitet, Workshops durchgeführt, Konzepte erstellt und nachhaltige Lösungen entwickelt und implementiert.

Was zeichnet Ihre Personalentwicklung aus? Internationale und nationale Trainings qualifizieren Sie systematisch für den Beraterallltag und die nächste Karrierestufe und ergänzen das On-the-Job-Lernen. Das Angebot reicht von der Be.School-Einführungswoche bis hin zum Training für erfahrene Manager an der Yale-Universität. Die Aus- und Weiterbildung ist dabei fokussiert auf fachliche und technische Kompetenzen, Kenntnisse im Bereich Methoden, Projektmanagement, Business-Analyse sowie Vermarktung/Verkauf von BearingPoint-Produkten und -Dienstleistungen, Soft Skills wie Teamfähigkeit, Kundenorientierung, Konfliktmanagement etc. Ihre Karriereentwicklung ist uns sehr wichtig. Unser innovatives Personalbeurteilungs- und Entwicklungssystem bietet daher die Möglichkeit zur stringenten Abstimmung zwischen Unternehmenszielen und Ihrer persönlichen Entwicklung.

Tipps für Ihre Bewerbung: Nehmen Sie sich Zeit für den Bewerbungsprozess und bereiten Sie alle Phasen gründlich vor. Das A und O einer guten Bewerbung sind ein interessantes Anschreiben und ein klar strukturierter, chronologischer Lebenslauf. Das Anschreiben ist vor allem ein Motivationsschreiben, in dem Sie verdeutlichen, warum Sie sich für diese Position bewerben und welche fachlichen Voraussetzungen Sie erfüllen. Ein professionell gestalteter Lebenslauf zeigt auf einen Blick Ihre bisherige Ausbildung und Ihre berufliche Laufbahn. Von Interesse sind auch Ihre Hobbys und besonderen Erfahrungen. Bleiben Sie in den Gesprächen authentisch, verstellen Sie sich nicht. Beantworten Sie sich selbst die alles entscheidende Frage ganz ehrlich: „Passen wir – sprich: das in die engere Wahl gezogene Unternehmen und ich – zusammen?"

Capgemini Consulting

Standorte in Deutschland: Berlin, Frankfurt am Main/Offenbach, Köln, München

Standorte weltweit: in über 40 Ländern (Capgemini Gruppe)

Tätigkeitsschwerpunkte:
Strategie- und Managementberatung

Mitarbeiter in Deutschland: 500

Mitarbeiter weltweit: 10.000

Geplante Neueinstellungen 2017: 250

Capgemini Consulting
Olof-Palme-Straße 14
81829 München
https://www.de.capgemini-consulting.com/karriere

Alexandra Meß
Human Resources
+49 89 38338-2477
recruiting.de@capgemini.com
Bewerbungen bitte ausschließlich über unser Online-Bewerbungsformular

Als Leader in Digital Transformation beraten wir mit mehr als 10.000 Consultants weltweit unsere Kunden – von der Entwicklung innovativer Strategien bis hin zur erlebbaren Veränderung bei der Umsetzung. Nachhaltigkeit des Erfolges ist für unsere Arbeit oberstes Ziel. Führende Konzerne und Unternehmen vertrauen unserer Expertise und unserem partnerschaftlichen Projektansatz. Sieben Werte – von Vertrauen, über Teamgeist bis Spaß – bilden die Grundsäulen unserer erfolgreichen Arbeit.

Was bietet Capgemini Consulting (CC) Absolventen? Der erfolgreiche Start in Ihre Karriere liegt uns besonders am Herzen. Seit mehr als zwei Jahrzehnten pflegen wir die Tradition unseres „The Institute". Im Kreis von Neueinsteigern arbeiten Sie unter persönlich ausgerichtetem Coaching an Projekten und liefern bereits in den ersten Wochen Inhalte und Einsichten für unsere Kunden. In unserem Berliner Büro am Potsdamer Platz lernen Sie im Team unsere Arbeitsweisen kennen, meistern enge Termine und leisten „Thought Leadership". Im Institute lernen Sie Beratung von Beratern: „People matter, results count". Danach starten Sie auf Kundenprojekten vor Ort.

Kann man bei Capgemini Consulting schon während des Studiums Erfahrungen sammeln? Ein Praktikum ist in jedem Bereich möglich, sowohl in den Zentralbereichen als auch auf Kundenprojekten. Aktuelle Angebote sind in unserer Jobbörse ausgeschrieben, jedoch können sich auch kurzfristig z. B. durch neue Projekte weitere Einsatzmöglichkeiten ergeben. Das Schreiben einer Abschlussarbeit ist nach einem erfolgreich absolvierten Praktikum jederzeit in Abstimmung mit dem Fachbereich möglich.

Wie läuft das Bewerbungsverfahren bei Capgemini Consulting? Schnelligkeit und Transparenz haben höchste Priorität für uns. In unserem Bewerbungsprozess lernen Sie bis zu drei BeraterInnen mit mehrjähriger Projekterfahrung kennen. Dies bietet Ihnen neben der Möglichkeit, sich durch die Interaktionen mit unseren Teammitgliedern begeistern zu lassen, auch die Chance, unsere spannenden Projekte kennenzulernen. Im Vordergrund stehen hierbei Ihre analytischen Fähigkeiten, die Sie im Rahmen von praxisnahen Fallstudien beweisen können. Überzeugen Sie uns mit Ihrer Persönlichkeit und Ihrer strukturierten Vorgehensweise, bieten wir Ihnen einmalige Zukunftsperspektiven in einer weltweit erfolgreichen Beratung.

Wen genau sucht Capgemini Consulting? Wir suchen die Besten – Sie suchen eine persönliche Herausforderung und wollen gemeinsam mit unseren Kunden digitale Lösungen konzipieren und umsetzen. Wir erwarten sehr gute Studienleistungen bei einer kurzen Studiendauer sowie erste praktische Erfahrung im Beratungs- und Industrieumfeld. Durch unsere breite Beratungsexpertise qualifizieren sich Wirtschaftswissenschaftler, Ingenieure und Naturwissenschaftler, Geisteswissenschaftler und Informatiker mit wirtschaftlicher Ausrichtung. Weiterhin sollten Sie Begeisterungs-, Kommunikations- und Teamfähigkeit mitbringen. Außerordentliches Engagement haben Sie durch Auslandserfahrungen und außeruniversitäre Aktivitäten unter Beweis gestellt. Digitale Affinität, exzellentes Englisch, sehr gute analytische Fähigkeiten und unternehmerisches Denken runden Ihr Profil ab.

Wodurch zeichnet sich die Arbeitsatmosphäre bei Capgemini Consulting aus? Unser Erfolg basiert auf unserer kooperativen Arbeitsweise. Wir binden unsere Kunden von Anfang an in die Arbeit ein und verbinden so unsere Stärken mit ihren. Diese Zusammenarbeit bringt besonders nachhaltige Erfolge für unsere Kunden. Gleichzeitig sorgt sie dafür, dass die Ergebnisse von allen getragen und kommuniziert werden können. Unsere Unternehmenskultur ist durch sieben Werte definiert: Ehrlichkeit, Mut, Vertrauen – verbunden damit, dass Ihnen früh Verantwortung übertragen wird –, Freiheit, Teamgeist, Bescheidenheit und Spaß. Am wichtigsten ist unsere gemeinsame Leidenschaft für erfolgreiche Beratungsarbeit. Wir bieten Projektthemen, die begeistern, und Teams, in denen es Spaß macht, gemeinsam für den Erfolg zu arbeiten. Profitieren Sie vom Wissen unserer Teammitglieder auch für Ihre Karriere!

Was unterscheidet Capgemini Consulting von anderen Unternehmensberatungen? Capgemini Consulting unterscheidet sich in vielen Punkten von seinen Mitbewerbern. Eines unserer Differenzierungsmerkmale stellt unsere partnerschaftliche Zusammenarbeit mit den Kunden dar. Eine weitere Besonderheit ist unser ganzheitlicher Beratungsansatz. Als global agierende Beratung innerhalb eines leistungsstarken Unternehmensverbundes ergänzt Capgemini Consulting konzeptionelle und realisierende Stärke mit überlegener Expertise in Methoden und Branchen. Bei Bedarf wird auf die Fähigkeiten des Unternehmensverbundes zugegriffen. Capgemini Consulting steht für die komplette Transformation – vom Design bis zur erlebbaren, nachvollziehbaren Veränderung.

Welche Karrieremöglichkeiten gibt es bei Capgemini Consulting? Als Hochschulabsolvent starten Sie Ihre Laufbahn bei uns mit einem Training on the Job und sammeln Erfahrung als Projektmitarbeiter. Später befördern wir Sie entsprechend Ihrer Leistung. Je nach Projekt übernehmen Sie die (Teil-)Projektleitung, Verantwortung für bestimmte Themen sowie die fachliche Führung von Mitarbeitern. Weitere Möglichkeiten für Ihre Entwicklung sind der Einstieg in die Akquise von Projekten, der Aufbau von Beziehungen zu strategischen Kunden sowie die Steuerung internationaler Projektteams.

Welche Weiterbildungsmöglichkeiten bietet Capgemini Consulting? Capgemini Consulting bietet ein weltweit vorbildliches und führendes Trainingsprogramm, das alle Berater ihre gesamte Karriere über begleitet. Zentrum der internationalen Ausbildung bildet unser Capgemini University Campus in Les Fontaines bei Paris. In unseren Consulting Skills Trainings eignen sich Einsteiger in den ersten zwei Jahren die methodische Ausrüstung des Unternehmensberaters an. Zudem profitieren Sie von unserem einzigartigen globalen Netzwerk aus führenden Experten mit langjähriger Beratungserfahrung.

Wie sieht es bei Ihnen mit der Work-Life-Balance aus? Wir versuchen nach der 5-4-3-Regel zu arbeiten. Das bedeutet: Unsere Mitarbeiter beraten den Kunden fünf Tage die Woche, davon vier Tage vor Ort. Drei Nächte werden außer Haus im Hotel übernachtet. Der Freitag ist in der Regel ein Tag im Heimat-Büro – genutzt zur Pflege unseres CC-Experten-Netzwerks und dem internen Know-how-Austausch.

CNC
PART OF MSLGROUP

Standorte in Deutschland: Berlin, Frankfurt am Main, München

Standorte weltweit: Abu Dhabi, Brüssel, Dubai, London, Neu-Delhi, Seoul, Tokio

Tätigkeitsschwerpunkte:
strategische Kommunikationsberatung

Mitarbeiter in Deutschland: 56

Mitarbeiter weltweit: 140

Geplante Neueinstellungen 2017:
Praktika an verschiedenen Standorten, Festanstellungen nach Bedarf

CNC – Communications & Network Consulting AG
Leopold-Palais, Leopoldstraße 10
80802 München
www.cnc-communications.com/de/karriere

Katharina Vogler
HR
+49 89 599458-0
career@cnc-communications.com

CNC ist eine international tätige strategische Unternehmensberatung, die große und mittelständische Unternehmen, Institutionen und Personen in ihren jeweiligen Märkten zu allen Fragen der strategischen Kommunikation berät. Ein besonderer Fokus liegt auf grenzüberschreitenden Mandaten. Als Teil der MSLGROUP/Publicis Groupe steht CNC mit rund 140 Mitarbeitern an elf Standorten für die führende internationale Beratungskompetenz in der Kommunikationsbranche.

Was zeichnet Ihre Unternehmenskultur aus? Unsere Mitarbeiter haben jede Menge Gestaltungsspielraum, wir erwarten aber auch ein hohes Maß an Einsatzbereitschaft und Verantwortungsbewusstsein. Vertrauen, Loyalität, Offenheit, Ehrlichkeit, Begeisterung für unsere Arbeit und Kollegialität sind nur einige unserer gelebten Werte. Wir haben uns zum Ziel gesetzt, auch bei weiterem Wachstum und zunehmender Internationalität unsere offene Kommunikationskultur im Unternehmen zu bewahren. Wir arbeiten undogmatisch und legen Wert auf eine unpolitische Zusammenarbeit.

Welche Karriereperspektiven bieten Sie? Als Associate, unserer Einstiegsposition für Berufsanfänger, oder Young Professional eignen unsere Mitarbeiter sich als Mitglied verschiedener Projektteams die CNC-Beratungstools an, sammeln Branchen-Know-how, lernen unterschiedliche Kommunikationsdisziplinen kennen und können sich nach ca. ein bis zwei Jahren zum Senior Associate weiterentwickeln. In Vorbereitung auf die nächsten Karrierestufen (Consultant, Senior Consultant) werden sie im Laufe der Zeit stärker in den Bereichen Projektmanagement, Entwicklung der Kundenbeziehung, Zusammenarbeit mit den Medien sowie Führung gefordert.

Wer passt gut zu Ihnen? Ob man auf Basis eines erfolgreichen Studiums in unser Unternehmen hineinwachsen möchte oder bereits ein berufserfahrener Experte ist – Interessenten sollten Spaß daran haben, sowohl selbstständig als auch im Team maßgeschneiderte, innovative und umsetzbare Lösungen zu entwickeln. Auch Menschen, die sich in einem dynamischen Umfeld wohlfühlen, in dem ein hohes Maß an Flexibilität gefragt ist, passen sicher gut zu uns. Besonders wichtig ist uns auch eine geerdete und charismatische Persönlichkeit, denn neben den fachlichen Qualifikationen muss vor allem die Chemie stimmen.

Kann man bei CNC auch schon während des Studiums Erfahrung sammeln? Wir sind immer daran interessiert, im Rahmen von drei- bis sechsmonatigen Praktika die besten Talente aus verschiedenen Studienrichtungen kennenzulernen. Wichtig ist uns, dass die Studenten erste Praxiserfahrung, hervorragende Deutsch- und Englischkenntnisse sowie ein großes Interesse am aktuellen wirtschaftlichen und politischen Geschehen sowie den Medien mitbringen. Exzellenten Praktikanten bieten wir nicht selten die Möglichkeit des Direkteinstiegs oder – falls ihr Abschluss noch nicht unmittelbar bevorsteht – einer Werkstudententätigkeit an.

Alwin Binder

Jahrgang 1983
Senior Consultant

Vielseitiges und anspruchsvolles Arbeiten

Je nach Kunde habe ich täglich mit unterschiedlichen Branchen und Themen zu tun. Es ist entscheidend, sich schnell in komplexe Zusammenhänge einzuarbeiten und die individuellen kommunikativen Herausforderungen des Kunden von Fall zu Fall genau zu verstehen. Dieser Teil meiner Arbeit ist immer wieder spannend und neu – ob klassische Unternehmenskommunikation, die Begleitung einer M&A-Transaktion oder Ad-hoc-Unterstützung in Sondersituationen. Besonders interessant finde ich auch die Möglichkeiten, den Kunden optimal auf Krisen vorzubereiten. Maßnahmen wären die Entwicklung von Krisenhandbüchern, die Durchführung von Medientrainings oder gar die Simulation eines Krisenszenarios, die das Kommunikationsteam realitätsnah und in Echtzeit durchspielt. Vor den Augen der Teilnehmer entfaltet sich während einer Simulation dann die volle Wucht einer Krise mit vielseitigen Herausforderungen über verschiedene Zielgruppen hinweg – eine absolut spannende Erfahrung für alle Teilnehmer.

Die Rolle der Social Media in der Kommunikationsberatung

Die Einbindung von Social Media ist, je nach Aufgabenstellung, unterschiedlich wichtig. Besonders interessant finde ich, wie man als Unternehmen mit der Flut an Informationen und den Tausenden Tweets und Posts umgeht. Wie filtere ich die für das Unternehmen wichtigen Informationen heraus? Wie erkenne ich, wenn sich eine Reputationskrise für meinen Kunden online anbahnt? Die neuen Analysemöglichkeiten von „Big Data" sind ein spannendes, sich rasant entwickelndes Thema mit wachsender Relevanz für die Arbeit als Kommunikationsberater.

Internationales Arbeiten

Die meiste Zeit arbeite ich vom Münchener Büro aus; dies jedoch im steten Austausch mit den Kollegen in Berlin, Frankfurt am Main, aber auch London und Dubai. Letztes Jahr war ich über unser Office Exchange Programm ein halbes Jahr in Tokio. Eine wertvolle Erfahrung in vielerlei Hinsicht, denn die Arbeit eines Kommunikationsberaters funktioniert dort teilweise nach völlig anderen Spielregeln. Die stark konsensgeprägte japanische Kultur verlangt angelsächsischen Unternehmen im Land ein besonders gutes Fingerspitzengefühl ab. Diese Erfahrung vor Ort hilft mir heute auch in der Beratung meiner internationalen Kunden in Asien.

COMMERZ BUSINESS CONSULTING
Commerzbank Gruppe

Standort in Deutschland:
Frankfurt am Main

Tätigkeitsschwerpunkt: Management-beratung für den Commerzbank-Konzern

Mitarbeiter in Deutschland: 120

Geplante Neueinstellungen 2017:
Praktikanten: ca. 30
Absolventen: ca. 30
Young Professionals: ca. 10

Commerz Business Consulting GmbH
Neue Börsenstraße 1
60487 Frankfurt am Main
www.commerz-business-consulting.de

Nadine Müller
Specialist Marketing/Recruiting
+49 69 136-49907
bewerbung@commerz-business-consulting.de

Die Commerz Business Consulting ist die interne Unternehmensberatung für den Commerzbank-Konzern. Unsere Kunden erhalten von uns eine ganzheitliche Beratung von der strategischen Ausrichtung bis zur Umsetzung. Als Teil des Konzerns liegt unsere besondere Verantwortung darin, nachhaltige und messbare Ergebnisse zu erarbeiten. Mit rund 110 Beraterinnen und Beratern treiben wir aktiv die Weiterentwicklung des Commerzbank-Konzerns voran.

Warum sollten Absolventen gerade bei CBC einsteigen? Als interne Unternehmensberatung sind wir einem einzigen Unternehmen verpflichtet. Das ist in unserem Fall kein geringeres als die zweitgrößte Bank Deutschlands. Unsere Teams beraten somit nicht einfach irgendeinen Kunden, zu dem sie entsandt werden. Und sie liefern auch nicht irgendein Ergebnis ab, während sie sich in Gedanken vielleicht schon auf den nächsten Einsatz an einem anderen Ort vorbereiten. Unsere Teams erarbeiten gemeinsam mit unseren Kunden nachhaltige Lösungen, auf die sie hinterher zu Recht stolz sein können und sind bei der tatsächlichen Implementierung mit dabei – und das immer bei einem DAX30-Konzern.

Wie sieht das Projektportfolio aus? In unseren Projekten beschäftigen wir uns mit Themen, die unsere Bank bewegen. Mit anderen Worten: Unsere Projekte stehen auf der strategischen Agenda der Commerzbank – von der Begleitung des Wandels zur modernen Multikanalbank, dem Ausbau der Marktposition als Mittelstandsbank im In- und Ausland, konkrete Produktentwicklungen bis hin zum konzernweiten Exzellenz-Programm, bei dem wir durch eine ganzheitliche und bereichsübergreifende Betrachtung Prozesse verbessern.

Welche Karrieremöglichkeiten bietet CBC? Wir bieten Ihnen bei CBC Aufstiegschancen vom Consultant bis zum Partner. Je besser Sie sind, desto mehr Verantwortung übertragen wir Ihnen. Als Commerzbank-Talentpool haben wir außerdem den Vorstandsauftrag, Nachwuchskräfte für den Konzern zu entdecken und zu entwickeln. Rund 150 Führungskräfte und Fachexperten mit CBC-Vergangenheit bilden unser Alumni-Netzwerk im gesamten Konzern.

Kann man bei Ihnen schon während des Studiums Erfahrungen sammeln? Wir möchten Topstudenten möglichst früh kennenlernen. Deshalb bieten wir jährlich rund 30 Praktikumsplätze an. Als Praktikant bei CBC verstecken wir Sie nicht im Analysekeller, sondern Sie sind nach einem individuellen Einführungsprogramm Mitglied eines unserer Teams beim Kunden vor Ort.

Wen suchen Sie? Wir suchen engagierte Absolventen und Studenten mit unterschiedlichsten Hintergründen. Natürlich achten wir auf sehr gute Studienergebnisse, Praktika und Auslandsaufenthalte. Wichtig sind uns aber ebenso intellektuelle Neugier, eine ausgeprägte analytische Denkfähigkeit und kreative Problemlösungskompetenz. Wir suchen kritische Köpfe mit dem notwendigen Maß an Pragmatismus.

Wie können sich Ihre Talente weiterentwickeln? Wir sind stolz auf unsere Mitarbeiter, daher investieren wir viel in ihre Weiterentwicklung. Neben unseren Projekteinsätzen im gesamten Konzern vermitteln ihnen unsere Trainings das Know-how, das sie in der Praxis brauchen. Jede Maßnahme ist auf unsere Berater und unsere individuellen Bedürfnisse als Inhouse Consulting der Commerzbank zugeschnitten. Intensives Coaching in regelmäßigen Feedback-Gesprächen fördert gezielt ihre persönliche Entwicklung.

Wie sieht es mit der Flexibilität bei CBC aus? Der Beraterjob ist kein gewöhnlicher Beruf. Deswegen bieten wir den notwendigen Raum für individuelle Lebenspläne – beruflich wie privat. Wir unterstützen Master-, MBA- oder Promotionsvorhaben mit passenden Arbeitszeitmodellen. Uns ist auch bewusst, dass das Leben nicht nur aus der Arbeit bei CBC besteht. Nach zwei bis drei Jahren besteht die Möglichkeit, ein Sabbatical einzulegen. Unsere Eltern- und Teilzeitmodelle bieten darüber hinaus flexible Lösungen, um Karriere, Kind und Familie optimal aufeinander abzustimmen.

Welche Menschen stecken hinter dem CBC-Team? Zunächst ein paar Fakten: 53 Prozent unseres 110-köpfigen Teams sind Männer, 47 Prozent Frauen. Im Durchschnitt ist ein CBC-Berater 32 Jahre alt, und mit insgesamt 51 Kindern nehmen wir die Vereinbarkeit von Beruf und Familie sehr ernst. Die persönlichen Erfahrungen und Hintergründe sind dabei höchst unterschiedlich: Überzeugte Banker und Berater mit langjähriger Erfahrung aus externen Unternehmensberatungen treffen auf Topabsolventen unterschiedlichster Fachrichtungen – momentan reichen die Studienhintergründe von Betriebswirten über Juristen, Wirtschaftsinformatiker und Psychologen bis hin zu Soziologen, Germanisten und Historikern.

Was ist das Besondere an CBC? In unseren Projekten tragen wir Tag für Tag ein besonderes Maß an Verantwortung. Um das erfolgreich meistern zu können, braucht es natürlich ein Team von Menschen, auf die man sich verlassen kann. Wir alle haben einen sehr hohen Anspruch an die Qualität unserer Arbeit. Da passiert es, dass es fachlich auch mal hart zur Sache geht. Aber natürlich arbeiten wir nicht nur zusammen. Neben unserer jährlichen CBC-Skifahrt, an der auch unsere Alumni teilnehmen, spielen wir den CBC-Kickerweltmeister aus, prüfen in sogenannten „Tastings" alles von Gin bis Dosenbier u. v. m. Doch natürlich können wir hier viel behaupten, erleben muss man das selbst.

Wie läuft das Bewerbungsverfahren bei CBC ab? Wenn uns Ihre Unterlagen überzeugen, laden wir Sie zu einem unserer Recruiting-Tage zu uns nach Frankfurt ein. Dort führen Sie zwei Gespräche mit unseren Seniors, lösen Fallstudien und lernen uns natürlich näher kennen. Sie erhalten noch am gleichen Tag Feedback, ob wir Sie zu einem weiteren Interview mit unserem Geschäftsführer einladen werden. Nach einem erfolgreichen Gespräch erhalten Sie ein Vertragsangebot.

CONSILEON

Standorte in Deutschland: Düsseldorf, Frankfurt, Hamburg, Karlsruhe, Wolfsburg

Standorte weltweit: Kiew, Salzburg, Stettin, Zürich

Tätigkeitsschwerpunkte: Management- und IT-Beratung in den Bereichen Finanzdienstleistung, Versicherungen, Automobil, Handel, Gesundheitswesen

Mitarbeiter in Deutschland: 250

Mitarbeiter weltweit: 300

Geplante Neueinstellungen 2017:
30 Festeinstellungen
10 Praktikanten

Consileon Business Consultancy GmbH
Maximilianstraße 5
76133 Karlsruhe
www.consileon.de/karriere

Jean-Peter Batz
Recruiting
+49 4171 601962
recruiting@consileon.de

Unser Erfolg beruht auf der Motivation und dem Zusammenhalt unserer Berater-Teams. Damit Sie sich bei uns wohlfühlen, bieten wir Ihnen ein attraktives Arbeitsumfeld, ermöglichen den Wechsel zwischen Fach- und Führungskarriere und fördern Ihre berufliche Weiterentwicklung. Die familiäre Atmosphäre unter den Consileanern wird von unseren Geschäftsführern vorgelebt und mit zahlreichen Mitarbeiter- und Freizeitevents intensiv gefördert.

Consileon – wer ist das? Consileon ist ein inhabergeführtes mittelständisches Beratungsunternehmen mit inzwischen 250 Mitarbeitern. Consileon wurde 2001 von Dr. Joachim Schü mit der Vision einer nachhaltigen Managementberatung gegründet. Seit der Gründung ist Consileon sowohl in der Mitarbeiterzahl als auch in der Anzahl der Projekte und Kunden stetig gewachsen. Wir suchen Studenten, die menschlich zu uns passen und unseren Wachstumspfad mitgestalten wollen. Consileon zeichnet sich durch die familiäre Unternehmenskultur aus, in welcher die Leistung jedes Einzelnen gefördert wird. Wir leben von dem Engagement, den Ideen und der Umsetzungsstärke jedes einzelnen Mitarbeiters und können nur so im Wettbewerb bestehen.

Nennen Sie drei Dinge, die Sie von anderen Beratungen abheben.
Familiäre Atmosphäre: In der Personalauswahl zählt bei Consileon die Persönlichkeit des Bewerbers mehr als andere Faktoren. Unser Geschäftsführer achtet im Auswahlverfahren stets auf die kulturelle Passgenauigkeit der Bewerber zum Unternehmen. Das ist die Grundlage für die hervorragende familiäre und freundschaftliche Unternehmenskultur, in welcher sich alle Mitarbeiter auf Augenhöhe begegnen und respektieren.
Integrität: Wir pflegen ein partnerschaftliches Verhältnis zu unseren Kunden. Als inhabergeführtes Unternehmen ziehen wir langfristiges, organisches Wachstum kurzfristigen Renditen vor, und wir haben den Anspruch, unsere Kunden richtig zu beraten, selbst wenn wir auf kurzfristige Sicht nicht davon profitieren. Die Integrität unserer Berater stellt die Grundlage für unser Handeln in den Projekten dar.
Förderung des Unternehmertums: So dynamisch wie unsere Projekte gestaltet sich unsere Organisation. Nichts ist in Stein gemeißelt – und entsprechend groß der Freiraum, eigene Ideen einzubringen. Jeder Consileaner verfügt über die Freiheit und Unterstützung seitens der Geschäftsführung, seine eigenen Ideen voranzutreiben.

Wie sieht die Work-Life-Balance bei Consileon aus? Weil wir für den Klienten stets das Beste erreichen wollen, verlangen wir unseren Mitarbeitern einiges ab. Doch die branchenübliche Arbeitswoche von sechzig Stunden und mehr ist bei uns eher die Ausnahme. Ebensowenig pflegen wir eine Präsenzkultur, da wir Wert auf Ausgleich legen. Ohne Regenerationsphasen kann niemand auf Dauer Spitzenleistung erbringen.

Das Up-or-Out-Prinzip bei Consileon: Viele Beratungshäuser verfahren nach der Devise „Up-or-Out": Wer nicht im vorgesehenen Zeitraum die nächste Sprosse der Karriereleiter erklommen hat, wird verabschiedet. Von dieser Politik halten wir nichts, weil dadurch Wissen verloren geht und Talent vergeudet wird. Consileaner dürfen und sollen sich in ihrer Firma und auf ihrer Position zu Hause fühlen – nur dann stimmt auch die Leistung.

Dr.-Ing. Peter Göbel

Jahrgang 1975
Project Manager

Besondere Arbeitsatmosphäre

Die Firmenkultur ist geprägt durch hohe zwischenmenschliche Kompetenz
„Komplexe Fragestellungen analytisch durchdringen und methodisch angehen."
„Im Team konzeptionell arbeiten und die Möglichkeit, früh Verantwortung zu übernehmen." Mit Aussagen wie diesen beschreiben viele Beratungshäuser treffend den Einstieg in die Unternehmensberatung. Auch auf Consileon treffen sie zu. Aber was ist bei uns anders?

Mein erster Kontakt mit Consileon
Anders war für mich schon, dass ich erst auf einer Karrieremesse über die Consileon stolpern musste, weil sie auf den einschlägigen Lünendonk-Listen (noch) nicht unter den „üblichen Verdächtigen" rangiert. Doch bereits bei diesem ersten Kontakt ahnte ich: Hier herrscht eine besondere Arbeitsatmosphäre. In weiteren Kontakten entwickelte sich diese Ahnung zu einem starken Eindruck, der schließlich den Ausschlag gab.

Als Mitarbeiter lernte ich früh, dass die gesamte Firmenkultur geprägt ist durch ein hohes Maß an zwischenmenschlicher Kompetenz. Eben dies macht den Unterschied und hat durchweg positive Folgen: Consileaner halten ihrer Firma deutlich länger die Treue als in der Branche üblich. Das durch das Unternehmen gesammelte Wissen bleibt dem Unternehmen somit nicht als abstrakte „Frameworks" erhalten, sondern in Form erfahrener Kollegen.

Mein erstes Projekt bei Consileon
Davon profitierte ich gleich bei meinem ersten Projekt. Bei meinen beiden Kollegen durfte ich aus gut dreißig Jahren Berufserfahrung schöpfen. Das hat mir eine steilere Lernkurve ermöglicht, als es die besten Templates und Methoden alleine vermocht hätten. Dank der Kollegen müssen Firmenveranstaltungen wie Mitarbeitertreffen, gemeinsame Skifreizeiten, Fahrradtouren oder der wöchentliche Fußballbetriebssport nicht der Karriere wegen wahrgenommen werden, sondern gelingen als Ereignis mit Freizeitwert. In den Worten eines Ex-Mitarbeiters in seiner Abschieds-E-Mail: „Meine Wahrnehmung der Kollegen in drei Adjektiven: vielfältig, schlau und sau-sympathisch".

CTcon ist die Topmanagement-Beratung für Unternehmenssteuerung und Controlling und als kompetenter Partner großer Industrie- und Dienstleistungsunternehmen sowie bedeutender öffentlicher Institutionen etabliert. Zu unseren Klienten zählen mehr als die Hälfte der im DAX 30 notierten Konzerne. Der Wille zum Erfolg, Partnerschaftlichkeit, Teamgeist und Spaß sind Fundamente unserer Kultur.

Was sind Ihre Kerngeschäftsfelder? CTcon bietet langjährige Expertise in den Geschäftsfeldern Managementberatung und -training. In der Beratung entwickeln wir in enger Zusammenarbeit mit unseren Kunden strategiekonforme Ansätze zur Unternehmenssteuerung und begleiten sie bei der maßgeschneiderten Umsetzung in Prozesse, Instrumente, Systeme und Anreizmodelle. Unser Beratungsspektrum reicht von der Analyse und Konzeption bis zur Implementierung. Im Geschäftsfeld Managementtraining bietet CTcon zusätzlich die Entwicklung und Durchführung von unternehmensspezifischen Qualifizierungsmaßnahmen, die Führungskräfte nachhaltig zu substanziellen Veränderungen bewegen und befähigen.

Was zeichnet Ihre Unternehmenskultur aus? Arbeitszeit ist Lebenszeit. Eine positive Unternehmenskultur ist für uns mehr als nur „nice to have“. Wir sehen sie als Erfolgsfaktor für die Entwicklung von CTcon. Im Rahmen der folgenden sieben Kulturdimensionen haben wir die CTcon-Kultur konkretisiert und erlebbar gemacht: Unternehmertum und Verantwortung, Spaß und Gemeinschaft, Wertschätzung und Toleranz, Transparenz und Offenheit, Vertrauen und Berechenbarkeit, Veränderung und Flexibilität, Führung und Perspektive.

Regelmäßig bewerten alle Mitarbeiter, wie sie die Kultur bei CTcon erleben. Die Ergebnisse werden systematisch ausgewertet, um den Wachstumspfad von CTcon kulturverträglich zu steuern. Die Bewahrung und Lebendigkeit der CTcon-Kultur ist eine ständige Herausforderung für alle – vom jungen Berater bis zum Partner.

Wie verläuft der Einstieg? Bei CTcon starten Sie on-the-Job an der Seite eines erfahrenen Projektleiters. Von Anfang an haben Sie einen persönlichen Coach, der Ihre Entwicklung während der ersten Jahre bei CTcon begleitet und unterstützt. Zusätzlich nehmen Sie an internen und externen Qualifizierungsprogrammen teil, die sowohl fachliche als auch methodische und soziale Kompetenzen vermitteln. Ihre individuellen Potenziale werden darüber hinaus über zusätzliche Fördermaßnahmen entwickelt. Je nach Klientenauftrag erfolgen die Einsätze auch im Ausland. Bei Promotions- und MBA-Vorhaben unterstützen wir Sie gerne im Rahmen unseres Fellow-Programms. Über unseren wissenschaftlichen Beirat verfügen wir über hervorragende Kontakte zu renommierten Lehrstühlen.

Wen suchen Sie genau? Zur Verstärkung unseres Beratungsteams suchen wir ausgezeichnete Universitätsabsolventen und Young Professionals mit ökonomischem Hintergrund. Ebenso wichtig sind für uns die „klassischen“ Berater-Skills: sehr gute analytische Fähigkeiten, unternehmerisches Denken, hohe Kommunikationsfähigkeit sowie Überzeugungskraft. Hinzukommen sollten eine Portion Pragmatismus, Teamgeist und gute Laune.

Dr. Matthias Demmer

Management Consultant

CTcon: Spezialist für Unternehmenssteuerung

Wissenschaftliche Theorie mit Praxiserfahrung untermauern

Welcher Hochschulabsolvent kennt das Gefühl nicht, dass zwischen universitärer Theorie und unternehmerischem Alltag eine spürbare Diskrepanz besteht? Nach der Finalisierung meiner Dissertation war dieses Gefühl bei mir sehr ausgeprägt: Einerseits habe ich mich zwar in den letzten Jahren mit einer gefühlt endlosen Menge an Theorien und Thesen beschäftigt, andererseits hatte ich aber fast keine Gelegenheit, meine Kenntnisse anzuwenden. Der Weg in die Unternehmensberatung schien für mich die beste Möglichkeit, mein gelerntes Wissen direkt und umfassend durch Praxiserfahrung zu erweitern.

CTcon verbindet wissenschaftliche Expertise und praktische Umsetzung

Bei CTcon konnte ich von meinem ersten Arbeitstag an Praxiserfahrung sammeln. Und das mit einem Tempo, welches ich mir vorher nicht hätte vorstellen können. Nach einer halbtägigen Einweisung ging es sofort zum ersten Projekt: Neuausrichtung der Steuerung und Erfolgsmessung eines DAX-30-Unternehmens. Bevor es zum Klienten ging, wurde mir das theoretische Konzept der Neuausrichtung anschaulich erklärt. Dann hieß es sofort bei der operativen Ausgestaltung und Implementierung mitzuwirken und mich einzubringen.

Die Leistung eines jeden zählt

Mein erstes Projekt war in Inhalt und Umfang anspruchsvoll. Dabei wurde die Zusammenstellung des CTcon-Teams so getroffen, dass jeder einzelne Berater entscheidend zum Projekterfolg beiträgt. Ich als Einsteiger hatte zu keinem Zeitpunkt die Rolle des Neulings, sondern war sofort integriert und mitten im Geschehen. Ich konnte dadurch viele Arbeitspakete begleiten und mich aktiv einbringen. Meinen Erfahrungshorizont konnte ich dadurch bereits im ersten Projekt signifikant erweitern. CTcon schafft den Brückenschlag zwischen neuen Erkenntnissen aus Theorie und angewandter Praxis, indem beide Welten für einen nachhaltigen Projekterfolg beleuchtet und zusammengeführt werden. Genau diese Kombination erlaubte es mir als Berufsanfänger, Gelerntes zielführend einzubringen und neues Wissen zu erlangen.

Standorte in Deutschland: Berlin, Frankfurt am Main (Hauptsitz)

Tätigkeitssschwerpunkte: General Management, Marketing & Sales, Operations, Supply Chain Management, Personenverkehr, Transport und Logistik, Infrastruktur

Mitarbeiter in Deutschland: ca. 80 (DB Management Consulting)

Mitarbeiter weltweit: ca. 300.000 (DB-Konzern)

Geplante Neueinstellungen 2017:
Praktikanten: ganzjährig
Berater: ca. 10

DB Management Consulting
Gallusanlage 8
60326 Frankfurt am Main
www.deutschebahn.com/
managementconsulting

Katja Hiesinger
Recruiting & Praktikantenmanagement
managementconsulting@
deutschebahn.com

Strategie zum Leben erwecken und die Zukunft der Deutschen Bahn gestalten – das ist die tägliche Herausforderung als Inhouse Consultant bei DB Management Consulting. Wir entwickeln konzernweit wegweisende und tragfähige Lösungen für die Herausforderungen des Topmanagements und setzen sie wirksam um. Sie denken gerne strategisch voraus, sind ein echter Teamplayer und wollen Verantwortung in einem weltweit agierenden Konzern übernehmen? Dann sind Sie bei uns genau richtig.

Warum sollten Studenten/Absolventen gerade bei Ihnen einsteigen? Als interne Managementberatung der Deutschen Bahn bieten wir wie keine andere Unternehmensberatung Einblicke in die Welt eines global führenden Mobilitäts- und Logistikdienstleisters. Bei uns erleben Sie das komplexe System Bahn hautnah und entwickeln wegweisende Antworten auf globale Trends wie Ressourcenverknappung, Liberalisierung und Digitalisierung. Nach einem erfolgreichen Karriereverlauf bei DB Management Consulting stehen Ihnen viele Türen offen. Die meisten Beraterinnen und Berater bleiben der DB als Führungskräfte langfristig verbunden.

Wie setzt sich Ihr Projektportfolio zusammen? Wir konzentrieren uns in erster Linie auf Projekte, die für die erfolgreiche Umsetzung der Konzernstrategie besonders wichtig sind. Bis 2020 will die DB profitabler Marktführer, Top-Arbeitgeber und Umweltvorreiter werden. Wir unterstützen Vorstände und Geschäftsfeldleitungen in den Bereichen Personenverkehr, Logistik und Infrastruktur dabei, diese Ziele zu erreichen. Dazu gehört auch, innovative Ideen zu fördern und bis zur Marktreife zu entwickeln. In insgesamt sieben funktionalen und branchenspezifischen Beratungsfeldern decken wir die Themen Strategie, Umsatzsteigerung, Kostensenkung und Qualität ab. In vielen Fällen begleiten wir unsere Auftraggeber bis zur erfolgreichen Umsetzung der Konzepte.

Wodurch zeichnet sich die Arbeitsatmosphäre bei Ihnen aus? Wir beraten unsere Auftraggeber streng vertraulich und berichten nicht an höhere Stellen. Auf dieser Basis bauen wir konzernweit vertrauensvolle Beziehungen auf. Für das Projektteam auf der Kundenseite sind wir Berater und Kollegen zugleich. Daher sehen wir uns gegenseitig als Partner und ziehen am gleichen Strang. Im Team von DB MC erhält der hohe Zusammenhalt regelmäßig Bestnoten. Auch in angespannten Projektphasen wird viel gelacht.

Wer passt nicht zu Ihnen? Ellenbogen-Mentalität ist bei uns fehl am Platz. Wir suchen leidenschaftliche und leistungsbereite Teamplayer, die Spaß an immer wieder neuen Herausforderungen, Themen und Menschen haben, Individualität mitbringen und langfristige Beziehungen aufbauen können.

Wie hoch ist das Arbeitspensum? Das Arbeitspensum ist branchenüblich hoch, die Arbeitszeit variiert je nach Projekt und Phase. Auch wenn wir keinen Nine-to-five-Job haben, sind uns ausgeglichene Arbeitszeiten wichtig, und wir steuern sie so, dass Sie im grünen Bereich und „ausgeschlafen" bleiben. Für externe Unternehmensberater ist die attraktive Work Life Balance oft einer der Gründe für den Wechsel zu uns. Praktikanten sind bei uns vollwertig in die Projektarbeit eingebunden.

Wie sieht der Berufsalltag konkret aus? Montags reisen Sie mit der Bahn zum Standort Ihres aktuellen Projektes. Meist ist dies ein Büro in unmittelbarer Kundenumgebung. Dort arbeiten Sie im Projektteam zum Beispiel an Analysen, holen die Sichtweise von Mitarbeitern und Kunden ein oder bereiten Workshops und Abstimmungstermine vor. Freitags arbeiten Sie in der Regel von Zuhause aus. Ausnahmen bilden Meetings Ihrer „Heimat-Practice", sowie Termine und Events im Gesamtteam. Mehrmals im Jahr bilden Sie sich in hochwertigen Trainings weiter oder bereiten in Führungsprogrammen gezielt Ihren nächsten Karriereschritt vor.

Was sind Ihre Einstellungskriterien? Wir suchen Absolventen und Young Professionals aller Fachrichtungen mit wirtschaftswissenschaftlichen Grundkenntnissen und überdurchschnittlichem Diplom- oder Master-Abschluss. Idealerweise bringen Sie erste Beratungserfahrung mit. Mit einem Bachelor-Abschluss können Sie sich bei uns bis zum Consultant entwickeln. Für den Schritt zum Senior Consultant benötigen Sie einen Master, den Sie im Rahmen einer Auszeit nachholen können. Neben einer hohen persönlichen Übereinstimmung ist uns vor allem wichtig, dass Sie analytisch und konzeptionell denken, ergebnisorientiert arbeiten und vor Auftraggebern überzeugend auftreten.

Wie läuft das Bewerbungsverfahren in Ihrem Unternehmen ab? Idealerweise bewerben Sie sich mindestens drei Monate vor dem gewünschten Einstiegstermin. Wenn uns Ihre Bewerbung überzeugt, laden wir Sie zu einem persönlichen Gespräch ein, das einen DB-spezifischen Case beinhaltet. Bewerben Sie sich für ein Praktikum, teilen wir Ihnen anschließend unsere Entscheidung mit. Bewerben Sie sich für den Festeinstieg, folgt ein Zweitgespräch, in dem Ihre Erwartungen und Ihre Persönlichkeit im Fokus stehen. Haben Sie auch diese Hürde erfolgreich gemeistert, machen wir Ihnen ein Angebot. Ihre Gesprächspartner sind Practice-Leiter, Berater und ein Vertreter der Personalabteilung (Zweitgespräch).

Welches Einstiegsgehalt erwartet erfolgreiche Bewerber? Sie erwartet ein branchenübliches Einstiegsgehalt mit leistungsbezogenen Entwicklungsperspektiven. Zusätzlich zum Fixgehalt bieten wir eine Reihe von Nebenleistungen an, die unser Vergütungspaket zum Teil von anderen Beratungen abhebt und insgesamt abrundet. Je nach Karrierestufe und Eingruppierung gehören dazu unter anderem variable Vergütungsbestandteile, Freizeitausgleichstage, Unterstützung bei der Altersvorsorge, Freifahren für Partner und Kinder sowie die NetzCard 1. Klasse zur privaten Verwendung. Darüber hinaus stehen Ihnen jährlich mehrere Schulungstage zur Verfügung. Sabbaticals sind ein weiterer, rege genutzter Bestandteil unseres Gesamtpakets.

Haben Sie Insider-Tipps für die Bewerbung? Achten Sie darauf, dass aus Ihrem Anschreiben klar hervorgeht, warum Sie sich bei uns bewerben. Kommentieren Sie fehlende Arbeitszeugnisse, damit nicht der Eindruck entsteht, Sie haben etwas zu verbergen. Im Bewerbungsgespräch sollten Sie Ihren Lebenslauf authentisch und mit klarem Bezug zum Job vorstellen. Setzen Sie Akzente, die für Ihre Gesprächspartner relevant sind. So zeigen Sie Berater-Kompetenz.

DB

Deloitte.

Standorte in Deutschland: 16

Standorte weltweit: in über 150 Ländern

Tätigkeitsschwerpunkte: Wirtschaftsprüfung, Tax & Legal, Consulting, Corporate Finance

Mitarbeiter in Deutschland: >5.000

Mitarbeiter weltweit: 225.000

Geplante Neueinstellungen 2017: ca. 1.000

Deloitte Consulting GmbH
Schwannstraße 6
40476 Düsseldorf
www.deloitte.de

Maike Ebbert
Talent Relationship Management
career@deloitte.de

Die Mitarbeiter von Deloitte haben sich einer Unternehmenskultur verpflichtet, die auf vier Grundwerten basiert: absolute Integrität, erstklassige Leistung, gegenseitige Unterstützung und kulturelle Vielfalt. Sie arbeiten in einem Umfeld, das herausfordernde Aufgaben und umfassende Entwicklungsmöglichkeiten bietet und in dem jeder Mitarbeiter aktiv und verantwortungsvoll dazu beiträgt, dem Vertrauen von Kunden und Öffentlichkeit gerecht zu werden.

Was macht das Arbeiten bei Ihnen so attraktiv? Als professionelle Full-Service-Firm ist das Spektrum unserer Dienstleistungen außergewöhnlich breit. Unseren ganzheitlichen Ansatz können Sie dabei auf allen Ebenen sehen und spüren - durch die Themenbreite unserer vier starken Unternehmensbereiche Wirtschaftsprüfung, Steuer- und Rechtsberatung, Consulting und Corporate Finance, aber auch in der interdisziplinären Zusammensetzung unserer Teams. Das verschafft unseren Mitarbeitern äußerst vielseitige Aufgaben und vielfältige Blickwinkel - der Schlüssel zu unserem Erfolg. Vielfältig ist auch unsere Kundenstruktur, die von mittelständischen Unternehmen bis hin zu international agierenden Konzernen reicht. So besteht in jedem Bereich die Möglichkeit, spannende Einblicke in unterschiedlichste Industrien, Prozesse und Organisationsstrukturen zu erhalten oder durch einen internationalen Einsatz seinen Horizont zu erweitern.

Wie sieht der Einstieg bei Ihnen im Consulting aus, und wie gestaltet sich der typische Arbeitsalltag? „Typische" Arbeitstage sind selten, da Sie sich im Consulting permanent neuen Herausforderungen stellen. Typisch ist sicherlich der Einsatz auf Projekten beim Kunden vor Ort, wobei das Kundenunternehmen, der Einsatzort und die Teamzusammensetzung sich von Projekt zu Projekt unterscheiden. Nach Ihrem Einstieg als Absolvent werden Sie entsprechend Ihrer Qualifikationen an die Übernahme erster Aufgabenpakete herangeführt und übernehmen schnell Verantwortung im Rahmen Ihres Projekts. Darüber hinaus unterstützen Sie das Unternehmen durch den Einsatz auf internen Projekten, wie z. B. der Erstellung von Fachstudien und -konzepten und im Recruiting.

Wodurch zeichnet sich Ihre Unternehmenskultur aus? Die Mitarbeiter von Deloitte haben sich einer Unternehmenskultur verpflichtet, die auf vier Grundwerten basiert: erstklassige Leistung, gegenseitige Unterstützung, absolute Integrität und kreatives Zusammenwirken. Sie arbeiten in einem Umfeld, das herausfordernde Aufgaben und umfassende Entwicklungsmöglichkeiten bietet und in dem jeder Mitarbeiter aktiv und verantwortungsvoll dazu beiträgt, dem Vertrauen von Kunden und Öffentlichkeit gerecht zu werden. Unsere Unternehmenskultur fördert vielfältige Kulturen und Nationalitäten, gegenseitigen Respekt, eine offene Kommunikation und kontinuierliches Lernen.

Wie fördern Sie Ihre Mitarbeiter? Das Know-how unserer Mitarbeiter ist unsere Stärke. Mit flexiblen Arbeitszeit- und Vergütungsmodellen, breit gefächerten Fortbildungsveranstaltungen, langfristigen Karriereperspektiven und internationalen Einsätzen in unserem globalen Verbund gewährleisten wir eine individuelle Förderung unserer Mitarbeiter. Die internen und externen Weiterbildungsangebote umfassen nationale und internationale Trainings, Workshops und Seminare sowie E-Learning zur Unterstützung ihrer fachlichen und auch ihrer persönlichen Entwicklung.

Jasmin Redweik

Jahrgang 1988
Consultant

Weil Alltag etwas für andere ist

Schon von klein auf war ich neugierig, wollte stets neue Sachen ausprobieren, selbst Dinge kreieren und immer größere Herausforderungen meistern. Daher sollte es nach dem Abitur kein gewöhnliches BWL-Studium sein, sondern etwas im Mix mit Technik und Innovation. Das brachte mir schließlich ein Diplom in Technologie- und Managementorientierter BWL der Technischen Universität München.

Die Experimentierfreudigkeit, die Freude am Wandel und der Wunsch, möglichst unterschiedliche Erfahrungen zu sammeln, spiegelt sich auch in meinem bisherigen Werdegang wider: Projektassistenz bei einem Loyalty Program Corporate im Bereich Digital Products and Innovations, Projektmanager für Marketing, PR und Social Media bei einer Media-Agentur sowie Assistenz der Geschäftsleitung bei einem jungen Fashion-Start-up. Im Dezember 2014 bin ich dann als eine der ersten Mitarbeiter bei der neu gegründeten Deloitte Digital Einheit in München eingestiegen. Rückblickend kann ich voller Freude und Stolz sagen, dass ich Teil eines einzigartigen und tollen Unternehmens werden durfte und die letzten eineinhalb Jahre nicht besser hätte investieren und nicht mehr hätte lernen können.

Die digitale Zukunft von Unternehmen gestalten

Deloitte Digital ist eine Art Start-up innerhalb der größten Professional Services Firms der Welt - Deloitte. Was uns einzigartig macht, ist nicht nur das sehr dynamische, überaus talentierte und breit aufgestellte Team (Entrepreneure, IT-Entwickler, Strategy Consultants, Kreative, etc.), sondern das was wir tun und wie wir es tun. Deloitte Digital Ventures unterstützt globale Konzerne dabei zu verstehen, was digitale Transformation für ihr individuelles Geschäftsmodell bedeutet und entsprechende Maßnahmen daraus abzuleiten, wie Chancen genutzt werden können, um die Zukunft des Unternehmens in der digitalen Welt von morgen zu sichern. Das kann durch die Gestaltung neuer digitaler Produkte und Services geschehen, durch die Schaffung einer unternehmensinternen Einheit, die sich mit Digitalisierung und Innovation befasst, bis hin zum Aufbau von komplett eigenständigen digitalen Geschäftsmodellen und Accelerators. Unternehmen bei der Mammutaufgabe „digitale Transformation" zu unterstützen und dabei selbst unglaublich viel über den Wandel ganzer Industrien zu lernen, ist für mich enorm spannend und eine große Bereicherung. Wer etwas bewegen will, ambitioniert ist, kreative Ideen hat und die digitale Zukunft ein Stück weit mitgestalten möchte, ist bei Deloitte Digital genau richtig.

Consulting
DETECON

Standorte in Deutschland: Dresden, Frankfurt am Main, Köln, München

Standorte weltweit: Abu Dhabi, Ankara, Bangkok, Bratislava, Budapest, Dubai, Johannesburg, Moskau, Peking, San Francisco, Warschau, Wien, Zürich

Tätigkeitsschwerpunkt:
ICT-Management-Beratung

Mitarbeiter weltweit: 1.025

Detecon International GmbH
Sternengasse 14–16
50676 Köln
www.detecon.com

Mirko Brinkmann
Human Resources
Mirko.Brinkmann@detecon.com

Du suchst den optimalen Einstieg in die Beratung? Du möchtest bestens betreut werden, aber dennoch selbstständig und eigenverantwortlich arbeiten? Dann bist du bei uns genau richtig! Unsere Mitarbeiter aus über 40 Nationen arbeiten für Kunden in 165 Ländern. Die Aufgaben sind herausfordernd und abwechslungsreich, der Stil ist kollegial. Wir beschäftigen verantwortungsvolle Experten, die mit Mut, Fachkenntnis und Kreativität hervorragende Lösungen für die Probleme unserer Kunden finden.

Was macht das Arbeiten bei Ihnen so attraktiv? Detecon International ist eine weltweit führende Unternehmensberatung, die klassisches Management Consulting mit ausgezeichneter Technologieexpertise vereint. Wir unterstützen unsere Klienten in allen Feldern der klassischen Unternehmensberatung: Strategie, Organisation und Prozesse. Gemeinsam mit ihnen schärfen wir Unternehmensziele und wählen die richtigen Mittel, um diese effizient zu erreichen. Wir gestalten die Welt von morgen und zeigen unseren Kunden, wie sie ihr Geschäft mit Kreativität und Mut zur Innovation auf die nächste Stufe heben.

Unser Erfolg beruht zum einen auf der Art, wie wir miteinander arbeiten – kollegial, teamorientiert, konstruktiv und hochgradig leistungsorientiert. Zum anderen haben wir den Anspruch, partnerschaftlich mit unseren Klienten zusammenzuarbeiten. Karriere bei Detecon ist darum nicht allein eine Frage fachlicher Qualifikation und Leistungsbereitschaft, sondern auch eine Typfrage!

Was zeichnet Ihre Unternehmenskultur aus? Wir stehen für Vielfalt: in den Projekten, in den Karrierechancen und -wegen, in Arbeitsumfeld und -kultur. Wir legen Wert auf höchste Leistungsbereitschaft und selbstständiges Arbeiten, wir schätzen und fördern den Einzelnen und unterstützen mit individuell zugeschnittenen Weiterbildungen.

Welche Karrieremöglichkeiten bieten Sie? Das Detecon Career Concept bildet die Grundlage für eine unternehmensweit einheitliche Karriereentwicklung und beschreibt die Anforderungen, die für jeden Berater in seiner Rolle und Funktion relevant sind. Gleichzeitig dient es allen Beratern als Grundlage für ein attraktives Entwicklungsmodell, das die persönlichen Karrierewege und -anforderungen individuell und transparent aufzeigt. Bei entsprechender Performance hat jeder Business Analyst die Möglichkeit, sich über den Consultant und Senior Consultant bis hin zum Managing Consultant, Partner und Managing Partner entwickeln.

Wen genau suchen Sie? Wir suchen vor allem Absolventen, die (internationale) Wirtschaftswissenschaften, (Wirtschafts-)Informatik, (Wirtschafts-)Ingenieurwesen oder Elektro-/ Nachrichtentechnik studiert haben. Du solltest dein Theoriewissen bereits in der Praxis angewendet haben. Besonderen Wert legen wir auf hervorragende analytische Fähigkeiten, Kreativität, hohe Lernbereitschaft, Kommunikationsstärke sowie sehr gute Englischkenntnisse. Zu unserem Unternehmen passen Menschen, die offen und mobil sind, über ein sehr ausgeprägtes interkulturelles Fingerspitzengefühl verfügen und Verantwortung übernehmen wollen.

Laura von Lekow

Jahrgang 1989
Consultant

Meine ersten 100 Tage bei Detecon

Das Kennenlernen
Für meinen ersten Arbeitstag bei Detecon, den „Check-In Day“ flog ich zum Hauptstandort nach Köln. An diesem Tag bekommt man direkt alle wichtigen Informationen, die man für den erfolgreichen Einstieg bei Detecon braucht. Zusätzlich lernt man in ersten Workshops auch die anderen neuen Mitarbeiter, seinen People Development Leader und seinen Buddy persönlich kennen. Mit meinem zukünftigen People Development Leader hatte ich ein paar Tage vorher bereits telefoniert, sodass ich in etwa wusste, wer und auch was mich erwartet. Der Buddy ist ein junger Kollege, der auch noch nicht allzu lange im Unternehmen arbeitet und einem in den ersten Wochen mit Rat und Tat zur Seite steht. Zwei Monate später trafen sich die Neulinge nochmal bei einem Workshop zum Erfahrungsaustausch.

Das erste Projekt
Mein erstes Projekt fand in München statt. Die IT-Abteilung des Referates für Bildung und Sport brauchte Unterstützung bei der Einführung einer neuen Software. Obwohl wir ein recht großes Team beim Kunden waren, arbeitete dort jeder eigenverantwortlich an einem Teilprojekt. Diese Herausforderung war einerseits sehr arbeitsintensiv, da ich plötzlich Verantwortung für ein mir bis dahin fremdes Thema bekam. Man möchte die hohen Anforderungen natürlich erfüllen, was mir mit der Unterstützung erfahrener Kollegen auch gut gelungen ist. Das Kunden-Feedback am Ende des Projektes war: „Anfängliche Zweifel wegen geringerer Projekterfahrung waren vollkommen unbegründet.“

Spannende Herausforderungen neben dem Projektalltag
Neben der Projektarbeit werden Themen wie Wissensgenerierung und interne sowie externe Vernetzung bei Detecon großgeschrieben. Ich besuche immer wieder Trainings zu fachlichen und methodischen Themen wie Industrie 4.0, Cloud Computing oder Consulting Instruments und übernahm Aufgaben im Bereich Recruiting und Hochschulmarketing. Im Bereich der Wissensgenerierung gibt es viele verschiedene branchenübergreifende Communities zu Themen rund um die Digitalisierung, ICT und Management-Skills. Zudem gibt es verschiedene Sektoren, bei denen der Fokus auf einer bestimmten Branche liegt. Es ist für jeden etwas dabei! Anfangs benötigt man etwas Zeit, herauszufinden, wo man den eigenen Schwerpunkt setzen möchte. Aber mittlerweile habe ich meinen Platz in den Bereichen Transport & Logistik und Agile Methoden gefunden.

KUNDENPROJEKTE
BEGLEITEN WIR
VON A BIS Z.
KOMMST DU MIT?
JA!
Kundenprojekte sind bei uns so vielfältig wie unsere Klienten selbst: von unserem Mutterkonzern Deutsche Telekom bis zu Autoherstellern und Energiedienstleistern. Gemeinsam profitieren sie von der Detecon-Verbindung aus Beratung und Technologie-Expertise bis zum nachhaltigen Abschluss des Projektes. Das nützt nicht nur unseren Klienten, sondern auch allen, die für sie arbeiten. Denn Dein Erfahrungsschatz wird immer größer. Wer Freude daran hat, nicht nur einen Rat zu erteilen, sondern Dinge bis zum Erfolg zu bringen, bewirbt sich bei uns.
www.detecon.com
Wanted:
Digital Minds
DETECON
CONSULTING

d-fine

Standorte in Deutschland:
Frankfurt am Main, München

Standorte weltweit: London, Wien, Zürich

Tätigkeitsschwerpunkt:
Unternehmensberatung für Finanz- und Risikomanagement

Mitarbeiter in Deutschland: über 550

Mitarbeiter weltweit: über 600

Geplante Neueinstellungen 2017:
Praktikanten: ca. 40
Consultants: ca. 130

d-fine GmbH
An der Hauptwache 7
60313 Frankfurt am Main
www.d-fine.com/karriere

Svenja Dröll
Human Resources
+49 69 90737-555
careers@d-fine.de

d-fine ist mit Büros in Deutschland, Österreich, der Schweiz sowie Großbritannien das führende europäische Beratungsunternehmen für die Bereiche „Risiko & Finanzen" und zählt gemäß Lünendonk®-Liste zu den TOP 10 der deutschen Management-Beratungsunternehmen. Kein Wunder also, dass viele renommierte Banken, Versicherungen, Asset Manager, Industrieunternehmen und die öffentliche Hand zu unseren Kunden zählen.

Was zeichnet Ihre Unternehmenskultur aus? Erfolgreich durchgeführte Projekte und damit zufriedene Kunden sind der zentrale Erfolgsfaktor einer Unternehmensberatung. Gemeinsam mit unseren Kunden implementieren wir maßgeschneiderte und nachhaltige Lösungen. Dies gelingt uns in einer Atmosphäre, in der alle Projektmitarbeiter - vom Consultant bis zum Partner - ihre ganze Kreativität und Erfahrung nicht nur in die Projektarbeit einbringen dürfen, sondern dies auch explizit sollen. Dieses offene und partnerschaftliche Miteinander über alle Hierarchieebenen hinweg ist ein wesentlicher Grund dafür, dass sich neue Mitarbeiter bei d-fine vom ersten Tag an sehr wohlfühlen.

Welche Karrieremöglichkeiten bieten Sie? Als Unternehmensberatung bieten wir die Möglichkeit, sehr schnell Erfahrung zu sammeln und im Laufe der Zeit immer weitergehende Verantwortung zu übernehmen. Bei entsprechender Leistung gelingt der Aufstieg vom Consultant zum Senior Consultant, Manager und Senior Manager bis zum Partner. Und Dank unseres seit Jahren andauernden, starken Wachstums lassen sich solche Karrieren auch wirklich realisieren. Doch auch Mitarbeitern, die sich als Spezialisten mit sehr spezifischen fachlichen Fragestellungen bei unseren Kunden beschäftigen möchten, bieten wir langfristige Perspektiven ohne klassische Managementaufgaben. Das häufig angewendete Up-or-Out-Prinzip einer Unternehmensberatung wird hier also durchbrochen.

Welche Möglichkeiten zur Weiterqualifizierung bieten Sie? Die kontinuierliche Weiterbildung unserer Mitarbeiter ist unser zentraler Erfolgsfaktor. Als Grundlage zur Sicherstellung des Anspruches, unseren Kunden höchste Beratungsqualität zu liefern, dienen die hervorragenden Qualifikationen, die unsere Mitarbeiter bereits bei ihrer Einstellung mitbringen. Aber natürlich wird dieses Know-how nach einem Einstieg bei d-fine fortlaufend vertieft und erweitert. Berufseinsteiger bei d-fine durchlaufen zu Beginn ihrer Tätigkeit ein über Jahre hinweg etabliertes, mehrwöchiges Schulungsprogramm, durchgeführt von renommierten externen wie internen Trainern. Im Laufe ihrer weiteren Tätigkeit bei d-fine sind für unsere Mitarbeiter je nach Grad ihrer Erfahrung spezifische Trainings vorgesehen, deren Spektrum von der Vertiefung fachlichen Wissens über ein mehrstufiges Projektmanagement-Training bis hin zu Soft-Skill-Schulungen reicht. Darüber hinaus bieten wir unseren Mitarbeitern an, z. B. an der University of Oxford im Rahmen eines berufsbegleitenden Studiums einen M.Sc. in Mathematical Finance zu erwerben. Auch eine Aus- und Weiterbildung zum Chartered Financial Analyst oder zum Aktuar ist bei uns berufsbegleitend möglich. Mitarbeiter, die ihren inhaltlichen Fokus stärker auf betriebswirtschaftliche Inhalte setzen möchten, können alternativ an einem der von d-fine unterstützten (Executive-)MBA-Studiengänge teilnehmen. Hierzu kooperiert d-fine u. a. mit der Mannheim Business School.

Wie sieht ein typischer Arbeitstag bei d-fine aus? Die Arbeit bei d-fine ist bei Weitem zu vielseitig, als dass diese Frage eindeutig beantwortet werden könnte. Typisch für unsere Arbeit ist, dass unsere Beratungsleistung vor Ort beim und in enger Abstimmung mit dem Kunden erfolgt. Die Arbeit selbst findet im Allgemeinen in gemischten Projektteams statt, die sich aus Mitarbeitern unserer Kunden, d-fine-Consultants und ggf. anderen externen Mitarbeitern, zum Beispiel von Software-Firmen, zusammensetzen.

Welche internationalen Einsatzmöglichkeiten bieten Sie? Der Schwerpunkt unserer Projekte liegt in Europa. Darüber hinaus führen wir aber auch Projekte in außereuropäischen Ländern durch.

Wie sieht die Work-Life-Balance bei Ihnen aus? Wir wollen unsere Mitarbeiter langfristig an uns binden. Daher kümmern wir uns bei d-fine sehr intensiv darum, unseren Mitarbeitern das fordernde Leben als Consultant so gut wie möglich zu erleichtern. So haben unsere Mitarbeiter vom ersten Tag an eine freie Wohnortwahl in Deutschland, d. h. wir übernehmen für unsere Mitarbeiter vollständig die ab dem Wohnort anfallenden Reisekosten und Spesen und ermöglichen durch eine entsprechende Projektplanung akzeptable Reisezeiten. Ferner unterstützen wir unsere Mitarbeiter bei der Suche nach geeigneter Kinderbetreuung sowie bei der Notfallbetreuung in vielen großen deutschen Städten. Auch wenn es um die Pflege naher Angehöriger geht, bieten wir Unterstützung an – unser Kooperationspartner steht mit Beratungs-/Vermittlungsleistungen zur Seite.

Kann man bei Ihnen auch schon während des Studiums Erfahrungen sammeln? Als Fair Company ermöglichen wir sehr guten Universitätsstudenten mit einem abgeschlossenen Vordiplom bzw. Bachelor auch gerne einen ersten Einblick in die Beratertätigkeit bei d-fine durch ein Praktikum oder die Teilnahme an einem unserer Events für High Potentials (z. B. Science in Finance Workshop).

Welche sind Ihre Einstellungskriterien? Wir suchen Sie als Physiker, (Wirtschafts-)Mathematiker, (Wirtschafts-)Informatiker, (Wirtschafts-)Ingenieur oder Natur-/Wirtschaftswissenschaftler mit entsprechend quantitativ ausgerichteten Vertiefungsrichtungen. Sie besitzen einen exzellenten Universitätsabschluss, sprechen fließend Deutsch und Englisch und haben weit überdurchschnittliche mathematische Fähigkeiten. Sie haben darüber hinaus sehr gute IT-Kenntnisse und sind idealerweise bereits mit Statistik, Numerik und Finanzmathematik vertraut. Unbedingt erwarten wir von Ihnen analytisches Denken, ergebnisorientiertes Vorgehen und exzellente Kommunikationsfähigkeiten. Sie sind teamfähig, erfassen auch sehr komplexe Aufgaben schnell und können sich rasch in neue Umgebungen und Fragestellungen einarbeiten. Sie haben Beratungstalent, hohe Einsatzfreude und sind flexibel sowie belastbar.

Wie kann man sich bei d-fine bewerben? Wir stellen fortlaufend neue Mitarbeiter ein, sodass keine bestimmten Fristen zu beachten sind. Gerne können Sie uns Ihre vollständigen Unterlagen per E-Mail an careers@d-fine.de senden.

JOB
START

DHL CONSULTING

Standort in Deutschland: Bonn

Standorte weltweit: Plantation/Miami (USA), Schanghai (China), Singapur

Tätigkeitsschwerpunkte: interne Strategie- und Managementberatung; Supply Chain Consulting für externe Kunden

Mitarbeiter in Deutschland: 70

Mitarbeiter weltweit: 100

Geplante Neueinstellungen 2017: 30

DHL Consulting
Fritz-Erler-Straße 5
53113 Bonn
www.dhl-consulting.com

Recruiting-Team
+49 228 182-22828
contact-europe@dhl.com

DHL Consulting sieht seine Consultants als wertvollstes Kapital an. Wir suchen talentierte Menschen, die frische Ideen haben und diese in praktikable und rentable Lösungen umsetzen. Bei uns findest du das richtige Maß an Entwicklungsmöglichkeiten. Wir haben einen starken Ruf, Führungskräfte auszubilden und in den Konzern zu entwickeln.

Welche Karriereperspektiven bieten Sie? Die persönliche Weiterentwicklung unserer Mitarbeiter wird durch herausfordernde strategische Projekte, eine ausgeprägte Feedback-Kultur sowie durch interne und externe Trainings gefördert. Als Einsteiger übernehmen Sie vom ersten Tag an Teilaufgaben in unseren Projekten und werden dabei von einem sogenannten Personal Developer betreut. Dieser unterstützt Sie bei Ihrer persönlichen Entwicklung entlang des klar definierten Karrierepfads vom (Associate) Consultant über den Senior Consultant, Project Manager, Associate Partner bis hin zum Partner. Im Rahmen Ihrer Karriere bieten wir Ihnen ein vielfältiges Angebot an Qualifizierungs- und Entwicklungsmöglichkeiten.

Was genau steckt hinter Ihrem Mentorenprogramm? Mit regelmäßigem detailliertem Feedback stellen wir sicher, dass Sie wissen, wo Ihre Stärken und Verbesserungspotenziale liegen. Ihr Personal Developer (PD) steht Ihnen zu jeder Zeit und in jeder Phase Ihrer Karriereentwicklung zur Seite. Zu seinen Aufgaben gehören Feedback und Unterstützung im Beurteilungsprozess sowie in der individuellen Karriereplanung, Beratung zu Weiterbildungsmaßnahmen und auch eine ganz individuelle Unterstützung. Ihre Leistung und Ihr Potenzial werden in vierteljährlichem Abstand bewertet. Diese Beurteilungen fließen in Entscheidungen zur Beförderung und leistungsbezogenen Vergütung ein.

Welche Trainings und zusätzlichen Qualifikationen können Einsteiger erwarten? Jährlich stehen Ihnen zwei Wochen für Ihre persönliche Weiterbildung zur Verfügung. Neben den für alle Berater verpflichtenden Consulting-Skill-Trainings nehmen Sie an verschiedenen Trainings, persönlichen Coachings und Fachkonferenzen teil. Wir unterstützen Ihre Weiterentwicklung sowohl finanziell als auch mit einer Reihe von Arbeitszeitmodellen, die es Ihnen ermöglichen, Ihre Arbeit bei uns mit einem MBA-Studium oder einer Promotion zu verbinden. Darüber hinaus sind Büroaustausche oder -transfers mit unseren Standorten im Ausland möglich. Auch ein Sabbatical von einem Monat bis zu einem halben Jahr können wir miteinander vereinbaren.

Zusätzlich zum attraktiven Karrierepfad innerhalb von DHL Consulting besteht die Möglichkeit, nach wenigen Jahren eine Fach- oder Führungsposition im Konzern Deutsche Post DHL Group zu übernehmen.

Wie sieht ein typischer Arbeitstag bei Ihnen aus? Typischerweise verbringen unsere Beraterteams von Montag bis Donnerstag viel Zeit mit unseren Kunden. Das bedeutet, sie arbeiten in einem Büro in Kundennähe z. B. in Bonn im Post Tower, in der DHL Consulting-Zentrale oder auch an anderen nationalen und internationalen Standorten. Diese Tage sind geprägt von Kundenterminen und dem Vorbereiten von Analysen und Entscheidungsvorlagen. Natürlich bleibt auch ausreichend Zeit für ein gemeinsames Mittagessen und eine Runde Kicker. Freitage sind sogenannte „Office Days" – das heißt, in der Regel arbeiten alle Berater in den DHL Consulting-Büros und haben so die Möglichkeit, sich auszutauschen, auf den neusten Stand zu bringen und sich z. B. durch „Lunch & Learns" weiterzubilden.

Wie genau sieht Ihr Projektportfolio aus? Deutsche Post DHL Group ist der größte Logistikkonzern der Welt. Entsprechend komplex und vielfältig sind die Herausforderungen, für die wir Lösungen entwickeln. Unsere Projekte sind zum einen entlang unserer Services zu gliedern: Business Consulting, Business-Transformationen und Strategic Logistic Consulting. Darüber hinaus ist jedes Projekt einer internen Practice Group zugeordnet. Diese sind sowohl funktional als auch divisional aufgestellt. Daraus ergeben sich Projekte mit vielfätigem Fokus, zum Beispiel auf die HR- und Finanzfunktionen, Strategie und IT-Themen – sowohl für die Konzernzentrale als auch für die Divisionen (zum Beispiel DHL Supply Chain oder PeP: Post-eCommerce-Parcel). Bleibt noch zu erwähnen, dass nicht nur der Konzern Deutsche Post DHL Group unser Kunde ist, sondern auch Kunden des Konzerns zu unserem Kundenportfolio zählen. Hier heißt der Fokus Strategic Logistics Consulting.

Welches Anforderungsprofil erwarten Sie? Wir suchen Management Consultants mit ganzheitlicher Qualifikation. Sie sollten Teamplayer sein und ein ausgeprägtes Interesse an der Mitarbeit in strategischen Topmanagement-Projekten haben. Dabei sind wir offen für alle Fachrichtungen. Wir suchen Absolventen und Professionals mit folgendem Profil: hervorragende akademische Referenzen, internationale Erfahrungen durch Studium und Praktika, verhandlungssichere Englischkenntnisse, analytisches Denken und Problemlösungskompetenz, Teamorientierung und Organisationstalent.

Sabine Müller, Executive Vice President & Global Head DHL Consulting
„Wir suchen talentierte Mitarbeiter, die gerne in internationalen Teams arbeiten, komplexe Probleme analysieren und lösen können und unser Unternehmen mit neuen, frischen Ideen bereichern, indem sie innovative Lösungen schaffen."

Welche Studienhintergründe haben Ihre Mitarbeiter? Unsere Teams profitieren stark von den Einflüssen verschiedenster Studiengänge. Dies fördert die Entwicklung kreativer, innovativer Lösungsansätze. Daher ist bei DHL Consulting eine Vielzahl von Abschlüssen vertreten: von Bachelor-Absolventen über MBAs bis hin zu PhDs. Die Fachbereiche sind ebenso vielfältig – Wirtschaftswissenschafler, Informatiker, Ingenieure, Psychologen und Mathematiker sind genauso vertreten wie Geografen und Chemiker.

Wie läuft das Bewerbungsverfahren bei Ihnen ab? Im Rahmen unseres Auswahlverfahrens werden Sie mit dem Alltag eines Beraters konfrontiert und haben gleichzeitig die Chance, unser Consulting näher kennenzulernen. Sie sollten sich auf Interviews mit Fallstudien und Rollenspielen und auf einen analytischen Test vorbereiten. Nach einem erfolgreichen Auswahltag erhalten Sie von uns ein konkretes Vertragsangebot.

EBNER STOLZ

Standorte in Deutschland: Frankfurt am Main, Hamburg, Köln, München, Stuttgart

Tätigkeitsschwerpunkt: Topmanagement-Beratung für gehobenen Mittelstand und Konzerne

Mitarbeiter in Deutschland: 100

Geplante Neueinstellungen 2017:
Hochschulabsolventen: 5–10
Young Professionals: 5–10

Ebner Stolz Management Consultants
Holzmarkt 1
50676 Köln
www.ebnerstolz.de

Dr. Jens Petersen
+49 221 20643-965
jens.petersen@ebnerstolz.de

Ebner Stolz Management Consultants verbindet exzellente Analyse und maßgeschneiderte Kundenlösungen mit großer Umsetzungskompetenz. Unsere qualitative Spitzenstellung führt zu einer außerordentlich hohen Kundenzufriedenheit und kontinuierlichem, überdurchschnittlichem Wachstum. Und auch unsere Mitarbeiter sind sehr zufrieden: Wir haben eine äußerst niedrige Fluktuation.

Was sind Ihre Beratungsschwerpunkte? Unsere Geschäftsfelder sind sehr vielfältig. Dazu zählen Restrukturierung und Sanierung, Strategie und Organisation, Prozessoptimierung und Kostensenkung, Unternehmensführung und Controlling sowie Corporate Finance und M&A-Beratung. Bewerber sind immer wieder überrascht von der thematischen Bandbreite. Wir arbeiten branchenübergreifend in zahlreichen Sektoren der Industrie, Groß- und Einzelhandel und Dienstleistungsbereichen.

Was unterscheidet Sie von anderen Beratungen? Wir kombinieren die sehr gute Analyse und Konzeption mit starker Umsetzungsorientierung. Unsere Kunden erwarten, dass wir gemeinsam belastbare Ansätze entwickeln, die auch „fliegen". Eine Reihe anderer Topmanagement-Beratungen brechen hier ab und behaupten, Umsetzung sei Aufgabe des Kundenmanagements. Unsere Beratung hat hingegen einen nachweisbaren Impact – bis hinein in GuV und Bilanz.

Warum ist Ihre Mitarbeiterfluktuation so gering? Wir sind ein qualitativ exzellentes Team. Warum sollten wir durch Up-or-Out hieran etwas ändern wollen? Unser Wachstum gibt jedem Kollegen eine Perspektive zur Entwicklung und große Freiheitsgrade. Außerdem sind wir sehr teamorientiert und fahren unsere Teammitglieder nicht „sauer". Wir sind zwar eine Hochleistungsorganisation, aber Nachtschichten und Wochenendarbeit sind bei uns die Ausnahme. Und wenn wir ein wirtschaftlich gutes Jahr haben, wird über den eigentlichen Bonus hinaus auch noch einmal ein zusätzlicher Topbonus an das Team ausgeschüttet. Dies alles führt zu hoher Zufriedenheit, dadurch bleibt die Fluktuation sehr gering.

Welche Entwicklungsperspektiven hat man bei Ihnen? Nach dem Start als Consulting Analyst wird man nach einem Jahr Consultant. Vom ersten Tag an wartet ein anspruchsvoller Mix aus interner und externer Projektarbeit, zudem unterstützt man bei Akquisitionen, Markt- und Unternehmensrecherchen. Als Consultant steht die Projektarbeit im Mittelpunkt, man verantwortet eigenständige Projektmodule. Nächster Schritt ist der Manager, der projektleitende Funktionen übernimmt und den Kunden operativ führt. Die letzten Karrierestufen sind dann der Senior Manager und Partner, die vornehmlich Akquisition, Geschäftsentwicklung und Kundensteuerung verantworten.

Wie wird man in seiner Entwicklung unterstützt? Jeder Kollege hat bei uns einen Mentor, der sowohl die persönliche Entwicklung fördert als auch fachlich begleitet. Mit ihm werden Trainings, individuelle Coachings und gegebenenfalls auch MBA- oder Promotionsprogramme besprochen und festgelegt. Wir fördern hier sehr intensiv, weil dies ein gutes Investment in unsere Kollegen und damit in unsere Leistungsfähigkeit ist.

Warum kennt man Ihre Beratung so wenig? In der heutigen Form und Größe gibt es unsere Beratung erst seit rund fünf Jahren, auch wenn kleinere Vorläufer schon seit über 20 Jahren existieren. Insofern können wir noch gar nicht so bekannt sein. Wir arbeiten zudem für eine Reihe von Unternehmen, die nicht jeden Tag in der Zeitung stehen. Darum sind wir eher ein klassischer Hidden Champion. Hoch erfolgreich, aber nicht in der Breite bekannt.

Wie wirtschaftsprüfungslastig ist Ihre Beratung? Wir entwickeln unser Geschäft mit hoher Eigenständigkeit, profitieren aber von den Vorteilen unserer Ebner-Stolz-Partnerschaft. Der ganz überwiegende Teil unserer Projekte hat keine oder nur punktuelle Berührungspunkte mit Wirtschaftsprüfern, Steuerberatern oder Anwälten – das sind klassische Managementberatungs-Projekte. Es ist aber für uns ein Riesenvorteil, im Bedarfsfall auf dem „kleinen Dienstweg" Kollegen in M&A- oder Restrukturierungsprojekten zurate ziehen zu können. Schließlich geht es dort immer um steuerliche Themen, Bewertungsfragen, arbeitsrechtliche Dinge etc. Das ist ein echter Wettbewerbsvorteil für uns.

Bezahlen Sie wettbewerbsgerecht? Oh ja! Offen gestanden hat noch nie ein Bewerber, dem wir ein Angebot gemacht haben, wegen des Gehaltspakets abgelehnt. Zuletzt war eine Bewerberin sogar überrascht, dass unser Package oberhalb dessen lag, was eine große Strategieberatung geboten hatte. Mit einer Bonuschance von bis zu 50 Prozent auf allen Ebenen, d. h. auch für Einsteiger, bieten wir gerade Absolventen eine Chance, die in anderen Beratungen hart gedeckelt ist.

Was spricht sonst noch für Ebner Stolz? Neben der schon angesprochenen guten Perspektive und der hervorragenden Teamatmosphäre sind es auch andere Themen. Neueinsteiger können ihren fachlichen Schwerpunkt nach Interesse und Neigung frei wählen, werden aber auf Wunsch in verschiedenen Branchen und Themen eingesetzt. Aus privater Sicht ist wichtig, dass sie ihren Wohnort bundesweit frei wählen können, gleiches gilt nach dem Einstiegsjahr auch für ihren Bürostandort.

Wie läuft bei Ihnen das Bewerbungsverfahren ab? Wir benötigen das übliche Bewerbungspaket aus CV und Zeugnissen. Innerhalb weniger Tage geben wir Feedback und laden im positiven Falle zu zwei Interviewrunden mit jeweils drei Gesprächspartnern ein. Dies umfasst Persönlichkeitsinterviews sowie Cases, aber keine theoretischen Dinge, sondern konkrete Projektsituationen aus unserem Alltag. Unser Prozess ist sehr schnell, terminlich individuell und auf den Bewerber fokussiert.

Wie bereitet man sich auf die Interviews am besten vor? Sicherlich sollte man vorher schon einmal Interviews geführt und Cases bearbeitet haben. Übung macht auch hier den Meister. Aber eigentlich sollte man „nur" wach sein und clever, gute Fragen stellen, sein fachliches Wissen einbringen und Lösungsansätze entwickeln. Das lernt man nicht extra für Bewerbungsgespräche, sondern hat es sich über die Jahre seiner Ausbildung angeeignet.

EY
Building a better working world

Standorte in Deutschland: 21

Standorte weltweit: in 150 Ländern

Tätigkeitsschwerpunkte: Wirtschaftsprüfung, Steuerberatung, Transaktionsberatung sowie Managementberatung

Mitarbeiter in Deutschland: 8.900

Mitarbeiter weltweit: 212.000

Geplante Neueinstellungen 2017: ca. 1.600 Berufseinsteiger

EY (Ernst & Young GmbH)
Wirtschaftsprüfungsgesellschaft
Flughafenstraße 61
70629 Stuttgart
www.de.ey.com/karriere

HR Services
Employer Branding & Recruitment/
Human Resources GSA
(Germany, Switzerland, Austria)
+49 6196 996-10005
karriere@de.ey.com

Das Ziel von EY ist es, Dinge voranzubringen und entscheidend besser zu machen – für unsere Mitarbeiter, Kunden und die Gesellschaft. Dafür steht unser Anspruch Building a better working world. EY bietet seinen Mitarbeitern ein Umfeld, in dem sie ihre Fähigkeiten entfalten können und sich gegenseitig inspirieren. Wann immer Mitarbeiter zu EY kommen und egal, wie lange sie bei uns bleiben: von den Erfahrungen, die sie bei EY machen, profitieren sie ein Leben lang.

Was zeichnet Ihr Unternehmen aus? Sehr viel lässt sich unter dem Begriff der Vielfalt zusammenfassen. Sie ist in unserer Organisation fest verankert – in unserem Handeln durch fachübergreifende Beratung und in unserem Denken durch Individualität und Eigenverantwortung. Vielfalt ist es, die uns erfolgreich macht – die Mitarbeiter, die sich für unsere Kunden einsetzen, ihre unterschiedlichen Ansichten und Lebensentwürfe und die Zusammenarbeit in einem Team. Dabei verbinden uns unsere gemeinsamen Werte: Integrität, Respekt, Teamarbeit, Leistung, Engagement und die Fähigkeit, die richtigen Entscheidungen zu treffen.

Welche sind Ihre Einstiegskriterien? Wir suchen Bewerber mit sehr guten akademischen Leistungen, analytischen Fähigkeiten und idealerweise ersten Praxiserfahrungen. Daneben setzen wir vor allem auf soziale Kompetenz, Teamfähigkeit und Flexibilität. Aufgrund unseres internationalen Netzwerks sind gute Englischkenntnisse ebenso Voraussetzung. Bezüglich der Fachrichtungen decken wir ein breites Spektrum ab. Absolventen der Fachrichtungen BWL, VWL, Jura, Wirtschaftsinformatik und Informatik sind bei uns willkommen, aber auch Wirtschaftsingenieure, Wirtschaftsmathematiker und Mathematiker. Praktika sind bei uns jederzeit in sämtlichen Fachbereichen für eine Dauer von mindestens sechs Wochen möglich. Außerdem besteht die Möglichkeit, im Rahmen des „Set Sail"-Programms ein Praktikum im Ausland für die Dauer von zwei bis sechs Monaten zu absolvieren.

Welche Karrieremöglichkeiten bieten Sie? Unsere Einstiegsmöglichkeiten bieten für jeden das Passende. Absolventen und Berufseinsteiger können bei EY mit einem Praktikum oder als Trainee beginnen. Sie können aber auch Ihre Ausbildung, Ihr Studium oder Ihren Master mit uns machen. Mit einem Hochschulabschluss steht Ihnen auch ein Direkteinstieg als Assistant oder Consultant offen. Berufserfahrene finden bei EY ein breites Spektrum an Karrieremöglichkeiten. Wir fördern Ihre Karriereentwicklung mit kontinuierlichem Coaching und einer individuellen Aus- und Weiterbildung. Gleich zu Beginn Ihrer Karriere werden Sie mit renommierten Unternehmen zusammenarbeiten und interessante und motivierte Kollegen kennenlernen. Mit Ihren herausfordernden Projekten werden Sie aber nicht allein gelassen, denn wir machen Sie fit für Ihre Aufgaben. Sie lernen on-the-Job von erfahrenen Kollegen und vertiefen Ihre Kenntnisse durch Trainings und systematisches Coaching. Von Ihrer Zeit bei EY und dem Netzwerk profitieren Sie ein Leben lang!

Wie läuft das Bewerbungsverfahren in Ihrem Unternehmen ab? Die Bewerbung erfolgt online über das Jobportal. Nach Prüfung der Bewerbung erhalten Sie bei grundsätzlicher Eignung eine Einladung zu unserem Online-Test. Dieser gibt uns und Ihnen die Möglichkeit, mehr über Ihre Stärken herauszufinden. Fällt das Ergebnis positiv aus, laden wir Sie zu einem persönlichen Gespräch oder zum EY Talent Day ein.

Benny März

Consultant Advisory Services Risk

Advisory Risk – die perfekte Mischung aus BWL und IT

Die Advisory Services von EY unterstützen Unternehmen dabei, ihre Performance zu steigern und Risiken besser zu steuern. Das ist besonders wichtig, wenn sich Unternehmen in einem Umfeld mit starkem Wettbewerb bewegen. Zusammen mit unseren Mandanten analysieren unsere Managementberater die spezifischen Herausforderungen der Branche, entwickeln auf dieser Basis passende Strategien und helfen diese umzusetzen.

Ich arbeite als Consultant im Bereich Risk, einem der Schwerpunkte unserer Managementberatung. Ich helfe unseren Mandanten dabei, sämtliche Risikofunktionen in organisatorischer und strategischer Hinsicht aufzubauen und optimiere bei Bedarf interne Kontrollsysteme, die interne Revision und die Compliance. Von Vorteil ist bei meiner Arbeit, dass ich auch Erfahrungen in der Wirtschaftsprüfung sammeln kann.

Zusammen mit den Kollegen aus der Wirtschaftsprüfung begleite ich in der Busy Season von Oktober bis April die Jahresabschlussprüfung unserer Mandanten. Während sich die Kollegen die Zahlen anschauen, besteht meine Aufgabe darin zu prüfen, ob alle buchungsrelevanten IT-Systeme funktionieren. Auf diese Art und Weise baue ich mir ein breites Fach- und Prozesswissen auf.

Vom Verlagskaufmann zum Consultant

Nach dem Abitur habe ich zunächst eine Ausbildung zum Verlagskaufmann absolviert. Um meine englischen Sprachkenntnisse weiter auszubauen, habe ich danach ein Jahr lang als Au-pair in den USA gearbeitet, bevor ich an der Hochschule Zwickau in mein Bachelorstudium der Betriebswirtschaftslehre, Schwerpunkt IT, gestartet bin.

Nach meinem Abschluss hatte ich die Möglichkeit, bei EY direkt als Consultant einzusteigen. Meine Arbeit dort ist für mich die perfekte Mischung aus BWL und IT. Wir betreuen viele abwechslungsreiche Projekte für namhafte Mandanten. Dadurch habe ich in kurzer Zeit sehr viel gelernt. Ich finde es toll, Teil eines leistungsstarken Teams mit exzellenter Expertise zu sein und hatte bei EY von Anfang an die Möglichkeit, Verantwortung innerhalb komplexer unternehmerischer Herausforderungen zu übernehmen.

helbling

Standorte in Deutschland: Düsseldorf, München, Stuttgart

Standorte Helbling Gruppe weltweit: Deutschland, Schweiz, USA, China

Tätigkeitsschwerpunkte: Restructuring, Corporate Finance, Strategy, Operational Excellence, Mergers & Acquisitions

Mitarbeiter in Deutschland: ca. 50

Mitarbeiter Helbling Gruppe weltweit: 480

Geplante Neueinstellungen 2017: grundsätzlich jederzeit – auch Initiativbewerbungen sind willkommen

Helbling Business Advisors GmbH
Neuer Zollhof 3
40221 Düsseldorf
www.helbling.de/hba/karriere-jobs

Claudia Spitzer
Human Resources
+49 211 13707-0
recruiting-hba@helbling.de

Helbling Business Advisors ist eine international tätige, qualitativ führende Unternehmensberatung, die mit einem Team von etwa 70 hoch qualifizierten Mitarbeitenden Lösungen in den Bereichen Restrukturierung & Turnaround Management, Mergers & Acquisitions, Strategie sowie Operational Excellence erarbeitet. Dabei unterstützen wir unsere Kunden bei der Konkretisierung der Aufgabenstellung, der Analyse, der Konzeption und der Umsetzung.

Was unterscheidet Sie von anderen Beratungen? Zum einen die einzigartige Kombination von Kompetenzen in technologischer Innovation und Business Consulting, die uns als eines von wenigen Beratungsunternehmen in die Lage versetzt, die Aufgabenstellungen unserer Kunden nicht nur fachspezifisch und projektorientiert zu bearbeiten, sondern auch aus gesamtunternehmerischer Perspektive zu betrachten. Zum anderen ist es die Möglichkeit, schon sehr früh eng mit unseren Kunden zusammenzuarbeiten und Aufgaben mit dem notwendigen Handlungsspielraum anzugehen. Dabei werden unsere Mitarbeiter aber nicht alleingelassen, sondern stehen in engem Austausch mit einem erfahrenen Projektleiter.

Wie sieht der Einstieg bei Ihnen aus? Einstieg und Praktika sind bei uns jederzeit möglich, für eine Festanstellung grundsätzlich auf jeder Stufe. Neben der Möglichkeit, vielfältige Aufgaben anzubieten, ist uns eine positive Atmosphäre wichtig. Schließlich darf die Arbeit auch Spaß machen! Teamfähigkeit und kollegiale Zusammenarbeit sind wichtige Säulen unserer Erfolgsgeschichte. Neuen Kollegen steht ein erfahrener Mentor zur Seite, der sie in persönlichen und fachlichen Fragen unterstützt und die Integration erleichtert.

Wie muss man sich den Arbeitsalltag vorstellen? Einen typischen Arbeitstag gibt es nicht, denn jeder Kunde ist anders und bringt ganz eigene Problemstellungen mit sich. Der größte Teil der Arbeit wird allerdings vor Ort beim Kunden selber erledigt, meist im deutschsprachigen europäischen Raum oder an den jeweiligen Produktionsstandorten, die weltweit verankert sein können.

Was bieten Sie, und wie kann ich mich entwickeln? Als mittelständisch geprägte Beratung zählen bei Helbling kurze und flexible Wege. Bei uns kann man frühzeitig Teams führen, Verantwortung übernehmen und sich mit anspruchsvollen Gesprächspartnern auseinandersetzen. Eine steile Lernkurve und eigenverantwortliche Gestaltungsmöglichkeiten sind nur einige der Aspekte, die unsere Mitarbeiter motivieren und begeistern. Durch interne und externe Fortbildungsmaßnahmen sorgen wir dafür, dass Sie sich auch sonst persönlich und fachlich weiter entwickeln können. Wettbewerbsgerechte Vergütungssysteme, Sozialleistungen und weitere Benefits runden unser Gesamtpaket ab.

Wie läuft das Bewerbungsverfahren bei Ihnen ab? Initiativbewerbungen für Festanstellungen und Praktika sind jederzeit willkommen. Das gegenseitige Kennenlernen erfolgt in bis zu drei Interviewrunden. Dabei wollen nicht nur wir Sie persönlich und fachlich besser kennenlernen, sondern auch Sie selbst sollen die Gelegenheit erhalten, sich ein Bild von uns und unserem Unternehmen zu machen – denn neben dem fachlichen Matching ist letztlich auch die Chemie mitentscheidend. Kleiner Tipp: Sie sollten auf jeden Fall sattelfest sein in allen Themen, die Sie selbst zur Sprache bringen. Seien Sie immer Sie selbst, und zeigen Sie uns Ihre Stärken – das tun wir auch!

Julian Killewald

Jahrgang 1986
Manager

Unternehmerisches Denken und Handeln bei Helbling

Am Standort Düsseldorf wird unser Team seit einigen Jahren von Julian verstärkt. Seine früheren beruflichen Erfahrungen aus dem Consulting einer der sogenannten „Big Four" konnte er auch bei uns hervorragend einsetzen und weiter ausbauen. Zwar ist Julians beruflicher Alltag immer wieder stark durch Reisetätigkeit geprägt, doch hält ihn dies nicht davon ab, in seiner freien Zeit seinen Leidenschaften Tennis und Golf nachzugehen:

„Die Lösung unternehmerischer Herausforderungen bei unterschiedlichen Kundengruppen und in verschiedenen Industrien war für mich ein entscheidendes Kriterium bei der Wahl meines Arbeitgebers. Ich wollte in der Beratung bleiben, allerdings zu einem Hidden Champion mit dynamischen Strukturen gehen, wo ich meine Lernkurve noch stärker steigern konnte und der Einzelne noch mehr zu Aufbau und Entwicklung beitragen kann.

Meine Erwartungen wurden nicht enttäuscht. Von Anfang an konnte ich in vielen verschiedenen Branchen unmittelbar beim Kunden tätig werden – neben Herstellern von Konsumgütern gehörten auch hoch innovative Unternehmen der Automobilindustrie oder aus dem Anlagenbau dazu. Nicht nur der direkte Kontakt zu den dortigen Führungskräften hat mir die Arbeit erleichtert, sondern auch meine Teamkollegen haben schnell dafür gesorgt, dass ich mich in jedem Projekt gut zurechtfand und bald selbstständig eigene Arbeitspakete hatte. Die Erfahrung der älteren Kollegen war auch extrem wichtig für mich, um fachliche Themen wie Liquiditäts- und Finanzplanungen zu vertiefen und hier rasch hinzuzulernen. Humor und Flexibilität haben dabei immer über den einen oder anderen langen Tag und das „gute" Kantinenessen des Kunden hinweggeholfen!

Im Großen und Ganzen kann ich sagen, dass die Tätigkeiten im Bereich Restrukturierung und Mergers & Acquisitions mit ihren sehr verschiedenen Problemstellungen Einblicke in Strukturen und Prozesse bieten, die unerlässlich sind, um ein Unternehmen in seiner Gesamtheit zu verstehen. Die Arbeit ist enorm abwechslungsreich und immer spannend.

Der gute Teamgeist und der Wille, etwas gemeinsam zu bewegen, runden das Paket auch heute noch für mich ab. Regelmäßige, feste Teamevents in Deutschland, der Schweiz oder im sonnigen Süden sorgen dafür, dass man sich auch standortübergreifend austauschen und – nicht zuletzt – Spaß haben kann!"

HORVÁTH & PARTNERS
MANAGEMENT CONSULTANTS

Standorte in Deutschland: Berlin, Düsseldorf, Frankfurt am Main, Hamburg, München, Stuttgart

Standorte weltweit: Abu Dhabi, Budapest, Bukarest, Jeddah, Riad, Wien, Zürich

Tätigkeitsschwerpunkt:
Managementberatung mit Schwerpunkt Unternehmenssteuerung und Performanceoptimierung

Mitarbeiter in Deutschland: über 400

Mitarbeiter weltweit: über 650

Horváth & Partners
Management Consultants
Phoenixbau, Königstraße 5
70173 Stuttgart
www.horvath-partners.com
www.horvath-partners.com/karriere

Recruiting Team
+49 711 66919-0
career@horvath-partners.com

Bei Horváth & Partners finden Sie das passende Umfeld für Ihre außergewöhnliche Leistung. Als führende international tätige Managementberatung mit über 650 Mitarbeitern bieten wir Ihnen die Möglichkeit, mit uns über sich hinauszuwachsen. Unternehmenssteuerung und Performanceoptimierung sind unsere Schwerpunkte, in denen wir als Unternehmensberatung ausgewiesene Experten sind und Mehrwert für unsere Kunden schaffen – in allen Branchen, funktionsübergreifend, weltweit.

Was unterscheidet Sie von anderen Beratungshäusern? Die klare Ausrichtung und konsequente Positionierung über unsere Kernkompetenzen Unternehmenssteuerung und Performanceoptimierung zeichnet uns aus. Unsere Lösungen entstehen in der partnerschaftlichen, offenen und praxisorientierten Zusammenarbeit mit unseren Kunden. Unsere Mitarbeiter überzeugen durch Kompetenz und Umsetzungsstärke. Es sind nicht die Ellbogen, durch die man bei uns auf sich aufmerksam macht, sondern die Beiträge zur Lösung der Herausforderungen unserer Kunden. Bei Horváth & Partners ist es Prinzip, Wissen zu teilen, sich gegenseitig zu unterstützen und so voneinander zu lernen. Wenn Sie auf motivierende Teams, großen unternehmerischen Freiraum und einen übergreifenden Wissensaustausch genauso viel Wert legen wie auf Ihre persönlichen Entwicklungsmöglichkeiten, sind Sie bei uns genau richtig.

Wodurch zeichnet sich Ihre Unternehmenskultur aus? Schnelle Entscheidungen, kurze Wege und ein vertrauensvoller, partnerschaftlicher Umgang untereinander und mit den Kunden kennzeichnen Horváth & Partners. Es ist diese ganz besondere Kultur aus Vertrauen, Innovationskraft, Kompetenz, Offenheit und Unternehmertum, die unsere Mitarbeiter vereint und uns als Unternehmen groß gemacht hat. Eine gelebte Team-Orientierung sowie die Bereitschaft aller Mitarbeiter, Wissen auszutauschen und sich gegenseitig zu unterstützen, zeichnet unsere tägliche Arbeitsweise aus.

Welche Einstiegs- und Karrieremöglichkeiten bieten Sie? Für Studierende bieten wir laufend Praktika an, sowohl während des Semesters als auch in der Orientierungszeit zwischen Bachelor- und Master-Studium. Unsere Praktika ermöglichen einen sehr guten Einblick in den Beratungsalltag und das Projektgeschäft beim Kunden. Studierende, die im Rahmen ihres Praktikums herausragende Leistungen erbracht haben, fördern wir mit einer Aufnahme in den Horváth Student Club. Der Direkteinstieg als Absolvent ist bei uns mit einem Bachelor-, Master- oder Diplom-Studium möglich. Bachelor-Absolventen beginnen ihre Karriere bei uns als Junior Consultant. Absolventen eines Master- oder Diplom-Studiengangs bieten wir den Direkteinstieg auf Consultant-Level. Darüber hinaus ist der Einstieg mit Berufserfahrung genauso möglich.

Ganz gleich, ob Sie mit beruflicher Erfahrung, als Absolvent oder Student den Weg zu uns einschlagen möchten: Wir bieten Ihnen vielfältige Gestaltungs- und Entwicklungsmöglichkeiten. Abwechslungsreiche und verantwortungsvolle Aufgaben, eine offene und kollegiale Teamarbeit, ein gemeinsames Werteverständnis, ein hohes Maß an gestalterischer Freiheit sowie konsequente Weiterentwicklung sind dabei nur einige Aspekte, die Sie bei uns finden werden.

Welche Weiterbildungsmöglichkeiten bieten Sie? Wie fördern Sie Ihre Mitarbeiter? Ob im begleiteten Lernen in Projekten, im Trainingscurriculum der Horváth & Partners-University-Veranstaltungen oder durch wissenschaftliche Arbeit im Rahmen einer berufsbegleitenden Dissertation oder eines (Executive-)MBA-Studiums: Wenn auch Sie sich täglich weiterentwickeln möchten, finden Sie bei uns das passende Umfeld.

Wir bieten ein umfassendes Weiterbildungsprogramm und unterstützen so die Karriereentwicklung unserer Mitarbeiter. Von Beginn an steht Ihnen ein erfahrener Mentor zur Seite, um Ihre individuelle Entwicklung zu begleiten und Sie zu fördern. Ganz gleich, wie Sie bei uns einsteigen und welche Karriere Sie vor Augen haben: Der Einstieg erfolgt bei uns nach dem Training-on-the-Job-Prinzip, wobei Sie zunächst spezielle Einführungsschulungen durchlaufen. Neben diesen Trainings legen Sie im Mentor-Mentee-Gespräch Ihre ersten möglichen Projektaufgaben fest und klären Ihren konkreten Lernbedarf. Danach geht es so schnell wie möglich auf das erste Projekt. Unsere ausgeprägte Feedback-Kultur ist dabei der Garant für Ihre persönliche Weiterentwicklung, sowohl auf den Projekten als auch bei internen Aufgaben. Denn nur wer regelmäßig Feedback erhält, kann sich stetig verbessern.

Jeder zeigt bei uns die ständige Bereitschaft, zu lernen und sein Wissen auch an andere weiterzugeben – wir unterstützen diesen Transfer tatkräftig durch besondere Veranstaltungen wie z. B. die Horváth & Partners University. Mit der University bieten wir unseren Mitarbeitern zweimal jährlich für mehrere Tage die Gelegenheit, ihr Wissen sowie ihre Projekterfahrungen auszutauschen und zusätzlich von externen Experten zu lernen. Maßgeschneiderte Inhouse-Schulungen, Seminare sowie individuelle Trainings sorgen darüber hinaus für eine kontinuierliche Weiterentwicklung neben dem Projektgeschäft.

Wie sehr wir Ihre individuellen Fähigkeiten und Ihre langfristige Entwicklung im Auge haben, zeigt die Tatsache, dass wir Sie über die Trainings hinaus auch bei weiteren akademischen Qualifikationen unterstützen. Mit unserem Scholarship Program fördern wir sowohl Master- und (Executive-)MBA-Programme als auch Promotionsvorhaben – finanziell und auch mit entsprechenden Freistellungen.

Wie sieht der Bewerbungsprozess bei Ihnen aus? Für die meisten Positionen im Consulting sehen wir keinen festen Einstellungszeitpunkt vor. Sie können sich daher gerne ganzjährig bewerben. Die Bewerbung sollte bevorzugt online erfolgen. Ihre Unterlagen prüfen wir dabei immer bereichsübergreifend für unterschiedliche Positionen. Haben Sie uns mit Ihren Bewerbungsunterlagen überzeugt, so laden wir Sie zu persönlichen Gesprächen ein. Für den Einstieg als Praktikant führen wir ein persönliches Gespräch mit Ihnen, in welchem wir Sie persönlich kennenlernen und einen Eindruck von Ihren bisherigen fachlichen Kenntnissen gewinnen möchten. Für den Festeinstieg als Absolvent und mit beruflicher Erfahrung absolvieren Sie zwei Interviewrunden mit Fallstudien und Präsentationen. Verfügen Sie über sehr umfangreiche Berufserfahrung, so gestaltet sich der Auswahlprozess je nach Position und Funktion individuell.

innogy

Standorte in Deutschland: Berlin, Essen, Frankfurt am Main, München

Standorte weltweit: Den Bosch, Dubai, London, Prag

Tätigkeitsschwerpunkte: Inhouse-Beratung für das Topmanagement von innogy und RWE

Mitarbeiter in Deutschland: 110

Mitarbeiter weltweit: 140

Geplante Neueinstellungen 2017:
Consultants: 40
Praktikanten: 10

innogy Consulting GmbH
Lysegang 11
45139 Essen
www.innogy-consulting.com

Nina Korte
Recruiting
+49 201 8133-327
ni.korte@rwe.com

Als Berater bei innogy Consulting erhalten Sie die besondere Chance, die Transformation des Energiemarktes aktiv mitzugestalten und eine Herausforderung anzunehmen, die Ihnen methodisch, analytisch, operativ und intellektuell alles abverlangen wird. Wenn Sie Interesse an einem Job bei innogy Consulting haben und sich der großen Herausforderung „Energiewende" stellen möchten, dann bewerben Sie sich unter: www.innogy-consulting.com

Warum sollten Studenten/Absolventen gerade bei Ihnen einsteigen? Bei uns erhalten Sie die Chance, die Transformation des Energiemarktes aktiv mitzugestalten und eine Herausforderung anzunehmen, die Ihnen methodisch, analytisch, operativ und intellektuell alles abverlangen wird. Sie arbeiten nicht bei einer externen Beratung, die von Kunden und Projekterfolgen weitestgehend unabhängig ist. Stattdessen sind Sie mit Ihrer Arbeit mitverantwortlich für den Erfolg des RWE-Konzerns, zu dem innogy, die Tochtergesellschaft für Erneuerbare Energien, Netz und Infrastruktur sowie Vertrieb und innogy Consulting gehören. Ihre Kunden sind gleichzeitig Ihre Kollegen und verfolgen das gleiche Ziel wie Sie. Dadurch entwickeln Sie mit dem Einstieg bei innogy Consulting ein vielschichtiges, fundiertes Expertenwissen in einem der wichtigsten Zukunftsmärkte.

Was zeichnet Ihre Unternehmenskultur aus? Feedback gehört zu unseren Grundprinzipien. Offene und konstruktive Kritik steht bei innogy Consulting auf der Tagesordnung, denn nur sie fördert die persönliche Entwicklung und bringt gleichzeitig das Unternehmen voran.

Welche Karrieremöglichkeiten bieten Sie? Sie können bei innogy Consulting in verschiedenen Hierarchieebenen einsteigen. Der Startpunkt für Young Professionals und Hochschulabsolventen ist die Position des Consultants. In der Regel steigen Sie nach ein bis drei Jahren zum Senior Consultant auf, weitere zwei bis vier Jahre später zum Managing Consultant. Nach Ihrer Zeit als Managing Consultant können Sie sich für die Position des Partners qualifizieren. Zudem besteht auch ständig die Option, die eigene Karriere in einer Führungsrolle im Konzern fortzusetzen.

Welche sind Ihre Einstellungskriterien? Echtes Interesse an strategischen und energiewirtschaftlichen Themen, Teamfähigkeit und Internationalität sind einige der wichtigsten Einstellungskriterien. Sie sollten Ihr Theoriewissen bereits in der Praxis angewendet und idealerweise Praktika in einer Beratung oder der Energiebranche absolviert haben. Sehr gute Englischkenntnisse sind Grundvoraussetzung. Sie müssen aber auch ehrgeizig sein und Spaß an intellektuellen Herausforderungen mitbringen.

Kann man bei Ihnen auch schon während des Studiums Erfahrungen sammeln? Wenn Sie während Ihres Studiums Praxisluft schnuppern möchten, können Sie sich jederzeit als Praktikant bewerben. innogy Consulting bietet Ihnen vom ersten Tag an ein vielseitiges und spannendes Umfeld. Als Junior Consultant erhalten Sie Einblicke in die verschiedenen Unternehmensbereiche und unterstützen die Consultants bei ihrer täglichen Arbeit. Auch ein Praktikum im Ausland ist im Rahmen der internationalen Projekte möglich.

Denis Kumar

Jahrgang 1987
Consultant

Berater voller Energie

Mein Name ist Denis, und ich bin vor zwei Jahren bei innogy Consulting als Consultant eingestiegen. Ich habe BWL in Köln und Warschau studiert und bereits während meines Studiums ein Praktikum in einer Inhouse-Beratung absolviert. Dort habe ich an der Digitalstrategie eines Großkonzerns gearbeitet – Digital und Energie, diese beiden Themen gehören für mich einfach zusammen. Das war auch der Grund, warum ich mich für die Inhouse-Beratung eines Energiekonzerns entschieden habe.

Direkter Kontakt zum Vorstand – schon als Berufseinsteiger

Zufall oder nicht – mein erstes Projekt war direkt wieder ein Digitalprojekt. Dabei ging es um die Neukonzeptionierung der Onlinewelt von innogy. Anschließend habe ich hauptsächlich in der Sparte Erneuerbare Energien gearbeitet. Zum Beispiel haben wir während eines Effizienzsteigerungsprojektes sehr viele Interviews mit Führungskräften geführt und sogar auf Vorstandsebene gearbeitet. Es hat mich sehr beeindruckt, dass ich als Berufseinsteiger ganz selbstverständlich zu Vorstandsinterviews mitkommen konnte.

Offene und konstruktive Atmosphäre

Was schätze ich an meinem Job? Die Atmosphäre ist offen und konstruktiv. Grundsätzlich sind alle Kollegen offen für Feedback, und man wird bei der persönlichen Entwicklung sehr unterstützt. Es gibt ein großes Angebot an Trainings und Coachings. Mir persönlich hat das „Energy Industry Training" – ein Training zu den Grundlagen der Energiewirtschaft – bisher am besten gefallen. Alle Kollegen sind sehr engagiert – man muss sich einfach Mitstreiter für sein Anliegen suchen. Ich unterstütze beispielsweise mit mehreren Kollegen in meiner Freizeit eine soziale Initiative: Wir haben eine Begegnungsstätte für Flüchtlinge aufgebaut. Hier konnten wir unser Know-how auch im „echten Leben" anwenden: Projektpläne erstellen, Konzepte entwickeln und Workshops moderieren.

Integration

Standorte weltweit: 7

Tätigkeitsschwerpunkte: Strategie- und Managementberatung

Mitarbeiter weltweit: 300

Geplante Neueinstellungen 2017: Wir suchen fortlaufend nach neuen Mitarbeitern

Integration Management Consulting GmbH
Luise-Ullrich-Straße 20
80636 München
http://join.integrationconsulting.com

Viktoria Reichle
Human Resources
+49 89 8890-8944
recruitingmunich@integrationconsulting.com

Integration Consulting ist eine Strategie-, Management- und Prozessberatung, die ihre branchenführenden Kunden in allen Funktionen unterstützt. Seit der Gründung 1995 in São Paulo hat sich Integration schnell zu einer der größten und erfolgreichsten Unternehmensberatungen in Lateinamerika entwickelt und wächst seit 2010 auch stark in Europa. Derzeit haben wir mehr als 300 Mitarbeiter in Büros in São Paulo, Rio de Janeiro, Buenos Aires, Mexico City, Santiago, London und München.

Was unterschiedet Sie von anderen Strategieberatungen? Integration zeichnet sich durch eine Organisationsstruktur aus, die nach Funktionen und nicht nach Branchen aufgestellt ist. Unser fundiertes Know-how vermitteln wir über unsere Fachwissens- und Kompetenzzentren: Marketing und Sales, Supply Chain, Finance und Management, sowie Implementierung. Diese Struktur erlaubt es uns, Best Practices und Know-how über Branchengrenzen hinweg zu identifizieren und bestmögliche Ergebnisse für unsere Kunden zu erzielen. Zudem entwickeln wir mehr als nur Empfehlungen: Wir unterstützen unsere Kunden auch bei der Umsetzung und im Change Management. Unsere Kunden reichen von großen lokalen bis zu multinationalen Firmen, unsere Projekte setzen wir in Ländern in ganz Europa, Asien, Lateinamerika und den USA um. Von unserem Erfolg profitieren wir nicht alleine – wir geben ihn direkt an unsere Kunden weiter. Einen unschätzbaren Beitrag dazu leisten unsere Mitarbeiter mit ihrem Wissen und ihrer Begeisterung für ihren Job.

Warum sollten Absolventen gerade bei Integration Consulting einsteigen? Neben einer interessanten Beschäftigung als Berater spielen unsere Mitarbeiter eine entscheidende Rolle bei der Gestaltung der Zukunft unseres Unternehmens, indem sie interne Sonderprojekte und Initiativen leiten. Teil des Aufbaus des europäischen Geschäfts und der Unternehmenssteuerung zu sein ist für unsere Berater professionell und persönlich extrem bereichernd. Wir suchen Mitarbeiter mit Unternehmergeist, die keine Herausforderungen scheuen. Unsere Berater arbeiten nicht aus einem verstecken Hinterzimmer heraus, sondern übernehmen Verantwortung und hinterlassen Impact mit dem, was sie tun.

Wie fördern Sie ihre Berater? Bei Integration haben Sie die Möglichkeit, Ihre einzigartige Karriere zu gestalten. Sie bestimmen zu Beginn jedes Jahres Ihre Ziele und Ihre „Dos and Don'ts". Wir unterstützen Sie mit Coaching und professioneller Entwicklungsplanung, immer in Hinsicht auf Ihre individuellen Entwicklungsziele. Wir fördern unsere Berater bei Weiterbildungen wie MBAs oder bei einem anderen weiterführenden Masterstudium.

Was zeichnet Ihre Unternehmenskultur aus? Unser Unternehmen gründet sich auf dem Prinzip, dass Achtung, Ehrlichkeit und Zusammenarbeit nicht nur gut für das Geschäft sind, sondern eine grundlegende Bedeutung für nachhaltige berufliche Beziehungen darstellen. Unsere Experten für Implementierung helfen unseren Kunden dabei, ihre Strategie zu Ergebnissen zu führen. Immer, wenn wir einen neuen Auftrag für einen Kunden beginnen, machen wir uns bewusst, dass unsere Empfehlungen vor allem umsetzbar sein müssen. Wir arbeiten sehr eng mit unseren Kunden zusammen, um unsere Empfehlungen genau zu prüfen, maßzuschneidern und abzustimmen, damit sie relevant, fundiert und realistisch sind. Wir sind der Ansicht, dass echte Veränderungen in erster Linie dort stattfinden, wo Ideen in die Tat umgesetzt werden.

Hauke Sommer

Jahrgang 1987
Analyst

Mitgestaltung in einer schnell wachsenden internationalen Unternehmensberatung

Meine Wahl – Warum Integration Consulting?
Bei meiner Suche nach dem richtigen Arbeitgeber bin ich über die Firmen-Homepage http://join.integrationconsulting.com auf Integration gestoßen. In einem internationalen Umfeld zu arbeiten war für mich immer von großer Wichtigkeit. Meine Arbeit sollte abwechslungsreich und eng am Kunden orientiert sein. Zudem wollte ich nicht nur ein kleines Rädchen im Getriebe eines großen Konzerns sein, sondern aktiv die Unternehmensentwicklung mitgestalten können. Was mir bei Integration besonders gefällt, ist der alltägliche Kontakt zu den Büros in London und Lateinamerika. Die noch relativ jungen Niederlassungen in London (2010) und München (2015) ermöglichen es mir, das Unternehmen aktiv mitzugestalten und zur Entwicklung des Büros in München beizutragen – und das mit der Unterstützung und der 20-jährigen Erfahrung einer etablierten Unternehmensberatung in Brasilien. Bei Integration steht stets die Person im Vordergrund, was sich bereits im Auswahlprozess abzeichnet: Nach der Bearbeitung eines Online-Assessment-Tests folgen insgesamt sechs Gespräche mit den Partnern und Mitarbeitern der Münchner und Londoner Büros sowie zwei der Gründungspartner des Unternehmens. Das ehrliche Interesse an meiner Person und das Gefühl, dass ich als Individuum hier an erster Stelle stehe, hat sich in meinen ersten Monaten bei Integration mehr als bestätigt. Ich kann meine eigenen Karriereziele zusammen mit dem Unternehmen weiterverfolgen, sodass ich mich bestmöglich in die Richtung weiterentwickeln kann, die mir wichtig ist.

Meine ersten Monate bei Integration
Meine Arbeit startete mit zwei Einführungs- und Trainingswochen in Brasilien, zu der alle neuen Mitarbeiter aus den sieben Büros von Integration eingeladen werden. Dies war ein toller Auftakt, um Kontakte mit Kollegen weltweit zu knüpfen und meine Kenntnisse in verschiedenen Bereichen gezielt weiterzuentwickeln. Im Anschluss daran arbeitete ich direkt an meinem ersten internationalen Projekt in Slowenien und Kroatien, in dem ich bereits Verantwortung für Analysen übernahm und in ersten Kundenkontakt trat. Die Arbeit bei Integration in einem engagierten, freundlichen und offenen Team sowie die regelmäßigen Gespräche mit meiner Mentorin motivieren mich, immer neue Ideen zu entwickeln und meine Arbeit zu reflektieren.

dCC
digitizing Competence Center
Guiding Management Decisions

Standorte in Deutschland: Frankfurt am Main (Headquarters), Berlin, Hamburg

Standorte weltweit: EMEA (Russland, Polen, Schweiz, Ungarn, VAE), Americas (USA, Argentinien, Brasilien, El Salvador) Asia Pacific (Singapur, China, Hong Kong, Indien, Japan, Malaysia, Thailand)

Tätigkeitsschwerpunkt: Luftverkehrsbranche

Mitarbeiter in Deutschland: 1.000

Mitarbeiter weltweit: 1.900

Lufthansa Systems GmbH & Co. KG
Am Prime Parc 1
65479 Raunheim
https://www.lhsystems.com

Recruiting
career@lhsystems.com
Stichwort: Consulting

Lufthansa Systems vereint mit seinem Consulting-Kompetenz-Cluster „Digitizing Competence Center" (dCC) seit über zehn Jahren erfolgreich die Expertise aus Managementberatung, IT-Know-how und Airline Operations. Damit bieten wir über 300 Kunden der Luftfahrtindustrie, sowohl innerhalb als auch außerhalb des Lufthansa-Konzerns optimale IT-Lösungen. Unser Ziel ist es, Airlines die besten Aviation-IT-Prozesse und letzlich für die Passagiere das beste Reiseerlebnis zu ermöglichen.

Was unterscheidet uns von anderen Beratungsunternehmen? Die Kombination aus Expertise in der Managementberatung, IT-Know-how und unserem tiefgreifenden Airline-Prozess-Verständnis macht uns einzigartig auf dem Beratermarkt! Wir setzen hier als „Brains for Airlines" Qualitätsmaßstäbe. Das versetzt uns in die Lage, für internationale Airlines als Berater auf Augenhöhe bis hin zum Board-Level zu agieren. Vom Junior- bis hin zum Management-Berater – unsere Mitarbeiter übernehmen Verantwortung in nationalen wie internationalen Airline-Projekten.

Ihre Zukunft selbst gestalten: Die Aufstiegsmöglichkeiten innerhalb des dCC sind vielfältig. Ihren Weg können Sie aktiv mitgestalten! Je höher Ihr Engagement, desto mehr Verantwortung übertragen wir Ihnen. Dabei unterstützen wir Ihren Aufstieg vom Juniorberater bis hin zum Managementberater durch berufsqualifizierende Workshops, Fortbildungen und wechselnde Projekte.

Der berufliche Alltag beim dCC: Von einem beruflichen Alltag kann bei uns kaum die Rede sein. Wir beschäftigen uns mit den Themen, die unsere Kunden bewegen. Genau wie ihre Anliegen befinden wir uns ständig „in motion". Die Luftverkehrsbranche mit ihren ständig neuen Herausforderungen führt uns zu wechselnden Projekten an die unterschiedlichsten Standorte. Diese lassen unseren Job nie alltäglich werden!

Ihr Einstieg bei uns: Engagierte und motivierte Young Professionals mit Biss sind bei uns genau richtig. Neben ersten Berufserfahrungen legen wir großen Wert auf analytisches Denkvermögen und kreative Problemlösungskompetenzen. Wir betreuen Kunden auf der ganzen Welt. Neben sehr guten Studienleistungen sind für uns daher Auslandsaufenthalte ebenso wie Kommunikationsstärke ausschlaggebende Kriterien für einen erfolgreichen Start in das Berufsleben.

Der Bewerbungsprozess: Voraussetzung für das erste Telefoninterview mit einem unserer Seniorberater ist, dass Ihre Unterlagen einen bleibenden Eindruck bei uns hinterlassen haben. Verläuft dieses Erstgespräch erfolgreich, laden wir Sie zu einem persönlichen Gespräch mit zwei unserer Seniorberater ein. Darauf folgt eine Case Study mit unserem Geschäftsführer. Ein psychologisches Auswahlverfahren ergänzt die fachlichen Assessments, um unsere Ansprüche an Ihre überfachlichen Kompetenzen zu bestätigen.

Björn Jahncke

Jahrgang 1985
Berater

Start im Lufthansa dCC

Nach einem Master-Abschluss am Royal Melbourne Institute of Technology in Aviation & Aerospace war es mein Ziel, zusätzlich zum Flughafengeschäft, in dem ich bereits einige Jahre tätig war, weitere Zweige der Luftverkehrsbranche kennenzulernen. Die Chance, mein Aviation-Know-how vielseitig zu nutzen und meine bisherige Projekterfahrung industrieübergreifend auszubauen, gepaart mit Interesse an innovativen Entwicklungen führten mich zur Beratung im Lufthansa Digitizing Competence Center (dCC).

Start beim Kunden

Aktuell unterstütze ich die Digitalisierung von operationellen Prozessen im Passagierverkehr als Anforderungsmanager für neue IT-Systeme und mobile Apps bis zum Betrieb. Damit trage ich zur unternehmens- bzw. konzernübergreifenden Vernetzung von Projekten bei und treibe die Nutzung neuer Technologien voran. Beim Kunden hilft das Verstehen komplexer Zusammenhänge, gezieltes Hinterfragen und die Fähigkeit zur Vereinfachung komplizierter Sachverhalte. Strukturierte Arbeitsweisen und engagierte Kollegenteams helfen, den Kunden zufriedenzustellen.

Start in einen Job mit Perspektive und Spaß

Im Lufthansa dCC wird Wert auf Diversität gelegt und der Austausch innerhalb des Teams und Unternehmens stark gefördert. Gezielte Entwicklungsmöglichkeiten z. B. zum „Certified Professional for Requirements Engineering“ und modulare Berater-Skills-Trainings wurden mir bereits in den ersten Monaten ermöglicht. Weitere sind in Planung und wichtig zur ständigen Entwicklung des eigenen Portfolios als erfolgreicher Berater.

Innerhalb der Lufthansa-Familie erleichtern Networking-Möglichkeiten mit Kollegen erheblich den Konzerneinstieg. Als Berater habe ich dadurch stets die Chance, das eigene Wissen zu erweitern und mich bei potenziellen Kunden zu positionieren. Einem Reise- und Luftverkehrsenthusiasten wie mir bietet das Unternehmen außerdem eine einfache Möglichkeit, verschiedenste Ecken der Welt zu entdecken, dienstlich und privat.

Lufthansa Systems
COMBINING AIRLINE, IT AND CONSULTING
KNOW-HOW IS OUR COMPETENCE.
DELIVERING OUTSTANDING PRODUCTS, SOLUTIONS
AND SERVICES IS OUR MOTIVATION.
EMPOWERING OUR CUSTOMERS IS THE GOAL.

McKinsey&Company

Standorte in Deutschland: Berlin, Düsseldorf, Frankfurt am Main, Hamburg, Köln, München, Stuttgart

Standorte weltweit: über 100 Büros in mehr als 60 Ländern

Tätigkeitsschwerpunkte: Strategie, Organisation, operative Verbesserung, Aufbau neuer Geschäfte

Mitarbeiter in Deutschland:
2.250 Mitarbeiter, 1.400 Berater

Mitarbeiter weltweit: 23.000 Mitarbeiter, 12.000 Berater

Geplante Neueinstellungen 2017:
Festeinstellungen: 300
Praktikanten: 100

McKinsey & Company
Christophstraße 17
50670 Köln
www.karriere.mckinsey.de

Carolin Weber
Recruiting
+49 221 208-7510
karriere@mckinsey.com

McKinsey & Company ist die in Deutschland und weltweit führende Topmanagement-Beratung. Ziel unserer interdisziplinären Teams ist es, die Leistungsfähigkeit unserer Klienten nachhaltig zu verbessern – von der Strategie bis zur Umsetzung. Unser Wertversprechen für unsere Mitarbeiter lautet: Building Global Leaders. Durch wechselnde Einsatzgebiete, ein breites Trainingsangebot und das tägliche Zusammenspiel mit Kollegen und Klienten können Sie Ihre Fähigkeiten optimal entwickeln.

Was zeichnet Ihre Unternehmenskultur aus? Die Unternehmenskultur von McKinsey ist stark von Werten geprägt: Wir möchten die Leistungsfähigkeit unserer Klienten substanziell und dauerhaft verbessern. Gleichzeitig möchten wir außergewöhnliche Persönlichkeiten für uns gewinnen, sie weiterentwickeln und nachhaltig begeistern. Aus- und Weiterbildung sind somit ein fester Bestandteil der Unternehmenskultur von McKinsey. Der wichtigste Grundsatz unserer Beratung ist „Client first“: McKinsey nimmt einen Auftrag nur an, wenn wir überzeugt sind, wesentlich zur Lösung eines wichtigen Problems beitragen zu können. Absolute Integrität, strengste Geheimhaltung aller vertraulichen Klienteninformationen und professionelle Unabhängigkeit sind weitere wichtige Voraussetzungen für unsere Beratungsarbeit. McKinsey vertritt stets eine unabhängige, auf Analysen basierende Sichtweise gegenüber dem Topmanagement – auch wenn sie eine abweichende ist. Diese Werte bestimmen die tägliche Arbeit und das Miteinander in unserem Unternehmen.

Welche Möglichkeiten zur Weiterqualifizierung bieten Sie? Persönliche Betreuung, individuelles Coaching und vielfältige Trainings sorgen dafür, dass Consultants bei McKinsey ihre Fähigkeiten optimal entwickeln können. Insgesamt absolvieren Berater bei uns fünf bis neun Wochen Training schon allein in den ersten zwei Jahren. So steht ihnen vom ersten Tag an ein erfahrener Mentor zur Seite, der ihre Entwicklung in regelmäßigen Abständen mit ihnen bespricht. Zudem bereitet sie ein Basistraining auf die speziellen Anforderungen der Beratung vor und vermittelt die bei McKinsey genutzten Methoden und Instrumente. Die Grundbegriffe des Wirtschaftslebens erlernen unsere Kollegen ohne wirtschaftswissenschaftliches Studium in Trainings. Beispielsweise wird diesen Kollegen der sogenannte Mini-MBA angeboten. In diesem zweiwöchigen internationalen Training wird von McKinsey-Beratern und Professoren führender Business Schools das notwendige Wirtschaftswissen vermittelt.

Welche internationalen Einsatzmöglichkeiten bieten Sie? Zu unseren Klienten gehören nicht nur mehr als 60 Prozent der Global-500-Unternehmen, sondern auch der wachstumsstarke Mittelstand sowie Regierungsstellen, private und öffentliche Institutionen. Wer seine Karriere bei McKinsey startet, überschreitet Grenzen – im wahrsten Sinne des Wortes. Der freie Austausch von Beratern und Know-how zwischen unseren mehr als 100 Büros in über 60 Ländern kommt unseren Klienten ebenso zugute wie unseren Consultants. Mehr als 50 Prozent unserer Berater arbeiten im Laufe eines Jahres im Ausland.

Welche Karrieremöglichkeiten bieten Sie? Einsteiger gehören vom ersten Tag an bei McKinsey einem Projektteam an, das im direkten Kontakt zum Topmanagement unserer Klienten an der Lösung strategischer und operativer Fragen arbeitet. Die enge Zusammenarbeit mit zahlreichen führenden nationalen und internationalen Unternehmen eröffnet den Beratern dabei nahezu unbegrenzte Entwicklungs- und Karrieremöglichkeiten.

Wie sieht ein typischer Arbeitstag bei Ihnen aus? In der Beratung gibt es keinen typischen Arbeitstag: Bei jedem neuen Klienten warten neue Themen und ungewohnte Perspektiven auf die Beraterteams. Berater arbeiten in der Regel von Montag bis Donnerstag beim Klienten vor Ort. Freitags haben sie ihren Office Day im McKinsey-Büro.

Welche Fachrichtungen suchen Sie? McKinsey sucht herausragende Hochschulabsolventen aller Fachrichtungen, Akademiker mit einem zweiten Abschluss (Promotion oder MBA) und Young Professionals. Naturwissenschaftler und Ingenieure arbeiten ebenso bei uns wie Wirtschaftswissenschaftler, Geisteswissenschaftler, Mediziner und Juristen.

Kann man bei Ihnen auch schon während des Studiums Erfahrungen sammeln? Als Praktikant für acht bis zwölf Wochen haben Interessierte schon vor Ende ihrer akademischen Ausbildung die Möglichkeit, als Fellow Intern bzw. Associate Intern McKinsey und die Beratungstätigkeit kennenzulernen. Fellow Interns studieren meist im Hauptstudium und stehen vor ihrem ersten akademischen Abschluss. Associate Interns haben ihren ersten Abschluss bereits hinter sich und befinden sich gerade auf dem Weg zum zweiten. Gegebenenfalls sind auch Praktika im Ausland möglich. Die Länderpräferenzen der Bewerber werden von McKinsey berücksichtigt.

Was sind Ihre Einstellungskriterien? Wir suchen Akademiker, die Verantwortung übernehmen und etwas bewegen möchten. Außerdem achten wir auf exzellente Noten, sehr gute analytische und kommunikative Fähigkeiten sowie Englischkenntnisse. Ebenso sind Kreativität und Teamfähigkeit gefragt.

Wie läuft das Bewerbungsverfahren in Ihrem Unternehmen ab? Wenn uns die schriftlichen Unterlagen überzeugt haben, laden wir Bewerber zu einem sogenannten Auswahltag ein. Dort haben sie Interviews mit McKinsey-Beratern und bearbeiten Fallstudien. Beispiele für Fallstudien sowie Tipps zur Vorbereitung auf den Auswahltag finden sich auf unserer Homepage. Der Kandidat verbringt den Tag zwar zusammen mit anderen Bewerbern, ein Assessment-Center führen wir jedoch nicht durch. Auch bringen wir die Kandidaten nicht in kompetitive Situationen mit anderen Teilnehmern. Vielmehr bitten wir unsere potenziellen neuen Kollegen zu Gesprächen mit jeweils einem unserer Consultants.

Welche Deadlines gibt es für Bewerbungen? Bewerbungsfristen gibt es bei uns weder für den Direkteinstieg noch für ein Praktikum. Wir empfehlen, sich über unsere Karrierewebsite www.karriere.mckinsey.de etwa drei Monate vor dem geplanten Einstieg online bei uns zu bewerben. So können wir einen reibungslosen Prozess gewährleisten und bestmöglich auf individuelle Wünsche eingehen.

Building Global Leaders
Irgendwann erzählt jeder von der besten Zeit im Leben.
karriere.mckinsey.de
McKinsey&Company

MULTIVERSUM
MAKE VISIONS WORK

Standorte in Deutschland:
Hamburg, München

Tätigkeitsschwerpunkt:
Managementberatung

Mitarbeiter in Deutschland: 40

Geplante Neueinstellungen 2017: 10

Multiversum GmbH
Shanghaiallee 9
20457 Hamburg
www.multiversum.consulting

Sofie Grimm
Recruiting/Human Resources
+49 40 303873-50
bewerbung@multiversum.consulting

Excel-Warrior, PowerPoint-Knechte und Word-Fetischisten, die nur Knöpfe drücken? Wir wissen diese Tools hervorragend einzusetzen, doch es gehört viel mehr dazu, ein guter Berater zu sein. Bei uns ist man von Tag eins an vollwertiges Mitglied des Teams – bringt sich ein, gestaltet aktiv mit und übernimmt frühzeitig Verantwortung.

Welche Menschen stecken hinter Multiversum? Wir sind ein vielfältiges und offenes Team mit verschiedensten Interessen und fachlichen Hintergründen. Was uns verbindet, ist die Leidenschaft und Begeisterung dafür, Herausforderungen anzugehen und neue Lösungswege für unsere Kunden aufzuzeigen. Wir gehen stets den cleveren Weg. Mit hohem Anspruch an uns selbst und einem hohen Maß an Qualität und Flexibilität erzielen wir für unsere Kunden herausragende Ergebnisse und gehen dafür auch gerne mal die Extra-Meile. Manchmal gehört dazu auch der Sprung ins kalte Wasser und die Fähigkeit, sich schnell an neue Situationen innerhalb eines dynamischen Umfelds anpassen zu können. Als Team sind wir am stärksten und profitieren voneinander, indem wir den internen Austausch von Wissen, Methoden und Ideen aktiv leben. Mit Spaß an der Arbeit begegnen wir uns auf Augenhöhe und mit Vertrauen, um gemeinsam zu wachsen. Wer sind wir, und wen suchen wir? Allrounder. Experten. Charakterköpfe. Querdenker. Macher.

Worin unterscheiden Sie sich von anderen Beratungen? Wir setzen auf die individuelle Weiterentwicklung unserer Berater sowohl in fachlicher als auch in persönlicher Hinsicht. Multiversum bietet eine fordernde und fördernde Arbeitsumgebung mit offener Kommunikation und gegenseitiger Wertschätzung. Unsere Berater gestalten die Richtung und das Tempo ihres Karriereweges aktiv mit, werden an individuellen Zielen gemessen und fair entlohnt. Abseits von üblichen Up-or-Out-Mentalitäten bieten wir flache Hierarchien und Raum für eigenverantwortliches Arbeiten. Ebenso ist uns die langfristige und partnerschaftliche Begleitung unserer Kunden wichtiger als kurzfristiger Umsatz. Durch ein facettenreiches, innovationsorientiertes Projektportfolio können wir unser Know-how nicht nur branchenübergreifend anwenden, sondern auch ein abwechslungsreiches Arbeitsumfeld bieten. Das Besondere an uns? Menschlich. Messbar. Fordernd. Fördernd.

Wie sieht das Projektportfolio konkret aus? Das Multiversum Projektportfolio unterteilt sich grundsätzlich in zwei Themenfelder. Im ersten Bereich, „Bestehendes besser machen", realisieren wir Optimierungspotenziale. So unterstützen wir Kunden beispielsweise dabei, Geschäftsprozesse oder Infrastruktur-Dienstleistungen innerhalb des Unternehmens zu verbessern oder den richtigen externen Partner zu finden. Im zweiten Bereich, „Innovationen real gestalten", treiben wir mit unseren Kunden Innovationen voran und unterstützen sie, diese in den Geschäftsmodellen zu verankern. Unser Fokus liegt hier in den Bereichen Energiewende, Digitalisierung und Digitale Mobilität in den Branchen Renewables, Media und Automotive. Die Projekteinsätze sind vielseitig und reichen vom operativen Hands-on bis zu strategischen Entscheidungsvorlagen auf C-Level-Ebene. Aktuelle Themen im Projektportfolio von Multiversum? DAX30-Unternehmen. Hidden Champions. Information Technology. Sourcing. Digitalisierung. Automobility. Media. Renewables.

Wie sieht der Berateralltag bei Ihnen aus? Den Schwerpunkt unserer Beratungsleistungen erbringen wir in Deutschland und im deutschsprachigen Ausland. Darüber hinaus begleitet Multiversum auch internationale Mandate in Europa, Asien und den Americas. Wir legen großen Wert auf eine gesunde Balance zwischen Berufs- und Privatleben. Bei Multiversum wird nach Möglichkeit gemäß der 5-4-3-Regel gelebt. Das bedeutet, dass unsere Berater die Kunden 5 Tage die Woche beraten, hiervon 4 Tage vor Ort beim Kunden, wobei 3 Nächte außer Haus im Hotel übernachtet werden. Am Office-Friday finden sich unsere Berater an unserer Homebase in Hamburg oder München ein, um voneinander zu lernen und zu netzwerken. Beraterallltag? Reisen. Work-Life-Balance. Office-Friday.

Welche Karriere- und Weiterbildungsmöglichkeiten bieten Sie? Multiversum ist stolz auf seine Mitarbeiter und fördert kontinuierlich deren Potenzial. Bei uns erleben sie nicht nur auf den Projekten eine steile Lernkurve, sondern auch durch interne und externe Weiterbildungsmaßnahmen ebnen wir den Weg zum Erreichen des nächsten Karriereschritts. Jede Maßnahme ist dabei individuell auf den Berater und unsere Bedürfnisse als Managementberatung zugeschnitten. Darüber hinaus schaffen wir einen Rahmen, der es erlaubt, neben den Projekteinsätzen ein MBA- oder Promotionsvorhaben abzuschließen. Vorträge im Team und regelmäßige Feedbackgespräche mit erfahrenen Kollegen treiben zudem gezielt ihre persönliche und berufliche Entwicklung voran. Erweiterung des Horizonts? Berater-Slams. Trainings. Social Skills. Management-Seminare. Zertifikate.

Wie sieht der Berufseinstieg konkret aus? Bei Multiversum übernehmen unsere jungen Berater vom ersten Tag an Verantwortung und genießen gleichzeitig das Vertrauen des gesamten Teams, sei es bei internen Projekten oder vor Ort bei unseren Kunden. Unterstützt und gefördert werden sie durch Mentoren, die ihnen mit persönlichen und fachlichen Tipps zur Seite stehen. Zusätzlich sorgen wir dafür, dass sich das nötige fachliche, methodische und soziale Handwerkszeug unserer jungen Berater verfeinert. Startklar? Mentor. Schulungen. Handwerkszeug. Verantwortung. Vertrauen.

Sofie Grimm, Recruiting Multiversum GmbH, Hamburg

„Seit dem Jahr 2007 begleiten wir unsere Kunden bei der erfolgreichen Umsetzung ihrer Visionen. Dabei bilden unsere Berater die Grundlage für den Erfolg des gesamten Unternehmens. Besonders stolz sind wir auf den ausgeglichenen Anteil von Frauen und Männern sowie die Charakterstärke in unserem Team. Zusammen meistern wir jede noch so schwierige Situation unserer Kunden. We make visions work!"

Wir freuen uns auf Ihre Bewerbung! Wir wachsen stetig und suchen Berufseinsteiger sowie erfahrene Berater, die unser Team verstärken. Neben einem Hochschulabschluss sind uns talentierte und motivierte Persönlichkeiten wichtig, die das gewisse „Multiversum-Gen" in sich tragen. Wenn Sie sich angesprochen fühlen, würden wir uns sehr freuen, Sie in einem persönlichen Gespräch näher kennenzulernen.

Klappe halten
und arbeiten.
SO KANN KARRIERE SEIN.
ABER NICHT BEI UNS.
MULTIVERSUM
MAKE VISIONS WORK
multiversum.consulting/karriere

OakTree Partners

Management Consultants

Standorte in Deutschland: Frankfurt am Main, München

Tätigkeitsschwerpunkt: Topmanagement-Consulting in der Travel-, Transport- & Logistics-Industrie, vornehmlich in den Bereichen Strategy, Operational Excellence, Large Scale Implementation und Business & Information Technology

Mitarbeiter in Deutschland: 15

Geplante Neueinstellungen 2017:
Berater: 5
Praktikanten: 3

OakTree Management Consultants GmbH
Traubinger Straße 43
82327 Tutzing
www.oaktree-partners.com

Elke Briegel
Human Resources
+49 8158 914-018
recruiting@oaktree-partners.com

Bei OakTree Partners beraten Sie führende europäische Travel, Transport & Logistics-Unternehmen in strategischen und umsetzungsnahen Fragestellungen, die den zukünftigen Geschäftserfolg unserer Klienten maßgeblich beeinflussen. Wir bieten Ihnen die intensive Beratungsschule und Karriereperspektiven großer Topmanagement-Beratungen, gepaart mit flexiblen Einsatzmöglichkeiten und einer persönlichen Arbeitsatmosphäre in einer aufstrebenden Boutique-Beratung.

Was bieten wir? Unsere Berater sind unser wichtigstes Kapital. Ab Tag eins arbeiten Sie eng mit unseren Klienten an spannenden und abwechslungsreichen Aufgaben und bringen Ihr ganzes Können und Herzblut ein. Im Zusammenspiel mit Kollegen und Klienten entwickeln Sie sich on-the-Job zu einer erfolgreichen Führungskraft weiter. Sie lernen dabei, nicht nur durch analytische und fachliche Kompetenz zu überzeugen, sondern auch durch Teamfähigkeit und Kommunikation. Bei OakTree Partners sind die Kriterien für die nächste Karrierestufe klar und für jeden Berater transparent. Wir handeln nicht nach dem Prinzip „Up or out", sondern geben unseren Beratern die Möglichkeit, ihren persönlichen Entwicklungspfad bis hin zum Partner selbst zu bestimmen. Hierzu gehört nach zwei Jahren Tätigkeit als Associate auch die Möglichkeit, mit finanzieller Unterstützung durch uns ein MBA-Programm zu absolvieren oder ein Promotionsstudium durchzuführen. Wir bieten Ihnen flexible Einsatzmöglichkeiten, die die Belange Ihres Privatlebens berücksichtigen, eine im Vergleich zu den renommierten Topmanagement-Beratungshäusern ausgewogene Work-Life-Balance und eine attraktive Vergütung.

Worin unterscheiden wir uns von großen Topmanagement-Beratungen? Bei uns entwerfen Sie nicht nur Strategien und skizzieren Lösungen, sondern setzen diese auch gemeinsam mit unseren Klienten erfolgreich in die Praxis um: Beispiele sind die Durchführung großer Flächen-Transformationsprogramme für Klientenorganisationen mit ca. 10.000 betroffenen Mitarbeitern und Projektteams mit über 100 Klienten oder auch die Begleitung der Konzeption und Entwicklung von IT-Systemen bis zur erfolgreichen Einführung. Wir bieten Ihnen weiterhin die Möglichkeit, ein junges, aufstrebendes Unternehmen kreativ mit großen persönlichen Freiräumen mitzugestalten und früh Verantwortung für interne Unternehmensfunktionen bzw. -aufgaben zu übernehmen.

Wen suchen wir? Wir wollen außergewöhnliche Persönlichkeiten für uns gewinnen, weiterentwickeln und nachhaltig begeistern. Sie passen zu uns, wenn Sie bereits Exzellenz bewiesen haben und Leidenschaft für die Travel, Transport & Logistics-Industrie mitbringen. Wir suchen Hochschulabsolventen aller Fachrichtungen mit hervorragendem Abschluss (Master, Promotion) und erfahrene Berater renommierter Beratungsunternehmen. Neben exzellenten analytischen und konzeptionellen Fertigkeiten sollten Sie insbesondere soziale Kompetenz, Teamgeist, ein souveränes Auftreten und hervorragende Kommunikationsfähigkeiten mitbringen.

Was zeichnet unsere Unternehmenskultur aus? Wir schätzen die persönliche Arbeitsatmosphäre in kleinen Teams und das intensive Ringen um optimale Lösungen mit Klienten und Kollegen. Kontinuierliches, persönliches Mentoring durch erfahrene Projektleiter und Partner sowie kurze Entscheidungswege durch flachste Hierarchien werden bei uns großgeschrieben.

Florian Merget

Jahrgang 1987
Senior Associate

Mehr als nur Beratung bei OakTree Partners

Mein Weg in die Beratung

Fasziniert von der Luftfahrt-Branche habe ich an der ISM Dortmund BWL mit Schwerpunkt Aviation Management studiert. Schon während des Studiums hat mir das Case-orientierte Arbeiten Spaß gemacht. Deshalb wollte ich im späteren Berufsleben genau diese beiden Dinge kombinieren: die Logistikbranche und abwechslungsreiche Projektarbeit. Nach drei Jahren in einer Aviation-Beratung wollte ich den nächsten Schritt gehen und meinen Beratungsfokus auf Unternehmen aus der gesamten Travel, Transport & Logistics-Industrie erweitern. So bin ich auf OakTree Partners aufmerksam geworden und habe 2013 gewechselt.

Was begeistert mich an OakTree Partners?

Bei OakTree Partners warten jeden Tag neue Herausforderungen und spannende Aufgaben auf mich, die wir gemeinsam im Team bewältigen: So habe ich beispielsweise bei der Gründung und dem Aufbau eines Joint-Venture-Unternehmens mitgewirkt und die organisatorische Neuausrichtung eines Paket-Shop-Netzes unterstützt. Durch die sehr enge Zusammenarbeit mit unseren Klienten konnte ich langfristige persönliche Beziehungen aufbauen. OakTree Partners bieten ein ausgeglichenes Verhältnis zwischen Beruflichem und Privatem. Homeoffice-Tage und ausgewogene Arbeitszeiten ermöglichen mir, meine Freizeit flexibel zu gestalten und meinen Hobbys – Musik und Sport – nachzugehen. Entscheidend für mich sind neben abwechslungsreichen Projekten und einer ausgeglichenen Work-Life-Balance insbesondere das kollegiale und persönliche Umfeld, die vielen Möglichkeiten zur unternehmerischen Mitgestaltung, sowie die Unterstützung meiner professionellen und persönlichen Weiterentwicklung.

Mit OakTree Partners zum MBA an der IE in Madrid

Um mich persönlich und beruflich weiterzuentwickeln, habe ich mich für einen MBA entschieden. OakTree Partners unterstützen mich hierbei nicht nur finanziell, sondern haben mir im intensiven Projektgeschäft die notwendigen Freiräume geschaffen, damit ich mich umfassend auf die Bewerbung und den GMAT vorbereiten konnte. Nach dem MBA werde ich als Junior Engagement Manager zu OakTree Partners zurückkehren und Klientenprojekte selbst verantworten.

Are you ready
to explore new paths?
Find out more: www.oaktree-partners.com

OSCAR

Young Management Consultants

Standorte in Deutschland: Köln, Stuttgart

Tätigkeitsschwerpunkt: kaufmännische Unternehmensberatung

Mitarbeiter in Deutschland: 55

Geplante Neueinstellungen 2017: über 100

OSCAR GmbH
Salierring 48
50677 Köln
www.oscar.de

Georgia Birkensee
Personalabteilung
+49 221 921567-33
personal@oscar.de

OSCAR bietet Praxiserfahrung in der Unternehmensberatung, eigenverantwortliches Arbeiten, ein junges motiviertes Team und die Chance, frühzeitig wertvolle Kontakte zu führenden Unternehmen zu knüpfen. Du suchst eine steile Lernkurve und flache Hierarchien für deine persönliche Entwicklung nach dem Studium? Dann bist du im OSCAR.team genau richtig. Regelmäßige Mitarbeiter-Events und externe Schulungen sind nur ausgewählte Beispiele der zahlreichen Benefits.

Was zeichnet Ihre Unternehmenskultur aus? 360-Grad Feedback und flache Hierarchien mit hohem Selbst- und Leistungsanspruch.

Worin unterscheiden Sie sich von Ihren Wettbewerbern? Unsere Mitarbeiter sind Jungabsolventen, die mithilfe des Wissensmanagements aus über 1.000 Projekten individuelle Lösungen entwickeln – out-of-the-Box und aus der Perspektive der Generation der Zukunft. Außerdem sehen wir es als Win-win-Situation, wenn unsere Kunden die Berater übernehmen, weil wir uns als Sprungbrett in die Wirtschaft verstehen.

Warum sollten Studenten/Absolventen gerade bei Ihnen einsteigen? Die hohe Eigenverantwortung und den direkten Kontakt zur Führungsebene zu DAX-30-Konzernen und Hidden Champions des Mittelsatandes ab Tag 1 – das findet ihr in keiner anderen Beratung. Deshalb ist die Lernkurve bei uns extrem steil.

Welche Karrieremöglichkeiten bieten Sie? Berater und interne Stabsstellen arbeiten bei uns gleichberechtigt und in enger Abstimmung. Jeder Mitarbeiter hat die Chance, zum Projektleiter und Geschäftsführer berufen zu werden und in einem Team aus fünf Personen knapp 60 Mitarbeiter eigenverantwortlich zu führen.

Welche Möglichkeiten zur Weiterqualifizierung bieten Sie? Interne Schulungsmodule bieten wir zu den Themen Selbstpräsentation, Arbeitsorganisation, Qualitätsmanagement und Arbeit mit und in Prozessen. Zusätzlich haben wir viele Kooperationen, zum Beispiel mit McKinsey, Simon-Kucher & Partners, thyssenkrupp Management Consulting u. v. m.

Welche internationalen Einsatzmöglichkeiten bieten Sie? Unsere Projekte sind im Konzernumfeld häufig englischsprachig. Marktanalysen und Storechecks sowie ganzheitliche Prozessaufnahmen führten uns bisher in viele Länder Europas und die USA.

Wie sieht ein typischer Arbeitstag bei Ihnen aus? Montag bis Donnerstag sind die Berater auf den jeweiligen Beratungsprojekten. Das heißt: Termine beim Kunden vor Ort, Recherche in den Büros in Köln oder Stuttgart oder Meetings mit Experten und anderen Interviewpartnern. Die Stabsstellen arbeiten im Office, führen Assessment-Center und Events bei Messen oder an Unis durch und sind auf Kundenterminen für die Akquise unterwegs. Freitags wird gemeinsam gefrühstückt und der Tag für den intensiven Austausch im Team genutzt.

Wie läuft das Bewerbungsverfahren in Ihrem Unternehmen ab? Die Bewerbung ist als Online-Bewerbung ganzjährig, jederzeit möglich.

Efraín Morote Casanova

Jahrgang 1989
Berater für eine Versicherung und eine Mediengruppe

OSCAR übertrifft Erwartungen

Ein professionelles Konzept, ein starkes und stabiles Team, Herausforderungen, Eigenverantwortung, Selbstständigkeit – OSCAR bietet Jungabsolventen wie mir die einmalige Chance, direkt in die Arbeit eines Projektberaters einzutauchen. Frisch aus der Uni, voller Ideen und Motivation, die Theorie in die Praxis umzusetzen, bietet mir OSCAR genau diese Möglichkeit. Was will man mehr?

Eigenverantwortung ja, alleine gelassen nein

In einem Projekt bei OSCAR zu arbeiten, bedeutet, den direkten Kundenkontakt Tag für Tag mitzugestalten und namhaften Entscheidungsträgern der Wirtschaft auf Augenhöhe zu begegnen. Ich kann meine eigenen Ideen und strategischen Ansätze eigenständig dem Kunden präsentieren, stehe aber nie alleine da. Alle Abteilungen sowie die Geschäftsführung arbeiten täglich mit ebenso viel Einsatz wie die Projektberater dafür, dass ich mit OSCAR meine ersten Schritte im Beraterleben gehen kann. Laufen gelernt habe ich hier im übertragenen Sinne schnell.

Außerordentlicher Teamgeist und Start-up-Atmosphäre

Das Zusammenspiel des professionellen Projektablaufs und der freundschaftlichen OSCAR.kultur hat mir gezeigt, dass hier die übliche Trennung von „Work" und „Life" außer Kraft gesetzt ist. Geprägt durch die einmalige Situation, dass alle Kollegen Jungabsolventen sind, existiert bei OSCAR eine hilfsbereite und dynamische Atmosphäre. Alle Berater sowie Abteilungsmitarbeiter teilen ihr Wissen untereinander, um gemeinsam ein erfolgreiches Geschäftsjahr zu gestalten.

Wer die Chance bekommt, Teil dieses Teams zu werden und seiner Karriere über eine Mitarbeit bei OSCAR auf die Sprünge zu helfen, der sollte sich dies nicht entgehen lassen.

Standorte in Deutschland: Berlin, Düsseldorf, Frankfurt am Main, Hamburg, München, Stuttgart

Standorte weltweit: 50 Offices in 36 Ländern

Tätigkeitsschwerpunkte: Wir beraten international führende Industrie- und Dienstleistungsunternehmen sowie öffentliche Institutionen in allen Branchen und Funktionsbereichen – von der Strategieberatung bis zur erfolgreichen Umsetzung.

Mitarbeiter weltweit: 2.400

Geplante Neueinstellungen 2017: über 150 neue Kollegen für verschiedene Karrierestufen und Kompetenzzentren, 120 Praktikanten als „Berater auf Zeit" für unsere Projektteams

Roland Berger
Sederanger 1
80538 München
www.join.rolandberger.com
facebook.com/JoinRolandBerger

Patricia Ott
Human Resources
+49 89 9230-8334
patricia.ott@rolandberger.com

Roland Berger, 1967 gegründet, ist die einzige weltweit führende Unternehmensberatung mit europäischen Wurzeln. Von Beginn an haben wir in unterschiedlichen Sprachen und Kulturen gearbeitet. Wir schätzen unterschiedliche Sicht- und Herangehensweisen und setzen auf die Vielfalt unserer Mitarbeiter. Wir suchen und fördern authentische Persönlichkeiten mit Unternehmergeist. Wenn Sie gern die Initiative ergreifen und im Team etwas bewegen wollen, sind Sie bei uns richtig.

Was zeichnet Roland Berger aus? Als globale Unternehmensberatung europäischen Ursprungs bilden interdisziplinäre Teams und die individuelle Persönlichkeit unserer Berater die Basis unseres Erfolgs. Excellence, Empathy und Entrepreneurship prägen als Kernwerte unsere Unternehmenskultur. Wir suchen herausragende Talente, die mit uns innovative, maßgeschneiderte und nachhaltige Lösungen für unsere Kunden entwickeln und umsetzen. Wir sind verantwortungsvolle Berater, die in Projekten eng mit dem Kunden zusammenarbeiten und diesen als Partner verstehen. Unternehmergeist ist seit unserer Gründung fest in unserer Kultur verankert. Das bedeutet für Sie, dass Sie vom ersten Tag Ihre eigenen Ideen einbringen können und schnell Verantwortung übernehmen. Unser Beratungsspektrum bauen wir kontinuierlich aus: Neben Strategie- und großen Infrastrukturprojekten, die unsere Zukunft prägen, unterstützen wir unsere Kunden z. B. auch bei den Herausforderungen im Zeitalter der digitalen Transformation. Erst vor Kurzem haben wir in Berlin einen „Digital Hub" gegründet, in dem Kunden mit Beratern und Entrepreneuren aus der Start-up-Szene zusammenarbeiten.

Wie international ist Roland Berger? Unsere 2.400 Mitarbeiter stammen aus über 60 Nationen. Mindestens 75 Prozent unserer Projekte schließen internationale Fragestellungen ein. Es ist bei uns an der Tagesordnung, dass Sie in internationalen Projektteams arbeiten. Neben Projekteinsätzen im Ausland haben Sie auch die Chance, im Rahmen unserer Austauschprogramme in eines unserer weltweiten Offices zu wechseln.

Welchen Studienhintergrund haben Ihre Mitarbeiter? Um für unsere Klienten die bestmöglichen Lösungen zu entwickeln, setzen wir unsere Projektteams interdisziplinär zusammen. Wir glauben, dass nur durch Vielfalt kreative und innovative Lösungen entstehen. Andersdenken ist bei uns gefragt! Deshalb legen wir Wert darauf, Kollegen mit unterschiedlichen Persönlichkeiten und verschiedenen Studienhintergründen und Know-how einzustellen.

Was bieten Sie Ihren Talenten? Als Neueinsteiger lernen Sie durch ein internationales 14-tägiges Kick-off-Seminar unsere Unternehmenskultur, unsere Arbeitsweise und Ihre Kollegen kennen. Seminare zu Managementthemen und -techniken sowie zu Personal und Leadership Skills qualifizieren Sie systematisch für den Beraterafltag und die nächsten Karrierestufen. Als erste Strategieberatung haben wir auch Bachelor-Absolventen den Festeinstieg ermöglicht und begleiten Sie später bei Ihrem Master. Durch unsere Doktoranden- und MBA-Programme unterstützen wir Sie bei Ihrer Promotion und öffnen Ihnen die Türen renommierter Universitäten und Business Schools. Mit einem Sabbatical ermöglichen wir Ihnen eine Auszeit vom Beraterafltag. Ein bis sechs Monate haben Sie Zeit für Ihre persönlichen Projekte – sei es eine Weltreise, von der Sie schon immer träumten, soziales Engagement oder mehr Zeit mit der Familie.

Anne Onnen

Jahrgang 1985
Senior Consultant

Bei Roland Berger vom ersten Tag an Verantwortung übernehmen

Nach meiner Berufserfahrung in einer kleinen Unternehmensberatung entschied ich mich für den Wechsel zu Roland Berger in den Bereich Consumer Goods & Retail. Gleich am ersten Tag startete ich auf einem spannenden Projekt in Kopenhagen. Hier galt es, eine Wachstumsstrategie für einen globalen Süßwarenproduzenten zu entwickeln.

Mein erstes Projekt: Einen Süßwarenproduzenten in Kopenhagen beraten
Ich war begeistert, wie viel Verantwortung mir von Anfang an übertragen wurde. Ich konnte mein eigenes Modul innerhalb des Projekts selbstständig leiten und eng mit dem Kunden zusammenarbeiten. Entrepreneurship ist einer der Unternehmenswerte von Roland Berger. Deshalb wird ein hohes Maß an Verantwortung, auch schon auf den ersten Karrierestufen, gefördert. Dies führte für mich zu einer steilen Lernkurve vom ersten Tag an.

Mein Fokus: Konsumgüter und Handel
Mit meinem Wechsel zu Roland Berger habe ich die Möglichkeit gewonnen, auf internationalen Projekten weltweit tätig zu sein. Durch vielfältige Projekte in unterschiedlichen Unternehmen kann ich meine fachlichen und persönlichen Fähigkeiten weiter ausbauen. Bei Roland Berger kann sich jeder Berater für ein funktionales oder branchenorientiertes Competence Center entscheiden. Der Fokus auf Konsumgüter und Handel war mir wichtig, weil ich mich mit den Kunden und ihren Produkten sehr gut identifizieren kann. Durch die Competence Center-Struktur bei Roland Berger kann ich meine Leidenschaft und Expertise im Bereich Konsumgüter und Handel auf den einzelnen Projekten perfekt einbringen.

Unser Team: Vom ersten Tag an eine Gemeinschaft
Nicht zu vergessen ist mein tolles Team an neuen Kollegen, die mich von Anfang an sehr gut aufgenommen haben. Die Integration wird durch regelmäßige Teamevents und After-Work-Drinks gefördert. Nun freue ich mich auf weitere spannende Projekte mit Roland Berger.

join.rolandberger.com
Roland Berger
Be
cutting-edge.
At Roland Berger, you will always have your finger on the pulse of international business and innovation. We develop with the times. We understand that commercial evolution needs more than just standard strategies and state of the art technology. We are looking for people who bring in their novel ideas, imagination and entrepreneurial spirit. As a consultant with us, you actively shape a cutting-edge future.

SENACOR

Standorte in Deutschland: Berlin, Bonn, Frankfurt am Main, Hamburg, München, Nürnberg, Stuttgart

Standorte weltweit: Wien (Österreich) und Košice (Slowakei)

Tätigkeitsschwerpunkt: IT-Beratung

Mitarbeiter in Deutschland: 350

Mitarbeiter weltweit: 380

Geplante Neueinstellungen 2017: 100

Senacor Technologies AG
Äußere Cramer-Klett-Straße 21
90489 Nürnberg
www.senacor.com/karriere

Katharina Landes
Human Resources
+49 911 4244-424
human-resources@senacor.com

Durch ein stabiles Wachstum, agile interne Strukturen und die konsequente Ausrichtung auf unser Kernleistungsspektrum schaffen wir für unsere Mitarbeiter maximale Freiheitsgrade für eine eigengesteuerte Entwicklung und Karriere. Bereits im Einstiegslevel bewirken unsere Mitarbeiter greifbare Veränderungen durch Integration in interdisziplinäre Expertenteams. Dabei beraten sie unsere Kunden nicht nur, sondern stellen sicher, dass deren IT strategischen Mehrwert fürs Business schafft.

Worin unterscheiden Sie sich von Ihren Wettbewerbern? Senacor zeichnet sich durch ein einzigartiges Leistungsportfolio auf dem Beratermarkt aus, das eine nahtlose Verbindung zwischen Strategieberatung und Umsetzung darstellt. Wir schaffen und transformieren digitale Plattformen und sichern so im Kernbusiness unserer Kunden wie Daimler, BMW, Deutsche Bank etc. entscheidende Wettbewerbsvorteile. Wir beraten unsere Kunden zumeist in einer sehr frühen und damit strategischen Projektphase mit dem Ziel, greifbare Ergebnisse zu erzeugen, die Nutzen stiften. Wir übernehmen in allen Phasen erfolgskritische Funktionen und somit die Ergebnisverantwortung. Dabei werden unsere Absolventen in gemischten Expertenteams von Anbeginn mit eingebunden und intensiv gecoacht, wodurch eine schnelle Entwicklung vorprogrammiert ist. Flankierend sichert unser Wachstum von 20 bis 30 Prozent p. a. eine Mitarbeiterentwicklung losgelöst von Planstellenrestriktionen – Karrierestau Fehlanzeige.

Warum sollten Studenten/Absolventen gerade bei Ihnen einsteigen? Nach dem Studium fehlt oftmals noch das Verständnis dafür, welche Rolle langfristig zu einem passt. Wir haben Interesse, zu verstehen, wohin sich unsere Mitarbeiter entwickeln wollen und können. Zudem sind wir durch unser Projektportfolio und unser Karrieresystem fähig, individuell darauf einzugehen. Unsere Mitarbeiter können so den Weg von einer strategischen Management-, Architekten- bis hin zur Chief Developer-Karriere gehen.

Welchen Abschluss sollten Bewerber haben (Bachelor, Master, MBA, Promotion)? Einen überdurchschnittlichen akademischen Abschluss setzen wir voraus. Der Fokus liegt dabei auf Wirtschaftsinformatik, Informatik, Mathematik, Physik bzw. ähnlichen naturwissenschaftlichen/quantitativen Ausrichtungen. Ob Bachelor, Master oder Promotion ist weniger ausschlaggebend, entscheidend ist das Potenzial, das ein Kandidat mitbringt, sowie die persönliche Passung zu Senacor. Bachelor-Absolventen steigen mit entsprechender Erfahrung und persönlicher Reife bei Senacor analog zu Masterabsolventen ein. Promovierte mit relevanter Vorerfahrung starten auf der Senior-Ebene. Wir nehmen uns für die Beurteilung ausreichend Zeit und treffen hier individuelle Entscheidungen, die allen Beteiligten gerecht werden und nachvollziehbar sind. Spätere Master- oder Promotionsvorhaben – auch berufsbegleitend – planen wir mit unseren Mitarbeitern individuell und unterstützen sie bei der Umsetzung.

Wie läuft das Bewerbungsverfahren in Ihrem Unternehmen? Innerhalb eines Tages lernen Bewerber in drei Einzelgesprächen potenzielle Kollegen kennen, die bereits eine Entwicklung in der angestrebten Rolle hinter sich haben. Ziel ist, dass der Bewerber durch die Bearbeitung idealtypischer Fragestellungen aus dem Projekt herausfindet, ob Senacor menschlich und inhaltlich das richtige Umfeld bietet. Dabei können wir zugleich gut einschätzen, ob ein Kandidat eine langfristige Zukunft bei uns hat.

Florian Springer

Jahrgang 1983
Partner

Und dann kam Senacor ...

Nach dem Studium war für mich eines klar: Ich will ein angesehenes Management-Traineeprogramm in einem internationalen Großkonzern absolvieren! Einen entsprechenden Arbeitsvertrag hatte ich vor mir liegen. Jetzt stellt sich sicherlich die Frage: Was hat mich dennoch dazu gebracht, mich für eine mittelständische Technologie-Beratung zu entscheiden, von der ich bis dato weder gehört noch gelesen hatte?

Mitentscheidend waren damals die ersten Eindrücke. „Flache Hierarchien, spannende Aufgaben und der Mitarbeiter im Mittelpunkt" schreibt sich mittlerweile nahezu jedes Unternehmen auf die Fahne. Bei Senacor hatte ich zum ersten Mal das Gefühl, dass sich dahinter mehr verbirgt als hohle Phrasen. So wurde ich beispielsweise nicht wie so oft nach Schema F interviewt, sondern bearbeitete in einem Dialog mit Senacor-Mitarbeitern durchaus anspruchsvolle Aufgaben aus deren Projektalltag. Der kollegiale Umgang und die mir entgegengebrachte Herzlichkeit ließen mich fast vergessen, dass ich in einem Vorstellungsgespräch war. Und auch mein Vorhaben, nebenberuflich einen weiteren Studienabschluss zu erlangen, dem andere Unternehmen eher mit Skepsis begegneten, wurde von Anfang an gefördert. Die Projekte bei Senacor haben mir die Möglichkeit gegeben, meine Passion zu finden. Im Laufe meiner Karriere war ich für Kunden im Umfeld Automotive, Logistik und Banking vorwiegend in Deutschland, aber auch im Ausland tätig. Dabei konnte ich ein breites Spektrum an Erfahrungen in IT-Strategie-, komplexen IT-Transformations- oder Umsetzungsprojekten sammeln und mich zügig zu einem soliden Partner entwickeln.

Wenn man mich fragt, was Senacor für mich ausmacht, sind das vielfältige Punkte. Unsere Mitarbeiter erledigen beispielsweise keine Aufgaben, sondern verantworten von Anfang an ganzheitlich Themen. Die Herangehensweise ist dabei stets pragmatisch und ergebnisorientiert, sodass für unsere Kunden immer Resultate erzielt werden, die zu einer sichtbaren Veränderung führen und keine Folien, die in Schubladen verschwinden.

Dafür werden unsere jungen Kollegen stets durch erfahrene Kollegen gecoacht und, unterstützt durch die Senacor Academy, zielgerichtet in ihrer Karriereentwicklung gefördert. Und auch wenn wir uns nahezu täglich neuen Herausforderungen stellen müssen, eine Konstante bleibt: exzellente Kollegen, mit denen es Spaß macht zu arbeiten und auch mal den einen oder anderen Erfolg zu feiern.

SIMON • KUCHER & PARTNERS
Strategy & Marketing Consultants

Standorte in Deutschland: Bonn, Frankfurt am Main, Hamburg, Köln, München

Standorte weltweit: 28 Büros in 23 Ländern

Tätigkeitsschwerpunkte: weltweite Beratung von Unternehmen zur Ertragssteigerung auf der Umsatzseite in den Bereichen Marketing, Pricing, Vertrieb und Strategie

Mitarbeiter in Deutschland: ca. 350 (Q3 2016)

Mitarbeiter weltweit: ca. 920 (Q3 2016)

Geplante Neueinstellungen 2017 in Deutschland:
Berater: 80–90
Praktikanten: 150–170

Simon-Kucher & Partners
Strategy & Marketing Consultants
Willy-Brandt-Allee 13
53113 Bonn
+49 228 9843-0
www.simon-kucher.com/de/content/karriere

Dorothea Hayer
HR/Bewerbungen Consultants
dorothea.hayer@simon-kucher.com
Christine Brown
HR/Bewerbungen Praktikanten
christine.brown@simon-kucher.com

Simon-Kucher & Partners ist eine globale Unternehmensberatung mit Fokus auf Marketing, Pricing, Vertrieb und Strategie. Unsere Beratungsarbeit ist ganz auf TopLine Power® ausgerichtet. Wir erzielen für unsere Kunden Wachstums- und Ertragssteigerungen auf der Umsatzseite mithilfe von faktenbasierten, praktischen Strategien. Simon-Kucher & Partners gilt als die weltweit führende Preisberatung.

Was zeichnet Ihre Unternehmenskultur aus? Die Unternehmenskultur von Simon-Kucher ist geprägt durch sechs Säulen: integrity, impact, respect, team, entrepreneurship, meritocracy. Diese gelten sowohl für unser Verhalten untereinander als auch gegenüber unseren Kunden. Wir leben eine Kultur der offenen Kommunikation, Zusammenarbeit und Transparenz. Sehr deutlich wird dabei unser unternehmerisches Denken. Die Firma gehört den Partnern, d. h., wir bestimmen selbst unsere Strategie und die zukünftige Entwicklung von Simon-Kucher.

Was heißt „unternehmerisches Denken" genau? Wir sehen uns als ein globales Team von eigenverantwortlichen und unabhängigen Individuen. Wir haben keine Beschränkungen einer typischen „Pyramidenstruktur". Daher haben Sie bei uns die Chance, Ihre Karriere selbst in die Hand zu nehmen und sie sowohl inhaltlich als auch vom Tempo her selbst zu beeinflussen. Ein Beispiel: Sechs der letzten acht Büros, die wir eröffneten, wurden nicht von Partnern, sondern von Directors (der Karrierestufe vor Partner) gestartet.

Wie schafft es Simon-Kucher, diese Kultur bei so vielen Mitarbeitern umzusetzen? Highlight des Jahres für viele ist das World Meeting. Im Dezember kommen alle Mitarbeiter für einige Tage zusammen, um durch Trainings, Knowledge Sharing Workshops, Präsentationen und die große Holiday Party den intellektuellen und kulturellen Gemeinschaftssinn zu stärken. Namen werden zu Gesichtern, E-Mail-Kontakte zu Freunden. Darüber hinaus sind die meisten unserer Projektteams international besetzt, sodass auch hier die Umsetzung einer gemeinsamen Kultur unterstützt wird.

Werde ich regelmäßig bewertet, und wie beeinflusst das meine Karriere? Jeder Berater wird zweimal pro Jahr im Rahmen einer 360°-Runde bewertet. 360° bedeutet, dass Sie nicht nur top-down von einem Partner oder Projektleiter bewertet werden, sondern auch von anderen Projektmitarbeitern. 360° heißt auch, dass Sie diese Kollegen und sich selbst beurteilen, sodass für jeden Mitarbeiter eine breite und damit solide Grundlage für die Bewertungsgespräche besteht. Ob und wie schnell Sie befördert werden, hängt nur von Ihrer persönlichen Leistung ab. Sie haben es in der Hand. Dazu passt auch unser Motto: „Wachsen Sie schneller. Mit uns."

Werde ich über die Projektarbeit hinaus gefördert? Die Simon-Kucher Academy umfasst ein breites Angebot an Trainings- und Weiterbildungsmöglichkeiten, die das On-the-Job-Lernen ergänzen. Unsere Einführungsveranstaltung – STEPS – bringt Sie mit anderen Neuen bei Simon-Kucher zusammen. Viele Mitglieder dieser Gruppe werden Sie im Laufe der Jahre auf anderen Trainings wiedertreffen. Diese Trainings sind zum Teil methodenorientiert, vor allem aber decken sie Soft Skills wie Leadership, Projektmanagement, Workshop-Moderation, Negotiation Excellence etc. ab. Wir investieren zudem in ein umfassendes E-Learning-Programm, um die zahlreichen Methoden und Tools, die bei Simon-Kucher entwickelt werden, allen Mitarbeitern leicht zugänglich zu machen.

Wie sehen die typischen Arbeitsinhalte eines Beraters aus? Zuerst muss erwähnt werden, dass alle Berater in einem Projekt von A bis Z involviert sind, d. h. nicht dieselbe spezielle Teilaufgabe für ein Projekt nach dem anderen übernehmen. Sie sind bei allen Projektschritten dabei, sei es bei der Vorbereitung und Durchführung von Workshops, beim Führen von Expertengesprächen, bei der Datenbeschaffung, -analyse und -interpretation, beim Entwickeln von Lösungen, beim inhaltlichen Erstellen oder beim Halten von Präsentationen etc. Sie bekommen bei Simon-Kucher sehr früh sehr viel Verantwortung und Gestaltungsmöglichkeiten. Ob die Arbeit beim Kunden vor Ort oder im Büro überwiegt, hängt sehr stark vom Projekt ab.

Welche internationalen Einsatzmöglichkeiten bieten Sie? Zum einen ist die große Mehrheit unserer Projekte international, sodass Sie im Rahmen der normalen Projektarbeit bereits internationale Erfahrungen sammeln werden. Darüber hinaus steht jedem Berater die Möglichkeit offen, für einen kürzeren Zeitraum oder für einige Jahre in ein anderes Büro zu rotieren. Dies unterstützen wir ausdrücklich.

Kann man bei Ihnen auch schon während des Studiums Erfahrungen sammeln? Wir suchen ganzjährig Praktikanten, die bei uns als Associate Consultants vollständig in die Projektarbeit integriert werden und so Simon-Kucher und die Beratungstätigkeit kennenlernen. Bewerber für ein Praktikum befinden sich in einem fortgeschrittenen Stadium ihres Studiums.

Wen genau suchen Sie als Berater? Diversity wird bei uns groß geschrieben, weshalb es kein Standard-Bewerberprofil gibt. Wir suchen Absolventen oder Young Professionals der Wirtschafts- und Naturwissenschaften sowie des Ingenieurwesens und der Wirtschaftspsychologie, gerne auch mit einer Doppelqualifikation (z. B. Promotion). Ein exzellenter Hochschulabschluss, verhandlungssichere Englischkenntnisse, relevante Praktika und Auslandsaufenthalte sind ebenso Pflicht wie hervorragende analytische und kommunikative Fähigkeiten. Wichtig ist uns ebenfalls der kulturelle Fit, der bei den Bewerbungsgesprächen stark im Fokus steht.

Was unterscheidet Simon-Kucher von anderen Beratungen? Am besten lässt sich diese Frage durch unser Kundenfeedback beantworten. Was wir von unseren Kunden in großer Regelmäßigkeit hören, ist, dass wir *mit* ihnen arbeiten, nicht nur *für* sie. Wir denken uns schnell in das Unternehmen ein, verstehen die individuelle Situation und entwickeln eine komplett maßgeschneiderte Lösung, die wir dann auch in der Umsetzung begleiten. Dabei arbeiten unsere Berater eng mit allen Ebenen im Kundenunternehmen zusammen, nicht nur mit dem Vorstand, denn die Implementierung findet „on the ground“ statt. Auch dies wird von unseren Kunden oft positiv kommentiert.

Siemens
Management
Consulting

Standort in Deutschland: München

Standorte weltweit: Mumbai, Peking

Tätigkeit:
Topmanagement-Strategieberatung

Mitarbeiter in Deutschland: >100

Mitarbeiter weltweit: >160

Geplante Neueinstellungen 2017:
Praktikanten und Consultants: 50

Siemens AG
Siemens Management Consulting (SMC)
Otto-Hahn-Ring 6
81739 München
www.siemens.com/smc

Franziska Heitzer
Recruiting
+49 89 636-631152

Siemens Management Consulting (SMC) ist die Topmanagement-Strategieberatung des Siemens Konzerns. Wir verstehen uns als Vordenker und entwickeln gemeinsam mit unseren Kunden Lösungen, um die Herausforderungen des 21. Jahrhunderts zu meistern. Das Spektrum unserer Beratungsleistungen reicht dabei von der Strategieentwicklung über Benchmarking bis hin zu Wachstums- und Innovationsprojekten.

Wen genau suchen Sie? Siemens Management Consulting sucht Absolventen/Young Professionals der Wirtschafts- und Naturwissenschaften sowie des Ingenieurwesens. Für eine Karriere als Consultant ist ein exzellenter Hochschulabschluss erforderlich, gerne ergänzt durch eine Doppelqualifikation (Promotion/MBA). Fließende Deutsch- und Englischkenntnisse sowie Praktika und Auslandsaufenthalte setzen wir voraus. Sehr gute Noten und interessante Stationen im Lebenslauf alleine reichen nicht. Bei uns sind Persönlichkeiten mit Teamfähigkeit, Führungstalent und herausragenden kommunikativen Fähigkeiten gefragt, die auch in stressigen Situationen ihren Humor nicht verlieren!

Wie läuft das Bewerbungsverfahren bei Ihnen ab? Hat uns Ihr Profil überzeugt, laden wir Sie zu Erst- und erfolgsabhängig zu Zweitrundengesprächen ein. Der unmittelbare Kontakt im Einzelgespräch bietet die beste Gelegenheit zum gegenseitigen Austausch. In informativen Gesprächen mit unseren Kollegen treffen Sie auf verschiedenste Beraterpersönlichkeiten von SMC und haben so die Möglichkeit, sich einen eigenen Eindruck von den potenziellen zukünftigen Kollegen zu machen.

Neben dem persönlichen Austausch können Sie auch Ihre analytischen und unternehmerischen Fähigkeiten anhand von Fallstudien unter Beweis stellen. Diese Fallstudien orientieren sich an unserer Projektarbeit, sodass Sie einen guten Einblick in unsere Projektthemen gewinnen. Sie erhalten nach jeder Gesprächsrunde ein ausführliches Feedback.

Wenn nach dem intensiven Kennenlernen feststeht, dass wir zueinander passen, erhalten Sie zeitnah ein Angebot. Doch damit nicht genug: Um Ihnen die Entscheidung zu erleichtern, laden wir Sie gerne zu weiteren, informellen Gesprächen ein, z. B. zu einem Schnuppertag.

Wodurch zeichnet sich die Arbeitsatmosphäre bei Ihnen aus? „Nobody is perfect, but a team can be!" Wir legen Wert auf Menschen mit Kontur und Charakter, die unser Team voranbringen können: Qualifikation, Persönlichkeit und Teamfähigkeit machen den SMC-Berater aus. Wir vertreten selbstbewusst, aber ohne Arroganz unsere Ansicht und verantworten gemeinsam unsere Ergebnisse. Dabei pflegen wir eine offene Kommunikation und suchen konstruktive Lösungen für Probleme. Wir teilen Informationen lieber miteinander, als sie zu horten, und wir ziehen direktes Feedback der indirekten Kommunikation vor. Gerade unsere starke Feedback-Kultur hilft uns dabei, uns sowohl individuell als auch als Team kontinuierlich weiterzuentwickeln und erfolgreich zu sein. Die intensive Zusammenarbeit bei SMC erfordert absolute Teamfähigkeit. Das heißt vor allem, zu erkennen und mit anzupacken, wenn ein Kollege Hilfe benötigt. Nicht selten entstehen dabei Freundschaften, die weit über die Arbeit hinausgehen.

Welche Karrieremöglichkeiten gibt es bei Ihnen? People Development ist eine unserer wichtigsten Führungsaufgaben bei SMC. Deshalb liegt uns die individuelle Entwicklung unserer Consultants besonders am Herzen. SMC ist in einer flachen Hierarchie mit drei Senioritätsstufen organisiert: Consultant, Project Manager und Vice President. Projektteams werden bei SMC von Projekt zu Projekt neu besetzt. Auf der Ebene von Consultants und Project Managern gibt es keine Zuordnung zu Geschäftseinheiten und Ländern, um Wissensaufbau in der Breite sicherzustellen. Ebenso verfolgen wir keine fachliche Spezialisierung auf diesen Ebenen. Unterstützt wird die Entwicklung unserer Berater durch intensive, speziell auf sie zugeschnittene Trainings, z. B. zu Kommunikation, Interpersonal Skills, Moderation und Projektmanagement. Ergänzt werden die Trainings durch individuelles Coaching durch die SMC-Führungskräfte und externe Experten.

Heute Berater. Morgen ins Management. Die Beraterkarriere bei SMC ist nicht als Lebensaufgabe gedacht. Im Durchschnitt wechseln die SMC-Berater nach ca. vier Jahren in eine der operativen Siemens Geschäftseinheiten bzw. in eine Stabsfunktion des Konzerns. Damit ist der Transfer aus der SMC in den Siemens Konzern ein wichtiger Karrierebaustein.

Sind bei Ihnen Auslandseinsätze möglich? Als Strategieberatung des Siemens Konzerns, der in rund 190 Ländern der Welt vertreten ist, sind wir zuständig für alle Siemens Geschäfte weltweit. Bei rund einem Drittel unserer Projekte liegt der Standort im Ausland.

Stern Stewart & Co.

Standort in Deutschland: München

Tätigkeitsschwerpunkt:
Topmanagement-Beratung

Mitarbeiter in Deutschland: 70

Geplante Neueinstellungen 2017: 10–15

Stern Stewart & Co.
Salvatorplatz 4
80333 München
www.sternstewart.com

Anja Deucker
Recruiting
+49 89 242071-421
career@sternstewart.com

Stern Stewart & Co. ist eine unabhängige Strategieberatungsboutique. Unser Beratungsfokus sind die Kernfragen des Managements. Dazu gehören Strategie und Finance sowie Organisation und Steuerung. Dabei geht uns unabhängiges Denken und unternehmerisches Handeln über alles. Wir laufen keinen Trends hinterher, sondern beraten unsere Kunden stets so, als wäre es unser eigenes Unternehmen.

Wen genau suchen Sie? Wir suchen hervorragende Uni-Absolventen, die den Mut haben, unabhängig zu denken und für unsere Kunden Lösungen jenseits von Trends zu finden. Dafür bringen Sie nicht nur ein überdurchschnittlich abgeschlossenes wirtschaftswissenschaftliches Studium (oder zumindest tiefergehende betriebswirtschaftliche Kenntnisse) mit. Wichtig ist uns, dass Sie etwas bewegen wollen - und zwar im Team.

Was unterscheidet Sie von anderen Unternehmensberatungen? Unsere Hauptwettbewerber sind Beratungskonzerne - wir sind eine Boutique. Für Sie bedeutet das, dass Sie sehr früh mit den Topentscheidern der Wirtschaft auf Augenhöhe reden und schnell unternehmerische Verantwortung übernehmen. Sie gestalten unser Unternehmen von Anfang an mit, der Weg von einer Idee zu einer Veränderung ist ganz kurz. Unser Boutique-Charakter spiegelt sich aber auch im Miteinander wider: Bei uns gibt es keine Ellenbogen-Mentalität; Fairness und Vertrauen sind für uns das Wichtigste. Wir sind als Team erfolgreich, sind jung, schwimmen manchmal gegen den Strom, bleiben aber immer hoch professionell.

Wodurch zeichnet sich die Arbeitsatmosphäre bei Ihnen aus? Bei Stern Stewart & Co. steht der Teamgedanke im Vordergrund. Wir pflegen einen kollegialen, partnerschaftlichen Umgang und behandeln unsere Kunden und Kollegen jederzeit mit höchstem Respekt. Hilfsbereitschaft ist für uns eine Selbstverständlichkeit - denn nur im Team können wir langfristig erfolgreich sein. Auch unter größter Belastung verlieren wir nicht den Humor und die Freude an der Arbeit.

Wie kann man sich bei Ihnen weiterentwickeln? Die fachliche wie auch persönliche Weiterentwicklung unserer Mitarbeiter ist für uns von größter Bedeutung. Deshalb investieren wir in Ihre Weiterentwicklung: Selbstverständlich bieten wir Ihnen Trainings und Coaching und fördern diverse Formen der Weiterbildung (MBA, Dissertation, Executive-Programme etc.). Doch wir geben Ihnen auch die Möglichkeit, darüber hinaus einen Blick über den Tellerrand zu wagen. Im Rahmen unseres Stern Stewart Institutes haben Sie die Chance, Projekte in Ghana und Burkina Faso zu koordinieren und auch die Umsetzung für einen gewissen Zeitraum vor Ort zu begleiten. So können Sie bei uns spannende fachliche und persönliche Erfahrungen sammeln.

Wie läuft das Bewerbungsverfahren bei Ihnen ab? Wenn uns Ihre schriftlichen Bewerbungsunterlagen überzeugen, laden wir Sie nach München ein. Der Auswahltag beginnt mit einer kurzen Vorstellung unseres Unternehmens und mehreren Einzelgesprächen, die unter anderem Case Studies beinhalten. Haben Sie unsere Berater überzeugt, schließt sich eine Präsentation sowie ein Gespräch mit einem unserer Partner an. Sind alle Beteiligten der Meinung, dass Sie zu Stern Stewart & Co. passen, erhalten Sie von uns ein Angebot. Einstellungen finden bei uns ganzjährig und nach Absprache mit den Bewerbern statt.

Kathrin Rüsing

Senior Associate

Unternehmer im Unternehmen

Vielfalt erleben

„Extrem vielseitig" ist nicht übertrieben, wenn ich die Projekte seit meinem Einstieg als Analyst direkt nach meinem Praktikum bei Stern Stewart & Co. Revue passieren lasse. Und doch trifft das den Kern meiner Projekterfahrungen nur teilweise. Oft war ich mitten im Zentrum von in der Presse heiß diskutierten Themen: Sei es bei der organisatorischen Neuausrichtung eines international agierenden Energiekonzerns oder bei der Begleitung der strategischen M&A-Aktivitäten eines Medienkonzerns.

Beratungsboutique statt Beratungskonzern

Es ist wahrscheinlich kaum zu glauben – aber seit meinem ersten Arbeitstag habe ich die Möglichkeit, unsere Beratung aktiv mit meinen Ideen voranzutreiben. Das Gefühl, dass jeder Einzelne wirklich gehört wird, verbunden mit unserer unternehmerischen und sehr familiären Firmenkultur, macht für mich einen wesentlichen Anteil der Freude aus, bei Stern Stewart & Co. zu arbeiten. Jeder Berater kann neben seinen Tätigkeiten auch noch an internen und strategischen Themen, wie z. B. Personalentwicklung oder interner Kommunikation, arbeiten und so aktiv die Unternehmensentwicklung mitgestalten.

Unternehmerische Entwicklung der Persönlichkeit

Die Entwicklungsperspektiven bei Stern Stewart & Co. sind für mich außergewöhnlich. Dabei meine ich nicht nur die professionellen Förderprogramme – faszinierend sind für mich die Möglichkeiten, über das Stern Stewart Institute an internationalen Entwicklungsprojekten, im meinem Fall z. B. in Westafrika, zu arbeiten. Die Unterstützung der Projekte in Burkina Faso – ich unterstützte z. B. den Aufbau und die Weiterentwicklung eines Ausbildungszentrums, in dem wir jährlich 500 Imker ausbilden – sind für mich eine einzigartige Möglichkeit zur persönlichen und unternehmerischen Weiterentwicklung. Die Erfahrungen, die ich dabei sammeln konnte, möchte ich keinesfalls missen.

Stern Stewart & Co.
BERATER?
UNTERNEHMER-
PERSÖNLICHKEIT!
KONTAKT: Anja Deucker
career@sternstewart.com
+49.89.242071.421
CAREER.STERNSTEWART.COM

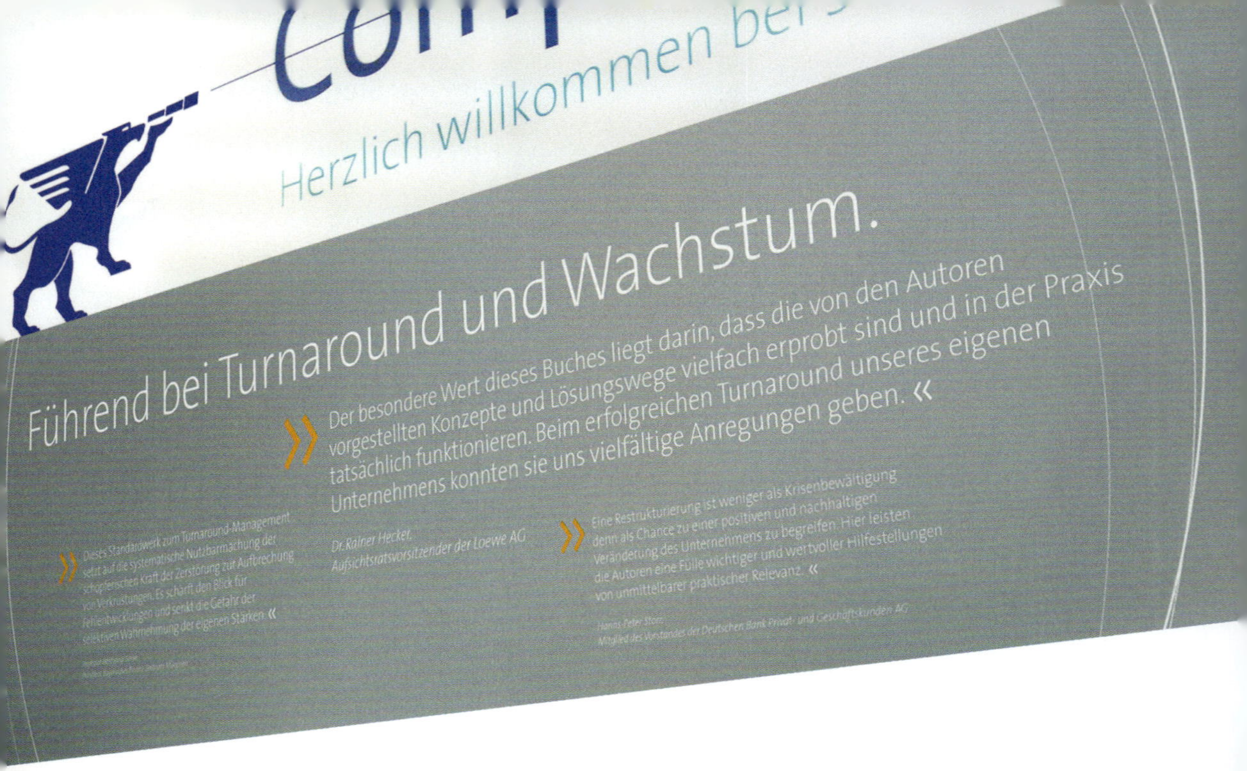

Struktur
Management
Partner

Führend bei Turnaround und Wachstum.

Standort in Deutschland: Köln, München

Standorte weltweit: Schanghai

Tätigkeitsschwerpunkte:
Restrukturierungs- und Wachstumsmanagement; Branchen: Anlagen-/ Maschinenbau, Automotive, Konsumgüter und Handel, erneuerbare Energien

Mitarbeiter in Deutschland: 100

Geplante Neueinstellungen 2017:
Consultants: 20
Praktikanten: 10

Struktur Management Partner GmbH
Gereonstraße 18–30
50670 Köln
www.struktur-management-partner.com/Unser-Unternehmen/Karriere

Markus Isermann
HR
+49 221 912730-30
m.isermann@struktur-management-partner.com

Ganzheitlich denken und handeln, das Wesentliche im Blick haben, entscheiden und umsetzen: diese Tugenden einer guten Unternehmensführung sind zugleich die Fähigkeiten eines guten Turnaround-Beraters. Wir haben den Anspruch, Sie zu Geschäftsführern im Deutschen Mittelstand auszubilden. Unser Alumni-Netzwerk ist der Beweis. Ehemalige SMPler machen Karriere – und bleiben mit uns durch den „Spirit of SMP" verbunden. Was das ist? Lernen Sie uns kennen, dann spüren Sie es!

Was zeichnet Ihre Unternehmenskultur aus? „Wer heftig arbeiten kann, kann auch kräftig feiern." Bei aller Heterogenität der SMP-Persönlichkeiten zeichnen wir uns durch Homogenität im Teamgedanken aus. Wir kennen keine Ellenbogenmentalität, sondern unterstützen uns kollegial gegenseitig. Wir wollen unseren Auftraggebern helfen, respektieren aber deren Leistungen und Entscheidungen. Wir wollen überzeugen, nicht überreden, geschweige denn uns machtvoll und arrogant durchsetzen. Schließlich: Konzepte sind nur so viel wert, wie sie umgesetzt werden.

Welche Karrieremöglichkeiten bieten Sie? Neun von elf Partnern bei SMP haben ihre Karriere als Praktikant oder Hochschulabsolvent bei uns gestartet. Und das wird auch so bleiben. Die Karriereleiter steht allen offen – es gilt das Leistungsprinzip.

Wie sind die Verdienstmöglichkeiten in Ihrem Unternehmen? Entscheidend ist auch hier das Leistungsprinzip. Es gibt klare und transparente Gehaltsbänder je Karrierestufe, mit fixen und variablen Anteilen. Schon im Consultant-Vertrag werden diese bis zur Stufe Senior Manager offengelegt.

Wie sieht ein typischer Arbeitstag bei Ihnen aus? Unsere Berater wohnen bundesweit und reisen montags zum Projekt und freitags wieder nach Hause. Wir unterscheiden Analyseprojekte und Realisierungsprojekte. Bei Ersteren herrscht immer Zeitdruck, weil der klassische Turnaround-Fall „fünf vor zwölf" startet, und sie dauern typischerweise vier bis acht Wochen. Wachstumsprojekte und Realisierungsprojekte haben eher einen mittelfristigen Charakter und gehen sechs bis zwölf Monate, manchmal auch noch länger. Wir arbeiten beim und mit dem Kunden. Themen und Methoden sind entsprechend vielseitig. Unsere Berater arbeiten immer im Team, übernehmen aber schnell Verantwortung für einzelne Aufgaben und Lösungen.

Welchen Abschluss sollten Bewerber haben (Bachelor, Master, MBA, Promotion)? Einstiegsvoraussetzung ist grundsätzlich ein Master oder MBA-Abschluss, jedenfalls bei Hochschulabsolventen. Je mehr einschlägige Berufserfahrungen vorhanden sind, desto offener sind wir aber. Dann allerdings erwarten und unterstützen wir entsprechende Fortbildungen.

Was erwarten Sie in fachlicher und persönlicher Hinsicht? Da wir sowohl finanzwirtschaftlich wie leistungswirtschaftlich arbeiten, haben unsere Mitarbeiter hier ihre Kernkompetenzen. Darüber hinaus ist eine sehr hohe Sozialkompetenz unerlässlich. Denn wir können nur so erfolgreich sein, wie es uns gelingt, unsere Auftraggeber und deren Stakeholder zu überzeugen.

Jessica Hirsch

Jahrgang 1980
Principal

Aus der Industrie in die Industrie – ein Perspektivenwechsel

Nach einer technischen Ausbildung und dem berufsbegleitendem BWL-Studium suchte ich 2008 – nach insgesamt zehn Jahren Berufserfahrung in der Industrie – eine gänzlich neue Herausforderung. Ich wollte in möglichst kurzer Zeit verschiedene Unternehmen in unterschiedlichen Branchen kennenlernen und Konzepte nicht nur theoretisch erarbeiten, sondern auch praktisch umsetzen. Wichtig war mir zudem, dass die analytisch-konzeptionellen Arbeiten ebenso wie die Umsetzung vor Ort beim Kunden und im direkten Austausch mit den handelnden Personen stattfinden. All diese Möglichkeiten boten sich mir mit meinen Einstieg als Consultant bei SMP.

Als Mindestziel hatte ich mir ein Jahr „durchhalten“ vorgenommen – man hatte ja schon so einiges über Unternehmensberatungen gehört. Dieses erste Jahr verging unglaublich schnell – ebenso alle weiteren, und genauso schnell konnte ich mich fachlich und persönlich weiterentwickeln. Hatte ich schon im Rahmen meiner vorherigen beruflichen Tätigkeiten gelernt, ein Unternehmen ganzheitlich zu sehen und zu verstehen, so kann ich es inzwischen tiefgehend durchdringen und beurteilen, Chancen und Risiken abwägen und daraus Handlungsempfehlungen ableiten. Aber nicht nur diese General-Management-Fähigkeiten nehmen mit jedem Projekt und jeder damit verbundenen neuen Fragestellung zu – es wird auch immer spannender, je tiefer man in die Themen und vor allem auch in die Kommunikation mit den verschiedenen Stakeholdern eines Kunden einsteigen kann.

Seit 2011 leite ich eigenverantwortlich Projekte, und es bereitet mir nach wie vor große Freude, dabei zum einen immer wieder mit und von meinen Kollegen zu lernen und zum anderen junge Kollegen weiterzuentwickeln. Genauso erfüllend sind das Kennenlernen und der Vertrauensaufbau mit den Führungskräften und Mitarbeitern des jeweiligen Kundenunternehmens, wenn innerhalb weniger Wochen gemeinsam ein tragfähiges Konzept erarbeitet, erfolgreich präsentiert und dann auch gemeinsam umgesetzt wird.

Neben all diesen beruflichen Assets möchte ich vor allem auch den Team-Spirit bei Struktur Management Partner – ob bei der täglichen Arbeit auf den Projekten oder bei gemeinsamen Feiern und Events – nicht mehr missen. Ich kann für mich festhalten, dass Struktur Management Partner in vielerlei Hinsicht die richtige Entscheidung war und noch immer ist.

Struktur Management Partner
Führend bei Turnaround und Wachstum.
Unternehmensberater gibt es wie Sand am Meer. Wir sind Unternehmensveränderer.
Das ist anstrengender, aber auch befriedigender.
Wenn Sie mit Ihrer Arbeit etwas wirklich Sinnvolles bewirken wollen, schlagen Sie zu: struktur-management-partner.com/karriere
office@ueoe.de

thyssenkrupp

Standort in Deutschland: Essen (thyssenkrupp Konzernzentrale)

Standorte weltweit: in ca. 80 Ländern (thyssenkrupp Konzern)

Tätigkeitsschwerpunkt: weltweit tätige, interne Managementberatung

Mitarbeiter in Deutschland: ca. 50

Geplante Neueinstellungen 2017:
Absolventen, Young Professionals und erfahrene Berater 15–20
Praktikanten: 5–10

thyssenkrupp Management Consulting
thyssenkrupp Allee 1
45143 Essen
www.thyssenkrupp-management-consulting.com

Anne Kaltenstein
Recruiting Manager
+49 201 844-534911
anne.kaltenstein@thyssenkrupp.com

Als interne Managementberatung haben wir das Ziel, gemeinsam mit unseren Kunden im Konzern thyssenkrupp weiter nach vorne zu bringen. Wir richten unser vielseitiges Beratungsportfolio an den strategischen Themen des Konzerns aus und fokussieren uns auf die Beratungsschwerpunkte Strategie, Performance und Transformation. Somit ermöglichen wir unseren Teams die aktive Mitgestaltung der Neuausrichtung eines weltweit aufgestellten Technologiekonzerns mit rund 155.000 Mitarbeitern.

Warum sollten sich Top-Absolventen für TKMC entscheiden? Unsere Berater haben die Möglichkeit, die Neuausrichtung eines internationalen Technologiekonzerns mit 155.000 Mitarbeitern entscheidend mitzugestalten – und zwar in weltweiten strategischen und operativen Beratungsprojekten. Unsere hohen Beratungsstandards und die breite Konzernkenntnis ermöglichen ein exzellentes Career Development und bilden somit die Basis für die sehr gute Reputation unserer Berater beim Topmanagement von thyssenkrupp. In unserer Performance-orientierten Kultur trägt jeder Einzelne dazu bei, thyssenkrupp und TKMC besser zu machen und weiter nach vorne zu bringen.

Welche Möglichkeiten zur Weiterentwicklung bietet TKMC? Wir stellen uns jeden Tag höchsten Qualitätsansprüchen, um neue Lösungen für thyssenkrupp zu finden und Projekte voranzutreiben. Um diesen Ansprüchen gerecht zu werden, setzen wir auf gezielte individuelle Förderung und Weiterentwicklung. Die Arbeit als Managementberater bei TKMC bietet Ihnen durch ein anspruchsvolles, internationales Projektumfeld hervorragende Möglichkeiten, um Ihr Talent und Potenzial voll zu entfalten. Neben unserem Learning-on-the-Job-Ansatz ist es selbstverständlich, dass wir Ihnen in maßgeschneiderten Trainings das notwendige Know-how und entsprechende Tools zur Weiterentwicklung Ihrer Fähigkeiten mit an die Hand geben. Darüber hinaus werden Sie im Rahmen unseres professionellen Career Developments von einem erfahrenen Mentor auf Ihrem Weg begleitet und bei Ihrer Weiterentwicklung unterstützt. Was uns vor allem wichtig ist: Transparenz und Feedback! Interkulturelle Kompetenz ist ebenfalls ein bedeutender Faktor für den Erfolg unserer globalen Beratungsprojekte und wird z. B. durch unsere „TKMC-Expedition“ unterstützt.

Ihre Karriere-Perspektive nach TKMC: Gestalten Sie aktiv den Wandel unseres Weltkonzerns: erst als Berater bei TKMC, danach als Führungskraft oder Experte im Konzern. Bei TKMC erlernen Sie wichtige Fähigkeiten für Ihre weitere Karriere bei thyssenkrupp und entwickeln sich zu einem erfahrenen und exzellent vernetzten Topmanagement-Berater mit fundierter Konzernkenntnis.

Wen genau sucht TKMC? Wir suchen Top-Talente, die sich durch ihre Leistungen und ihre überzeugende Persönlichkeit von der Masse abheben. Neben exzellenten Schul- und Studienleistungen (Master/Diplom in Ingenieurs-, Natur- oder Wirtschaftswissenschaften – gerne ergänzt durch Promotion/MBA) haben Sie sich bereits in Praktika bewiesen und bringen Auslandserfahrung sowie Kommunikationsstärke mit. Als TKMC-Berater benötigen Sie zudem ein hohes Maß an Gestaltungswillen, ausgeprägte analytische Fähigkeiten, eine hohe Leistungsmotivation und Interesse an den Herausforderungen sich permanent verändernder, globaler Industrien. Wenn Sie darüber hinaus auch in stressigen Situationen einen kühlen Kopf und Ihren Humor behalten, dann sind Sie bei uns genau richtig!

Wie läuft Ihr Bewerbungsverfahren ab? Hat uns Ihr Gesamtprofil überzeugt, laden wir Sie zu unserem Recruiting-Tag ein. In drei Persönlichkeits- und Case-Interviews können Sie uns zeigen, dass Sie die analytischen und unternehmerischen Fähigkeiten sowie den personal fit besitzen, die einen TKMC-Berater ausmachen. Beim Get-together in den Gesprächspausen haben Sie die Möglichkeit, unabhängig von den Interviews in entspannter Atmosphäre mit weiteren Beratern der TKMC Erfahrungen auszutauschen. Wenn Sie uns überzeugt haben, ist unsere Geschäftsleitung gespannt darauf, Sie in einer zweiten Gesprächsrunde ebenfalls kennenzulernen. Stellen wir abschließend fest, dass wir gut zueinander passen, erhalten Sie zeitnah unser Angebot. Im Mittelpunkt des gesamten Auswahlverfahrens steht für uns der persönliche Kontakt zueinander und somit ein intensives, gegenseitiges Kennenlernen. So werden Sie von unserem Recruiting-Team über den kompletten Prozess eng begleitet.

Was zeichnet die TKMC-Unternehmenskultur aus? Unser schlagkräftiges Team aus engagierten Top-Absolventen, Young Professionals sowie erfahrenen Beratern externer Top-Strategieberatungen ermöglicht uns, unsere hohen Ansprüche jeden Tag aufs Neue in unseren Projekten umzusetzen. Neben der kollegialen und vertrauensvollen Zusammenarbeit mit unseren Kunden bildet natürlich auch das Miteinander im TKMC-Team eine besonders wichtige Grundlage. Ebenso wie die hohe Leistungsorientierung jedes Einzelnen ist die enge Zusammenarbeit im Team ein bedeutendes Erfolgselement für uns. Bei TKMC setzen wir daher auf Offenheit, Ehrlichkeit und gegenseitige Wertschätzung für ein konstruktives Miteinander. Jeder von uns trägt mit Persönlichkeit, Können und Engagement nicht nur zu erfolgreichen Beratungsprojekten, sondern auch zur stetigen Weiterentwicklung und zum weiteren Ausbau der TKMC und einem ganz besonderen Team-Spirit bei.

Wie genau sieht Ihr Projektportfolio aus? thyssenkrupp befindet sich in einem grundlegenden Wandel und gemeinsam mit unseren Kunden wollen wir thyssenkrupp noch besser machen und die Neuausrichtung unterstützen. Dabei verfolgen wir einen klassischen Strategieberatungsansatz. Unser vielseitiges Beratungsportfolio, das von Geschäftsfeldstrategien über Performance-Programme bis zu Organisationsthemen und der Begleitung und Umsetzung konzernweiter Veränderungsprogramme reicht, richten wir an der strategischen Agenda des Konzerns aus. Durch unsere weltweiten Einsätze in allen Business Areas des Konzerns sowie auf Corporate-Ebene lernen wir thyssenkrupp „live und in Farbe“ aus immer neuen Blickwinkeln kennen.

Welchen Background haben Ihre Berater? Bei TKMC legen wir besonderen Wert auf Vielfalt. Das Team der TKMC besteht aus einem schlagkräftigen Mix unterschiedlichster Persönlichkeiten und Nationalitäten mit entsprechend verschiedenen Hintergründen. Die Diversität der Studienrichtungen und Erfahrungen unserer Berater mit entsprechend vielfältiger Projekt- und Methodenexpertise sowie interkulturellen Kompetenzen sind Triebfedern unseres Erfolgs. Ob Wirtschaftswissenschaftler, Wirtschaftsingenieur oder promovierter Naturwissenschaftler, Top-Absolvent oder erfahrener Experte aus einer externen Top-Strategieberatung – gemeinsam bilden wir den optimalen Team-Mix.

Inhouse Consulting
Selbstvertrauen bringt uns voran.
Uns in Frage zu stellen, bringt uns weiter.
Das Vertrauen in die eigenen Stärken hilft, Projekte anzugehen, die eigentlich unmöglich erscheinen. Weil sich aber die Herausforderungen und Methoden ständig ändern und verbessern, ist es notwendig, die eigene Arbeitsweise immer wieder zu hinterfragen. Darum rekrutiert thyssenkrupp Management Consulting kontinuierlich die besten Nachwuchskräfte, die gemeinsam mit unserem erfahrenen Team ständig neue Methoden entwickeln, die thyssenkrupp immer in die erste Reihe pushen. Wenn Sie glauben, dass Sie das Zeug haben, dazu beizutragen, bewerben Sie sich unter
www.thyssenkrupp-management-consulting.com
engineering. tomorrow. together.
thyssenkrupp

VOLKSWAGEN CONSULTING

DIE MANAGEMENTBERATUNG DES VOLKSWAGEN KONZERNS

Standort in Deutschland: Wolfsburg

Standorte weltweit: Peking

Spezialisierungen: Interne Managementberatung des Volkswagen Konzerns

Mitarbeiter in Deutschland: 100

Mitarbeiter weltweit: 110

Geplante Neueinstellungen 2017:
Absolventen: 15
Praktikanten: 40

Volkswagen Consulting
Brieffach 011/1937
38436 Wolfsburg
www.volkswagen-consulting.de

Ansprechpartner
+49 5361 897-3500
volkswagen-consulting@volkswagen.de

Die Volkswagen Consulting ist seit dem Gründungsjahr 1999 zu einer der größten strategischen Unternehmensberatungen im Automotive-Bereich mit jährlich 150 bis 200 erfolgreich abgeschlossenen Projekten gewachsen. Die Zugehörigkeit zum Konzern verpflichtet uns zu umsetzbaren und nachhaltigen Lösungen. Unser dynamisches und interdisziplinäres Beraterteam verfügt über eine optimale Mischung aus Hochschulabsolventen und erfahrenen Beratern.

Was zeichnet Ihre Unternehmenskultur aus? Die Volkswagen Consulting hat den Anspruch, erstklassige Managementberatung mit individuellen Entwicklungsmöglichkeiten für jeden Mitarbeiter, mit kollegialem Miteinander sowie hoher Arbeits- und Lebensqualität zu verbinden. Dieses Selbstverständnis ist Orientierung und Zielbild und bildet die Basis unseres täglichen Handelns.

Worin unterscheiden Sie sich von Ihren Wettbewerbern? Als Teil des Volkswagen Konzerns bearbeiten wir Projekte für das eigene Unternehmen. Das bedeutet: Wir sind persönlich verantwortlich für die Qualität und den Erfolg unserer Projekte und damit unseres Konzerns. Unsere Kenntnisse über Prozesse und Kultur sowie über die Entscheidungsträger im Volkswagen Konzern versetzen uns in die Lage, schnell eine belastbare Vertrauensbasis zu unseren Kunden zu schaffen. Die Volkswagen Consulting wächst stetig und zählt zu den größten Managementberatungen im Automotive-Bereich.

Welche Karrieremöglichkeiten bieten Sie? Der Einstieg bei der Volkswagen Consulting ist ein einzigartiges Karrieresprungbrett bei Europas größtem Automobilhersteller. Neben anspruchsvollen Projekten bereiten wir Sie durch kontinuierliche Weiterbildung systematisch auf eine Funktion mit Managementverantwortung im Konzern vor. Wir bieten unseren Beratern einen klar definierten Karrierepfad. Jedem Karriereschritt liegt ein klares Anforderungsprofil zugrunde. Beförderungen erfolgen nach dem Leistungsprinzip und honorieren die persönliche Weiterentwicklung. Besonders herausragende Mitarbeiter haben die Chance, sich für das Volkswagen Promotionsprogramm zu empfehlen.

Welche sind Ihre Einstellungskriterien? Voraussetzungen für einen Einstieg sind ein sehr guter Diplom- oder Master-Abschluss einer Universität, perfekte Deutsch- und Englischkenntnisse sowie Praktika oder Berufserfahrung in der Beratung und Automobilindustrie. Wir erwarten ausgeprägte analytische Fähigkeiten, eine schnelle Auffassungsgabe, ein hohes Maß an Belastbarkeit, zielorientierte Kommunikation, Eigeninitiative und Motivation sowie Offenheit für andere Kulturen und Leidenschaft für das Auto.

Kann man bei Ihnen auch schon während des Studiums Erfahrungen sammeln? In der fortgeschrittenen Phase Ihres Studiums bieten wir Ihnen die Chance, aktiv Einblick in die interne Beratungswelt zu nehmen. Auf Projektbasis lernen Sie die vielfältigen Facetten des Beratungsalltags bei Europas größtem Automobilhersteller kennen.

Wie läuft das Bewerbungsverfahren in Ihrem Unternehmen ab? Bei der Volkswagen Consulting können Sie sich zu jedem Zeitpunkt als Praktikant oder Direkteinsteiger bewerben, mindestens jedoch drei Monate vor Ihrem geplanten Start. Bitte bewerben Sie sich mit Ihren vollständigen Unterlagen. Haben Ihre Qualifikationen unser Interesse geweckt, laden wir Sie zu einem Vorstellungsgespräch nach Wolfsburg ein. Bei Hochschulabsolventen ist ein eintägiges Assessment-Center vorgesehen.

Am Vormittag werden eine Gruppenübung und drei Einzelübungen stattfinden, die aus einem qualitativen und einem quantitativen Case sowie aus einer Präsentation bestehen. Für die Teilnehmer, die es in die Nachmittagsrunde schaffen, geht es mit der Interviewphase weiter. In diesen Gesprächen lernen Sie Principale sowie Mitglieder des Leitungskreises der Volkswagen Consulting kennen. Direkt nach dem Vorstellungstag teilen wir Ihnen mit, wie es weitergeht.

Welche Möglichkeiten zur Weiterqualifizierung bieten Sie? Wir fördern unsere Mitarbeiter durch individuelle Schulungen, um Persönlichkeit und Führungskompetenz weiterzuentwickeln. Unsere umfangreichen und umfassenden Trainingskonzepte auf Basis der Anforderungen der Beraterstufe – beispielsweise die Grundlagen-Schulungen für Neueinsteiger (Automobilindustrie und -technik, Excel, Powerpoint, Präsentationstechnik) oder die Projektmanagement-Schulung für Projektleiter – sind feste Bestandteile Ihres individuellen Schulungsplans. Dabei werden Sie von einem der Principale als Mentor und Ratgeber bei Ihrer beruflichen Entwicklung unterstützt.

On-the-Job erwerben Sie neue Fachkenntnisse und bauen Ihr Know-how aus. Sie erhalten ein individualisiertes Coaching sowie ein regelmäßiges Feedback durch einen Project Manager, inklusive einer halbjährlichen Evaluierung Ihrer Leistungen und Perspektiven. Auf Basis Ihrer persönlichen Entwicklung erfolgt die Beförderung. Zur objektiven Entscheidungsfindung legen wir ein klares Anforderungsprofil je Beraterstufe zugrunde.

Wodurch zeichnet sich die Arbeitsatmosphäre bei Ihnen aus? Die beste Idee ist wertlos, wenn sie nicht umgesetzt werden kann. Wir wollen keine Standardkonzepte und -strategien entwickeln, sondern passgenaue Lösungen, die individuell sind. Daher arbeiten wir nach dem Prinzip der Realisierbarkeit: Wir handeln pragmatisch und behalten die Umsetzungsplanung jedes einzelnen Projektes stets im Blick. Wir pflegen dabei ein partnerschaftliches und vertrauensvolles Miteinander. Gleichzeitig nehmen wir unsere soziale Verantwortung nach innen und nach außen wahr.

Wie sieht das Projektportfolio konkret aus? Unsere Projekte mit den Schwerpunkten Strategieentwicklung, Reorganisation von Kernprozessen und operative Exzellenz decken die gesamte automobile Wertschöpfungskette ab. In der Regel finden die Einsätze direkt vor Ort beim Kunden statt. Unsere Auftraggeber kommen aus den Konzernmarken und -gesellschaften – und wir begleiten sie von der Konzeptentwicklung bis zur Implementierung.

Supply Chain Excellence
Software Solutions Experts & Services Management Consulting
way SAP-Beratung Logistikplanung Supply-Chain-Planung
Sales & Operations Planning Supply Chain Management Echtzeitplanung
Produktionsmanagement Industrie 4.0 COLUMBUS Lean Logistics
IT-Services Netzwerkplanung Qualitätsmanagement
LEAN Manufacturing Logistikmanagement Lieferantenmanagement

WASSERMANN AG
SUPPLY CHAIN EXCELLENCE

Standorte in Deutschland: München (Hauptsitz), Böblingen

Tätigkeitsschwerpunkte: integrierte Prozess- und IT-Beratung und Software Solutions in den Bereichen Supply Chain Management, Logistikmanagement, Produktionsmanagement und Lieferantenmanagement

Mitarbeiter in Deutschland: 120

Geplante Neueinstellungen 2017: 20

Wassermann AG
(Teil der DABERO Service Group)
Westendstraße 195
80686 München
www.wassermann.de
www.dabero.de

Milena Ivanova
Personal
+49 89 578399-143
personal@wassermann.de

Sie wollen als Berater nicht nur Konzepte entwickeln, sondern auch deren Umsetzung aktiv gestalten? Sie wollen erleben, wie Unternehmen mit Ideen aus Ihrem Team Wertschöpfungsketten optimieren und ihre logistische Leistungsfähigkeit steigern? Die Wassermann AG ist spezialisiert auf integrierte Prozess- und IT-Beratung sowie Softwarelösungen in den Bereichen Supply Chain Management, Logistikmanagement, Produktionsmanagement und Lieferantenmanagement.

Was macht die Arbeit bei Ihnen besonders? Die Wassermann AG bietet integrierte IT- und Prozessberatung für produzierende Unternehmen. Hier sind wir Spezialisten und überzeugt davon, dass nachhaltig leistungsfähigere Wertschöpfungsketten ein perfektes Zusammenspiel von Organisation, Prozessen, Methoden, Tools und IT-Unterstützung erfordern. Die Wassermann AG ist Teil der DABERO Service Group, einem High End Consulting- und IT-Solutions-Anbieter mit aktuell mehr als 550 Beratern und IT-Entwicklern an 19 internationalen Standorten. Für unsere Projekte bedeutet dies: Wir leisten keine abstrakte Beratung, sondern unterstützen mit unseren Teams aktiv die Umsetzung von Veränderungen bei unseren Kunden. Für unsere Berater heißt das: Sie arbeiten eng mit den Kunden zusammen, und sie erleben, wie ihre Ideen und Konzepte greifen und den Kunden wichtige Wettbewerbsvorteile sichern. Diese vertrauensvolle Zusammenarbeit mit den Teams der Kunden – von der Analyse über die Konzeptentwicklung bis zur Umsetzung mit messbarem Erfolg – macht die Arbeit bei der Wassermann AG so erfüllend.

Bitte beschreiben Sie Ihre Unternehmenskultur. Wir bieten mit aktuell etwa 120 Mitarbeitern die Vorteile einer überschaubaren Organisation: persönliche Nähe, flache Hierarchien, transparente und schnelle Entscheidungen. Gleichzeitig ist die Wassermann AG seit über 30 Jahren als Spezialist für Supply Chain Excellence etabliert und wird von Kunden, Kollegen und Medien regelmäßig für ihre herausragenden Projekterfolge ausgezeichnet. Daher werden wir von mittelständischen Unternehmen und Konzernen mit anspruchsvollen, für die Unternehmen strategisch wichtigen Projekten betraut. Daraus erwächst eine große Verantwortung für Teams und Berater – gleichzeitig bieten sich allen Mitarbeitenden vielfältige fachliche und persönliche Entwicklungschancen. Mit der Wassermann Akademie bilden wir gezielt und individuell in den Bereichen fachlicher Methoden und Projektmanagement sowie in Change-Management und Soft Skills fort.

Was sind Ihre Anforderungen an Bewerber? Die Wassermann AG sucht im Bereich Prozessberatung Studenten und Absolventen der Fachrichtungen BWL (Schwerpunkt SCM/Logistik), Wirtschaftsingenieurswesen und Maschinenbau (Schwerpunkt SCM o.Ä.). Für die Implementierung unserer Softwarelösungen suchen wir zudem Studenten und Absolventen der Fachrichtungen Informatik, Wirtschaftsinformatik o. Ä. Die Bedeutung der Projekte für die Kundenunternehmen, die Arbeit in interdisziplinären Teams und mit Kunden vor Ort setzt bei unseren Beratern hohe Ansprüche an Engagement, Sorgfalt und Qualität der eigenen Arbeit voraus. Wichtig dabei: Neue Mitarbeiter werden in ihren Teams, durch persönliches Coaching und über unterstützende weiterbildende Maßnahmen systematisch auf eine wachsende Verantwortung in der Projektarbeit vorbereitet.

Ralph Albert

Jahrgang 1987
Senior Consultant

Einstieg mit Perspektive und Abwechslung

Bereits nach meinem Bachelorstudium an der WFI Ingolstadt stand für mich fest, dass meine Zukunft in der Logistik liegen sollte: Doch keines der Berufsbilder, die ich während meiner Praktika in Konzernen, mittelständischen Unternehmen oder Start-ups kennenlernte, überzeugte mich nachhaltig. Während meines Masterstudiums wurde ich über den „Tag der Logistik" auf die Wassermann AG aufmerksam, bewarb mich anschließend um ein Praktikum, und mir wurde klar: Das abwechslungsreiche Tätigkeitsfeld und die persönliche Arbeitsatmosphäre sind genau das, wonach ich gesucht hatte. Vom ersten Tag an war ich fester Bestandteil des Projektteams. Nach Praktikum und Masterarbeit folgte der Einstieg als Consultant im Bereich Logistikmanagement.

Beste Stimmung unter den Wassermännern
Die Vorzüge einer Boutique-Beratung lernte ich schnell kennen: Flache Hierarchien, kurze Abstimmungswege und ein sehr kollegiales Umfeld machen auch anstrengendere Projektphasen erträglich. Eigeninitiative ist explizit gewünscht: So können Ideen eingebracht und der Arbeitsalltag aktiv positiv beeinflusst werden.

Bei aktuell knapp 120 Mitarbeitern kennt man die Kolleginnen und Kollegen nicht nur vom Hörensagen: Teamevents, Fortbildungen oder eine Runde am Firmen-Kicker fördern das Miteinander; gemeinsame Freizeitaktivitäten zeigen zudem, wie gut die Stimmung unter den Kollegen ist.

Neben dem Bereich Logistikmanagement gibt es bei Wassermann noch weitere Beratungsbereiche und eine IT-Abteilung, aus denen die Projektteams oft übergreifend zusammengesetzt sind.

Supply Chain Excellence: Logistikberatung hat viele Gesichter
Während der vergangenen vier Jahre bei der Wassermann AG konnte ich zahlreiche Logistikprojekte aktiv mitgestalten. Dabei reicht die Bandbreite von der Prozessgestaltung in der Produktionsversorgung bis zur Optimierung internationaler Produktionsnetzwerke von Automobilunternehmen. Besonders die unterschiedlichen Perspektiven von operativen Logistikern, Planern oder dem Management vor Ort machen die Projektarbeit interessant. Gemeinsam mit den Kunden erarbeiten wir Lösungen, die die Arbeitsabläufe unserer Kunden nachhaltig verbessern.

xenium

Standort in Deutschland:
Büro: München
Projektstandorte: DACH-Länder

Mitarbeiter in Deutschland: 35

Geplante Neueinstellungen 2017:
Trainees: 2–3
Young Professionals
und Professionals: 3–4

Xenium AG
Willy-Brandt-Platz 6
81829 München
www.xenium.de

Barbara Kuhndörfer
+49 89 420798-37
barbara.kuhndoerfer@xenium.de

Xenium ist ein unabhängiges, inhabergeführtes Beratungsunternehmen mit Sitz in München und Projekten in den DACH-Ländern. Was uns verbindet, ist die Liebe zu unserer Arbeit als Beraterin und Berater. Wir sind ein Team von unterschiedlichen Persönlichkeiten, arbeiten aber gerne miteinander und lernen voneinander. Wir teilen unser Selbstverständnis als IT-Berater und die Werte, die unsere Firmenkultur ausmachen: Respekt, Vertrauen und Integrität.

Was zeichnet Ihre Firmenkultur aus? Wir bei Xenium schätzen die Vorteile eines kleinen Unternehmens: die Arbeitsatmosphäre ist freundschaftlich und der Umgang miteinander respektvoll. Die flache Hierarchie ermöglicht uns, bei Fragen und Problemen offen auf die Kollegen - auch in der Geschäftsleitung - zuzugehen. Wir halten im Team zusammen und reflektieren unsere Arbeit sowie die persönliche Entwicklung jedes Einzelnen regelmäßig. Weil wir uns auch außerhalb der Arbeit gut verstehen, treffen wir uns gerne auch privat miteinander.

Wie sieht Ihr Projektportfolio aus? Xenium ist spezialisiert auf Projektaufgaben in Business-Architektur, IT-Architektur und IT-Projektmanagement. Wir unterstützen unsere Kunden bei der Führung von komplexen und geschäftskritischen IT-Projekten und bei der Gestaltung von Prozessen, Systemen und Architekturen. Zu unseren Kunden gehören sowohl DAX- als auch mittelständische Unternehmen aus verschiedenen Branchen: Automotive, Logistik, Transport, Touristik, Finanzwesen, Medizintechnik und Behörden.

Warum sollten Absolventen bei Ihnen einsteigen? Unser Trainee-Programm bietet eine praxisbezogene, interne Ausbildung in der IT-Beratung. Von Anfang an arbeiten unsere Trainees in anspruchsvollen Kundenprojekten mit und lernen an der Seite erfahrener Kollegen die Kernaufgaben eines IT-Beraters kennen. Sie gestalten Teilaufgaben selbstständig und übernehmen somit sofort Verantwortung und Führungsaufgaben.

Wie fördern Sie die Kompetenzen Ihrer Mitarbeiter? Die persönliche Entwicklung jedes Einzelnen ist für Xenium sehr wichtig - sie ist der Schlüssel zum Wachstum des Unternehmens. Mit unserem Laufbahn- und Entwicklungsmodell, den vielfältigen Weiterbildungsmaßnahmen und der systemischen Übertragung von Verantwortung in den Projekten schaffen wir den Rahmen dafür, dass unsere Mitarbeiter ihre Kompetenzen und Fähigkeiten individuell, ganzheitlich und kontinuierlich erweitern können.

Wen suchen Sie? Wir suchen Persönlichkeiten: Berater, die als Generalisten im Team interdisziplinär arbeiten wollen, kreative Köpfe mit Blick fürs Ganze und Liebe zum Detail und Menschen mit hohem Leistungsanspruch und Begeisterung für neue Themen. Weil fundiertes Informatikwissen die Basis für unsere tägliche Arbeit bildet, erwarten wir einen überdurchschnittlichen Hochschulabschluss in Informatik oder eines informatiknahen Studienganges. Wenn Sie außerdem über ausgeprägte analytische und konzeptionelle Fähigkeiten verfügen, exzellente Kommunikations- und Präsentationsfähigkeiten mitbringen, Teamgeist schätzen und in hohem Maße reisebereit sind, würden wir Sie gerne persönlich kennenlernen.

Christian Mikorey

Jahrgang 1985
IT-Berater

XENIUM: Klein, aber fein

Nach meinem Studium wollte ich auf jeden Fall in die Beratung. Ich finde es spannend, mich immer wieder mit neuen Aufgaben und Kunden auseinanderzusetzen. Als IT-affiner Wirtschaftsingenieur hat mich der Leitsatz von Xenium – „Wir führen kritische IT-Projekte zum Erfolg" – direkt angesprochen. Die Verbindung von IT- und Business-Beratung mit Projektmanagement ist nicht sehr häufig zu finden. Zudem sagte mir von Anfang an die Arbeitsatmosphäre zu: der lockere, offene und trotzdem respektvolle Umgang der Xenium-Kollegen untereinander macht das Arbeiten angenehm. Ich hatte den Eindruck, dass sehr darauf geachtet wird, dass die Persönlichkeit der Bewerber genauso gut zu Xenium passt wie die fachliche Qualifikation. Heute, nach zwei Jahren, kann ich aus Überzeugung zu Xenium sagen: „Klein, aber fein".

Spannende Aufgaben, wachsende Verantwortung

In meinem ersten Projekt war ich in einem Logistikunternehmen und erstellte dort das Rollen-Rechte-Konzept für ein neues Big-Data-Tool. Nach fünf Monaten wechselte ich in ein großes IT-Projekt zur Erweiterung des bestehenden Verkäuferarbeitsplatz-Systems bei einem Automobilhersteller. Meine Aufgabe umfasste die Spezifikation der Software-Änderungen als Vorgabe für die Programmierung. Dies beinhaltete auch die Abstimmung des Lösungsdesigns mit dem Fachbereich, den Landesorganisationen und dem Implementierungsdienstleister. Nach einem Jahr übernahm ich die Aufgabe eines Teilprojektleiters: Ich plane und steuere seitdem die Aufgaben von sieben Mitarbeitern und berichte dem Kunden über unsere Fortschritte.

Persönliche Weiterentwicklung: Auch eine Frage der Eigenverantwortung

Das Trainee-Programm enthält eine Reihe von Schulungen, die jeder Mitarbeiter gemacht haben sollte. Darüber hinaus konnte ich die Inhalte meiner Fortbildung aber selbst beeinflussen: Ich habe spezifische Schulungen in Bereichen vorgeschlagen, in denen ich noch Nachholbedarf hatte oder die mich besonders interessierten. Wie dieses Beispiel zeigt, werden bei Xenium von Anfang an Eigenverantwortung und Eigeninitiative gefordert und gefördert. Das gilt auch für die Projekteinsätze: Bei der täglichen Arbeit genieße ich das Vertrauen meiner Vorgesetzten und die daraus resultierenden großen Entscheidungs- und Gestaltungsfreiräume. So konnte ich seit meinem Einstieg viele Erfahrungen gewinnen und das Fachwissen aufbauen, das ich als Berater brauche.

Standort in Deutschland: Berlin, Frankfurt am Main, Hamburg, München, Münster

Standorte weltweit: Kiew, Kopenhagen, Luxemburg, Mailand, Moskau, Oslo, Stockholm, Warschau, Wien, Zürich

Tätigkeitsschwerpunkt: Unternehmensberatung für Finanzdienstleister

Mitarbeiter weltweit 950

Geplante Neueinstellungen 2017: 150

zeb
Hammer Straße 165
48153 Münster
www.zeb.de/karriere

Natalie Schlemo
Recruiting
recruiting@zeb.de

zeb ist eine der führenden Managementberatungen für Finanzdienstleister in Europa. Mit über 950 Mitarbeitern in elf Ländern entwickeln wir nachhaltige Strategien und setzen diese zusammen mit unseren Kunden entlang der gesamten Wertschöpfungskette um. Ein ehrliches Arbeitsumfeld, verbindliche Aussagen und offene Kommunikation sind dabei Teil unserer Unternehmenskultur und Grundlage für den langfristigen Erfolg von uns und unseren Kunden.

Was unterscheidet zeb von anderen Unternehmensberatungen? Ganz einfach: Bodenständigkeit, Respekt, Vertrauen und Teamgeist. Denn wir bei zeb glauben daran, dass nur ein partnerschaftliches Miteinander den langfristigen Erfolg von uns und unseren Kunden sichert. Deshalb legen wir großen Wert auf flache Hierarchien und eine Kommunikation auf Augenhöhe – unter Kollegen, aber auch mit unseren Kunden. Wir bleiben unserer Kernbotschaft „From thought to action“ – von der Idee bis zur Tat – stets treu. Beginnend mit der Konzeption maßgeschneiderter Ideen und innovativer Strategien, die auf Analysen der individuellen Ausgangssituationen unserer Kunden beruhen, über die wirkungsvolle Umsetzung der Ergebnisse, bis hin zur Begleitung und Kontrolle implementierter Maßnahmen: zeb, das ist 360° Unternehmensberatung an 365 Tagen im Jahr. Mit umfassendem Know-how, Kreativität und unabhängig in Denken und Handeln schaffen wir so eine Wertsteigerung für unsere Kunden und setzen gleichzeitig neue Standards.

Welche Einstiegsmöglichkeiten bietet zeb? Sie erhalten interessante Einblicke in unsere Arbeitsweise und das Unternehmen zeb durch ein Praktikum, studentische Mitarbeit oder indem Sie Ihre Abschlussarbeit mit uns schreiben, in den Bereichen Strategie, Vertrieb, Organisation, Unternehmenssteuerung oder IT. Sehr gute Bachelorabsolventen haben die Möglichkeit, mit dem zeb.bachelor.welcome-Programm direkt bei uns durchzustarten. Mit einem Masterabschluss oder einer Promotion können Sie als Management- oder IT-Consultant einsteigen. Auch Berufserfahrene unterstützen wir bei der Entwicklung ihrer Beraterpersönlichkeit. Sie können bei uns – je nach relevanter Vorerfahrung – als Senior Consultant, Manager oder Senior Manager beginnen.

Was muss der Bewerber mitbringen? Wir suchen engagierte und teamorientierte Persönlichkeiten mit einem erstklassigen Hochschulabschluss sowie ersten praktischen Erfahrungen durch eine Ausbildung oder Praktika bei Banken, Versicherungen, einer renommierten Unternehmensberatung oder im IT-Bereich. Analysestärke, konzeptionelle Fähigkeiten, Strukturierungsvermögen und Kommunikationsstärke sind für uns ebenso wichtig wie ein authentisches und natürliches Auftreten. Gesuchte Fachrichtungen sind Wirtschaftswissenschaften, Betriebswirtschaft, Volkswirtschaft, (Wirtschafts-)Mathematik, (Wirtschafts-)Informatik, Physik o. Ä.

Wie läuft der Bewerbungsprozess ab? Wenn Sie unsere Personal- und Fachabteilung mit Ihren Bewerbungsunterlagen überzeugt haben, führen wir vorab ein Telefoninterview mit Ihnen. Anschließend laden wir Sie zu einem persönlichen Gespräch ein, in dem Sie auch mit einer Case Study konfrontiert werden. Spätestens eine Woche nach diesem Gespräch erfahren Sie dann von uns, ob Sie ein Teil unseres Kreises werden.

Welche Weiterbildungsmöglichkeiten gibt es? zeb ist ein „home for talents" und schafft dabei Freiräume für Unternehmerpersönlichkeiten. Mit unserem zeb-Trainingsprogramm haben unsere Mitarbeiter die Möglichkeit, an vielfältigen Weiterbildungen teilzunehmen. In unterschiedlichen Seminaren vermitteln wir ihnen zeb-relevantes Fach-Know-how, schulen ihre methodischen Fähigkeiten und entwickeln ihre Beraterskills sowie Führungs- und Sozialkompetenzen. Am besten lernt man die Praxis jedoch in der Praxis: Deshalb werden Sie direkt im Projekt eingesetzt und lernen so on-the-Job. Ein kontinuierliches Feedback hilft dabei nicht nur, Ihre Ziele zu erreichen, sondern auch Ihren Entwicklungsbedarf zu identifizieren. So entsteht Ihr individueller Entwicklungsweg, der an Ihren Wünschen, Ihren Skills und Ihrem Engagement ausgerichtet ist. Darüber hinaus bietet unser zeb-Promotionsprogramm herausragenden Absolventen eines Master- oder Diplomstudiengangs die Möglichkeit, Theorie und Praxis miteinander zu verbinden und berufsbegleitend zu promovieren.

Wie sieht die Diversity konkret bei zeb aus? Bei uns sind alle Mitarbeiter gleich – zumindest wenn es um Chancen und Karriereentwicklung geht. In Sachen kultureller Hintergrund oder Geschlecht haben wir aber nichts gegen Unterschiede, denn wir bei zeb legen Wert auf eine offene Kultur, die Mitarbeiter nicht nach Herkunft oder Geschlecht, sondern nur nach ihren fachlichen Fähigkeiten bewertet. Aus diesem Grund fördert zeb die internationale und interkulturelle Zusammenarbeit: Bewusst werden für Kundenprojekte Mitarbeiter mit unterschiedlichen geografischen, kulturellen und sprachlichen Hintergründen zusammengesetzt, um voneinander zu lernen und zu einem Team zusammenzuwachsen.

Work-Life-Balance? Bei zeb arbeiten Berater nach dem Prinzip 4:1, d. h. von Montag bis Donnerstag im Projekt beim Kunden und am Freitag im zeb-Office oder wahlweise auch im Homeoffice. Als zeb-Berater haben Sie innerhalb Deutschlands die freie Standortwahl für Ihr zeb-Office (Berlin, Frankfurt am Main, Hamburg, München, Münster). Grundsätzlich gilt eine Fünftagewoche ohne Wochenendarbeit. Während Beratungsprojektphasen kann es bei Arbeitsspitzen jedoch fallweise zu Wochenendarbeit kommen. Dies ist aber die Ausnahme und nicht die Regel. Für eine berufliche Auszeit stehen Ihnen verschiedene Varianten des Sabbaticals zur Verfügung. Seit 2016 bietet das zeb.life-Programm Ihnen die Möglichkeit, berufliche und private Themen einfacher miteinander zu vereinbaren. Dazu können Sie eine individuelle Beratung und Vermittlung zu den Themen Kinderbetreuung, Homecare/Eldercare, Concierge-Dienste und Lebenslagen-Coaching in Anspruch nehmen.

AUFGEBLASENES GEHABE GIBT'S WOANDERS. WIR LEGEN WERT AUF KOLLEGEN MIT FACHKENNTNIS.
Als Nummer 1 der Strategie- und Managementberatungen für die europäische Finanzwelt konzipieren wir maßgeschneiderte, innovative Lösungen mit unseren Kunden und setzen sie um. Unsere Expertise reicht von Strategy and Organization, Finance and Risk bis zu Technology.
Kommen Sie in unser Team, profitieren Sie von dem Wissen und Können Ihrer Kollegen, und werden Sie selbst zum Experten. Unsere wertschätzende, von Respekt und Fairness geprägte Unternehmenskultur bietet Ihnen dabei viel Raum zur Entfaltung. Mehr auf www.zeb.de/karriere
360° BERATUNG FÜR FINANCIAL SERVICES – VON DER IDEE BIS ZUR TAT
zeb